Götte · Sprache und Spiel im Kindergarten

Theorie und Praxis der Schulpsychologie
Band XXII

Herausgegeben von Karlheinz Ingenkamp

Rose Götte

Sprache und Spiel im Kindergarten

Sprach- und Spielförderung in Kindergarten und Schule

Beltz Verlag · Weinheim und Basel

Neuausgestattete Sonderausgabe 1994 des Titels
»Götte: Sprache und Spiel im Kindergarten. Handbuch zur Sprach- und
Spielförderung mit Jahresprogramm und Anleitungen für die Praxis.«
Beltz Verlag, Reihe Beltz Praxis, ISBN 3-407-62019-5

Die Deutsche Bibliothek – CIP-Einheitsaufnahme

Götte, Rose:
Sprache und Spiel im Kindergarten : Sprach- und Spielförderung in Kindergarten und Schule /
Rose Götte. – Neuausgestattete Sonderausg. – Weinheim ; Basel : Beltz, 1994
  (Sonderedition Kindergarten)
  ISBN 3-407-21001-9

Lektorat: Peter E. Kalb

© 1994 Beltz Verlag · Weinheim und Basel
Herstellung: Klaus Kaltenberg
Druck: Druckhaus Beltz, Hemsbach
Umschlaggestaltung: Atelier Adolf Bachmann, Reischach
Umschlagbild: Andreas Bachmann, Reischach
Printed in Germany

ISBN 3-407-21001-9

Für
Bärbel, Jens, Charlotte,
Gesa, Steffen, Jochen,
Peter und Susanne,
den andern Jens und David,
Henrik, Felix, Alexander,
Christof, Boris, Saskia
und alle anderen Kindergartenkinder
und ihre Erzieher

Inhaltsverzeichnis

II. Praktischer Teil

III. Register

I. Theoretischer Teil

Einleitung

In dem Maße, in dem die Bedeutung frühkindlicher Erfahrungen für das Individuum und die Gesellschaft erkannt wurde, stiegen auch die Erwartungen, die an vorschulische Erziehung gestellt wurden.

Nach den Empfehlungen des Deutschen Bildungsrates[1] wurde in einigen Bundesländern die räumliche und personelle Situation an den Kindergärten erheblich verbessert. Damit sind aber noch längst nicht alle Voraussetzungen für eine Reform vorschulischer Erziehung erfüllt. Es besteht nach wie vor ein starker Widerspruch zwischen den Anforderungen, die die Gesellschaft an den Erzieher[2] stellt, und den Hilfen, die sie ihm bietet. Die psychologische, pädagogische und didaktische Ausbildung an den Fachschulen ist nicht gründlich genug; die Zeit, die dem Erzieher für die tägliche Vorbereitung und Erholung bleibt, ist zu knapp bemessen, die Entlohnung für seine Tätigkeit zu gering. Von allen Seiten werden – teilweise widersprüchliche – Erwartungen an ihn gestellt: von den Kindern, den Eltern, den Trägern, Verbänden, Hochschulen und Ministerien. Er wird überschwemmt von den Angeboten der Spiel- und Lernmittelindustrie, Resolutionen der Verbände, Arbeitsmappen, curricularen Entwürfen und Förderprogrammen, die von den verschiedensten Arbeitskreisen mit unterschiedlichen Erziehungszielen und Erziehungsstilen entwickelt wurden.

Nach einer Phase allgemeiner Aufgeschlossenheit der neuen „Erziehung im Elementarbereich" gegenüber und ersten Versuchen mit Frühlese-, Mengenlehre- und Fremdsprachenprogrammen machte sich bei aller Hoffnung auf eine gesellschaftliche Aufwertung der Kindergartenarbeit vielerorts Unbehagen breit angesichts der oft verschulten und verkrampften Atmosphäre, die mit Lernziel und Lernzielkontrolle in den Kindergarten einzog. Dazu kam die Verunsicherung, die von den heftigen Diskussionen um „richtige" und „falsche"[3], „sinnvolle" und „unsinnige"[4], „kompensatorische" und „emanzipatorische"[5], „autoritäre" und „antiautoritäre"[6] Vorschulerziehung ausgelöst wurde.

Oft genug flüchteten sich die Erzieher deshalb – wenn sie nicht gerade in einen Modellversuch einbezogen wurden – wieder in den Kindergartenstil der Fröbelzeit, wo das Kind sich in einem Schonraum „entfalten" darf, während der Erzieher das „fröhliche Treiben seiner munteren Schar" mit freundlichem Interesse begleitet. Besorgte Eltern, die den Erziehern dann immer noch mit der Frage „Machen Sie auch Vorschulerziehung?" in den Ohren lagen, ließen sich im allgemeinen durch die Anschaffung von Arbeitsmappen zufriedenstellen.

Diese Reaktion der Erzieher ist verständlich, aber falsch, da sie auf überholten Vorstellungen einer „kindgemäßen" Erziehung beruht, die nicht danach fragt, welchen Anforderungen ein Kind unserer Gesellschaft in unserer Zeit gewachsen sein muß, sondern eine heile Welt schafft, die wenig mit den konkreten Erfahrungen der Kinder zu tun hat.

Statt Kinder von ihrer Umwelt abzuschirmen, sollten wir ihnen Fähigkeiten und Fertigkeiten vermitteln, die nötig sind, um sich in dieser Welt zurechtzufinden. Statt Kinder von ihren Problemen abzulenken, sollten wir ihnen helfen, sich damit auseinanderzusetzen. Statt sie von der Welt der Erwachsenen fernzuhalten, müssen wir Wege suchen, wie die Welt der Erwachsenen und die Welt der Kinder einander wieder nähergebracht werden können.

Dazu will dieses Buch den Erzieher ermutigen.

1 Deutscher Bildungsrat. Empfehlungen der Bildungskommission: Strukturplan für das Bildungswesen. Stuttgart 1970.

2 Der Einfachheit halber spreche ich im folgenden immer von „dem Erzieher", obwohl ich weiß, daß dieser Beruf zur Zeit vorwiegend von Frauen ausgeübt wird.

3 b:e-Redaktion (Hrsg.): Wider die falsche Vorschulerziehung. Weinheim 1971.

4 BERNSTEIN, BASIL: Der Unfug mit der kompensatorischen Erziehung. In: betrifft: erziehung, 3, 1970, H. 9, S. 15–19.

5 GUTT, A./SALFFNER, R.: Sozialisation und Sprache. Didaktische Hinweise zu einer emanzipatorischen Sprachschulung. Frankfurt 1971.

6 BOTT, GERHARD: Erziehung zum Ungehorsam. Frankfurt 1971.

Lernen im Kindergarten

1. Didaktische Grundfragen

Sollen Kinder nach Plan lernen oder in zufällig sich ergebenden Situationen? Wenn der Tageslauf im Kindergarten ganz von den Wünschen und spontanen Einfällen der Kinder oder Erzieher bestimmt wird, ist am ehesten die Möglichkeit der Bedürfnisbefriedigung, Selbstbestimmung und Selbstregulierung gegeben. Dem Erzieher werden zeitraubende Vorbereitungen erspart, und er wird von der Enttäuschung, sein gestecktes Ziel nicht erreicht zu haben, verschont, da er kein genau umrissenes Ziel hatte. Diese Methode birgt aber die Gefahr, daß Kinder nur ungenügend oder einseitig gefördert werden. Viele Kinder greifen nämlich immer wieder auf die Beschäftigung zurück, die sie einmal als lustvoll empfunden haben, und weichen neuen Erfahrungen konsequent aus, sei es aus Angst vor Mißerfolgen, sei es aus Einfallslosigkeit oder Bequemlichkeit. In der Frühphase der Kinderladenbewegung zeigte sich, daß die „völlige Selbstbestimmung" der Kinder zu aggressiver Lustlosigkeit, Unkonzentriertheit und Phantasielosigkeit führte statt – wie erhofft – zu Kreativität, Kooperationsfähigkeit und Bedürfnisregulierung[1].

Das andere Extrem wäre, daß der Erzieher sich streng an ein Curriculum hält, das Fachleute für die Elementarstufe ausgearbeitet haben.

Bei der Entwicklung eines Curriculums geht man von der Frage aus, welche Fähigkeiten und Fertigkeiten ein Mensch unserer Gesellschaft besitzen muß, um gegenwärtige und zukünftige Lebenssituationen bewältigen zu können. Je nachdem, wie diese Lebenssituationen gesehen werden, lassen sich Kataloge von Grob- und Feinlernzielen aufstellen, die das Kind über eine logisch aufgebaute Kette von Teilzielen erreichen soll. Lernzielkontrollen sollen dem Erzieher die Rückmeldung geben, welches Kind welches Lernziel ganz, teilweise oder gar nicht erreicht hat. Das Vorgehen nach einem detailliert ausgearbeiteten Curriculum hat den Vorteil, daß ein vielseitiges und umfassendes Angebot an Lernerfahrungen vermittelt wird, daß die einzelnen Lernschritte in einer sinnvollen Reihenfolge angeboten werden und daß der Erzieher durch die Lernzielkontrollen regelmäßig über den Entwicklungsstand von Kindern informiert wird.

Dem steht entgegen, daß das außerhalb des Kindergartens entwickelte Curriculum unter Umständen ohne Bezug zur augenblicklichen Lebenssituation der Kinder sein kann, daß Fähigkeiten oft losgelöst von alltäglichen Vorgängen im „luftleeren Raum" trainiert werden, daß Erfahrungen von Kindern aus bestimmten Gegenden, Schichten und Familien vielleicht überhaupt nichts zu tun haben mit dem, was gerade im Kindergarten „durchgenommen" wird. Trifft das zu, stehen die Kinder solchen Angeboten ablehnend und gelangweilt gegenüber.

Ein curriculumshöriger Erzieher wird nun (wie die meisten Lehrer) versuchen, seinen Unterricht auch gegen den Willen der Kinder „durchzuziehen". Wenn aber schon vom Schulkind nur mit viel Mühe und Druck die Disziplin gefordert werden kann, sich unabhängig von den eigenen Interessen mit dem zu beschäftigen, was der Lehrplan gerade vorschreibt, so ist das beim Kindergartenkind unmöglich. Mit Druck und Zwang kann im Kindergarten nur eine Art von Lernzielen verfolgt werden: Lernziele für Untertanen, nicht aber Lernziele für Kinder, aus denen mündige Bürger werden sollen.

Dazu kommt noch ein anderes Problem: Da Lernziele aus dem kognitiven Bereich sich besser beschreiben, in Teilziele zerlegen und überprüfen lassen als Lernziele aus dem emotionalen oder sozialen Bereich, entsteht leicht eine Überbewertung der Intelligenzförderung zu Lasten von Spielförderung und sozialer Erziehung. Moderne Vorschulerziehung wird oft gleichgesetzt mit einer Verlagerung von Schulfächern in den Kindergarten, wobei all das, was die Schule nur am Rande oder gar nicht fördert, wie Kreativität, Spiel, Geselligkeit … zu zweitklassigen, weil nicht operationalisierbaren und kontrollierbaren Lernzielen degradiert wird. Das kann man nicht nur bei Erziehern beobachten, sondern auch bei vielen Eltern, die begeistert reagieren, wenn ihr Kind Teilmengen bilden oder Buchstaben lesen kann, es aber kaum zur

---

1 Vgl. Projektgruppe Brelohstraße: Hi ha ho – die Bonzen komm'n ins Klo! Hamburg: Association 1975 (2. Aufl.), S. 37–87.

Kenntnis nehmen, daß ein Kind gelernt hat, seine Angst vor dem Purzelbaum zu überwinden oder das Mogeln beim Würfelspiel aufzugeben. Man muß zugeben, daß die neuere Curriculumentwicklung in Deutschland[2] solche Einseitigkeit zugunsten der kognitiven Erziehung vermeiden will. Aber die Grundfrage, ob im Kindergarten überhaupt bestimmte Lernziele isoliert von anderen logisch konsequent verfolgt werden können, ist immer noch nicht befriedigend beantwortet.

Maria Montessori hat diese Frage bejaht und hat Material bereitgestellt, das es dem Kind ermöglicht, konzentriert eine ganz bestimmte Fähigkeit oder Fertigkeit zu üben, und alles andere im wahrsten Sinne des Wortes aus dem Spiel zu lassen. Jeder nicht vorgesehene Umgang mit dem Material (wenn z. B. ein Kind anfinge, mit den Zylindern „kinderreiche Familie" zu spielen) sollte als Zweckentfremdung oder Spielerei unterbunden werden.

Dem steht die Alltagserfahrung entgegen, daß Kleinkinder nur selten in der Lage sind, eine Sache nur unter einem bestimmten Gesichtspunkt zu betrachten und alle anderen Gesichtspunkte aus dem Spiel zu lassen. Kein Kind versteht, weshalb man die Sonne nicht „freundlich" nennen darf, weshalb man die logischen Blöcke abgeben muß, wenn man damit ein Feuerwehrauto legen will, weshalb man mit Klangstäben keine Balancierübungen machen und beim Untersuchen eines Apfels nicht schnell mal weglaufen darf, um der Puppe ein Stück abzugeben.

Die schön geordneten Lernziele und logisch strukturierten didaktischen Einheiten muß es geben, aber nicht in der Praxis der Kindergartenarbeit, sondern im „Hinterkopf" des Erziehers. Er muß genaue Vorstellungen darüber haben, wie der Katalog der Lernziele aussieht, wie sie nach ihrem Schwierigkeitsgrad geordnet werden können, welche Lernziele kontrollierbar sind. Bei der Umsetzung in die Praxis muß daraus aber ein flexibles, buntes Durcheinander von sich gegenseitig durchdringenden und ergänzenden Lernzielen werden, auf deren Durchschaubarkeit und Systematisierung verzichtet wird zugunsten einer lebensnahen, kreativen, lustbetonten, vielseitigen Arbeit im Kindergarten.

Die Gefahr, daß bestimmte Lernziele dabei zu

kurz kommen, weil sich nie eine „günstige Gelegenheit" dafür bot, kann durch regelmäßige Nachbereitung verringert werden. Wenn der Erzieher feststellt, daß bestimmte Programmpunkte bei den Kindern selten auf positive Resonanz stoßen, kann er immer noch entscheiden, ob er vermehrte Anstrengungen unternehmen will, um vernachlässigte Lernbereiche stärker in den Mittelpunkt der kindlichen Interessen zu rücken.

Sollen Kinder sich nur an solchen Aktionen beteiligen, zu denen sie sich freiwillig melden, oder soll Zwang ausgeübt werden? Wenn Kinder sich nur an solchen Handlungen zu beteiligen brauchen, die sie selbst gewählt haben, ist garantiert, daß kein Kind auf irgend eine Weise vergewaltigt wird. Es ist aber nicht garantiert, daß so auch seine Bedürfnisse am sichersten befriedigt werden.

Ein Kind meidet viele Dinge aus Angst zu versagen. Weil es glaubt, im Turnen nicht so gewandt wie die anderen zu sein, hält es sich davon fern und hinkt dadurch nach einiger Zeit in seiner motorischen Entwicklung tatsächlich stark hinter den anderen Kindern her. Nun hat es erst recht keine Lust mehr, mitzumachen.

Andere Dinge werden vielleicht nur deshalb nicht gewählt, weil das Kind noch nie erfahren hat, welchen Spaß diese oder jene Tätigkeit bereiten kann. Und schließlich kann das Nichtmitmachen-wollen auch nur ein Mittel sein, um Aufmerksamkeit beim Erzieher zu erzwingen und im Mittelpunkt des Interesses zu stehen.

Wenn aber alle Kinder zu bestimmten Zeiten gezwungen werden, sich an gemeinsamen Aktionen zu beteiligen, kann das ebenfalls negative Folgen haben. Es kann sich keine rechte Spielfreude entwickeln, da die Freiwilligkeit ja gerade das Hauptmerkmal des Spiels ist. Alle Kinder gleichzeitig anzusprechen, bedeutet meistens, einen Teil zu überfordern, einen anderen zu unterfordern, und beide reagieren gleich: mit Störmanövern.

Angebote, die für die ganze Gruppe gedacht sind, sollten deshalb zunächst auf solche Aktionen beschränkt bleiben, von denen anzunehmen ist, daß sie allen Kindern etwas bieten wie Ausflüge, Kaspertheater, Mitmachgeschichten, Singspiele, rhythmische Spiele, Gymnastik, Sammelspiele im Freien, Gartenarbeit, Besichtigungen u. ä.

Was sonst noch an täglichen Informationen, Besprechungen, Einführungen in ein Thema

---

2 Zimmer, Jürgen (Hrsg.): Curriculumentwicklung im Vorschulbereich, Bd. 1–2. München 1973.

oder Entspannungsübungen für die ganze Gruppe bestimmt ist, sollte bei kurzen, aber regelmäßigen Zusammenkünften mit bestimmter Sitzanordnung (z. B. Kreis mit Stühlen) ablaufen. Es erleichtert das Zusammenleben im Kindergarten sehr, wenn die Kinder daran gewöhnt sind und damit rechnen, daß täglich etwa zur selben Zeit eine kurze Phase abläuft, in der jeder auf seinem Platz bleibt und den anderen zuhört. Ohne diese Gewöhnung würde es für den Erzieher jedesmal eine Nervenprobe bedeuten, zu versuchen, 25 Kinder, von denen jedes sich schon etwas anderes vorgenommen hatte, unter einen Hut zu bringen.

Im übrigen soll die Hauptarbeit in kleinen Spielgruppen stattfinden, die der Erzieher organisiert und mit Spielvorschlägen versorgt, solange die Gruppe noch nicht selbst dazu in der Lage ist. Kleinere Gruppen können leichter motiviert werden, weil man dem Einzelnen eher gerecht werden und auf seine augenblickliche Situation besser eingehen kann. Die Gründe dafür, daß Kinder freiwillig mitmachen, können sein,

daß der Erzieher an dem Punkt ansetzt, der die Kinder gerade beschäftigt (mitspielen, Spiel erweitern, sich in ein Gespräch, einen Konflikt einschalten),

daß die Neugier der Kinder geweckt wird,

daß ihr Spielbedürfnis befriedigt wird,

daß sie gern mit dem Erzieher zu tun haben,

daß sie gern mit bestimmten Kindern zu tun haben,

daß sie mit einem Erfolgserlebnis rechnen,

daß sie nichts Besseres zu tun haben,

daß sie aus Gewohnheit mitmachen.

Kinder, die Kooperation immer wieder verweigern und sich in der Rolle der Störenfriede am wohlsten zu fühlen scheinen, sind auf die Zuwendung des Erziehers besonders angewiesen. Allerdings sollte diese Zuwendung nicht in dem Augenblick erfolgen (auch nicht in Form von Schimpfen oder Tadeln), wenn der „Störenfried" gerade in Aktion ist. Wortreiches Umwerben des Spielverweigerers zu Beginn eines Spiels im Beisein aller ist für die anderen Kinder langweilig und verstärkt beim betroffenen Kind ein solches Verhalten eher als daß es eine Veränderung bewirkt. Der Spielverweigerer sollte nicht weiter beachtet werden, und, wenn er stört, nebenbei freundlich, aber unnachgiebig, in eine andere Ecke des Raumes oder in ein anderes Zimmer geschickt werden. Bei der erstbesten Gelegenheit aber sollte sich der Erzieher diesem Kind widmen, auf alle Moralpredigten verzichten und statt dessen versuchen, diesem Kind zu einem Erfolgserlebnis zu verhelfen, sein Selbstbewußtsein zu stärken und ihm beizustehen, die Zuneigung der anderen Kinder zu erwerben. Oft genug ist es nämlich der Erzieher, der durch seine vielen öffentlichen Ermahnungen und Unmutsäußerungen ein Kind zum „schwarzen Schaf" macht, und wenn ein Kind erst einmal davon überzeugt ist, daß es sowieso keiner mag, sucht es nur noch nach Möglichkeiten, es den andern „heimzuzahlen" und wenigstens durch Störmanöver beachtet zu werden.

Sollen Kindergartenkinder in altersgleiche oder gemischte Gruppen eingeteilt werden? Die Bildungskommission des Deutschen Bildungsrates empfahl in ihrem Strukturplan[3], nur noch die Vier- und Fünfjährigen in den Kindergarten aufzunehmen und für die Fünfjährigen im Rahmen einer zweijährigen Eingangsstufe in der Schule geeignete Lernmöglichkeiten zu schaffen.

Neben anderen Gründen (Pflichtvorklasse für alle Kinder auf Staatskosten, bessere Einschulungsmöglichkeit) war für diese Empfehlung der Gedanke ausschlaggebend, daß die unterschiedlichen Bedürfnisse und Fähigkeiten jüngerer und älterer Kinder in getrennten Gruppen stärker berücksichtigt werden könnten und die Lernerfolge dadurch erheblich verbessert werden könnten.

Zweifellos ist es störend, wenn die älteren Kinder im Kindergarten bei schwierigeren Aufgaben ständig durch jüngere, die diesen Aufgaben noch nicht gewachsen sind, abgelenkt und behindert werden. Und sicher freut sich kein Erzieher, wenn bei einem einfacheren Spiel für die Kleinen einige Größere mit gelangweilten Gesichtern dabeisitzen, alles „doof" finden und den anderen den Spaß verderben. Wenn im Kindergarten aber von vornherein darauf verzichtet wird, ständig allen Kindern dasselbe Angebot zu machen, sondern der Schwerpunkt der Arbeit auf die Beschäftigung mit Kleingruppen gelegt wird, wenn außerdem ein zusätzlicher Raum vorhanden ist, in den man sich mit einer Kleingruppe zurückziehen kann, und wenn für jede Gruppe mindestens zwei Erwachsene zu-

---

3 Deutscher Bildungsrat: Empfehlungen der Bildungskommission: Strukturplan für das Bildungswesen. Stuttgart: Klett 1970, S. 102.

ständig sind, kann das Zusammenleben von älteren und jüngeren Kindern in einer Gruppe nicht mehr als Nachteil angesehen werden. Statt dessen fallen die Vorteile der gemischten Gruppe ins Gewicht:

Die gemischte Gruppe bietet ein besseres Trainingsfeld für die soziale Erziehung. Viele Kinder haben keine Geschwister. Die Situation in der altersgemischten Gruppe vermittelt Erfahrungen, die denen einer kinderreichen Familie vergleichbar sind: Das jüngere Kind lernt durch Nachahmen vom älteren, das ältere Kind lernt, sich auf das jüngere Kind einzustellen und mit ihm auszukommen. Die Erfahrung, einem jüngeren Kind helfen zu können, kann eine neue Einstellung zum eigenen Ich mit sich bringen: Das Kind, das sich bisher selbst immer als klein und hilflos erlebt hat, sieht sich auf einmal in der Rolle des Beschützers und Beraters.

Die gemischte Gruppe bietet auch bessere Möglichkeiten, die Kinder entwicklungsgemäß anzusprechen, da die Zusammensetzung der Spielgruppen jeden Tag anders aussehen kann. Ich plädiere deshalb dafür, daß Kinder aller Altersstufen in einer Gruppe zusammenleben, daß den jüngeren ein größerer Freiraum in der Wahl ihrer Tätigkeit gegeben wird als den älteren und daß spezielle Angebote für die älteren Kinder in das gemeinsame Erfahrungsfeld der Gruppe integriert werden.

Wer sich mit diesen und anderen pädagogisch-didaktischen Grundfragen näher auseinandersetzen möchte, sei auf folgendes Buch verwiesen, das gut verständlich geschrieben und sehr zu empfehlen ist:

Arbeitsgruppe Vorschulerziehung: Anregungen I: Zur pädagogischen Arbeit im Kindergarten. München: Juventa 1973.

2. Sprachentwicklung

Wir wissen, daß die Sprachentwicklung der Kinder unterschiedlich verläuft, aber wir wissen nicht genau, warum.

Schon 1937 hat das Forscherteam GINDL/HETZER/STURM versucht, herauszufinden, warum die von ihnen untersuchten Heimkinder in ihrer Sprachentwicklung so stark hinter Pflegekindern oder Familienkindern herhinkten. Ihre Nachforschungen ergaben, daß die Heimkinder in ihrer kindlichen Tatenlust zu sehr eingeschränkt waren, daß sie viel weniger Zeit zum Spielen hatten als Pflege- oder Familienkinder, daß sie nicht am Leben von Erwachsenen teilnehmen konnten, daß sie viel weniger persönliche Anteilnahme erfuhren als andere Kinder, und daß ihr Leben sehr viel eintöniger verlief als das der Familienkinder[4].

Inzwischen wurden auf der ganzen Welt unzählige Untersuchungen durchgeführt, die nach dem Zusammenhang von

Sprache und Intelligenz,
Sprache und Rasse,
Sprache und Schicht,
Sprache und Erziehungsstil,
Sprache und Sozialisationsinstanz,
Sprache und Vitaltemperament,
Sprache und Familienstruktur

fragten, um nur einige der häufigsten Faktoren zu nennen. Daß sich aus diesen vielen Mosaiksteinchen trotzdem kein großes, klares Bild zusammensetzen läßt, liegt daran, daß jeder unter „Sprache" etwas anderes versteht und Sprachfähigkeiten anders mißt.

Zwar hat gleichzeitig die Linguistik versucht, Sprache genauer zu beschreiben, aber die Sprachmodelle der Grammatiker lassen sich nicht ohne weiteres mit den Sprachmodellen der Soziologen, Psychologen oder Philosophen koppeln.

Immerhin ist man sich einig, daß man unterscheiden muß zwischen der tatsächlich geäußerten oder gehörten Sprache (die der Sprachforscher CHOMSKY Sprachperformanz nennt) und den Sprachkenntnissen, die man „im Kopf" hat (Sprachkompetenz). Diese Sprachkompetenz ist ein vielschichtiges Regelsystem, das in den ersten Lebensjahren auf Grund unserer angeborenen Lernfähigkeit erworben wird. Es sagt uns, wie die Laute ausgesprochen und aneinandergereiht werden müssen, damit ein Wort entsteht, wie die Wörter lauten, wie sie verändert und aneinandergereiht werden müssen, damit daraus ein Satz entsteht.

Bei diesen Sprachkenntnissen müssen wir wieder unterscheiden zwischen solchen, die sich auf das Sprechen beziehen (produktive Kompetenz), und solchen, die sich auf das Hören beziehen (rezeptive Kompetenz).

Wenn also ein Kind morgens um halb zehn ein anderes mit dem Satz begrüßt: „Kommst du

---

4 I. GINDL/H. HETZER/M. STURM: Unangemessenheit der Anstalt als Lebensraum für das Kleinkind. In: Zeitschrift für angewandte Psychologie und Charakterkunde, 52, 1937, H. 5–6, S. 310–358.

auch schon?", hat es die richtigen Laute gebildet, die richtigen Wörter gewußt und nach bestimmten grammatischen Regeln, die das Kind als Sprachgefühl erlebt, einen Fragesatz gebildet. Damit ist aber noch nicht erklärt, weshalb das Kind fragen kann: „Kommst du auch schon?", um damit auszudrücken: „Du kommst aber spät!" Es erklärt nicht, weshalb das angesprochene Kind versteht, was gemeint ist, und weshalb das Kind diesen Satz einem Erwachsenen gegenüber vermutlich nicht gebrauchen würde. Offensichtlich gibt es neben den reinen Sprachkenntnissen auch ein Regelsystem, das uns sagt, was wir wie zu wem in welcher Situation sagen können, und wie wir was in welcher Situation zu verstehen haben. Dieses Regelsystem nennen die Soziolinguisten die kommunikative Kompetenz oder sprachliche Kommunikationsfähigkeit.

Sprache sprechen, verstehen und anwenden können setzt also nicht nur ein Regelsystem, sondern ein ganzes Bündel verschiedener Regelsysteme voraus.

Diese Regelsysteme können beim einzelnen Individuum ganz verschieden entwickelt sein, wie wir bei den Landauer Sprachuntersuchungen[5] nachweisen konnten. Ein Kind mit großen Mängeln in der Artikulationsfähigkeit kann über einen großen Wortschatz verfügen. Ein großer Wortschatz ist keine Garantie dafür, daß ein Kind auch besonders sicher oder gewandt in der Satzbildung ist. Kommunikationsfähigkeit hat wenig zu tun mit korrekter Aussprache …

Wenn aber die verschiedenen Bereiche von Sprache so verschieden entwickelt sein können, muß man annehmen, daß sich bestimmte Erfahrungen auf bestimmte Bereiche der Sprachentwicklung stark, auf andere Bereiche weniger stark auswirken. Unsere Untersuchungen zu diesem Fragenkomplex sind noch nicht abgeschlossen. Da man aber mit der Sprachförderung nicht warten kann, bis die Wissenschaft alle Antworten gefunden hat, sind wir bei der Entwicklung und Erprobung des Förderprogramms von den Hypothesen ausgegangen, daß die Entwicklung des Wortschatzes, der Artikulationsfähigkeit, der Satzbildungsfähigkeit und der Kommunikationsfähigkeit jeweils eigene Lernerfahrungen voraussetzen. Das soll nun etwas genauer erklärt werden.

2.1 Wortschatz

Der Umfang des kindlichen Wortschatzes hängt ab von Umfang, Häufigkeit und Eindrücklichkeit der Umweltbegegnungen und den Möglichkeiten, Namen von Sachen und Sachverhalten zu erfahren. Das läßt sich einmal durch die Reihenfolge der Wörter belegen, die die Kleinkinder nacheinander lernen[6], zum anderen aber auch durch Untersuchungen über den Einfluß verschiedener Lebensbedingungen auf den Wortschatz der Kinder:

EVA SCHMIDT-KOLMER stellte fest, daß die Fähigkeit, Früchte und Gemüse zu benennen, bei Kindergartenkindern saisonabhängig ist[7]. SIGRUN SENFTLEBEN fand heraus, daß die von ihr untersuchten fünfjährigen Unterschichtkinder entgegen ihren Erwartungen auf den Gebieten „Küche" und „Kaufladen" gleichaltrigen Kindern aus der oberen Mittelschicht überlegen waren, und begründete diesen Sachverhalt damit, daß die Unterschichtkinder früher zur Mithilfe im Haushalt herangezogen würden und deshalb auch die besseren Wortkenntnisse auf den entsprechenden Gebieten hätten[8].

BEAN entdeckte, daß Reisen eine Periode schneller Vermehrung des Vokabulars nach sich ziehen[9].

VOIGT wies nach, daß ein langfristiger Krankenhausaufenthalt einen Stillstand des Wortschatzwachstums bei Kindern bewirken kann[10].

5 Siehe Landauer Sprachentwicklungstest für Vorschulkinder, LSV, von R. GÖTTE, Weinheim: Beltz 1976. Beiheft S. 33.

6 C. und W. STERN: Die Kindersprache. Leipzig 1928 (4. Aufl.). M. M. LEWIS: Sprache, Denken und Persönlichkeit im Kindesalter. Düsseldorf: Schwann 1970 (engl. Original 1963).

7 SCHMIDT-KOLMER, EVA: Der Einfluß der Lebensbedingungen auf die Entwicklung des Kindes im Vorschulalter. Berlin: Volk und Wissen 1963, S. 144.

8 SENFTLEBEN, SIGRUN: Die Entwicklung der Begriffsbildung bei Kindern der Intelligenz, der Facharbeiter und der ungelernten Arbeiter im Alter von 3.0 bis 6.0 Jahren. Diss. (med.) Berlin-Ost 1968, S. 75 ff.

9 Zitiert nach DENIS LAWTON: Soziale Klasse, Sprache und Erziehung. Düsseldorf: Schwann 1973 (3. Aufl.), S. 48.

10 VOIGT, PETER: Ermittlungen über den Begriffsschatz langfristig hospitalisierter Kinder. Habilitationsschrift Berlin 1960.

2.2 Artikulation

Die Artikulationsfähigkeit ist nur gegeben, wenn die Sprach- und Hörorgane des Kindes funktionieren und das Lautunterscheidungs- und Speichervermögen des Gehirns genügend entwickelt ist. Das Kind ahmt Laute und Lautkombinationen, die es hört, nach. Als Grund dafür gilt

a) das Bedürfnis, sich mit der Bezugsperson zu identifizieren, und

b) die Notwendigkeit, sich verständlich zu machen.

Wenn also die Bezugsperson ein „schlechtes Vorbild" ist, weil sie selbst undeutlich oder fehlerhaft artikuliert, oder wenn das Kind keine Notwendigkeit sieht, sich deutlich auszudrücken, weil ihm ohnehin jeder Wunsch von den Augen abgelesen wird, ist mit Entwicklungsrückständen in der Artikulation zu rechnen.

Dazu kommt bei vielen Kindern eine gewisse Bequemlichkeit, die dazu führt, schwierige Laute oder Lautverbindungen durch solche zu ersetzen, die das Kind besser aussprechen kann. In den ersten Jahren eines Kindes ist das normal; wenn dieses Verhalten aber auch noch im 6. und 7. Lebensjahr beibehalten wird, braucht das Kind ein spezielles Training.

In den Erziehungsberatungsstellen werden immer wieder Kinder vorgeführt, deren Artikulationsprobleme mit nervösen Störungen verbunden sind. Hier müßte zunächst nach den Ursachen der inneren Spannung gesucht werden, ehe die Artikulation verbessert werden könnte.

Und schließlich gibt es noch eine Gruppe von Kindern, die aus unbewußtem Zwang an einer kleinkindhaften Sprache festhalten, weil die Umgebung ihnen das Gefühl gibt, daß sie nur deshalb geliebt werden, weil sie so klein und hilflos sind.

2.3 Formen- und Satzbildungsfähigkeit (Grammatik)

Kinder lernen nicht nur Wörter, sondern auch Regeln, nach denen Wörter verändert und aneinandergereiht werden müssen, wenn nicht nur Objekte, sondern auch ihr Verhältnis zu Zeit, Raum, anderen Objekten usw. bezeichnet

werden soll. Das Kind lernt diese Regeln unbewußt anhand der Beispiele, die ihm begegnet sind, und überträgt sie dann auf andere Situationen. So hat ein Kind z.B. gelernt, daß man „gespielt" sagt, wenn ausgedrückt werden soll, daß das Spielen schon vorbei ist, und bildet dann entsprechend dieser Regel „getrinkt" oder „geeßt", bis es weitere Regeln in sich aufgenommen hat, die es veranlassen, „getrunken" und „gegessen" zu sagen. Bei der Aufnahme solcher Satzmuster (PAWLOW nennt sie „dynamische Stereotyps") spielt der Satzrhythmus offensichtlich eine große Rolle. Bei der Arbeit mit lernbehinderten und geistig behinderten Kindern hatten wir nach langen fast vergeblichen Versuchen, die Kinder Sätze sprechen zu lehren, plötzlich Erfolg, als wir den Schwerpunkt der Arbeit auf sprachrhythmische Übungen legten. Es ist anzunehmen, daß Rhythmus auch bei der Sprachbildung gesunder Kinder eine größere Rolle spielt als bisher angenommen wurde.

Welche Satzmuster ein Kind sich aneignen kann, hängt davon ab, welche Satzmuster in der Umgebung des Kindes vorwiegend verwendet werden.

Wie vielfach nachgewiesen wurde[11], hat die soziale Lage der Familie, die Schulbildung der Eltern, die Situation am Arbeitsplatz einen unmittelbaren Einfluß auf die Art der häuslichen Interaktion. Manche Kinder hören von ihren Eltern, solange sie klein sind, vorwiegend knappe Hinweise und kurze Befehle („Tür zu!"), während andere Kinder ihre Umwelt und die Regeln des Zusammenlebens stets ausführlich erklärt bekommen („Mach bitte die Küchentür zu, sonst riecht es in der ganzen Wohnung nach Fisch!"). Manchen Kindern wird nie, anderen regelmäßig eine Geschichte vorgelesen. Manche Kinder brauchen schon gar nicht erst zu versuchen, einen komplizierten Sachverhalt in Worte zu fassen, weil ihnen ohnehin niemand zuhört, anderen wenden sich die Eltern geduldig zu und korrigieren behutsam.

Möglicherweise hat das Fernsehen hier eine ausgleichende Funktion. Zwar kann man mit dem Fernsehen nicht kommunizieren lernen, aber zur Ausbildung von Satzmustern (dynamischen Stereotyps) könnte es nützlich sein. Das ist noch nicht genau untersucht worden.

---

11 LAWTON, DENIS: Soziale Klasse, Sprache und Erziehung. Düsseldorf: Schwann 1973 (engl. Orig. 1968).

2.4 Kommunikationsfähigkeit

Die Entwicklung der Kommunikationsfähigkeit ist ein wichtiger Teil der Sozialentwicklung des Kindes. Es lernt, Sprache erfolgreich als Kommunikationsmittel anzuwenden.

Zunächst ist das Kind mehr auf nichtverbale Kommunikationsmittel angewiesen: Es schaut die Mutter flehend an, streckt die Arme aus und wimmert ein bißchen, und die Mutter versteht sofort, daß das Kind auf den Arm genommen werden möchte. Wenn es später aber um komplizierte Probleme geht und das Gegenüber nicht mehr eine vertraute Person, sondern irgend jemand ist, ist der Mensch auf verbale Kommunikation angewiesen. Er muß abschätzen oder durch Fragen herausfinden, was sein Gegenüber denkt, wie sein Informationsstand ist, welche möglichen Einwände zu erwarten sind und auf welche Argumente er vermutlich anspricht, und so entscheiden, was er sagt. Er muß auch entscheiden, wie er das sagt, denn einem Freund gegenüber wird er eine andere Sprache benutzen als etwa einem Vorgesetzten gegenüber.

Daß wir ein solches kommunikatives Regelsystem besitzen, wird uns ebensowenig bewußt wie die grammatischen Regeln, die wir beherrschen. Wir entscheiden „nach Gefühl". Die Entwicklung der Kommunikationsfähigkeit ist nur möglich in der Interaktion, im Zusammenleben mit anderen Menschen. Wer lange Monologe halten kann, hat nicht automatisch auch gelernt, sich auf Dinge, die außerhalb des eigenen Ichs ablaufen, zu konzentrieren, anderen zuzuhören, sich in sie hineinzudenken.

Piaget hat schon 1923 Forschungen darüber angestellt[12], wie das Kind aus der „egozentrischen Sprache" (bei der es zwar andere Kinder anspricht, aber nicht mit einer Reaktion rechnet und auch selbst kaum auf das Angesprochenwerden reagiert), zur „sozialen Sprache" findet, wo es lernt, nicht nur mit der häuslichen Bezugsperson, sondern auch mit anderen Menschen Gespräche zu führen. Piaget ging es vor allem darum, den Zeitpunkt herauszufinden, in dem sich diese Entwicklung abspielt. Daß dieser Zeitpunkt je nach den Erfahrungen, die ein Kind macht, sehr verschieden sein kann, hat ihn weniger interessiert.

---

12 Piaget, Jean: Sprechen und Denken des Kindes. Düsseldorf: Schwann 1972 (französ. Original 1923).

Nach einer Lerntheorie der Psychologie gewöhnt sich der Mensch solche Handlungsweisen an, die zum Erfolg führen. Wenn ein Kind also kaum erfahren hat, wie lustvoll eine Unterhaltung sein kann, wie Ichstärke in der verbalen Auseinandersetzung erlebt werden kann und außerdem überzeugt ist, daß Konflikte schneller und sicherer mit Schlägen als mit Worten gelöst werden, sieht es auch keinen Grund, seine verbale Kommunikationsfähigkeit zu entwickeln.

Während Satzbildungsfähigkeit und Artikulationsfähigkeit bis zum Beginn der Schulzeit weitgehend abgeschlossen sind, wird der Wortschatz und vor allem die Kommunikationsfähigkeit auch später noch weiterentwickelt. Da wir aber wissen, daß Qualität und Quantität des späteren Lernens stark von frühkindlichen Lernerfahrungen abhängen, kommt der Sprachförderung in der Familie und im Kindergarten eine große Bedeutung zu.

3. Aufgaben und Ziele der Sprachförderung im Kindergarten

3.1 Aufgaben

Der Kindergarten bzw. die Vorklasse hat bessere Möglichkeiten, Sprachförderung zu betreiben als die Schule in einem vergleichbaren Zeitraum, da

- entscheidende Phasen der kindlichen Sprachentwicklung noch nicht abgeschlossen sind,
- jüngere Kinder noch stärker dazu neigen, die Sprache ihrer Bezugspersonen, also auch des Erziehers, nachzuahmen als ältere,
- der Kindergarten viel mehr Möglichkeiten der freien Interaktion der Kinder bietet als etwa die Schule, in der Privatgespräche gewöhnlich nur in den Pausen erlaubt sind.

Da die Sprachentwicklung eine entscheidende Bedeutung für die Entwicklung der Gesamtpersönlichkeit hat, muß sich das Sprach- und Sozialisationstraining im Kindergarten grundsätzlich auf alle Kinder beziehen. Darüber hinaus hat der Kindergarten die Aufgabe, durch kompensatorische Maßnahmen besonders jenen Kindern zu Selbstbewußtsein, Lern- und Leistungsmotivation zu verhelfen, die in ihrer häuslichen Umgebung nicht die nötige Zuwendung oder Lernmöglichkeit haben. Je genauer die Schwächen und Entwicklungsrückstände des einzelnen Kindes ermittelt werden können, desto größer ist die Chance, gezielte Fördermaßnahmen zu ergreifen. Der Kindergarten müßte sich deshalb stärker mit diagnostischen Methoden vertraut machen oder stärker auf der Mithilfe von Diplompsychologen oder -pädagogen bei diagnostischen Fragen bestehen (vgl. S. ·39).

3.2 Ziele

Um Lernziele festzulegen und begründen zu können, muß man zunächst fragen, wie die Situation von Kindern in unserer Gesellschaft aussieht und welche Fähigkeiten das Kind in der Gegenwart und in der Zukunft braucht, um sich in seiner speziellen Umgebung zurechtzufinden. Bei aller Verschiedenheit der ökonomischen häuslichen Situation haben Kleinkinder eines gemeinsam: Sie sind in jeder Hinsicht abhängig von ihren Bezugspersonen. Wie viele Kinder unter dieser Abhängigkeit zu leiden haben, wird viel zu selten aufgedeckt: In der BRD werden (laut „Spiegel" 30, 1975) jährlich etwa 600 Kinder von ihren Eltern zu Tode geprügelt und etwa 30000 durch Schläge so zugerichtet, daß sie ärztlich behandelt oder in ein Krankenhaus eingeliefert werden müssen. Eine weitaus größere Zahl wird durch Überbehütung am Selbständigwerden gehindert oder durch falsche Rollenerwartungen unter schweren Druck gesetzt. Die Handlungsmöglichkeiten der Kinder werden immer mehr eingeengt durch die Gefahren des Straßenverkehrs, die Enge der Wohnverhältnisse, die berufliche Belastung der Erwachsenen und die damit verbundene nervöse Reizbarkeit.
Selbst wenn man der Mehrzahl der Eltern zugute hält, daß sie „es gut mit den Kindern meinen", bleibt die beunruhigende Tatsache, daß das Wohl und Wehe eines Kleinkindes fast ausschließlich von einer oder zwei Personen abhängt, die weder auf diese Aufgabe vorbereitet wurden noch irgendwelchen Kontrollen ausgesetzt sind. Hatte das Kind früher die Möglichkeit, sich notfalls bei einem Mitglied der Großfamilie in Sicherheit zu bringen oder einer unangenehmen häuslichen Atmosphäre auf die Straße auszuweichen, so is es heute in der Kleinwohnung den Launen, Schwächen oder Neurosen seiner Bezugspersonen schutzlos ausgesetzt.

Aus diesen Tatsachen lassen sich zunächst einmal Forderungen an die Gesellschaft im allgemeinen und an die Eltern im besonderen ableiten. Aus der Enge und Ausschließlichkeit des Lebens in der Kleinfamilie ergibt sich aber auch die besondere Notwendigkeit der sprachlichen Verständigung. Ein Großteil der seelischen Mißhandlungen, denen Kinder aller Schichten täglich ausgesetzt sind, beruht nämlich gar nicht auf böser Absicht, sondern auf Mißverständnissen. Weil die Kinder nicht beschreiben können, was sie fühlen, nicht erklären können, was sie meinen, nicht begründen können, was sie tun, nicht in der richtigen Weise fragen können, werden ihre Interessen und Bedürfnisse oft mißachtet, ohne daß die Erwachsenen es überhaupt bemerken.
Mit jedem Fortschritt in der Sprachentwicklung entfernt sich das Kind ein kleines Stück vom Zustand totaler Abhängigkeit und bewegt sich in Richtung Mündigkeit. Sprache bietet Möglichkeiten zur Selbsthilfe.
Sprache spielt aber auch eine wichtige Rolle, wenn es darum geht, Beziehungen zu anderen Kindern aufzubauen. Es ist nicht selbstverständlich, daß ein Kind, das sich mit seinen Eltern gut verständigen kann, auch mit anderen Menschen Gespräche führen kann. Kinder verstehen sich zunächst schwer und brauchen einiges Training, bis sie gelernt haben, sich aufeinander einzustellen.
Bisher war vom sozialen Aspekt der Sprache die Rede. Daneben muß aber auch der kognitive Aspekt berücksichtigt werden. Die Sprache hängt mit dem Denken zusammen: kompliziertere Denkvorgänge sind ohne Sprache nicht möglich. Mit Hilfe der Sprachstrukturen werden Denkstrukturen geschaffen, Erfahrungen geordnet, reflektiert und generalisiert. Die Rolle der Sprache in der Entwicklung intelligenten Verhaltens muß sehr hoch eingeschätzt werden.

Zusammenfassend läßt sich sagen: Sprache soll dem Kind nicht nur in der Zukunft, sondern schon in der Gegenwart nützen. Drei große Lernfelder sind zu nennen:

1. Die Kinder sollen lernen, mit anderen Menschen zurechtzukommen. Dazu müssen sie können:
andere Menschen anzusprechen wagen;
zuhören;
Gestik und Mimik deuten;
sich in andere Menschen hineindenken;

fragen, bitten, erzählen, berichten;
Dinge so erklären, daß der Hörer versteht;
eine eigene Meinung begründen und die Gegen-
argumente des Hörers berücksichtigen;
Gespräche führen;
telefonieren;
gemeinsam planen, spielen, arbeiten;
Konflikte verbal lösen.

2. Die Kinder sollen lernen, mit Sachen und Sachverhalten zurechtzukommen. Dazu müssen sie können:
was ihnen begegnet, benennen und in ein Begriffssystem einordnen;
beschreiben, vergleichen;

Sachverhalte darlegen;
Handlungsfolgen erkennen;
Zusammenhänge, Verhältnisse, Beziehungen, Ursachen und Wirkungen verstehen und dar-
legen.

3. Die Kinder sollen lernen, mit sich selbst zurechtzukommen. Dazu müssen sie können:
den eigenen Standpunkt erkennen und eine eigene Meinung formulieren;
Angst, Wut, Enttäuschung, Wünsche, Zärtlich-
keit artikulieren und kontrollieren können;
etwas verschweigen können, wenn es Gründe dafür gibt;
Vorurteile korrigieren.

Ein neues Kindergartenprogramm

In dem Programm „Sprache und Spiel im Kindergarten" sollen Möglichkeiten aufgezeigt werden, wie die Gesamtpersönlichkeit des Kindes durch umweltbezogenes, kindgemäßes Sprach- und Spieltraining in der Praxis gefördert werden kann.

Am Beispiel 26 didaktischer Einheiten wird dargestellt, wie eine bestimmte Erfahrung die verschiedensten Aktivitäten in Gang setzen kann, die dem Kind helfen sollen, besser mit sich selbst, mit anderen Menschen, mit Sachen und Sachproblemen zurechtzukommen[1].

1. Entstehung und Erprobung

Die 651 Spiel- und Beschäftigungsvorschläge entstammen vorwiegend meiner praktischen Arbeit mit Kindern in der „Spielschule" für gesunde und behinderte Kinder, die die Volkshochschule Kaiserslautern eingerichtet hat, und der Arbeit im Kindergarten „Elterninitiative emanzipatorischer Kindergarten e. V." in Kaiserslautern, der 1972 von Eltern und Erziehern gegründet wurde.

Da ich außerdem seit 1972 an der Ausbildung von Diplompädagogen und Grundschullehrern an der Erziehungswissenschaftlichen Hochschule Landau beteiligt bin, ergab sich die Notwendigkeit, die aus der praktischen Arbeit mit Kindern gewonnenen Erfahrungen für Studenten und Sozialpädagogen zu ordnen und greifbar zu machen. So entstand dieses Buch. Ich hoffe, daß sich der Erziehungsstil, um den wir uns im Kindergarten bemüht haben, in den „Angeboten" niederschlägt und ansteckend wirkt. Es handelt sich um einen Erziehungsstil, der die Ermutigung des Kindes, seine wachsende Unabhängigkeit, Handlungsfähigkeit und Liebesfähigkeit stärker im Auge hat als gehorsames Einfügen in die Erwachsenenwelt oder ehrgeiziges Training von Schulreifetestaufgaben.

Die einzelnen Vorschläge sind nicht immer besonders originell. Manche Spiele, die die Kinder vor meinen Augen erfunden oder weiterentwickelt haben, fand ich später in irgend-

welchen Spielbüchern längst gedruckt. Vieles ist altbekannt, einiges findet sich auch in dem Spielbuch von MARGA ARNDT[2], in den Vorschulcurricula der DDR[3], in der anregungsreichen Loseblattsammlung von CHRISTA NITZ[4] oder in der Spielsammlung der Autorengruppe Osdorfer Born[5]. Wenn wir alle Leute nennen wollten, die auf bewußten oder unbewußten Kanälen unsere Arbeit im Kindergarten beeinflußt haben, müßten neben Pädagogen wie BENITA DAUBLEBSKY[6], M. und N. HUPPERTZ[7], NANCY HOENISCH[8] und der Arbeitsgruppe Vorschulerziehung[9] auch Leute erwähnt werden wie LEO LIONI[10] oder HEINRICH HANNOVER[11], deren Kreativität ansteckend wirkt.

2 MARGA ARNDT: Didaktische Spiele. Stuttgart: Klett 1970.

3 Regierung der DDR, Ministerium für Volksbildung (Hrsg.): Bildungs- und Erziehungsplan für den Kindergarten. Berlin: Volk und Wissen 1970. IRMGARD LAUNER: Persönlichkeitsentwicklung im Vorschulalter bei Spiel und Arbeit. Berlin: Volk und Wissen 1970.
Arbeitserziehung im Kindergarten. Berlin: Volk und Wissen 1971.
SINGER, BERGER u. a. (Hrsg.): Kommt herbei zum großen Kreis! Bewegungsspiele für Vorschulkinder. Berlin: Volk und Wissen 1969.
Die Natur erlebt und beobachtet mit Vorschulkindern. Berlin: Volk und Wissen 1971.

4 CHRISTA NITZ (Hrsg.): Praxis der Vorschulerziehung. Loseblattsammlung in zwei Ordnern. Wolfenbüttel: Kallmeyer 1972 und 1974.

5 Autorengruppe Osdorfer Born: Die Vorschulkiste. Spielkartei. Hamburg und Braunschweig: Hoffmann & Campe und Westermann 1974.

6 DAUBLEBSKY, BENITA: Spiel in der Schule. Stuttgart: Klett 1971.

7 HUPPERTZ, MONIKA und NORBERT: Rollenspiel und Vorschulmappe. Sprachförderung im Kindergarten. Fellbach-Öffingen: Bonz 1975.

8 NANCY HOENISCH/ELISABETH NIGGEMEYER/JÜRGEN ZIMMER: Vorschulkinder. Stuttgart: Klett 1971.

9 Arbeitsgruppe Vorschulerziehung: Anregungen I: Zur pädagogischen Arbeit im Kindergarten. München: Juventa 1973.

10 Zum Beispiel: LEO LIONNI: Das kleine Blau und das kleine Gelb. Hamburg: Oetinger 1972. Oder: LEO LIONNI: Swimmy. Köln: Middelhauve 1963. .

11 Zum Beispiel: HEINRICH HANNOVER: Die Birnendiebe vom Bodensee. Hamburg: Rowohlt-Taschenbuch, 1973.

1 Vgl. die Definition von Mündigkeit bei HEINRICH ROTH: Pädagogische Anthropologie, Band II. Hannover 1971, S. 446–588.

Außer in den bereits genannten Kindergärten wurden Teile des Programms in 16 Kindergartengruppen aus Baden-Württemberg, Rheinland-Pfalz und Saarland erprobt. Für Hinweise zur Verbesserung danke ich besonders den Kindergärten Langstraße, Schützenhof, Matthäusgemeinde und Wollmesheim in Landau, den Kindergärten in Weil im Schönbuch und der Fachschule für Sozialpädagogik in Landstuhl.

Im Rahmen zweier Landauer Diplomarbeiten (von Franz Fink und Walter Brandt) wird die Effektivität des Jahresprogrammes zur Zeit untersucht.

2. Die Teile des Programms

2.1 Die didaktischen Einheiten

Das Programm besteht aus 26 didaktischen Einheiten, die sich auf den Zeitraum von einem Jahr beziehen. Die Einheit Nr. 1 beginnt nach den Sommerferien, die Einheit Nr. 26 endet mit dem Schuljahr. Die Reihenfolge der Einheiten ist keineswegs zwingend. Zwar sind einige Themen an bestimmte Jahreszeiten gebunden (z. B. die Einheit „Herbst"), für andere Einheiten kann nur der Erzieher den richtigen Zeitpunkt bestimmen (z. B. „Baby" oder „Gäste"). Auch die Themen selbst können geändert werden. Ob nun ein Hund oder eine Katze im Mittelpunkt des Interesses steht (Einheit 10), ist im Grunde gleichgültig. Entscheidend ist, daß die Begegnung mit diesem Tier neue Erfahrungen vermittelt, die Anlaß und Motivation zu den verschiedensten Aktivitäten geben, bei denen Sprechen, Verstehen und Spielen gelernt wird.

Die didaktischen Einheiten gliedern sich in Vorüberlegungen, Bemerkungen zur Sache (nur bei einigen Themen), Wörterliste, Wochenplan, Verzeichnis nötiger Vorbereitungen und die eigentlichen Spiel- und Beschäftigungsvorschläge, hier „Angebote" genannt.

2.2 Die Vorüberlegungen

Die Vorüberlegungen sind keine umfassenden pädagogischen oder didaktischen Abhandlungen, sondern eine Art Einstimmung auf das Thema. Sie sollen zunächst einmal den Erzieher motivieren, sich überhaupt auf das vorgeschlagene Thema einzulassen und ihm helfen, die

Akzente richtig zu setzen. Es wird erklärt, was die verschiedenen Angebote bewirken sollen, und vorgeschlagen, wie man vorgehen könnte, damit die Arbeit den Kindern und dem Erzieher Spaß macht. Meistens wird in den Vorüberlegungen ein bestimmter Aspekt der pädagogischen Arbeit im Kindergarten etwas näher betrachtet (z. B. Sexualerziehung oder der Umgang mit Märchen). Dadurch soll der Erzieher zur Stellungnahme herausgefordert werden und somit im Lauf eines Jahres mehr Klarheit über seine eigene pädagogische Zielsetzung gewinnen.

2.3 Bemerkungen zur Sache

Die Bemerkungen zur Sache, die sich bei einigen Themen finden, sind kurze Sachanalysen, die es dem Erzieher ermöglichen, ohne zeitraubendes Nachschlagen in Sachbüchern seine Kenntnisse zu bestimmten Themen aufzufrischen. Natürlich wäre ein ausführlicheres Studium nützlicher, aber bei einer ganztägigen Arbeitszeit im Kindergarten kann nicht mehr viel Zeit für Vorbereitungen übrig bleiben.

2.4 Wörterliste

Die Wörterliste soll das Feld abstecken, in dem sich die Tätigkeiten des Kindes bewegen sollen, und den Erzieher veranlassen, seinen Aktionsraum nicht zu begrenzt zu halten. Vielleicht fallen ihm beim Durchlesen der „Stichwörter" neue Möglichkeiten für die Arbeit im Kindergarten ein. Die Wörterliste ist also keinesfalls gedacht als Vokabelliste zum Abfragen oder Auswendiglernen.

2.5 Wochenplan

Der Wochenplan ist ein Beispiel dafür, wie eine Woche im Kindergarten ablaufen könnte, keineswegs aber ein Lehrplan, an den sich der Erzieher unter allen Umständen zu halten hat. Weshalb dann überhaupt ein Plan? Hätte man sich nicht mit den Angeboten begnügen können? Der Wochenplan soll zeigen, wie verschiedene Tätigkeiten so geordnet werden können, daß das eine Spiel immer schon die Motivation für das folgende liefert. So wird beispielsweise durch eine Geschichte das Interesse an der

Kartoffel geweckt, darauf folgt ein Ausflug zu einem Kartoffelacker, dort können die Kinder einige Kartoffeln eigenhändig ausgraben, die geernteten Kartoffeln werden im Kindergarten zum Kochen verwendet, zum Bratkartoffelfest werden die Puppen eingeladen ...

So werden einzelne Tätigkeiten zu Handlungs- und Spielketten sinnvoll aneinandergereiht. Daneben muß in einem Wochenplan auch auf einen angemessenen Wechsel zwischen ruhigen und bewegten, leisen und lauten Spielen geachtet werden, und darauf, daß Rollenspiele, Konstruktionsspiele, Bewegungsspiele und Regelspiele in einem ausgewogenen Verhältnis zueinander stehen.

Wenn der Erzieher sich von diesen Prinzipien leiten läßt, kann er selbst bessere Wochenpläne aufstellen, weil er die Situation der Kinder genauer kennt und die Wochenpläne speziell für seine Gruppe gestalten kann.

2.6 Tagesplan

Viele Tagespläne sind zweifellos zu vollgestopft, zumal ja noch genügend Zeit für die Eigeninitiative des Erziehers und der Kinder bleiben soll. Der Erzieher muß also je nach den Interessen der Kinder eine Auswahl aus den Angeboten treffen. Allerdings sollte er sich notieren, welche Spiele bei seiner Gruppe ankamen und welche abgelehnt oder gar nicht erst ausprobiert wurden, damit er im Lauf der Zeit einen Überblick bekommt, ob es vielleicht ein ganz bestimmter Typ von Spielen ist, die in seiner Gruppe nicht ankommen, und was der Grund dafür sein könnte.

Die Tagespläne sind gegliedert in die Zeit des Freispiels, die Zeit der gemeinsamen Aktionen in verschiedenen Gruppen und den Nachmittag, an dem für bestimmte Kinder spezielle Angebote zur kompensatorischen Spracherziehung gemacht werden sollen.

Diese Einteilung orientiert sich an dem, was sich in unserem Kindergarten als sinnvoll erwies, wobei davon ausgegangen wird, daß in jeder Kindergartengruppe zwei Erwachsene tätig sind und daß von Zeit zu Zeit auch einige Eltern in die Kindergartenarbeit einbezogen werden können.

Bei uns erstreckt sich die Zeit des Freispiels vom Kommen der ersten Kinder bis zu dem Punkt, an dem alle Kinder spätestens im Kindergarten sein müssen. In dieser Zeit versuchen die Erzieher, mit einzelnen Kindern ins Gespräch zu kommen, Außenseiter in Spielgruppen einzuschleusen und Kinder zu aktivieren, die nichts mit sich anzufangen wissen. Die Anregungen, die der Erzieher in dieser Zeit gibt, sollen gleichzeitig Vorbereitung sein auf das, was der Tag den Kindern sonst noch zu bieten hat.

Etwa um 9.30 Uhr frühstücken wir gemeinsam. (Hungrige Kinder dürfen ihr Frühstücksbrot aber auch schon früher aufessen.) Im Anschluß an das Frühstück und den Abwasch (jedes Kind spült sein Geschirr selbst), versammeln sich die Kinder, indem sie mit ihren Stühlen einen Kreis bilden. Dabei wird, wenn die Kinder Lust dazu haben, gesungen und der weitere Tagesablauf besprochen, so daß die Kinder sich je nach ihren Interessen zu verschiedenen Spielgruppen zusammenschließen können, sofern nicht ein Angebot für alle (Kaspertheater, Ausflug, Gymnastik) vorliegt.

Die Förderkurse haben wir auf den Nachmittag verlegt. Aus organisatorischen, nicht aus pädagogischen Gründen wäre es günstig, wenn jede Fördergruppe „ihren" Nachmittag hätte, damit sich auch die Eltern darauf einstellen können und dafür sorgen, daß die betroffenen Kinder nicht gerade an diesem Nachmittag fehlen. Am letzten Nachmittag der Woche haben wir den älteren Kindern Arbeitsblätter zur Verfügung gestellt, die unter dem Titel „Wir wollen Schule spielen" beim Beltz-Verlag erscheinen (siehe dazu S. 34–35).

2.7 Liste der Vorbereitungen

Im Anschluß an die Wochenpläne findet sich eine Liste der Vorbereitungen, die der Erzieher treffen muß. Diese Liste soll eine Arbeitsersparnis sein, damit der Erzieher nicht selbst erst lange suchen muß, welches Material er wofür braucht usw. Dinge, von denen angenommen werden kann, daß sie in jedem Kindergarten vorhanden sind wie Scheren, Pinsel, Farben, Zeichenpapier, Klebstoff, Nadeln, Wolle usw. werden in den Vorbereitungslisten nicht aufgeführt.

2.8 Angebote

Mit „Angeboten" sind die Spiel- und Beschäftigungsvorschläge gemeint, die den einzelnen

Themen zugeordnet sind. Zunächst sind es Angebote für den Erzieher: Er kann aufgreifen, was ihm sinnvoll erscheint und sich anregen lassen, ähnliche oder ganz andere Spiele zu entwickeln. Im Lauf eines Jahres soll dadurch sein Repertoire an Spielideen so erweitert werden, daß er in der Lage ist, eigene Wochenpläne oder Tagespläne zu entwickeln. Aus diesem Repertoire werden dann Angebote für die Kinder.

Die wenigsten Angebote sind für alle Kinder gedacht. Die Mehrzahl der Spiele eignet sich am besten für kleine Gruppen.

Die Lernziele, die mit den „Angeboten" verfolgt werden, sind im einzelnen im Register angegeben. Dabei fällt auf, daß die meisten Spiele immer mehrere Lernziele gleichzeitig anstreben. Didaktische Hinweise zu den Spielen werden an einigen Stellen gegeben. Im übrigen sollten vor dem Einsatz der Angebote die Kapitel über Schwerpunkte allgemeiner Sprachförderung, Rollenspiel und kompensatorische Sprachförderung durchgelesen werden.

3. Schwerpunkte allgemeiner Sprachförderung

3.1 Die Einstellung des Erziehers zum Kind

Das Verhalten des Erziehers dem Kind gegenüber wirkt sich stark auf das Sprach- und Sozialverhalten der Kinder aus, wie TAUSCH u. a. nachgewiesen haben[12]. Spracherziehung der Kinder setzt daher Selbsterziehung des Erziehers voraus, die durch gegenseitige wohlwollende Kontrolle der Kollegen unterstützt werden kann. Manche Erzieher merken nämlich gar nicht, daß sie ständig auf die Kinder einreden, ohne ein bestimmtes Kind zu meinen oder eine Antwort zu erwarten. Sie sehen nicht, daß sie auf manche Kinder freundlich eingehen, andere mit kurzen Bemerkungen abspeisen. Die Anzahl der ausgesprochenen Befehle haben die

von TAUSCH beobachteten Erzieherinnen um das vier- bis fünffache unterschätzt.

Der Erzieher müßte also sich selbst kritischer zuhören und feststellen, wie viel prophylaktische (vorbeugende) Pauschalermahnungen, wie viele ins Blaue gerichtete Unmutsäußerungen, geschwätzige Gardinenpredigten, tantenhaft herablassende, geringschätzige oder verletzende Äußerungen im Lauf eines Vormittags fallen.

Dem könnte er als positives Ergebnis entgegensetzen, wie oft er zugehört hat, wie viele Fragen er freundlich beantwortet hat, wie oft er sich mit einzelnen Kindern unterhalten hat, wie oft er den Kindern etwas erzählt hat, wie oft er mit den Kindern gelacht hat.

Es hängt also zunächst vom Erzieher ab, welche Erfahrungen mit Sprache ein Kind im Kindergarten macht, und es kommt darauf an, daß es Sprache weder als lästige Geräuschkulisse, noch als unangenehmen Störfaktor beim Spiel, noch als Machtinstrument erlebt, sondern als persönliche Zuwendung, auf die zu reagieren sinnvoll ist und sich lohnt.

Besonders solche Kinder, die zu Hause Sprache vorwiegend als Instrument zum Verbieten und Schimpfen kennengelernt haben, müssen erfahren, daß Sprache auch eine Form von Zärtlichkeit sein kann („Du, ich freu' mich, daß du wieder da bist!"), daß sie Angenehmes einleiten kann („Komm mal her, ich möchte dir was zeigen!"), und daß man an Sprache Vergnügen haben kann (Witze, Kinderreime usw.). Das setzt allerdings voraus, daß der Erzieher sich klar macht, welche Kinder er mag und welche nicht. Die, die er nicht mag, werden automatisch auch weniger von ihm gefördert als die, die er mag, denn er wird sich ihnen nicht nur seltener zuwenden als den „Lieblingen", sondern auch anders mit ihnen sprechen. Und das Kind, das spürt, daß ihm wenig Sympathien entgegengebracht werden, wird gar nicht erst versuchen, über das, was es ärgert, ängstigt oder sonst gerade beschäftigt, mit dem Erzieher zu sprechen.

Manchmal genügt es, sich die häusliche Situation eines Kindes näher zu betrachten, um schwierige Kinder besser zu verstehen und zu akzeptieren.

Eine ausführlichere Abhandlung über das Erzieherverhalten als zentrale Bedingung der Sprachförderung geben M. und N. HUPPERTZ in: Rollenspiel und Vorschulmappe. Sprachförderung im Kindergarten. Fellbach-Öffingen: Bonz 1975.

---

12 TAUSCH/BARTHEL/FITTKERN/HÜBSCH: Variablen und Zusammenhänge der sozialen Interaktion in Kindergärten. In: Psych. Rundschau 19, 1968, H. 4.

3.2 Die Interaktion der Kinder

Wenn die Kinder zum erstenmal in den Kindergarten kommen, haben die wenigsten von ihnen einen Freund. Sie spielen vorwiegend nebeneinander her, sprechen sich zwar an, können aber noch keine Gespräche führen, weil sie noch nicht gelernt haben, einander zuzuhören oder sich in ihren Handlungen aufeinander einzustellen.

Aufgabe des Erziehers ist nun, unter den Kindern Kontakte zu knüpfen. Das gelingt am ehesten, wenn er ihnen zu der Erfahrung verhilft, wie gut man mit dem X. oder der Y. spielen kann. Es geht also um das Problem, Möglichkeiten zu entdecken, wie aus dem Einzelspiel verschiedener Kinder ein gemeinsames Spiel werden kann. Wenn beispielsweise ein Kind mit einem Auto spielt, ein anderes gerade aus Knetmasse Gegenstände formt und ein drittes Kind Kaufladen spielt, könnten sie gemeinsam Backwarenfabrik – Bäckerei spielen. Der Lastwagenfahrer holt die Ware in der (Knet-)fabrik ab und liefert sie an die Bäckerei. Wenn zwei Kinder mit Autos spielen, könnten sie ein Autorennen veranstalten, wenn mehrere Kinder mit Bauklötzen spielen, könnten sie gemeinsam eine Stadt erbauen ...

Manchmal muß der Erzieher ebenfalls eine Rolle spielen und so die Verbindung zwischen Kindern herstellen: Er kann in der „Autoreparaturwerkstatt" in der Rolle eines Angestellten des Arbeitsamts anrufen und fragen, ob der Kraftfahrzeugmeister nicht einen Lehrling braucht ...

Es werden im Programm auch viele Spiele angeboten, die sich gut zu zweit spielen lassen. Solange die Kinder sich aber noch nicht kennen, sind sie darauf angewiesen, daß der Erzieher das Spiel in Gang setzt und die Zweiergruppe ein wenig im Auge behält.

Wenn der Erzieher bemerkt, daß ein Kind sich zu einem anderen besonders hingezogen fühlt, sollte er unbedingt auch die Eltern darauf ansprechen, vielleicht beim Bringen oder Abholen der Kinder. Auch wenn man weiß, daß Kleinkinderfreundschaften nicht sehr stabil sind, sollten die Eltern erkennen, wie wichtig es für ein Kind ist, einen Freund zu haben. Durch gegenseitige Besuche in der Wohnung oder durch gemeinsame Unternehmungen können solche sich anbahnenden Verbindungen unterstützt werden. Es kann für ein Kind unter Umständen wichtiger und nützlicher sein, nach-

mittags mit einem anderen Kind in dessen Wohnung zu spielen als in den Kindergarten zu kommen (siehe Einheit 21: Mein Freund).

Voraussetzung dafür, daß die Kinder sich als Spiel- und Gesprächspartner ernst nehmen, ist, daß der Erzieher solche Bindungen unter den Kindern wirklich will. Das ist gar nicht so selbstverständlich, denn er könnte die damit verbundene Verringerung der Abhängigkeit von ihm als Liebesverlust empfinden. Solange der Erzieher glaubt, er allein könne trösten, Streit schlichten, interessante Dinge erzählen, Bilderbücher zeigen, erklären, wie etwas gemacht wird, ist er innerlich noch nicht bereit, seine Rolle als Bezugsperson zugunsten von Beziehungen der Kinder untereinander zu beschneiden.

3.3 Die Umweltbegegnung

Im Gegensatz zum „Mappenlernen", wo die Kinder häufig Sachen und Sachverhalte benennen sollen, denen sie in der Realität noch gar nicht begegnet sind, sollen die Kinder bei der Sachbegegnung die Dinge möglichst in ihrer natürlichen Umgebung kennenlernen, sie anfassen, riechen, hören oder schmecken und in ihrer natürlichen Größe und Farbe sehen können. Der Kindergarten muß also entweder die Dinge zu den Kindern oder die Kinder zu den Dingen bringen.

Adjektive und Adverbien prägen sich am besten ein, wenn sie mit persönlichen sinnlichen Erfahrungen verbunden sind („äh, wie bitter!"). Verben werden am leichtesten gelernt, wenn man die entsprechende Tätigkeit selbst ausführen kann, z. B. beim Basteln, Kochen, Experimentieren, Turnen oder bei pantomimischen Übungen.

Erst nach diesen realen Erfahrungen können Spiele eingesetzt werden, bei denen die Kinder noch einmal an die neuen Wörter (die nun im Bewußtsein des Kindes mit persönlichen Erlebnissen gekoppelt sind) erinnert werden (siehe Spiele zur Wortschatzerweiterung).

Es versteht sich von selbst, daß Sachbegegnungen nicht nur um der Erweiterung des Wortschatzes willen vermittelt werden. Die Umwelt besser kennenlernen, Zusammenhänge verstehen, beobachten lernen, messen, vergleichen, ordnen und andere Tätigkeiten, die intelligentes Verhalten ermöglichen, sind dabei ebenso wichtig wie die neuen Erfahrungen im sozialen

Bereich, die etwa ein gemeinsames Überqueren einer Fahrbahn oder ein gemeinsamer Ausflug in den Wald vermitteln.

3.4 Das Gespräch

Das Ansprechen oder Abfragen von Kindern ist noch kein Gespräch. Ein Gespräch muß mindestens aus Ansprache – Antwort – Rückantwort bestehen.

Am leichtesten gelingt das Gespräch zwischen Erzieher und dem einzelnen Kind, weil der Erzieher hier auf das Kind, seine Situation und sein Interesse eingehen kann und die nötige Geduld und Toleranz beim Zuhörer aufbringen kann, die Gleichaltrigen oft fehlt. Als Gesprächsthema eignet sich immer das am besten, was das Kind gerade beschäftigt: Das angefangene Spiel, das Untersuchen eines Gegenstandes, Ärger über andere Kinder usw. Weniger geeignet sind Themen, die dem Kind eine zusammenfassende Darstellung über Abwesendes oder Vergangenes abverlangen, wie z.B. „Wie war es denn am Wochenende?" oder „Wie geht es deinen Eltern?" oder „Was habt ihr in den Ferien gemacht?" Solchen Fragen steht das Kleinkind hilflos gegenüber, weil es „vor lauter Bäumen den Wald nicht sieht" und deshalb ausweichend oder gar nicht antwortet. Dagegen wird das Kind auf Fragen, die seine augenblickliche Tätigkeit betreffen und nicht zu allgemein formuliert sind, sicher eingehen („Hast du eigentlich schon mal ausprobiert, welches von diesen Autos am besten fährt?", „Wie hast du denn diese Schraube rausbekommen?", „Ist das eigentlich schwierig, ohne anzustoßen dahin zu kommen …", „Du bist jetzt sicher sauer wegen dieser Sache …").

Gespräche in der Gruppe sind schwieriger, weil hier der Erzieher die Gedanken der Kinder, die in ganz verschiedene Richtungen laufen, auf ein gemeinsames Thema lenken soll. Der Glücksfall, daß ohnehin schon die meisten Kinder von derselben Sache reden (der erste Schnee fällt, ein Jahrmarkt wird aufgebaut, ein Kind hat sich verletzt …), ist selten gegeben. Im allgemeinen muß der Erzieher erst einmal das Interesse der Kinder auf eine bestimmte Sache lenken.

Dazu hat er verschiedene Möglichkeiten:

Er kann das Thema mit seiner Person oder mit einem anderen Kind in Verbindung bringen („Ich muß euch mal erzählen, was mir gestern passiert ist" oder „Der Alexander will euch was verraten"). Er kann etwas ankündigen, das die Kinder erfreut und spontan zum Planen motiviert („Wir machen einen Ausflug", „Gäste kommen"). Oder er kann das Interesse der Kinder auf ein Problem lenken, das zunächst einmal dargestellt wird, sei es durch eine Geschichte (7.3)[13], durch ein kurzes Puppentheaterstück (9.13) oder durch ein Bild bzw. eine Bildfolge, das der Erzieher den Kindern vorlegt. (Der Erzieher muß deshalb immer Bilder sammeln, sei es aus Illustrierten, aus alten Büchern oder seien es Poster, die es auch für das Kindergartengespräch zu kaufen gibt[14].)

Auf diese Weise kann man die Kinder für eine Sache interessieren und sie zum Sprechen anregen. Aber nun fangen die eigentlichen Probleme erst an: Viele wollen etwas sagen, niemand will zuhören. Der Erzieher befindet sich in einer schwierigen Situation: Auf der einen Seite soll er die Sprechfreudigkeit der Kinder fördern und sie nicht durch zu enge Fragen in ihrer Denkfreiheit einschränken oder durch zu viele Zwischenbemerkungen in ihrem Redefluß unterbrechen, auf der anderen Seite muß er dafür sorgen, daß die anderen Kinder nicht „abschalten", weil es ihnen zu anstrengend oder zu langweilig wird, der oft etwas ungeschickten und undeutlichen Rede eines anderen Kindes zu folgen.

Der Erzieher sollte sich deshalb bei der Gesprächsführung an folgende Regeln halten:

1. Das Gespräch in der Großgruppe immer sehr kurz halten und seine Weiterführung in kleinere „Ausschüsse" verlagern.
2. Immer wieder kurz zusammenfassen oder „übersetzen", was ein Kind meint.
3. „Dauerredner" stoppen, indem man das, was sie vermutlich noch erzählen wollten, in einem Schlußsatz zusammenfaßt und versucht, aus dem Sprecher einen Hörer zu machen („Nun sind wir aber gespannt, ob das bei den anderen genauso war, oder …").
4. Immer wieder Fragen einschieben, die sehr viele Kurzantworten möglich machen („Was nehmen wir mit?", „Was müssen wir kaufen?", „Worüber könnte er sich sonst noch ärgern?"), die reihum von vielen Kindern gegeben werden können.

---

13 7.3 bedeutet: Einheit 7, Angebot Nr. 3. Sinngemäß sind alle derartigen Zahlenangaben zu lesen.
14 Z.B. Poster aus dem Georg-Callmeyer-Verlag, Wolfenbüttel, zur „Praxis der Vorschulerziehung", hrsg. von Christa Nitz.

5. Das Gespräch immer wieder durch Aktionen unterbrechen. (Bei dem Gespräch „Was der Kopf alles kann", 3.9, schließt sich an die Antwort der Kinder jeweils eine Aktion an. Wenn z. B. ein Kind sagt: „Sehen", wird eine Aufgabe gestellt, die anschaulich demonstriert, was gerade behauptet wurde.) Auch Kollektivreaktionen können ein Gespräch sehr beleben. (Bei „Was stinkt?", 3.29, wird mimisch reagiert, bei anderen Spielen wird „ja" und „nein" durch Körperreaktionen wie Kopfschütteln, sich nach hinten fallen lassen, die Beine in die Höhe strecken usw. ersetzt.)

6. Ein gutes Gespräch im Kindergarten sollte immer Folgetätigkeiten nach sich ziehen. Ein Spiel, ein Experiment, eine Verhaltensänderung und nicht zuletzt eine Weiterführung des Themas im Einzel- oder Kleingruppengespräch bei passender Gelegenheit könnte sich anschließen.

Bisher war von Gesprächen die Rede, bei denen der Erzieher in seiner Rolle als Erzieher und das Kind in der Rolle des Kindes agieren. Gespräche mit Kindern gelingen aber manchmal leichter über den Umweg des Puppen- oder Rollenspiels.

Der Erzieher kann seine Stimme einer Handpuppe leihen und so mit den Kindern ins Gespräch kommen (9.13), oder es können sowohl Erzieher wie Kinder eine Handpuppe haben, die miteinander reden (12.12), oder der Erzieher kann als Privatperson, die Kinder aber in einer Rolle agieren (11.2), und schließlich können sowohl Kinder wie Erzieher (bzw. die Kinder untereinander) in einer bestimmten Rolle kommunizieren. Darüber wird im Abschnitt Rollenspiel noch ausführlicher gesprochen.

3.5 Die Geschichte

In der Kindergeschichte nehmen die Erziehungsintentionen des Erwachsenen literarische Gestalt an. Das Kind lernt, zuzuhören, sich zu konzentrieren, einen zusammenhängenden Text zu verstehen.

Darüber hinaus ist die Kindergeschichte immer eine realistische oder symbolische Schilderung der Welt, wie der Erwachsene sie sieht.

Das Kindergartenkind ist noch kaum in der Lage, sich kritisch mit dem Inhalt oder der Interpretation einer Geschichte auseinanderzu-

setzen. Es nimmt begierig auf, was der Erwachsene erzählt oder vorliest, und hält die dargestellten Konflikte und Konfliktlösungsvorschläge für die einzig möglichen und selbstverständlich richtigen. Nur so ist es zu erklären, daß ganze Generationen von Kindern durch ein Buch wie „Struwwelpeter" unterdrückt und geängstigt werden konnten, das nach der einfachen Regel vorgeht: Kinder haben das zu tun, was die Erwachsenen von ihnen verlangen, sonst geht es ihnen schlecht. „Konrad! sprach die Frau Mama, ich geh aus, und du bleibst da!" heißt es in der Geschichte vom Daumenlutscher. Schnell wird noch ein bißchen Angst verbreitet und dann das Kind allein gelassen. Und wenn Konrad sich nun mit seinem Daumen trösten möchte, folgt die Strafe auf dem Fuß: Der Schneider mit der großen Schere kommt, um Konrad zu verstümmeln.

Den Struwwelpeter gibt es heute noch zu kaufen, und es ist nicht das einzige Buch, in dem in brutalster Weise die Wehrlosigkeit des Kindes einer Geschichte gegenüber ausgenutzt wird. Durch Angstmachen werden Kinder unter Druck gesetzt.

Wer Geschichten erfindet oder auswählt und darstellt, muß sich deshalb fragen, welches Weltbild, welche Vorstellungen von Gerechtigkeit er in seinen Geschichten vermittelt, wieweit nicht nur das Fehlverhalten von Kindern, sondern auch das von Erwachsenen gesehen wird und welche Lösungsmöglichkeiten angeboten werden außer der, daß das Kind zum Schluß eben „wieder lieb" ist.

Probleme müssen nicht unbedingt realistisch dargestellt werden, sie können auch verschlüsselt erscheinen in Fabeln, phantastischen Geschichten, Märchen.

Im Märchen werden menschliche Probleme und Lebenssituationen in Bildern gezeigt, wie sie auch im Traum erscheinen können: Der undurchdringliche Wald als Sinnbild des gefahrvollen, unbequemen Lebens außerhalb der häuslichen Geborgenheit, Hexen und andere Ungeheuer als Symbol der Gefahren, gegen die der Mensch sich zur Wehr setzen muß, der Prinz als Bild des Liebenden usw.

Die Frage, ob Märchen mit ihren Hexen und Zauberern, Riesen und bösen Tieren Kindern Angst einflößen, oder ob sie nur bereits vorhandene Ängste personifizieren und damit greifbar machen, ist in der Wissenschaft noch nicht ausdiskutiert. Mir scheint, daß viele Märchen nicht nur als dichterische Gestaltung urmenschlicher Probleme und ihrer Bewältigung gesehen werden können, sondern daß sie zum großen Teil auch die aggressive Phantasie, Sensationslust und das Spannungsbedürfnis von Erwachsenen befriedigen, für die sie ja ursprünglich erdacht wurden.

Märchen müssen deshalb für Kleinkinder sehr sorgfältig ausgewählt, meistens verkürzt und, wenn man so will, entschärft wiedergegeben werden.

Ganz auf Märchen verzichten können wir wohl kaum. Abgesehen davon, daß Kinder Märchen lieben und daß sie im Märchen einer Grundform dichterischer Gestaltung begegnen, die ihnen den Zugang zur Literatur erschließen kann, werden in vielen Märchen Situationen gezeigt, die einen unmittelbaren Bezug zum kindlichen Erfahrungsraum haben, so daß die Kinder ihre eigenen Probleme wiederfinden (Beispiel aus „Brüderchen und Schwesterchen": Das Schwesterchen kann nicht verhindern, daß das Brüderchen etwas tut, was ihm schweren Schaden zufügt; 16.13)[15].

Für die Sprachförderung ist das Märchen deshalb besonders geeignet, weil Handlung und Text der Märchenhelden gewöhnlich nach einfachen, sich in der Geschichte meist wiederholenden Mustern ablaufen, die dem Kind das Verstehen, Nacherzählen, Mitspielen und Nachspielen erleichtern.

Es folgen nun einige Anmerkungen zur Darbietung von Geschichten. Geschichten kann man erfinden, ergänzen, erzählen, vorlesen und nachspielen. Erzählte Geschichten sind leichter zu verstehen als vorgelesene, weil man sich in Wortwahl und Satzbau dem Niveau der Kinder anpassen und sich in der Gestaltung der Geschichte von den Reaktionen der Kinder leiten lassen kann. Trotzdem sollte der Erzieher den Kindern regelmäßig auch geschriebene Texte vermitteln, damit sie lernen, auch andere stilistische Formen von Sprache zu verstehen.

Am beliebtesten sind nach meinen Erfahrungen im Kindergarten Mitmachgeschichten (z.B. 23.10, 19.11). Darunter verstehe ich Geschichten, die mit viel Mimik und Gestik erzählt werden, wobei die Kinder von vornherein zum Mitmachen aufgefordert werden.

Die günstigste Sitzordnung für Mitmachgeschichten ist ein großer Stuhlkreis. Der Erzieher spricht den erzählenden Text und stellt gleichzeitig die verschiedenen Personen der Geschich-

te dar, wobei er den Freiraum im Kreis als Spielfläche benutzt. Nun kommt es darauf an, die Kinder bei jeder sich bietenden Gelegenheit in das Spiel einzubeziehen, sei es, daß sie das „Bühnenbild" darstellen, daß sie Geräusche machen oder daß sie einfache Rollen übernehmen, die ohne Vorbereitung oder Unterbrechung gespielt werden können. Beispiele: in „Rumpelstilzchen" schleicht der Jäger durch den Wald, um Rumpelstilzchen zu belauschen: die Kinder spielen mit nach oben gestreckten Armen die Bäume, hinter deren Stämme sich der Jäger bewegt. Der Prinz will Dornröschen erlösen, aber zuerst muß er sich durch ein dichtes Dornengestrüpp (dargestellt von ineinander verschränkten Kinderarmen) durcharbeiten.

Bei einer Eisenbahngeschichte lassen die Kinder den Zug rattern, den Lautsprecher dröhnen, die Wartenden durcheinanderreden. Bei einer Geschichte vom Bauernhof ahmen die Kinder die verschiedenen Tierstimmen nach, von denen die Rede ist. Und schließlich können die Kinder auch spontan kleine Rollen übernehmen, indem sie vom Erzieher in bestimmter Weise angesprochen werden. (Ein Mann fragt beispielsweise alle Leute nach dem Weg, jemand kauft eine Fahrkarte, ein Eis, bestellt sich an der nächsten Theke eine Limonade …)

Wenn die Mitmachgeschichte am gleichen oder einem anderen Tag wiederholt wird, übernehmen die Kinder einen größeren Rollenanteil als beim ersten Durchgang. Der Erzieher spielt nur noch die Hauptrolle und spricht die Zwischentexte. Schließlich wird beim nächsten Durchgang auch die Hauptrolle von einem Kind übernommen und der Erzieher bleibt im Hintergrund, um das Spiel mit kleinen Zwischentexten in Gang zu halten.

Das Tischtheater (4.25, 4.31, 12.5) ist eine Erzählform, bei der die Geschichte von einem Spiel mit Gegenständen auf dem Tisch begleitet wird. Auch hier übernimmt der Erzieher zunächst beides: Das Erzählen und das Bewegen der Gegenstände. Dann überläßt er die Gegenstände den Kindern, die nun versuchen, die Handlung, die der Erzieher erzählt, in ein Spiel mit Gegenständen umzusetzen. Ziel ist auch hier, daß schließlich die Kinder erzählen und spielen.

Beim darstellenden Spiel auf der Grundlage einer Geschichte geht man am besten so vor, daß zunächst der ganze Text vorgelesen oder erzählt wird. Danach werden solche Teile aus der

---

15 16.13 bedeutet: Einheit 16, Angebot Nr. 13.

Geschichte herausgegriffen, die von den Kindern zunächst mit stummem Spiel (Pantomime) dargestellt werden können, bis schließlich im Lauf weiterer Wiederholungen die Kinder auch die Texte übernehmen, die zu den einzelnen Rollen gehören. Beispiele, wie die Kinder zum darstellenden Spiel geführt werden können, finden sich bei 5.3, 6.13, 7.16, 19.11.

Über den Einsatz von Bilderbüchern und ihre Bedeutung für die Sprachförderung im Kindergarten siehe Wochenplan 15.

3.6 Das Theaterstück

Wie wichtig es ist, daß die Erzieher sich am Rollenspiel der Kinder beteiligen, wird in Kapitel 4 noch näher erklärt. Außerdem können die Erzieher durchaus den Kindern von Zeit zu Zeit etwas „vorspielen", zum Beispiel, wenn es darum geht, einen Streit zwischen Kindern zu schlichten. Wir haben die Erfahrung gemacht, daß Kinder eher bereit waren, Konflikte wahrzunehmen und nach Lösungen zu suchen, wenn wir die Rollen der streitenden Kinder übernahmen und uns (beispielsweise) lauthals um ein Spielzeug zankten. In dieser Rolle gelang es uns meistens, die Kinder als Schiedsrichter und Schlichter anzurufen. (So wurde z. B. gesagt: Du hättest ja mal fragen können! Oder: Stellt euch eine Uhr. Wenn der Zeiger beim roten Strich ist, kommt der andere dran …)

Auch die Mitmachgeschichten (siehe S. 30) erfordern vom Erzieher eine gewisse Lust am darstellenden Spiel.

Das Hauptspielfeld des Erziehers aber ist gewöhnlich das Puppentheater. Hier braucht er nicht erst mühsam um das Interesse der Kinder zu kämpfen, er kann sich auf die Faszination verlassen, die trotz Fernsehen und Spielzeugüberschwemmung nach wie vor von der Handpuppe ausgeht.

Im Programm werden verschiedene Puppentheaterstücke angeboten, die den Erzieher zum Nachspielen und Selbererfinden anregen sollen. Mit diesen Texten werden die verschiedensten Ziele verfolgt: Ängste bewältigen (2.14), Konfliktlösungen suchen (9.13), Vorurteile kritisch beleuchten (9.24), Sachwissen vermitteln (11.20, 21.3), Pluralbildung üben (5.8) … Vor allem aber sollen alle Puppentheatervorführungen die Kinder ermutigen, selbst zu lernen, mit Handpuppen umzugehen. Dazu bieten die Angebote 4.8, 3.8, 12.12 Gelegenheit. Didaktische

Hinweise über die Einführung der Handpuppe finden sich bei den „ersten Spielen mit Handpuppen", 9.25.

3.7 Das Kinderlied

Es gibt unzählige schöne alte Kinderlieder, aber die meisten haben so wenig mit der Welt, in der wir heute leben, zu tun, wie die Schlager, die das Radio von morgens bis abends plärrt. Natürlich darf ein Kinderlied nicht nur vom Text her beurteilt werden, sondern auch nach Melodie und Rhythmus.

Da ich nicht genügend Lieder gefunden habe, die leicht zu lernen sind, eine moderne Sprache benutzen, Situationen aufgreifen, die allen Kindern bekannt sind, und die Kinder nicht nur zum Singen, sondern auch zur Pantomime und zum Textdichten animieren, haben die Kinder und ich eigene Lieder erfunden wie „Uah! Ist das Wasser kalt" (11.5), „Wir knatschen schon, wenn man uns weckt" (13.13), „Du, komm zu mir" (4.36), „Mein Schmusebär" (9.16), „Sieben kleine Mausezähne" (11.25), „Mein Auto springt nicht an" (20.4), „Wir haben bunte Hosen an" (7.9) und „Gack-gack, der Has' hat g'legt" (18.17).

Im übrigen verweisen wir auf die zweibändige Sammlung von RICHARD RUDOLF KLEIN: Willkommen lieber Tag. Band 1–2. Frankfurt a. M.: Diesterweg 1974 und 1975 (Neuauflage). Dort werden auch gute Vorschläge für den Einsatz einfacher Instrumente gemacht.

3.8 Das Kindergedicht

Einer der Hauptsammelpunkte für Kitsch ist das deutsche Kindergedicht. Die Quellen dieser literarischen Gattung werden gespeist von der Sehnsucht nach einer heilen Welt, von verfälschten Erinnerungen an eine angeblich so glückliche Kinderzeit, von idealistischen Vorstellungen von einer reinen Kinderseele und romantischen Hoffnungen auf eine Erneuerung und Reinigung durch die Hinwendung zum Ursprünglichen, Unverfälschten, Natürlichen. Dazu kommen ganz sicher Ängste der Erwachsenen vor der Sexualität, vor Konflikten, vor der „rauhen Wirklichkeit", die zur Flucht in eine Welt führen, wie sie – typisch für viele andere Sammlungen von „kindgemäßen" Gedichten –

im „neuen Kindergartenbuch" von ELISABETH
SATORY sichtbar wird[16]:
Überall finden sich
„Blümchen am Weg, Blümchen am Steg"[17],
„Veilchen am Wiesensaum"[18]
und „im Grase huscht die Maus flink auf leisen
Füßchen"[19]
und „das Herz vernimmt den leisen Ton" der
Narzissen[20] und
das „Läuten" des Schneeglöckchens[21].
Es geht hier aber nicht nur um ästhetische
Fragen, sondern um den Erziehungsstil. Es ist
nicht nur die gute alte Struwwelpeter-Unter-
drückungstechnik, die uns in vielen Kinderge-
dichten wieder begegnet:
„niemals will ich wieder naschen,
will mir stets die Hände waschen
und die Zähne fleißig putzen,
nicht den Teppich mehr beschmutzen,
oder gar vor Ärger brüllen ..."[22],
sondern es geht auch um die Zumutung, die
darin liegt, einem Kind eine Sprache aufzudrän-
gen, die es befremdet und verunsichert: Da wird
aus der Mutter am Muttertag plötzlich ein „lieb
Mütterlein"[23], da heißt es statt „blauer Himmel": „blaugolden glänzt des Himmels Kleid"[24]
und statt „die Sonne geht unter": „Scheiden will
der Sonne Lauf"[25]. Kinder dazu zu bringen, eine
so geschraubte Sprache zu sprechen, sich so
rührend und demütig zu geben, heißt, sie zum
Objekt der Bedürfnisbefriedigung von Erwachsenen zu machen. Die Bedürfnisse der Kinder,
ihre Konflikte mit der Umwelt, die Problematik
des Erzogenwerdens tauchen selten auf. Daß
solche Bedürfnisse und Konflikte aber da sind
und auch ihren literarischen Niederschlag finden, beweist PETER RÜHMKORF mit seiner
kommentierten Sammlung „unanständiger"
Kinder- und Volksreime[26].

Der Erzieher, der sich kritisch mit der Einstellung unserer Gesellschaft gegenüber Kindern
auseinandersetzen möchte, sollte dieses Buch
lesen, nicht, um Kindern in Zukunft „unanstän-
dige Reime" beizubringen, sondern um zu
verstehen, warum es Kindern Spaß macht, mit
Hilfe eines frechen Kinderreims „der allmächti-
gen Sozialisierungsmaschinerie für einen Vers
lang zu entkommen"[27] und das Gefühl der
Solidarität mit Gleichaltrigen zu erfahren, die
gemeinsam die übermächtige Autorität der Erwachsenen in einem Kinderreim „auf die Schip-
pe nehmen".
Im Programm werden kurze, lustige Kinderreime angeboten, die Kinder unmittelbar ansprechen und sie anregen, weiterzudichten, mit
Sprache zu spielen, Spaß zu haben und kleine,
freche Gedichte wie einen Geheimcode an
solche Kinder weiterzugeben, mit denen sie zu
tun haben wollen.
Längere Gedichte sollten höchstens vorgelesen,
nicht auswendig gelernt werden. Dabei sind
solche Gedichte zu empfehlen, die leicht zu
verstehen sind, und den Kindern die Möglichkeit geben, sich einzumischen, wie z.B. bei dem
Gedicht von GUGGENMOS: Was denkt die Maus
am Donnerstag? (5.21).

3.9 Der Witz

In einem Sprachprogramm, das u.a. das Ver-
gnügen am Sprechen vermitteln will, muß genügend Raum zum Scherzen, Blödeln, Witzema-
chen gegeben sein.
Der kindliche Humor entwickelt sich mit dem
Erwachen der Intelligenz. Schon im ersten
Lebensjahr haben Kinder ihren Spaß an Wiederholungen von plötzlichen Bewegungen und
Grimassen.
Sprachlicher Humor taucht erst später auf.
Kindergartenkinder haben Spaß an Wortver-
drehungen (13.19), unsinnigen Sätzen (A70,
A95), Umkehrungen der Logik (11.12) und
falschen Behauptungen (9.29). Das, was Erwachsene als Witz bezeichnen, verstehen Kinder
im Kindergartenalter meist noch nicht, weil
ihnen die Hintergrundinformationen fehlen, die
beim Hörer eines Witzes vorausgesetzt werden.
Wenn aber diese Vorinformationen mitgegeben
werden, können Kinder durchaus ihren Spaß an

16 ELISABETH SATORY: Das neue Kindergartenbuch.
    Graz, Wien, Köln: Styria 1970.
17 Ebenda S. 13.
18 Ebenda S. 15.
19 Ebenda S. 18.
20 Ebenda S. 14.
21 Ebenda S. 12.
22 Ebenda S. 31.
23 Ebenda S. 25.
24 Ebenda S. 12.
25 Ebenda S. 132.
26 PETER RÜHMKORF: Über das Volksvermögen.
    Exkurse in den literarischen Untergrund. Ham-
    burg: rororo-Taschenbuch, 1967.

27 Ebenda S. 30.

kleinen, lustigen Geschichten haben und Lust bekommen, sie weiterzuerzählen. Aus diesem Grunde habe ich alle Witze, die mir von Kindergartenkindern erzählt wurden, in das Programm aufgenommen (siehe Register).

Die lustigen Kinderreime, die den Kindern deshalb Vergnügen machen, weil man darin auch mal etwas sagen darf, was sonst tabu ist („... wer daraus trinkt, der stinkt", 13.17; „... und der Lehrer ist so faul ...", 5.25) wurden ja schon im vorigen Abschnitt erwähnt.

3.10 Kreisspiele

Kreisspiele, bei denen gesungen oder ein bestimmter Satz öfter wiederholt wird, bieten den Kindern eine gute Gelegenheit, sich unmerklich ein Repertoire an Satzmustern anzueignen.

Die einfachste Form von Singspielen sind die, bei denen alle Kinder dasselbe tun, wie „Zeigt her eure Füße", „Wozu sind die Füße da?" (14.24), „Jetzt steigt Hampelmann" (11.3). Diese Form spricht vor allem die jüngeren und ängstlicheren Kinder an, weil das einzelne Kind dabei weder im Blickfeld steht, noch eine Einzelleistung erbringen muß. Es kann sich im Kollektiv geborgen fühlen und sich am Verhalten der anderen orientieren, ohne daß die anderen es merken. Die nächste Stufe bilden Kreisspiele, bei denen einige Kinder sich aus der Gruppe lösen und sich dann wieder in die Gruppe einfügen („Wir haben bunte Hosen an", 7.9) oder Paare bilden („Es tanzt ein Bi-Ba-Butzemann", 4.20).

Einen höheren Schwierigkeitsgrad bilden Spiele, bei denen kurze Dialoge stattfinden, die von einfachen, festgelegten Strukturen („Meine Tante aus Amerika ist gekommen", 23.17) über offenere Formen („Ich habe zu Hause ...", 9.29) bis zum freien Erfinden von Dialogen („Doch, das ziehst du an!", 7.3) gehen können.

3.11 Malen und beschreiben

Das Malen spielt nicht nur für die ästhetische Bildung, sondern auch für die Spracherziehung eine wichtige Rolle.

Vor dem Malen kommt das Beobachten, und das gelingt leichter und besser, wenn das, was gesehen wird, in Worten beschrieben wird; oder versucht wird, sich mit geschlossenen Augen an das soeben Gesehene zu erinnern (vgl. Vorüberlegungen zu Einheit 4, 4.3, 4.13, 9.1).

Nachdem ein Kind ein Bild gemalt hat, sollte sich der Erzieher so oft wie möglich einen Text dazu diktieren lassen. Dadurch wird der therapeutische Effekt des Malens verstärkt, und das Kind übt, etwas bildlich Dargestelltes in Worte zu fassen. Nach unseren Erfahrungen haben die Kinder solche Textzugaben nie als störend, sondern eher als Wertsteigerung ihrer Bilder empfunden, und kamen mit dem fertigen Bild und einem Stift oft hinter dem Erzieher hergelaufen, um ihm einige Sätze zu diktieren.

3.12 Basteln und erklären

Das Basteln bietet Kindern nicht nur die Möglichkeit, ihre Fingergeschicklichkeit zu üben und Erfahrungen mit verschiedenen Materialien zu sammeln, es kann auch einen wichtigen Beitrag zur Sprachentwicklung leisten. Voraussetzung dafür ist, daß der Erzieher nicht nur zeigt, was gemacht werden soll, sondern es erklärt. Also nicht: „Zuerst macht man so, dann so, dann so ...", sondern: „Zuerst muß man das Blatt in der Mitte falten. Dann klappt man es wieder auf und schneidet entlang der Faltlinie ..." Der Erzieher sollte sich immer wieder dazu zwingen, beim Basteln auch mal die Arme zu verschränken, und nur mit Worten, nicht mit den Händen zu helfen.

Auch die Kinder sollten bei jeder sich bietenden Gelegenheit aufgefordert werden zu beschreiben, was sie machen oder gemacht haben. Zeigt zum Beispiel ein Kind dem Erzieher stolz, was es gemacht hat, sollte der Erzieher statt dem üblichen „O, wie hübsch!" lieber fragen: „Du, wie hast du denn das hingekriegt?" oder: „Was war denn das schwierigste dabei?" oder: „Wie hast du denn die Räder so rund (den Deckel so glatt, das Muster so gleichmäßig, die Farben so kräftig, die Linie so gerade) bekommen?"

Vor allem sollten die Erzieher viel mehr, als es allgemein üblich ist, die Kinder als Helfer für andere Kinder einsetzen, statt sich immer nur allein zuständig zu fühlen. „Zeig mal dem Alexander, wie das geht." „Such mal eine Schere für den David, die besser schneidet." „Überleg mal mit der Charlotte, was man daraus machen könnte ..." sind bessere Antworten als „Moment, ich kann jetzt nicht!" und „Du siehst doch, daß ich alle Hände voll zu tun habe."

Auch Konstruktionsspiele sollten mit in den Dienst des Sprachtrainings gestellt werden, indem nicht nur „darauflosgebaut" wird, sondern größere Projekte (Wir bauen einen Krankenwagen aus Legos, eine Stadt aus Bauklötzen, Maschinen für eine Bonbonfabrik …) vorher besprochen und gemeinsam geplant werden. Sobald die Kinder gemeinsam etwas herstellen, statt nur nebeneinander herzuspielen, müssen sie sich automatisch auch sprachlich verständigen, wenn das Projekt verwirklicht werden soll.

3.13 Arbeitsblätter

Arbeitsblätter galten eine Zeitlang fast als Symbol des fortschrittlichen Kindergartens, der nicht länger Bewahranstalt, sondern ein Ort des Lernens sein wollte. Nach dem Einsatz von Arbeitsblättern wurde oft ein erstaunlicher „Intelligenzzuwachs" gemessen, der sich bei näherem Hinsehen allerdings als Trugschluß erwies, als man erkannte, daß die meisten Arbeitsblätter[28] vorwiegend testspezifische Übungen enthielten, das heißt, daß darin ungefähr die gleichen Aufgaben gestellt wurden, die in Intelligenz- und Schulreifetests vorkommen. Mit der Förderung der Gesamtpersönlichkeit hatte das wenig zu tun[29].

Der Einsatz von Arbeitsblättern kam damit in den Geruch der Scheinförderung, die dem Erzieher zu einem guten Gewissen verhilft, die Eltern beruhigt und den Kindern die Zeit vertreibt, aber keine echte Förderung bedeutet. Es wurde sogar von den schädlichen Einflüssen der Arbeitsmappen gesprochen[30],

– weil sich mit den Mappen schulische Vorstellungen vom braven, stillsitzenden, ehrgeizigen Kind in den Kindergarten einschleichen könnten,
– weil Arbeitsmappen nicht zur Kooperation und Kommunikation erziehen würden (BAAR

und TSCHINKEL empfehlen allen Ernstes Tischparavents als Mittel gegen das Abschreiben!),
– weil das Mappentraining den Einsatz von Schulreifetests in Frage stellen könnte,
– weil bei dem vielen Ausmalen, Anstreichen, Durchstreichen und Ordnen die schöpferischen Fähigkeiten des Kindes verkümmern könnten,
– weil die Erzieher in Versuchung kommen könnten, die sichtbaren Ergebnisse ihrer Arbeit höher zu bewerten als die unsichtbaren oder schwer meßbaren, und ihre Aufmerksamkeit auf den Einsatz der Mappe konzentrieren könnten, wobei sie ihre eigentlichen pädagogischen Aufgaben verfehlen könnten.

Dem läßt sich entgegenhalten, daß Arbeitsblätter durchaus eine wichtige Funktion im Kindergarten erfüllen können, wenn sie als Ergänzung, Vertiefung und Lernzielkontrolle die eigentliche Arbeit im Kindergarten begleiten, statt sie zu ersetzen.

So hat sich zum Beispiel KLAUS SCHÜTTLER-JANIKULLA den Einsatz seiner Arbeitsmappen[31] gedacht. Solange der Erzieher aber nur Anweisungen für den Umgang mit der Mappe erhält, während er für die übrige Arbeit im Kindergarten keine Hilfestellung bekommt, außer daß erklärt wird, es solle gespielt und experimentiert werden, wird es schwierig sein, den Stellenwert der Arbeitsblätter richtig zu verstehen.

Bisher ist es nur CHRISTA NITZ gelungen, eine sinnvolle Verbindung zwischen dem Einsatz von Arbeitsblättern und den übrigen Tätigkeiten im Kindergarten zu schaffen[32].

Auch das vorliegende Programm wird durch Arbeitsblätter ergänzt, die beim Beltz-Verlag, Weinheim, unter dem Titel „Wir wollen Schule spielen" bestellt werden können.

Diese Arbeitsblätter sind für die älteren Kinder im Kindergarten gedacht und sollen etwa einmal wöchentlich eingesetzt werden. Die Themen der Arbeitsblätter sind auf die Wochenpläne des Programms bezogen und sollen dazu dienen, sich auf eine andere Art, nämlich mit Bleistift, Papier und Schere mit dem Wochen- oder Tagesthema zu beschäftigen. Dabei soll das Kind auf die Schule vorbereitet werden, indem

---

28 Zum Beispiel: Sprach- und Denktraining, hrsg. von H. KRATZMEIER. Weinheim und Basel: Beltz 1970.
BAAR/TSCHINKEL: Schulreifeentwicklungshilfe. Wien 1968 (4. Aufl.)
29 HEIN RETTER: Sprach- und Intelligenztraining durch didaktische Materialien? In: Z. f. Pädagogik, 4, 1971, S. 526ff.
30 Eine Zusammenfassung der Einwände gegen Mappen findet sich bei HUPPERTZ/HUPPERTZ: Rollenspiel und Vorschulmappe. Fellbach: Bonz 1975, S. 69ff.

31 Sprachtraining und Intelligenzförderung im Vorschulalter, Mappe 1–3. Oberursel: Finken o.J.
32 Arbeitsblätter zur Praxis der Vorschulerziehung. Wolfenbüttel: Kallmeyer 1974.

es lernt zu verstehen, welche Aufgabe von ihm erwartet wird und erfährt, daß es Befriedigung verschaffen kann, eine Aufgabe vollständig und selbständig zu lösen und sich die Gewißheit zu verschaffen, daß man es richtig gemacht hat.

Für den Erzieher haben Arbeitsblätter die Funktion von Lernzielkontrollen, nicht nur, weil er beobachten kann, ob das Kind die richtige Lösung findet, sondern auch, wie es sie sucht und findet: ob das Kind die Anweisungen des Erziehers versteht, ob es sich eine kurze Zeit wirklich konzentrieren kann, ob es die nötige Selbstsicherheit besitzt, sich an einen Lösungsversuch zu wagen und ob es in der Lage ist, die Richtigkeit seiner Lösung selbst zu überprüfen. Nähere Hinweise zum Einsatz der einzelnen Blätter finden sich in der Mappe „Wir wollen Schule spielen".

3.14 Feste

Wenn das Forscherteam GINDL/HETZER/STURM 1923 für die Rückstände in der Sprachentwicklung von Heimkindern unter anderem die Gleichförmigkeit des Lebens im Heim verantwortlich machte, so meinte es damit, daß das eintönige Leben in der Anstalt ohne Vorfreude auf besondere Ereignisse, ohne Spannung und Höhepunkte dazu führt, daß Kinder abstumpfen, daß ihre Lernbereitschaft abnimmt, ihre Neugier auf die Umwelt gedämpft wird. Dagegen verbreiten besondere Ereignisse eine Atmosphäre von Spannung, Neugier, Aufgeschlossenheit. Die Kinder sind wacher, lassen sich aktivieren, zu neuen Tätigkeiten anregen.

Feste haben also eine wichtige Funktion in der erzieherischen Arbeit des Kindergartens.

Feste können aber auch das Gegenteil bewirken: sie können die ganze Kindergartenarbeit über Wochen lahmlegen, Kinder mehr dressieren als fördern, beunruhigen statt anregen, Nervosität und Leistungsangst wecken statt Vorfreude und Arbeitslust, nämlich dann, wenn Feste zu einer Prestigeangelegenheit für den Kindergarten werden, wo den Eltern das gezeigt wird, was sie angeblich so gerne sehen möchten: wie Kinder funktionieren, sich produzieren und Programme reibungslos ablaufen. Die Erzieher lassen sich tyrannisieren von perfektionistischen Vorstellungen, die sie von der Schule oder – noch schlimmer – vom Theater ableiten, üben wochenlang dieselben Programmnummern ein, arbeiten Tag und Nacht an Kostümen und Dekorationen, die viel zu kompliziert sind, als daß sie von den Kindern hergestellt werden könnten. Alle Unzulänglichkeiten, Unregelmäßigkeiten, Unstimmigkeiten, Disziplinschwierigkeiten, die im Umgang mit Kleinkindern normal sind, werden plötzlich als Mißerfolg, als Blamage empfunden und setzen die Erzieher unter Streß. Dazu kommt noch die unselige Vorstellung, der Erzieher müsse bei jedem Fest für alle 25 Kinder ein selbstgebasteltes Geschenk bereithalten. (Welcher Lehrer käme auf so eine Idee?)

Bei den Vorschlägen für Feste wurde in diesem Programm deshalb besonderer Wert darauf gelegt, sie zu einer Angelegenheit der Kinder zu machen. Die Hauptsache dabei ist die gemeinsame Vorbereitung und Planung, wobei nur das in Frage kommt, was von den Kindern ohne Dressurakte geleistet werden kann. Das Jahresprogramm sieht vor, daß neben besonderen Festen wie „Gäste kommen" (6), Weihnachten (8), Karneval (13), Ostern (18) und Sommerfest (26) auch sonst viele besondere Ereignisse wie Ausflüge, Überraschungen, Besichtigungen, Begegnungen mit Tieren, neue Spiele und anderes in das Programm eingebaut werden, damit die Kinder Grund haben, sich jeden Tag wieder neu auf den Kindergarten zu freuen.

4. Das Rollenspiel

Die Bedeutung des Rollenspiels für eine Sprachförderung, die vor allem die Kommunikationsfähigkeit der Kinder im Auge hat, ist so groß, daß diesem Thema ein eigenes Kapitel gewidmet sein soll. Ein Kind hat dann die nötige kommunikative Kompetenz erworben, wenn es sich aktiv an sozialen Rollenspielen beteiligen kann. Es hat gelernt, eine Situation zu erfassen, sich in den Gesprächspartner hineinzudenken, zuzuhören und zu verstehen und selbst situationsangemessen sprachlich zu handeln.

Über Theorie und Bedeutung des Rollenspiels gibt es schon sehr viel Literatur[33], dagegen sind die Hinweise zur Didaktik des Rollenspiels recht spärlich. Deshalb soll hier nichts mehr über die Bedeutung des Rollenspiels gesagt werden, sondern mehr über die Möglichkeiten nachgedacht

---

33 Siehe KOCHAN, BARBARA (Hrsg.): Rollenspiel als Methode sprachlichen und sozialen Lernens. Kronberg: Scriptor 1975.

4.1 Überblick über die verschiedenen Stufen des Rollenspiels

Beispiel 1	Kind schiebt Auto hin und her, macht Brummgeräusche.	Kind lädt sein Auto mit Bauklötzen auf, fährt damit zu einer bestimmten Stelle, lädt ab, fährt zurück.	Mehrere Kinder spielen mit Autos nebeneinander her, benutzen dieselben Straßen.	Kind fährt mit dem Auto zu einem anderen Kind, spricht es als Tankwart an, tankt Benzin.	Das Kind bekommt Streit mit dem Tankwart, ruft die Polizei, Passanten mischen sich ein …
Beispiel 2	Kind verrührt Sand und Wasser im Kochtopf.	Kind fühlt sich als Hausfrau oder Koch, rührt um, schmeckt ab, versucht, füttert vielleicht die Puppe mit dem Gericht.	Andere Kinder kochen ebenfalls. Jeder füttert seine eigene Puppe.	Eine Frau kocht das Essen für ihren Mann (oder umgekehrt). Sie essen gemeinsam.	Die Kinder meckern über das Essen, das gekocht wurde … Familienkrach.
Bezeichnung	NACHAHMUNGSSPIEL	EINFACHES ROLLENSPIEL	KOLLEKTIVES ROLLENSPIEL	SOZIALES ROLLENSPIEL STUFE 1	SOZIALES ROLLENSPIEL STUFE 2
Beschreibung	Kind ahmt eine Tätigkeit nach, versetzt sich aber nicht in die Rolle einer anderen Person.	Kind spielt eine Rolle und ahmt Handlungen und Handlungsfolgen nach, die zu dieser Rolle gehören und kann dabei Selbstgespräche führen.	Das Spiel einzelner Kinder ist räumlich und thematisch näher gerückt. Die Kinder sprechen sich manchmal an, erwarten aber keine Antwort (kollektiver Monolog).	Das Spiel von mindestens zwei Personen ist aufeinander bezogen. Gespräche finden statt, aber das Hauptgewicht wird auf das Handeln, nicht auf das Reden gelegt. Über Gefühle, Gedanken wird nicht geredet. Soziale Sprache.	Die Handlung ist so kompliziert, daß längere verbale Äußerungen nötig sind. Die handelnden Personen argumentieren, begründen, erklären. Spielregeln werden festgelegt. Soziale Sprache, Argumentation
Fähigkeiten	Beobachten, Nachahmen von Bewegungen (Pantomime), Nachahmen von Geräuschen.	Differenzierte Beobachtung, Handlungsablauf wird logisch gegliedert (zuerst, danach …), Bewegungen im Raum haben eine bestimmte Bedeutung und sind nicht beliebig auswechselbar.	Kind stimmt seine Bewegungen auf andere Kinder ab, nimmt andere Kinder wahr.	Kooperation. Zuhören, verstehen, antworten.	Kinder einigen sich auf Spielregeln (das soll unser Tisch sein, du hättest den ganzen Tag noch nichts gegessen). Einfühlungsvermögen, Konfliktlösungsfähigkeit.

werden, wie der Erzieher die Kinder an das Rollenspiel heranführen kann.

Es gibt verschiedene Stufen des Rollenspiels, die der Erzieher genau kennen muß, wenn er Spielförderung betreiben will:
Nachahmungsspiel;
einfaches Rollenspiel;
kollektives Rollenspiel;
soziales Rollenspiel, 1. Stufe;
soziales Rollenspiel, 2. Stufe.
Das Kind kann keine höhere Stufe vor der niedrigeren erreichen. Der Erzieher muß deshalb beurteilen können, auf welcher Stufe das Kind spielen kann, und ihm dann Hilfestellung geben, um die nächsthöhere Stufe zu erreichen. Da ein Kind, das schon eine höhere Spielstufe erreicht hat, gelegentlich auch wieder einfachere Spiele bevorzugt (zum Beispiel, wenn es müde ist), genügt eine einmalige Beobachtung des Spielverhaltens eines Kindes nicht. Vielmehr sollte der Erzieher regelmäßig in der Zeit des Freispiels an den Spielen der Kinder teilnehmen und seine Beobachtungen unmittelbar schriftlich festhalten. Dabei braucht er keine langen Protokolle zu verfassen, es genügt, wenn er in eine Stufentabelle des Spielniveaus immer wieder die Namen der Kinder einträgt, die der Erzieher gerade beobachten konnte.

4.2 Hinführung zum sozialen Rollenspiel

Wenn zwei Kinder miteinander „Kaufladen" spielen, sind drei Voraussetzungen gegeben: Sie haben beobachtet, wie Erwachsene sich in einem Laden verhalten, sie können die Waren benennen und Sätze bilden, und sie haben gelernt, eine bestimmte Rolle durchzuhalten und sich an die beschlossenen Spielregeln zu halten. Die Hinführung zum Rollenspiel besteht also
a) im Vermitteln von Erfahrungen (entweder direkt durch Sachbegegnung und Kontakte mit der Erwachsenenwelt oder indirekt durch Filme, Geschichten, Berichte usw.;
b) in der planmäßigen Erweiterung der Sprachkompetenz durch Artikulationsübungen, Wortschatz- und Satzbildungstraining und
c) im eigentlichen Spieltraining.

4.2.1 Vom Nachahmungsspiel zum einfachen Rollenspiel

Um überhaupt eine Tätigkeit nachahmen zu können, ist Konzentrationsfähigkeit, genaues Beobachten, Merkfähigkeit und eine gewisse Körperbeherrschung nötig. Um aber vom Nachahmen einer Tätigkeit (Puppe ausziehen) zum Nachahmen einer Rolle (Mutter beim Zubettbringen ihres Kindes) zu kommen, sind Einsichten in Grund, Zweck und mögliche Folgen der Handlung nötig. (Die Mutter bringt ihr Kind zu Bett, weil es müde ist. Vorher muß es ausgezogen und gewaschen werden. Manche Kinder lassen sich zu Bett bringen, manche wehren sich …) Die Spielförderung der Kinder, die sich auf der Stufe des Nachahmungsspiels befinden, besteht deshalb darin, die vom Kind nachgeahmte Tätigkeit in eine Handlungsfolge einzubauen, das Spiel also zu erweitern und neue Dimensionen zu eröffnen. Aus der einfachen Tätigkeit soll eine differenziertere Handlungsfolge werden.

Das kann geschehen, indem man dem Kind entweder Ideen anbietet oder Material zur Verfügung stellt, das eine Erweiterung der Spielaktivität zur Folge hat. Dabei sollte der Erzieher immer von der Tätigkeit ausgehen, die das Kind gerade gewählt hat, und sich überlegen: Was gehört in der Realität notwendig zu der Tätigkeit, die das Kind gerade nachahmt, und wie könnte ich das „Zubehör" im Spiel darstellen?

Beispiele für Spielerweiterung durch Anbieten von Ideen: (Kind knetet Würste): Kannst du eigentlich auch eine richtig gefährliche Schlange kneten? Wo schläft sie denn?
(Kind schiebt Auto hin und her): Hat dein Auto eigentlich noch Benzin? Ich glaube, du mußt mal tanken.
(Kind zieht Puppe aus und an): Die Kleider deines Babys sind aber ganz schön schmutzig. Ich glaube, die solltest du mal waschen.
(Kind trägt Teddy herum): Der Teddy hat gesagt, er hätte Durst.
(Kind reiht Holztiere auf): Brauchen die wilden Tiere denn keinen Käfig?
(Kind tobt herum): Hast du schon mal ausprobiert, wie die Clowns springen und gehen? So zum Beispiel …
(Kind hat sich einen Damenhut aufgesetzt): Probier doch mal am Spiegel, was die feine Dame für ein Gesicht macht, wenn sie sagt: Nein danke, das mag ich nicht!
Beispiele für Spielerweiterung durch Anbieten von Spielmaterial als Stütze oder Erweiterung der Spielhandlung:
Für das Kind, das ziellos sein Auto auf dem Fußboden hin- und herfahren läßt, einen Klebe-

streifen, der die Straße markiert, einen Karton, aus dem man mit Hilfe von angeklebten Rampen eine Brücke bauen kann.

Eine an einem Stuhlbein festgebundene Schnur wird zum Benzinschlauch einer Tankstelle.

Ein auf die Lehne umgekippter Stuhl wird zum Gepäckwagen oder Gabelstapler, ein umgedrehter Tisch zum Möbelwagen, eine Stuhlreihe zum Eisenbahnabteil.

Rollen von Erwachsenen lassen sich leichter spielen, wenn man Verkleidungsstücke, Hüte, Erwachsenenschuhe, Schminke und Schmuck hat.

Ein richtiger Arzt braucht Salbe zum Einreiben, Saft als Medizin und vor allem Verbandsmaterial (auch zum Verbinden von Puppen und Stofftieren).

Büroklammern, Zettel, Stempel, Telefon aktivieren den Bürobetrieb.

Schampoo eröffnet neue Möglichkeiten beim Puppenspiel,

eine Speisekarte für das Restaurant,

eine Werbefläche für das Kaufhaus,

eine Taschenlampe für den Höhlenforscher,

Lockenwickler für den Friseur,

Wasser und Pinsel zum „Anstreichen" der Möbel,

ein Karton als Ofen für die Knetmassenbäckerei ...

4.2.2 Vom einfachen Rollenspiel zum sozialen Rollenspiel

Eine Zwischenstufe zwischen einfachem und sozialem Rollenspiel bildet das kollektive Rollenspiel, wo die Kinder nebeneinander herspielen, aber ein gemeinsames Thema haben. (Beim Kneten: Die Kinder sind Arbeiter in einer Großbäckerei. Beim Spiel mit Konstruktionsmaterial: Die Kinder sind Arbeiter in einer Maschinenfabrik. Beim Spiel mit Puppen: Die Eltern treffen sich auf dem Puppenspielplatz. Im Freien: Die Kinder sind Verkehrsteilnehmer.)

Zu diesen Erfahrungen im Nebeneinanderherspielen müssen aber noch bestimmte Fähigkeiten kommen, ehe aus dem kollektiven Rollenspiel ein soziales Rollenspiel wird:

Erkennen, wie Menschen sich zueinander verhalten,

Mimik und Gestik verstehen,

Mimik und Gestik einsetzen können,

Interesse an anderen Kindern haben,

mitspielen wollen, mitspielen lassen,

Gespräche führen können,

ertragen können, wenn etwas anders verläuft,

als man es sich vorgestellt hat,

andere umstimmen und sich umstimmen lassen,

sich an gemeinsame Spielregeln halten.

Für Kinder, die noch wenig Erfahrungen im sozialen Rollenspiel haben, ist zunächst der Erwachsene der beste Spielpartner, weil er die nötige Toleranz aufbringen kann, das Aus-der-Rolle-fallen des Spielpartners zu ertragen, sich im Spiel auf den Anfänger einzustellen, und ihm lustvolle Spielerfahrungen zu vermitteln. Dabei muß der Erzieher aber von Anfang an darum bemüht sein, sich überflüssig zu machen und den Kindern das Feld zu überlassen. Es darf nicht dazu kommen, daß die Kinder überhaupt nur noch unter der Voraussetzung ein Spiel beginnen, daß der Erzieher mitspielt und möglichst die Hauptrolle übernimmt. Wenn der Erzieher ein Kind soweit gefördert hat, daß es fähig ist, am sozialen Rollenspiel teilzunehmen, sollte er seine Hauptaufgabe darin sehen, einzelne Kinder zu Spielgruppen zusammenzuführen oder zwischen verschiedenen Spielgruppen Verbindungen herzustellen. (In der Bauecke tauchen Architekten oder Wohnungssuchende auf, in der Puppenecke meldet sich Besuch an, nach einem Verkehrsunfall müssen Polizei und Krankenwagen gerufen werden ... In unserem Kindergarten hat sich die Methode bewährt, Einzelkinder über das „Arbeitsamt" telefonisch an die Spielgruppen zu vermitteln. Auf diese Weise wurden auch unbeliebte Kinder meistens als Spielpartner akzeptiert.)

Es gibt keine Tätigkeit im Kindergarten, die nicht in ein Rollenspiel einmünden könnte: Alles, was gebastelt wird, sollte in irgendeiner Form in ein Spiel einbezogen werden. Bilder sollen zum Erzählen, Erzählungen zum Nachspielen reizen, aus Gymnastik können sich pantomimische Übungen entwickeln, aus Liedern und Kreisspielen können Spielszenen abgeleitet werden, aus Geschichten darstellendes Spiel. Wie das im einzelnen gemacht werden kann, soll in den „Angeboten" des Förderprogramms aufgezeigt werden.

Die höchste Stufe des Rollenspiels bildet das Konfliktlösungsspiel, wo für ein bestimmtes Problem mehrere Lösungen gefunden werden, indem die Rollen und ihr Verhalten geändert werden. Dabei lernt das Kind Rollendistanz, das heißt, es versteht, daß Rollen veränderbar sind, daß man danach fragen darf, ob eine Rolle so und nicht anders gespielt werden muß, und lernt zu fragen, wer eigentlich von den Menschen verlangt, diese oder jene Rolle nicht nur im Spiel, sondern auch im Leben, zu übernehmen (Beispiel für ein Konfliktlösungsspiel: Suppenkasper, 22.10).

5. Kompensatorische Sprachförderung im Kindergarten

Umweltbedingte Lerndefizite auszugleichen, kann heißen:
ein Kind beachten, ernst nehmen;
Zuneigung schenken;
zuhören und reagieren;
beraten und loben;
eine Zeitlang in Ruhe lassen oder sich abreagieren lassen;
und schließlich: gezielte Lernangebote machen.
Es geht also bei der kompensatorischen Sprachförderung nicht nur darum, Kindern eine bessere Aussprache beizubringen, grammatische Fehler zu korrigieren oder den Wortschatz zu erweitern, sondern vor allem darum, diese Kinder zum Lernen zu motivieren, ihnen Lust am Sprechen zu vermitteln und solche Lernangebote zu machen, die mit ihrem bisherigen Leben etwas zu tun haben. Eine Erweiterung der Lernangebote ist sinnlos, wenn diese nicht das Gefühl vermitteln, sich in der Umgebung immer besser auszukennen, mit der Umwelt immer besser zurechtzukommen, sich immer mehr zuzutrauen und zuzumuten zu können. Nicht, was es alles falsch macht, soll dem Kind bewußt gemacht werden, sondern was es alles kann und noch lernen könnte.

5.1 Zur Diagnose des Sprachdefizits

Der Erzieher hat wenig Möglichkeiten zu überprüfen, welche Erfahrungen die Kinder in ihrer häuslichen Umgebung gemacht haben und woran es liegt, daß ein Kind sich auf diesem oder jenem Gebiet anders entwickelt hat als die meisten Gleichaltrigen. Er kann aber versuchen, die Wirkungen der ihm unbekannten Erfahrungen zu erfassen, indem er den Entwicklungsstand des Kindes möglichst genau beurteilt. Je genauer seine Diagnose, desto gezielter kann er fördern.

Um differenzierte Sprachdiagnostik zu ermöglichen, haben wir an der Erziehungswissenschaftlichen Hochschule Landau einen Sprachentwicklungstest für Vorschulkinder entwickelt, der 1976 beim Beltz-Verlag, Weinheim, in der Reihe Deutsche Schultests, herausgegeben von K. INGENKAMP, erschienen ist[34]. Mit diesem Test kann auch ein Erzieher umgehen, wenn er sich die Mühe macht, sich mit der Durchführungs- und Auswertungsanleitung gründlich vertraut zu machen. Falls er sich dazu nicht in der Lage fühlt, sollte er sich darum bemühen, einen Psychologen oder Diplompädagogen in den Kindergarten zu holen (z. B. von der Erziehungsberatungsstelle), damit wenigstens die Kinder, die ihr letztes Jahr vor dem Schuleintritt im Kindergarten verbringen, getestet und in Fördergruppen eingeteilt werden können. Die Zeit, die das Testen in Anspruch nimmt (pro Kind durchschnittlich 17 Minuten), wird dadurch wieder eingespart, daß die besonderen Schwächen der Kinder gezielt und damit zeitsparend behandelt werden können.
Der Landauer Sprachentwicklungstest mißt Artikulation, Wortschatz, Formen- und Satzbildungsfähigkeit sowie Kommunikationsfähigkeit. Aus den beigefügten Tabellen läßt sich ablesen, ob die vom Kind erbrachte Leistung seinem Alter entspricht oder ob das Kind Hilfe braucht.
Die Hilfe, die der Kindergarten bieten kann, besteht darin, sich um die betroffenen Kinder besonders zu kümmern und am allgemeinen Förderprogramm teilnehmen zu lassen. Darüber hinaus sollen die verschiedenen Fördergruppen zusätzliche Angebote bekommen, bei denen die neu erworbenen Kenntnisse noch einmal vertieft und gefestigt werden. Dazu bietet das Programm besondere Spiele an, die mit A für die Fördergruppe Artikulation, W für die Fördergruppe Wortschatz, G (= Grammatik) für die Fördergruppe Formen- und Satzbildung und K für die Fördergruppe Kommunikation in den Wochenplänen gekennzeichnet sind. Diese „Sonderangebote" dürfen aber nicht als

---

34 Sprachentwicklungstest für Vorschulkinder, LSV. Bestellnummer 90 760 bei Beltz Test Gesellschaft, Postfach 1120, 6940 Weinheim. Preis: Kompletter Testsatz 98,– DM, dazu für jedes Kind einen Protokollbogen (25 Stück 8,– DM).
Bei der Bestellung muß die Bezugsberechtigung durch den Stempel des Kindergartens nachgewiesen werden.

eigenständiges Förderprogramm angesehen werden, sondern immer in Verbindung mit dem Gesamtthema. Kompensatorische Förderung geschieht nicht dadurch, daß an einem bestimmten Tag der Woche einige Minuten lang irgend etwas trainiert wird, sondern dadurch, daß der Erzieher die besonderen Schwächen seiner Schützlinge im Auge hat und die ganze Woche über nach Möglichkeiten sucht, diese Kinder für bestimmte Angebote zu interessieren und in Lernprozesse zu verwickeln.

5.2 Fördergruppe Artikulation

Kinder mit schweren Sprachfehlern können meistens nicht ohne die Hilfe eines Sprachheillehrers geheilt werden. Aufgabe des Erziehers ist es in solchen Fällen, die Eltern auf die Sprachmängel hinzuweisen und ihnen den Weg zu einer Erziehungsberatungsstelle oder Sprachheilschule zu ebnen. Viele Eltern wissen nicht, daß die Krankenkassen in der Regel die Kosten einer Sprachheilbehandlung übernehmen.

Leichtere Fälle können dagegen durchaus mit Erfolg im Kindergarten behandelt werden, wenn der Erzieher die Sprachmängel möglichst genau diagnostizieren kann und mit den Kindern in Kleingruppen regelmäßig das übt, was sie noch nicht können.

Jeder Behandlung sollten Hörübungen vorausgehen (A 1–4), damit der Erzieher mögliche Gehörschäden erkennen und den Eltern raten kann, einen Hals-Nasen-Ohren-Arzt aufzusuchen und das betreffende Kind untersuchen zu lassen.

Bei Kindern, die stottern, muß der Schwerpunkt der Arbeit auf rhythmischen Übungen liegen. Entspannungsübungen, Kinderreime, Kinderlieder, Kreisspiele, überhaupt alle von Bewegungen begleiteten Sprachübungen[35] sind hilfreich. Dagegen ist alles zu vermeiden, was das stotternde Kind aufregt, in Verlegenheit setzt, unter Leistungsdruck stellt, in den Mittelpunkt des Interesses rückt. Man darf also stotternde Kinder wegen ihrer Sprechweise weder ermahnen, noch nachahmen, noch korrigieren, sondern muß versuchen, sie beim Sprechen vom Sprechen abzulenken, etwa durch Konzentration auf die begleitende Musik oder die begleitenden Bewegungen.

Im Gegensatz zur Behandlung des Stotterers sollte das polternde Kind, das eine verwaschene, undeutliche, oft überhastete und „schlampige" Sprache an den Tag legt, dazu gebracht werden, sich auf das, was es sagt, zu konzentrieren. Übungen im Langsamsprechen (A 21, A 29), besonders deutliche Aussprache (A 13–20), das Zergliedern von Wörtern und das Bewußtmachen einzelner Wortteile (A 27–36) sind angebracht.

Die größte Gruppe der Kinder mit Sprachfehlern bilden die Stammler, die bestimmte Laute oder Lautgruppen nicht richtig aussprechen können. Am häufigsten ist dabei das Lispeln.

Zum Erlernen der verschiedenen Laute und Lautgruppen werden Übungen angeboten (A 37–100), die der Erzieher je nach Bedarf einsetzen und durch ähnliche Übungen ergänzen kann. Die in den Wochenprogrammen vorgeschlagene Reihenfolge ist also nicht verbindlich. Die Hauptsache ist, daß die Übungen regelmäßig stattfinden. Am günstigsten wäre es, wenn die Kinder zu Hause täglich etwa 5–10 Minuten diese Übungen wiederholen könnten. Dazu wäre es nötig, daß die betroffenen Eltern von Zeit zu Zeit am Sprachtraining der Fördergruppe teilnehmen.

Kinder, die nur einen bestimmten Laut oder eine bestimmte Lautgruppe nicht aussprechen können, sollen vorwiegend solche Übungen machen, in denen der betreffende Laut besonders trainiert wird. Darüber hinaus sollen sie aber auch an anderen Übungen zur Verbesserung der Artikulation teilnehmen, weil sie ja alle Gelegenheit zur Zungen- und Lippengymnastik bieten, weil das genaue Hören und Lautunterscheiden geübt wird, und das Kind lernt, sich selbst zuzuhören und sich zu korrigieren.

Die Artikulationsübungen müssen unterstützt werden vom Bemühen des Erziehers, gerade den sprachgestörten Kindern durch Geduld und Zuwendung zur inneren Ruhe und zum nötigen Selbstbewußtsein zu verhelfen. Kinder mit Sprachfehlern laufen immer Gefahr, isoliert zu werden, weil die anderen Kinder sie schlecht verstehen oder weil sie aus Angst, sich zu blamieren, lieber stumm bleiben. Erste und wichtigste Aufgabe ist deshalb auch in dieser Fördergruppe, die Lust am Sprechen zu wecken und dem Kind durch Lob und lustige Spiele das nötige Durchhaltevermögen zu vermitteln.

---

35 Die entsprechenden Übungen lassen sich mit Hilfe des Registers leicht finden.

5.3 Fördergruppe Wortschatz

Wenn der Umfang des Wortschatzes von Quantität und Qualität der Umweltbegegnungen abhängt (vgl. S. 17), muß der Schwerpunkt des Wortschatztrainings auf der Sachbegegnung liegen. Alle Angebote, die im Register unter dem Stichwort „Umweltbegegnung" zusammengefaßt sind, sind deshalb auch für die Erweiterung des Wortschatzes unentbehrlich. Darüber hinaus werden besondere Spiele angeboten, bei denen ein Kind die Bedeutung eines Wortes noch einmal nachdrücklich erfahren kann und sein neues Wissen festigen und anwenden kann. Meistens sollen dabei Gegenstände oder Bilder von Gegenständen benannt werden, die das Kind durch irgend einen Zufall erhält (Angelspiel, Flaschendrehen, Krabbelsack, Weitergeben, Aufdecken usw.). Das Einüben von Verben ist meistens mit den entsprechenden Tätigkeiten verbunden, bei den Adjektiven stehen Ratespiele, Vergleichsspiele, Suchspiele im Vordergrund, und beim Lernen von Präpositionen können sich die Kinder im Raum bewegen und die Bedeutung der Wörter mit dem eigenen Körper erfahren.

5.4 Fördergruppe Formen- und Satzbildungsfähigkeit

Die vorgeschlagenen Spiele sollen zunächst dazu dienen, dem Kind ein genügend großes Repertoire an Satzmustern zu vermitteln, indem Spiele vorgeschlagen werden, bei denen ein bestimmter Satz immer mehrfach wiederholt wird (siehe Register). Die nächste Schwierigkeitsstufe bilden Spiele, bei denen Teile des Satzes oder der ganze Satz neu gebildet werden muß.
Darüber hinaus muß nach Anlässen zum Beschreiben, formulieren, erzählen gefunden werden, zum Beispiel beim Beschriften der Bilder, die das Kind gemalt hat.

5.5 Fördergruppe Kommunikationsfähigkeit

Es gibt Kinder, denen es weniger an der Fähigkeit mangelt, Sätze zu bilden, als daran, sich mit anderen verständigen zu können. Voraussetzung für Kommunikationsfähigkeit ist also, daß das Kind sich für andere Menschen, besonders auch für andere Kinder, interessiert und daß es sich genügend konzentrieren kann, um aufzunehmen, was der andere sagt, denkt, fühlt.
Das wichtigste Trainingsfeld für die Entwicklung von Kommunikationsfähigkeit ist das Rollenspiel (vgl. S. 35–39).

6. Elternarbeit

Erziehung hat dann am ehesten Aussicht auf Erfolg, wenn Eltern und Erzieher zusammenarbeiten. Es ist daher nötig, daß der Erzieher sich fragt, welche Einstellung er den Eltern gegenüber hat und was er von ihnen erwartet.
Der Erzieher ist weder das Kindermädchen, das sich zu bemühen hat, den Eltern nur ja alles recht zu machen, noch der Experte, der sich von den Eltern als den ungelernten Erziehern noch lange nichts sagen zu lassen braucht. Erzieher und Eltern müssen sich gegenseitig wahrnehmen, akzeptieren und verstehen lernen. Deshalb soll hier kurz überlegt werden, was der Kindergarten dazu beitragen könnte.
Viele Konflikte zwischen Eltern und Erzieher entstehen deshalb, weil die Eltern falsche Vorstellungen davon haben, was im Kindergarten eigentlich geschieht, oder falsche Erwartungen darüber, was geschehen sollte.
Die falschen Vorstellungen werden am besten dadurch ausgeräumt, daß die Eltern sehen, was im Kindergarten geschieht. Die falschen Erwartungen müssen durch Gespräche, notfalls mit der Hilfe von Referenten, zerstreut werden.
In dem vorliegenden Programm ist an vielen Stellen die Einbeziehung der Eltern in den Kindergartenalltag vorgesehen: Eltern dürfen, wenn sie wollen, mit den neuaufgenommenen Kindern eine Woche lang den Kindergarten besuchen (Wochenplan 2), sie können auch sonst jederzeit zum Helfen in den Kindergarten kommen, und sie werden bei bestimmten Aktionen, die eine intensivere Betreuung der Kinder nötig machen, wie z.B. beim Kochen und Einkaufen (Wochenplan 5), und bei allen Ausflügen und Festen fest eingeplant. Niemand soll behaupten, die Eltern kämen ja doch nicht, ehe er sich nicht intensiv darum bemüht hat. Vor

allem die nicht berufstätigen Mütter sind oft gern bereit, von Zeit zu Zeit einige Stunden im Kindergarten mitzuhelfen. Man muß nur rechtzeitig und deutlich genug ankündigen, wann Eltern gebraucht werden (z.B. jeden Monat einen Anschlag an die Kindergartentür machen: In diesem Monat sind Eltern besonders bei folgenden Aktionen willkommen: ... Wer hat Lust?), ihnen klar genug sagen, was von ihnen erwartet wird (z.B. die Betreuung der Bilderbuchecke oder der Bauecke oder der Puppenekke) und ihnen das Gefühl geben, daß sie für den Erzieher wirklich eine Hilfe sind. Das Problem, daß sich jeweils das Kind, dessen Mutter gerade anwesend ist, von seiner unangenehmsten Seite zeigt, muß von vornherein als normal eingeplant werden. Dieses Verhalten legt sich, je öfter die Mutter bzw. der Vater im Kindergarten auftaucht. Voraussetzung dafür, daß Eltern den Mut haben, in den Kindergarten zu kommen, ist ein guter Kontakt, der durch Elternbriefe (Beispiele in den Einheiten 1, 4, 5, 8, 22, 25) und durch Gespräche beim Kommen und Gehen der Kinder geschaffen werden kann. Darüber hinaus sollen feste Sprechstunden die Möglichkeit längerer Gespräche zwischen Erzieher und Eltern geben.

Der Erzieher wäre überfordert, wenn von ihm verlangt würde, nicht nur die Kinder, sondern auch die Eltern zu erziehen. Aber es gibt viele Momente, wo der Erzieher ohne Mitwirken der Eltern nicht weiterkommt (siehe Vorüberlegungen zum Wochenplan 21 oder S. 49), oder wo Eltern auf helfende Hinweise des Erziehers angewiesen sind (z.B. bei der Sexualerziehung, Wochenplan 19). Darüber hinaus ist spätestens dann ein Elternabend „fällig", wenn sich in der Elternschaft irgend eine Stimmung der Unzufriedenheit oder Besorgnis zusammenballt, weil bestimmte Erziehungsmaßnahmen des Erziehers nicht richtig verstanden werden. In solchen Fällen empfiehlt es sich, einen fachkundigen Referenten einzuladen, der vom Erzieher rechtzeitig über das anstehende Problem unterrichtet wird.

Auch wenn der Erzieher glaubt, daß keine dringenden Probleme im Hinblick auf die Zusammenarbeit mit den Eltern anstehen, ist es unbedingt nötig, den Eltern Ziele und Aufbau dieses Sprach- und Spielförderungsprogrammes zu erklären, sie für die Einrichtung von Fördergruppen zu gewinnen und ihnen Möglichkeiten zu zeigen, wie sie die Sprachförderung zu Hause unterstützen können.

6.1 Beispiel für einen Elternabend mit Dias zum Thema: Sprachförderung im Kindergarten

Vorbereitung: Der Erzieher bittet eine Mutter, einen Vater oder einen anderen Erzieher, einige Dias vom Kindergarten zu machen (Blitzlicht). Welche Aufnahmen in Frage kommen, wird weiter unten erklärt.

Motivation der Eltern zu kommen: Wenn man den Eltern sagt, daß Dias gezeigt werden, auf denen auch ihr Kind zu sehen ist, haben sie eher Lust, zu einem Elternabend zu kommen, als wenn sie pädagogische Belehrung erwarten.

Ziele des Elternabends:
a) Die Eltern sollen erfahren, daß Sprachförderung weniger in speziellen Unterrichtsstunden als während des ganzen Tages stattfindet, und welche pädagogischen Absichten mit den verschiedenen Tätigkeiten im Kindergarten verfolgt werden. Dazu könnten Dias von den Kindern und dem Erzieher gezeigt werden. Beispiele:

– Erzieher begrüßt Kind (Text: Einige Sätze oder eine kurze Zusammenfassung von S. 25, möglichst nicht vorgelesen, sondern frei erklärt);
– Kind begrüßt Kind (siehe S. 27);
– Erzieher reicht einem Kind einen Gegenstand, wodurch dessen Spiel erweitert wird, zum Beispiel eine Schnur als Benzinschlauch für eine Tankstelle (siehe S. 37);
– Kinder basteln (siehe S. 33–34);
– Kinder turnen (siehe S. 38);
– Kinder lachen (siehe S. 32);
– Kinder hören zu (siehe S. 28);
– Kinder beteiligen sich an einer Mitmachgeschichte (siehe S. 30);
– Kinder singen und machen dabei pantomimische Bewegungen (siehe S. 31);
– Kinder beim Rollenspiel (siehe S. 35–39)
usw.

b) Die Eltern sollen erfahren, daß über die allgemeine Sprachförderung hinaus manche Kinder vermehrte Zuwendung und gezielte Lernangebote brauchen. Man muß dabei verhindern, daß die Eltern es als Beweis ihrer Untauglichkeit oder als Schande empfinden, wenn ihr Kind einer Fördergruppe zugeteilt wird, sondern sollte davon ausgehen, daß jedes

Kind bestimmte Schwächen hat und daß es nur darauf ankommt, diese Schwächen zu erkennen und sich mit viel Verständnis darum zu bemühen, dem Kind zu helfen.

c) Die Eltern sollen erfahren, daß sie eine Menge tun können, um die Sprachförderung im Kindergarten zu unterstützen: das Kind ernst nehmen, ihm zuhören, selbst nicht einfach bestimmen, sondern erklären, verhandeln, begründen, dem Kind von sich selbst erzählen, Geschichten vorlesen, gemeinsame Unternehmungen starten ... Hier könnten die Eltern sich gegenseitig Anregungen geben.
Zum Schluß sollte auch gesagt werden, daß intensive Kleingruppenarbeit im Kindergarten nur möglich ist, wenn auch die Eltern bereit sind, immer wieder einmal in den Kindergarten zu kommen und eine kleine Gruppe zu betreuen, sei es durch Mitspielen, sei es durch Vorlesen oder durch Hilfestellung beim Basteln.
Ganz konkret sollte hier der Erzieher die Pläne für die nächsten Wochen offenlegen und gleich fragen, wer wann Lust und Zeit hätte, einige Stunden im Kindergarten zu verbringen.

Literatur für die Praxis der Elternarbeit:
NORBERT HUPPERTZ: Elternarbeit vom Kindergarten aus. Didaktische und methodische Möglichkeiten in der Sozialpädagogik. Freiburg: Herderbücherei 1974.
MARTIN FURIAN: Praxis der Elternarbeit. Stuttgart: Bonz 1976.

II. Praktischer Teil

Die didaktischen Einheiten

Hinweise zur Benutzung des Programms

Der theoretische Teil in praxisbezogenen Büchern wird gern überschlagen. Im vorliegenden Buch steht aber das Wichtigste gerade in diesem theoretischen Teil. Dort steht, wie die Arbeit im Kindergarten aussehen *sollte*; die praktischen Vorschläge sind nur Beispiele, wie die Praxis aussehen *könnte*.

Der Leser wird deshalb gebeten, sich zunächst über Ziele, Aufbau und Methoden dieses Kindergartenprogramms zu informieren, ehe er mit der Arbeit beginnt.

Zeichenerklärung:

Spezielle Angebote für die Förderkurse werden mit großen Buchstaben in den Wochenplänen gekennzeichnet. Es bedeutet

A = Fördergruppe Artikulation,
W = Fördergruppe Wortschatz,
G = Fördergruppe Grammatik (Formen- und Satzbildungsfähigkeit),
K = Fördergruppe Kommunikationsfähigkeit.

Die Spiel- und Beschäftigungsvorschläge sind durchnumeriert, und zwar bedeutet die Zahl vor dem Punkt die Nummer der didaktischen Einheit, die Zahl hinter dem Punkt die Nummer des „Angebots" innerhalb der Einheit.

Übungen zur Verbesserung der Artikulation sind mit den Nummern A 1 bis A 100 gekennzeichnet.

Auf alle weiteren Fragen lassen sich die Antworten mit Hilfe des Inhaltsverzeichnisses finden.

1. Wir sind wieder da

Vorüberlegungen

Wir schlagen vor, den Kindergarten in der ersten Woche nach den Sommerferien nur für die Kinder zu öffnen, die schon vor den Ferien den Kindergarten besucht haben. Die Aufnahme der „Neuen" soll dann in der zweiten Woche erfol-

gen. Dadurch hat der Erzieher Zeit, sich den einzelnen Kindern voll zuzuwenden und die Älteren auf die Ankunft der Jüngeren vorzubereiten.

In der ersten Woche werden die Kinder vollauf damit beschäftigt sein, sich wieder an den Kindergarten, die Kinder, die Erzieher zu gewöhnen und ihre alten Spielsachen wiederzuentdecken. Es wäre deshalb falsch, gleich mit dem vollen Programm zu beginnen. Der Erzieher soll sich möglichst den Bedürfnissen der Kinder anpassen. Allerdings sollen dabei die Regeln, die das Zusammenleben im Kindergarten erst möglich machen, von vornherein eingehalten werden.

Über diese Regeln müßten die Erzieher miteinander, aber auch mit Eltern und Kindern diskutieren. Beispiele:

Die Kinder können nur bis ... Uhr in den Kindergarten gebracht werden.

Frühstücken kann man nur bis ... Uhr.

Wer essen will, soll sich an einen Tisch setzen.

Nach dem Frühstück kommen alle Kinder zu einer kurzen Besprechung zusammen.

Wer nicht mitspielen will, darf die anderen nicht stören.

Wenn jemand etwas sagen will, muß man ihn ausreden lassen.

Wenn jemand wütend ist, darf man ihn nicht noch mehr ärgern.

Es gibt keine Spielsachen, die nur für Jungen oder nur für Mädchen da sind...

Die Zeit des Freispiels soll in der ersten Woche möglichst ausgedehnt werden, damit die Kinder Zeit haben, ihre Spielsachen wieder zu entdecken und alte Freundschaften aufzuwärmen. Der Erzieher sollte sich in dieser Zeit den Kindern voll zuwenden, sich zu ihnen setzen, zuhören und mitspielen.

Nach dem Frühstück könnten die Kinder sich dann kurze Zeit versammeln, indem sie mit ihren Stühlen einen Kreis bilden und sich an einer der „gemeinsamen Aktionen" beteiligen. Wenn dabei Ferienerlebnisse erzählt werden, muß der Erzieher darauf achten, daß das Gespräch nicht in protzen und prahlen derjenigen ausartet, die die weitesten Reisen gemacht haben. Alle Kinder haben in den Ferien interessante Dinge erlebt, auch die, die nicht verreisen konnten.

Vorschlag für einen Elternbrief

Zielgruppe: Alle Eltern, die ein Kind im Kindergarten angemeldet haben, das mindestens drei Jahre alt ist.
Anlaß: Einladung zum ersten Kindergartentag

Sehr geehrte Frau....., sehr geehrter Herr...., Sie sind herzlich eingeladen, am ... um ... Uhr mit Ihrem Sohn/Ihrer Tochter ..... zum erstenmal in den Kindergarten zu kommen.
Damit den Kindern das Eingewöhnen im Kindergarten leichter fällt, haben Sie die Möglichkeit, *während der 1. Woche* jeweils einige Zeit bei Ihrem Kind im Kindergarten zu bleiben, wenn Sie das wollen und können. Unser Ziel ist, zu erreichen, daß Ihr Kind von sich aus sagt: „Nun kannst Du gehen, Mama!" Wenn ein Kind dazu in der Lage ist, hat es in seiner Entwicklung einen entscheidenden Schritt nach vorn getan: Es ist auf dem Weg, ein selbständiger und selbstsicherer Mensch zu werden. Wir werden natürlich versuchen, diese Entwicklung vom Kindergarten her zu unterstützen, indem wir uns bemühen, die Kinder untereinander bekannt zu machen, Freundschaften zwischen den Kleineren und den Größeren zu stiften und ein Programm anzubieten, das den Kindern Freude macht und die Entwicklung der Gesamtpersönlichkeit fördert. Außerdem werden wir darüber wachen, daß kein Kind auf die Dauer im Kindergarten unglücklich ist. Wenn wir merken, daß ein Kind noch nicht reif genug ist, um einige Stunden ohne Eltern auszukommen, sagen wir das den Eltern und schlagen vor, das Kind noch einige Monate aus dem Kindergarten herauszunehmen.
Die Erzieherinnen und älteren Kinder des .... Kindergartens freuen sich darauf, Sie und Ihr Kind nach den Sommerferien begrüßen zu können!
Mit freundlichen Grüßen,

(Leiterin des Kindergartens)

Wochenplan

(In der ersten und zweiten Einheit werden noch keine „vollen" Wochenpläne angegeben wie in den darauffolgenden Einheiten.)

Tag	Gemeinsame Aktion nach der Zeit des Freispiels
MO	Wißt ihr noch, wer das ist? 1.1 Worauf ich mich am meisten gefreut habe 1.2 Als ich in den Kindergarten kam 1.3
DI	Ferienausstellung 1.4 Ferienerlebnisse erzählen 1.5 Arbeitsblatt 1
MI	Wunschkonzert 1.6
DO	Bilder zeigen 1.7
FR	Gespräch über die Neuen 1.8

Vorbereitung des Erziehers: Dias sammeln (eigene Ferienbilder oder Leihgaben von Eltern), Projektor besorgen.

Angebote

Konzentration
1.1 Wißt ihr noch, wer das ist? Ein Kind verdeckt sein Gesicht. Die anderen Kinder werden gefragt: Wißt ihr noch, wer das ist?

Sätze bilden
1.2 Worauf ich mich am meisten gefreut habe. Die Kinder erzählen reihum, worauf sie sich während der Ferien im Gedanken an den Kindergarten am meisten gefreut hätten. Auch der Erzieher sollte sich äußern.

Sätze bilden

1.3 Als ich in den Kindergarten kam. Der Erzieher fragt die Kinder, was sie als erstes gemacht hätten, nachdem sie am Morgen in den Kindergarten gekommen seien.

Ordnen

1.4 Ferienausstellung. Schon vor den Ferien war den Kindern gesagt worden, sie sollten während der Ferien „Schätze" für eine kleine Ferienausstellung sammeln: Eintrittskarten, gesammeltes Naturmaterial wie Muscheln, Schneckenhäuser, Steine, Mitbringsel (die nach Beendigung der Ausstellung dem Kind wieder zurückgegeben werden), Postkarten, Zeichnungen, Fotos…
Die Kinder überlegen gemeinsam, wie die mitgebrachten Gegenstände am sinnvollsten geordnet und möglichst dekorativ aufgebaut werden könnten.

1.5 Ferienerlebnisse erzählen. Der Erzieher berichtet eine lustige Begebenheit aus seinem Urlaub, um die Kinder anzuregen, selbst auch etwas zu erzählen. Da es den Kindern noch schwer fällt, das Wesentliche vom Unwesentlichen zu unterscheiden, ist das Zuhören für die anderen oft etwas anstrengend. Man sollte deshalb die Zeit des Erzählens nicht über 10 Minuten ausdehnen.

1.6 Wunschkonzert. Wer sich noch an ein Lied oder ein Kreisspiel erinnern kann, das vor den Ferien gelernt wurde, schlägt es vor. Alle probieren, ob sie es noch können.
Man kann bestimmte Lieder auch für bestimmte Kinder singen, z.B. „Bruder Jakob" für die, die immer lange ausgeschlafen haben, „Heile Segen" für die, die sich in den Ferien einmal verletzt haben, „Alle meine Entchen" für die, die im Schwimmbad waren, „Häschen in der Grube" für die, die in den Ferien krank waren…

1.7 Bilder zeigen. Der Erzieher hat einige Kinder gebeten, Dias, die die Eltern in den Ferien gemacht haben, für einen Tag mit in den Kindergarten zu bringen. Gemeinsam sollen die Kinder versuchen, zu beschreiben, was auf den einzelnen Fotos zu sehen ist.

1.8 Gespräch über die „Neuen". Die älteren Kinder sollen darauf vorbereitet werden, daß in der kommenden Woche jüngere Kinder in den Kindergarten aufgenommen werden. Der Erzieher soll den Großen helfen, sich ein wenig in die Kleinen hineinzudenken, indem er erzählt, daß manche Kinder ein bißchen Angst vor dem Kindergarten hätten. Sie könnten vielleicht denken:
Die größeren Kinder hauen mich.
Sie lassen mich nicht mitspielen.
Sie reißen mir die Spielsachen aus der Hand.
Sie werfen mich um, wenn sie durch den Raum rennen.
Sie schubsen mich vom Waschbecken weg, wenn ich mir die Hände waschen will.
Sie lachen mich aus, wenn ich weine…
Was könnten die Kleinen sonst noch denken?
Und was könnte man tun, damit sie keine Angst zu haben brauchen?

2. Die neuen Kinder kommen

Vorüberlegungen

Die zweite Woche nach den Sommerferien soll der Aufnahme weiterer Kinder in den Kindergarten gewidmet sein.
Eigentlich müßte sich der Zeitpunkt der Aufnahme in den Kindergarten nach dem Alter und dem Entwicklungsstand des Kindes, nicht nach dem Schuljahr, richten. Da aber durch die gleichzeitige Einschulung der Sechsjährigen im Kindergarten auf einen Schlag viele Plätze frei werden, wird sich für die meisten Kindergärten die Notwendigkeit ergeben, die freien Plätze möglichst schnell wieder zu besetzen. Trotzdem sollten Eltern in begründeten Fällen die Möglichkeit haben, ihr Kind auch mitten im Schuljahr zu dem Zeitpunkt, der ihnen richtig erscheint, in den Kindergarten zu bringen.
Die Mehrzahl der angemeldeten Kinder wird wohl nach den Ferien aufgenommen werden. Um den Kindern (und vielleicht auch den Eltern) den Neuanfang im Kindergarten etwas zu erleichtern, soll schon während der Ferien ein Elternbrief für eine freundliche Einstimmung sorgen (siehe Brief S. 48). In den ersten Tagen sollten die Eltern die Möglichkeit haben, mit ihrem Kind im Kindergarten zu bleiben. Sie könnten am ersten Tag die volle Zeit im Kindergarten verbringen, am zweiten Tag zwischendurch eine kurze Besorgung machen und am dritten Tag dem Kind die Möglichkeit geben zu bestimmen, wann die Mutter oder der Vater den Kindergarten verlassen soll.

Die Spiele, die für den Anfang empfohlen werden, geben den Eltern Gelegenheit, sich am Geschehen im Kindergarten zu beteiligen, ohne dabei das eigene Kind dauernd am Händchen zu halten. Den Kindern sollen die vorgeschlagenen Spiele die Möglichkeit geben, selbstvergessen, angstfrei, entspannt, lustvoll einer Beschäftigung nachzugehen, ohne sich beobachtet zu fühlen. Dazu eignen sich vor allem Spiele, bei denen gepanscht, gematscht, geschmiert, geknetet, gehämmert, geklopft werden darf. Dabei bekommen die Eltern gleich vorgeführt, daß heikle Kleidung für den Kindergarten ungeeignet ist.

Auch *in der dritten und vierten Woche nach den Sommerferien* wird noch kein volles Programm vorgeschlagen. Das Freispiel soll im Vordergrund stehen, damit der Erzieher die Möglichkeit hat zu beobachten, welche Spiele die Kinder besonders ansprechen, wie sich die Beziehungen der Kinder untereinander entwickeln und welche Kinder sich im Kindergarten noch nicht wohlfühlen. (Was man daran erkennen kann, daß sie weder allein spielen, noch mitspielen, noch interessiert beobachten.)

Das Niveau der Spiele ist auf die Neuankömmlinge zugeschnitten und soll ihnen das Einge-

wöhnen erleichtern helfen. Geeignet sind Spiele im Freien, die nicht das Gefühl des Eingesperrtseins aufkommen lassen, Spiele, die erlauben, daß Kinder nebeneinanderher spielen, Spiele, bei denen gestreichelt und getröstet werden darf, und Spiele, die Fähigkeiten entwickeln helfen, die für das Zusammenleben im Kindergarten unerläßlich sind.

Die älteren Kinder sollen sich um die Kleineren kümmern und so ihre neue Rolle als „Die Großen" erfahren. Vielleicht entwickeln manche Kinder eine besondere Vorliebe für eines der Kleinen. Davon sollten dann auch die Eltern erfahren, damit sie die Möglichkeit haben, die neue Freundschaft auch außerhalb des Kindergartens durch gemeinsame Unternehmungen oder gegenseitige Besuche zu fördern.

Testen der Fünf- und Sechsjährigen. In der vierten Woche wird empfohlen, alle Kinder, die im folgenden Jahr eingeschult werden sollen, einem Sprachentwicklungstest zu unterziehen, damit noch rechtzeitig die Chance gegeben ist, besondere Schwächen in Fördergruppen zu beheben.

Dazu sind aber einige Überlegungen notwendig, die gemeinsam mit dem Träger und den Eltern-

Dreiwochenplan

Mo	Aufnahme der neuen Kinder Kaspertheater 2.14
Di	Eltern im Kindergarten Kneten 2.1, Matschen 2.2, Spielgeräte abwaschen 2.3
Mi	Papierbrei 2.4, Papierbälle 2.5, Figuren knüllen 2.6 Mit Wasser spielen 2.7
Do	Spiele zum Kennenlernen 2.8–2.10
Fr.	Schneiden und lochen 2.11, Arbeitsblatt 2 Kreisspiele 2.12, Orientierungskontrolle 2.13
3.–4. nach den Sommer- ferien	Spiele im Freien für warme Tage 2.15–2.18 Gemeinsam nebeneinander herspielen 2.19–2.23 Alle machen das Gleiche: 2.24–2.27 Spiele, die Trösten und Streicheln erlauben 2.28–2.31 Spiele, die Fähigkeiten entwickeln helfen, die das Einleben im Kindergarten erleichtern 2.32–2.39 In der 4. Woche: Sprachtest für die Älteren

Vorbereitungen des Erziehers: Testmaterial besorgen.
Klären: Wer führt den Test durch? Wer protokolliert? Wo und wann soll getestet werden?
Falls der Erzieher den Test selbst durchführt: gründlich üben vor dem 1. Einsatz!

vertretern besprochen werden müßten. Es ist wichtig zu wissen, daß ein kindgemäß aufgebauter Test einem Kind auf keinen Fall schaden kann, wenn der Testleiter sich an die Durchführungsanweisungen hält.

Angaben darüber, wozu ein Test dient, wie er eingesetzt wird und wo man das Testmaterial bekommt, stehen auf S. 39.

Angebote

2. Woche nach den Sommerferien:

Montag: Die Kinder, die neu in den Kindergarten kommen, sollen um 10 Uhr mit ihren Müttern oder Vätern in den Kindergarten kommen. Die älteren Kinder haben bis dahin den Raum geschmückt, mitgebrachte Blumen in Vasen gestellt, an die Wandtafel ein Bild gemalt, Stühle vor dem Kaspertheater aufgebaut.

Kurz vor 10 Uhr gehen alle in den Garten, wo die Neuen begrüßt werden. (Die Erzieher begrüßen Eltern und Kinder einzelm beim Kommen.) Wenn alle da sind, ziehen Kindergartenkinder und Eltern in die Kindergartenräume und nehmen vor dem Kaspertheater Platz. Kaspertheater: siehe 2.14.

Nach dem Theaterstück, das mit Gesang endet, zeigen die älteren Kinder den jüngeren, was man alles spielen kann und wo die Spielsachen aufbewahrt werden. Die Mütter oder Väter sollen sich zu einer Kindergruppe setzen und mitspielen.

Wenn der Vormittag beendet ist, gehen Eltern und alle Kinder gemeinsam weg.

Dienstag: Die Väter oder Mütter der Neuen dürfen wieder mit ihrem Kind in den Kindergarten kommen, sie sollen aber möglichst nicht zu lange bleiben. Der Erzieher markiert mit rotem Klebestreifen an einer Wanduhr, wann die Kinder wieder abgeholt werden, damit alle Kinder sehen können, wie lange es dauert, bis Vater oder Mutter wieder kommen.

Die anwesenden Eltern dürfen nicht die Erzieher in Beschlag nehmen, denn die sollen sich ja um die Kinder und nicht um die Eltern kümmern.

2.1 Kneten. Die Kinder brauchen noch keine Figuren zu kneten, es genügt für den Anfang, sich mit dem Material vertraut zu machen, die Masse geschmeidig zu machen, Abdrücke zu

hinterlassen, drücken, stechen, schneiden, pressen, rollen …

Mit den Kleineren kann man dabei zu selbsterfundener Melodie singen: Rolle, rolle eine dicke, fette Wurst …

Schneide, schneide, schneide Scheiben von der Wurst …

2.2 Mit Wasser im Sandkasten matschen. Es gibt kaum eine Tätigkeit, bei der Kinder auch in fremder Umgebung so vertieft und selbstvergessen spielen können wie beim Umgang mit Wasser und Sand. Man braucht den Kindern nur einige Gefäße, Stöcke zum Umrühren und einen Vorrat an Wasser zur Verfügung zu stellen und abzuwarten, was sie damit anfangen.

2.3 Gartenspielgeräte abwaschen. Wenn es warm genug ist, kann man den Kindern einen Eimer mit Wasser und Schwamm oder Lappen zur Verfügung stellen und sie auffordern, alle Geräte im Garten tüchtig abzuwaschen. Der Erzieher muß damit rechnen, daß es zu Konflikten kommen kann zwischen den Kindern, die die Spielgeräte gerade benutzen wollen und denen, die sie waschen wollen. Lösungsmöglichkeit: Die beweglichen Spielgeräte (Fahrzeuge, Schubkarren usw.) fahren zur Waschanlage. Die Schaukel bekommt ein Schild: Für 10 Minuten außer Betrieb!

Mittwoch: Die Großen sollen sich unter den Kleinen eine Art „Patenkind" auswählen, um das sie sich besonders kümmern wollen. Jedes Kind soll herausfinden, was sein „Schützling" zur Zeit am liebsten macht und welches Bilderbuch ihm besonders gut gefällt. Erzieher und eventuell noch anwesende Eltern sollten als Vorleser zur Verfügung stehen.

2.4 Papierbrei. Dieses Spiel hat therapeutische Funktion und kann immer dann angesetzt werden, wenn ein Kind abgelenkt oder beruhigt werden muß. Zeitungspapier wird dabei in winzige Teile zerrissen, das Ganze kann mit Wasser oder Tapetenkleister angerührt und – falls die Kinder bereit sind, später wieder beim Saubermachen zu helfen – im Waschraum an eine Wand geklatscht werden.

2.5 Papierbälle. Zeitungspapier wird zu großen Kugeln geknüllt, die mit Kreppband umwickelt werden. Mit diesen Bällen kann man werfen, ohne jemandem weh zu tun.

2.6 Figuren knüllen. Außer Bällen kann man aus Zeitungspapier noch andere Figuren knüllen: Hasen, Enten, Phantasietiere. Kreppstreifen halten den Knäuel in der gewünschten Form. Mit den Tieren kann man spielen: sie füttern, im Garten „auslaufen" lassen, ihnen ein Haus bauen ...

2.7 Wasser verschütten. Wenn es warm genug ist, sollte man den Kindern im Freien erlauben, was sie zu Hause meist nicht dürfen: Wasser verschütten. Man kann Blumen gießen, Muster gießen, Wasser von einem Gefäß in ein anderes schütten, Wasser die Rutschbahn hinunterfließen lassen ...

Donnerstag: Die Kinder, die es schon ohne Mama oder Papa im Kindergarten aushalten, dürfen morgens nach der Ankunft ihre Eltern aus dem Kindergarten „rausschmeißen", indem sie sie zur Tür hinausschieben. Die folgenden Spiele sollen dazu dienen, die Kinder untereinander bekannt zu machen und den größeren Kindern Gelegenheit zu geben, sich um die Kleineren zu kümmern.

2.8 Namen rufen. Die Kinder sitzen im Kreis und sind ganz still. Ein Stuhl ist leer. Der Erzieher sagt leise den Namen eines Kindes. Das aufgerufene Kind setzt sich schnell, aber leise auf den freien Platz.

2.9 Mein Kind und ich brauchen eine Wohnung. Jeweils ein größeres und ein kleines Kind bilden ein Paar. Das größere stellt sich hinter das kleinere. Die Paare stehen im Kreis. Ein Paar läuft um den Kreis und bleibt vor einem anderen Paar stehen. Nun sagt das größere Kind: Mein Kind und ich brauchen eine neue Wohnung. Das angesprochene Paar muß seinen Platz räumen und selbst auf Wohnungssuche gehen.

2.10 Memorykärtchen verstecken. Die größeren Kinder erhalten je zwei gleiche Memorykärtchen. Das eine legen sie irgendwo im Raum aus, das andere geben sie einem kleineren Kind mit der Aufforderung, das passende Kärtchen zu suchen.

Freitag:

2.11 Schneiden und lochen. Die Kinder dürfen Illustriertenseiten zerschneiden und mit dem Locher Löcher stanzen. Die Größeren versu-

chen sich mit Faltschnitten. Jedes Kind darf sein Werk mit nach Hause nehmen.

2.12 Kreisspiele mit den Jüngsten. Die älteren Kinder überlegen gemeinsam, welche Kreisspiele die neuen Kinder rasch lernen könnten und zeigen, wie es geht. (Alle meine Entchen ... Es tanzt ein Bi-Ba-Butzemann ..., Ich bin ein dicker Tanzbär ...)

2.13 Orientierungskontrolle. Wer kann ganz schnell zu seinem Haken für die Kindergartentasche laufen?
Wer findet sein Handtuch?
Wer weiß, wo man die Hände waschen kann?
Wer weiß, wo die Bauklötze hingehören?
usw.
Zum Schluß wird den Kindern erklärt, daß in der nächsten Woche alle Kinder ohne Mama und Papa den Kindergarten betreten. Die Eltern sollen nur bis zur Tür mitkommen. Der Erzieher sagt, wer glaubt, daß er noch ein bißchen weinen muß, wenn die Mama nicht mitkommt, der darf sich einen Pullover von der Mama mitbringen, damit er was zum Kuscheln hat. Natürlich darf ein Kind auch sein Schmusetier oder eine Puppe mit in den Kindergarten bringen.
Außerdem wird den Kindern verraten, daß am Montag wieder Kaspertheater gespielt wird.
Alle Kinder sollen außerdem am Sonntag auf der Wiese oder im Garten eine Blume suchen, damit der Kindergarten geschmückt werden kann.
Bemerkungen: Die Kinder sollen möglichst konkrete Vorstellungen haben von dem, was sie am Montag erwartet. Hilfreich für die ängstlicheren Kinder ist auch, wenn sie schon Pläne haben, was sie am Montag als erstes vor haben, wenn sie in den Kindergarten kommen. Falls es sich mit dem Putzen in Einklang bringen läßt, könnte man deshalb bei den heimwehgefährdeten Kindern eine angefangene Arbeit, ein begonnenes Spiel stehen lassen, damit das Kind am Montagfrüh nicht traurig herumsteht, sondern gleich an „seinem" Platz weiterspielt.

Puppentheater
2.14 Der Kasper will in den Kindergarten. Der Kasper hat eine Kindergartentasche umgehängt und singt (Melodie: Dornröschen war ein schönes Kind): Heut geh ich in den Kindergarten, Kindergarten, Kindergarten, ich kann es wirklich kaum erwarten, kaum erwarten!

Das Kasper erzählt, daß er auf dem Weg zum Kindergarten sei, aber den Weg nicht wisse.
(Ältere Frau taucht auf) Der Kasper beschließt, die Frau nach dem Weg zum Kindergarten zu fragen: Guten Tag, können Sie mir sagen, wo der Kindergarten ist?
Frau: Wo der Gemüsegarten ist?
Kasper: Nein, der Kindergarten!
Frau: Sag ich ja: Gemüsegarten. Weiß ich. Komm, ich zeig dir den Weg. (Die beiden laufen hintereinander her.)
Frau: So, da sind wir. Hier wachsen die Tomaten, hier der Blumenkohl, dort drüben die Kohlräbchen …
Kasper: Ich möchte doch nicht in den Gemüsegarten, sondern in den Kindergarten! (Schreit der Frau ins Ohr:) Kin-der-gar-ten!
Frau: Ach so, Kindergarten! Das weiß ich leider nicht. Auf Wiedersehen.
(Älterer Mann taucht auf.)
Kasper beschließt, ihn zu fragen. Aber auch dieser Mann hört schlecht, er versteht immer Tiergarten und führt den Kasper in den Tiergarten.
Schließlich begegnet der Kasper einem Polizisten. Der erklärt ihm, wie man zum XY-Kindergarten kommt (die richtigen Straßennamen nennen!). Der Kasper wiederholt alles, macht Fehler, bittet die Kinder, ihm zu helfen.
Plötzlich kommen dem Kasper Bedenken: Was passiert eigentlich im Kindergarten? Er fragt die Kinder:
Wird man da verhauen?
Wenn man sich wehtut, und wenn es blutet, kriegt man dann auch ein Pflästerchen auf die Wunde?
Kann man auch aufs Klo, wenn man muß?
Gibt es da auch Bilderbücher? Puppen? Autos?
Lassen mich denn die größeren Kinder auch mitspielen?
Holen die Mütter oder Väter die Kinder auch ganz bestimmt wieder ab?
Kriegt man auch was zu trinken, wenn man Durst hat?
Kann man auch lachen?
Kann man auch singen? Was zum Beispiel?
An dieser Stelle taucht die Erzieherin hinter der Kasperbühne auf und spricht selbst mit dem Kasper auf ihrer Hand: Sie erzählt ihm, daß die Kinder ganz tolle Lieder gelernt hätten und fordert die Kinder auf, das dem Kasper zu beweisen. Es wird nun gemeinsam ein Lied gesungen.
Danach werden die älteren Kinder aufgefordert, den Jüngeren und deren Eltern die Spielsachen zu zeigen. Jeder darf spielen, was er möchte, bis der Kindergarten zu Ende ist.

Dritte und vierte Woche nach den Sommerferien

Ziele: Die neuen Kinder sollen sich eingewöhnen, die älteren sollen sich den kleineren freundlich zuwenden und erfahren, daß sie helfen, trösten, beschützen können.
Für Kinder, die immer noch mit Heimweh zu kämpfen haben, ist es oft leichter, sich im Freien aufzuhalten, weil sie hier weniger das Gefühl des Eingesperrtseins haben. Deshalb werden Spiele fürs Freie vorgeschlagen. Das Niveau aller hier vorgeschlagenen Spiele ist nicht hoch, damit auch die neuen Kinder mitmachen können.

Spiele im Freien für warme Tage (2.15–2.18)

2.15 Kindergarten „anstreichen". Die Kinder bekommen möglichst dicke Pinsel oder Bürsten und Eimerchen mit Wasser (das die Farbe darstellen soll). Nun „streichen" sie gemeinsam die Hauswand an.

2.16 Auto waschen. Der Erzieher stellt sein Auto in den Hof, die Kinder dürfen es einschäumen und abwaschen.

2.17 Thekenspiel. Die Kinder suchen sich möglichst viele Gefäße: Flaschen, Kannen, Becher, Tassen, Gläser, Humpen. Einige stehen hinter der Theke, füllen ihre Flaschen und Kannen mit Wasser und verkaufen nun, was die Kunden wünschen: Ein Glas Bier, eine Tasse Kaffee, einen Becher Milch, ein Glas Wein, ein Gläschen Schnaps …
Nach einiger Zeit dürfen andere Kinder hinter die Theke.
Bemerkungen: Wenn verhindert werden soll, daß die Kinder die „gekauften Getränke" wirklich trinken (weil vielleicht die Gefäße oder das Wasser nicht sauber sind), müssen die Kinder ein anderes Angebot haben (Tee). Besser ist es vielleicht, die Gefäße einfach vorher spülen zu lassen, damit die Kinder, wenn sie wollen, das Wasser ruhig trinken können.

2.18 Wasserlandschaft im Sandkasten bauen. Im Sandkasten werden verschiedene Mulden und Gräben gezogen, die mit Plastikfolie (Einkaufstüten) ausgelegt werden. Nun kann Wasser in die „Seenlandschaft" gefüllt werden. Natürlich wachsen an den Ufern Bäume und Gräser. Natürlich gibt es Brücken und ein Boot, auf dem die Menschen spazierenfahren können.

Gemeinsam nebeneinanderher spielen (2.19–2.33)

2.19 Autos fahren durch die Stadt. Mit Tesa-Krepp werden auf den Fußboden des Kindergartens Straßennetze mit vielen Kreuzungen, Abzweigungen, Sackgassen usw. geklebt. Die Kinder fahren mit kleinen Autos durch die Stadt.

2.20 Puppen füttern. Die Puppen bekommen Lätzchen umgebunden und werden gefüttert (jedes Kind hat Löffel und Teller vor sich). Danach muß man den Puppen das breiverschmierte Gesicht abwaschen (trockener Waschlappen) und das Kind zu Bett bringen.

2.21 Maschinen herstellen. Aus Bauelementen, die im Kindergarten vorhanden sind, werden Maschinen gebaut: Maschinen, die Bonbons herstellen, Getränkeautomaten, Kaugummiautomaten … (Die Form der Maschinen kann beliebig sein, Hauptsache, die Kinder versuchen, Einzelteile des Bausystems irgendwie zusammenzukriegen.)

2.22 Großbäckerei. Die Kinder stellen verschiedene Backwaren aus Knetmasse her. Ein Karton oder eine Schublade ist der Backofen, kleine Pappstücke sind das Blech.

2.23 Putzkolonne. Die Kinder bekommen Putzlappen, Staubtücher, Eimer, Wasser … und dürfen Tische und Stühle im Kindergarten abwaschen.

Natürlich müssen an dieser Stelle auch die Spiele im Sandkasten, in der Bauecke, am Planschbecken (Schiffchen spielen) genannt werden.

Alle machen das Gleiche: Chorsprechen mit Bewegungen (2.24–2.27. Siehe auch 18–20.)

2.24 Teddybär. Teddybär, Teddybär, dreh dich um! (Alles dreht sich um die eigene Achse) Teddybär, Teddybär, mach dich krumm! (Sich nach vorn beugen) Teddybär, Teddybär, heb ein Bein! (Auf einem Bein stehen)

Teddybär, Teddybär, das war fein! (Klatschen) Die Kinder sprechen den Text mit und machen die entsprechenden Bewegungen dazu.

2.25 Zwei Tauben. Zwei Tauben sitzen auf einem Dach (beide Fäuste vor sich hinhalten). Die eine fliegt fort (eine Faust öffnen, Hand über den Kopf nach hinten „fliegen lassen"). Die andere fliegt fort (andere Faust öffnen, diese Hand ebenfalls nach hinten „fliegen lassen"). Die eine kommt wieder (Hand wieder nach vorn holen). Die andere kommt wieder (andere Hand nach vorn holen). Da sitzen sie alle beide wieder (Fäuste wieder vor sich hinhalten).

2.26 Mein Reifen. Jedes Kind bekommt einen Reifen. Zu den Bewegungen sprechen die Kinder: Mein Reifen ist bunt (Reifen auf den Boden legen). Mein Reifen ist rund (einmal drum herum gehen). Ich springe hinein (in den Reifen springen). Ich springe heraus (aus dem Reifen springen). Ich schau aus dem Haus (Reifen senkrecht stellen und durchschauen). *Variation:* Wenn die Kinder dieses Spiel gut können, kann die letzte Zeile ersetzt werden: Ich tausche ihn aus (Kind tauscht den Reifen mit einem anderen Kind).

2.27 Wir fahren mit dem Karussell. Die Kinder bilden einen Kreis, fassen sich an den Händen und sprechen gemeinsam, während der Kreis sich in Bewegung setzt und sich immer schneller dreht: „Wir fahren mit dem Karussell, zuerst geht's langsam, dann geht's schnell!" Nun dreht sich das Karussell anders herum.

Spiele, die Trösten und Streicheln erlauben (2.28–2.31)

2.28 Häschen in der Grube. Dieses bekannte Kreisspiel könnte mit mehreren „Häschen" gleichzeitig gespielt werden. Einige Kinder „sitzen und schlafen" in der Mitte des Kreises, während die übrigen Kinder sich an der Hand fassen und singend um die Gruppe kreisen. Bei

„armes Häschen, bist du krank, daß du nicht mehr hüpfen kannst" bewegt sich der äußere Kreis zu den in der Mitte hockenden Kindern und streichelt sie. Bei „Häschen hüpf!" klatschen die Kinder in die Hände und die „kranken Häschen" hüpfen in den Außenkreis zurück.

2.29 Heiß – kalt. Die Kinder bewegen sich frei im Raum. Wenn der Erzieher ruft: Der Fußboden wird aber heiß! springen alle Kinder auf einen Stuhl und heben die Beine hoch. Bei „Hu, es wird ja so kalt!" umarmen sich schnell zwei Kinder, um sich gegenseitig zu wärmen.

2.30 Da hast 'nen Taler. Die Kinder setzen sich paarweise einander gegenüber. Ein Kind hält die Hand hin, das andere Kind legt die linke Hand darunter und streicht mit der Rechten darüber, während es spricht:
Da hast 'nen Taler,
geh auf den Markt,
kauf dir 'ne Kuh,
ein Kälbchen dazu,
faß es am Schwänzchen (kleinen Finger anfassen),
didel-didel-dänzchen (mit den Fingerspitzen auf die Handfläche trommeln).

2.31 Heile heile Segen.

überliefert

Heile, heile Segen, das Kätzchen lief den Berg hinauf, und als es wieder runter kam, war alles wieder gut.

Mit diesem Lied kann man auch sehr gut kranke Puppen trösten!

Spiele, die Fähigkeiten entwickeln helfen, die das Einleben im Kindergarten erleichtern (2.32–2.39)

2.32 Anweisungen verstehen. Die Kinder stehen im Kreis, der Erzieher gibt Anweisungen und zählt, wie lange es dauert, bis alle Kinder verstanden haben, was er gesagt hat.
Alle Kinder lassen sich los: 1, 2, 3, 4 ...
Alle Kinder fassen sich an die Nase: 1, 2, 3, 4 ...
setzen sich auf den Boden,
halten sich die Ohren zu,
sind mucksmäuschen still, damit man eine Stecknadel fallen hört (Stecknadel auch wirklich fallen lassen!).

Sich konzentrieren
2.33 Reifen drehen. Die Kinder stehen im Kreis. In der Mitte des Kreises wird ein aufrecht stehender Gymnastikreifen gedreht und losgelassen. Die Kinder beobachten, was der Reifen macht und ahmen seine Bewegungen nach: Der Reif neigt sich immer mehr dem Fußboden zu: Die Kinder gehen langsam in die Knie. Wenn der Reif fast schon waagrecht liegt, sitzen die Kinder in der Hocke, wenn der Reif nun auf den Boden aufzuschlagen beginnt, klatschen auch die Kinder abwechselnd mit der rechten und linken Hand auf den Fußboden. Der Reif erhöht das Tempo des Aufschlagens: die Kinder ebenfalls. Plötzlich bleibt der Reif liegen: Die Kinder erstarren ebenfalls in ihrer Bewegung: Einen Augenblick lang herrscht atemlose Stille. Dann geht das Spiel von neuem los.

2.34 Kugel im Reifen rollen lassen. Mehrere Gymnastikreifen werden aufeinander gelegt und an der Innenseite entlang eine Holzkugel gerollt. Die Kinder bilden einen Kreis um den Reifen. Solange die Kugel rollt, bewegt sich der Kreis in gleicher Richtung mit. Sowie die Kugel liegen bleibt, hält der Kreis an.

Sich kennen

2.35 Das Auto fährt zu ... Die Kinder sitzen um einen Tisch herum. Ein Kind schiebt sein Auto oder eine Eisenbahn in Richtung eines anderen Kindes und sagt: Das Auto fährt zu ... Nun darf das genannte Kind das Auto auf den Weg schicken.

Sich kennen

2.36 Wer fehlt? Die Kinder sitzen im Kreis auf Stühlen. In der Kreismitte steht ein kleiner Tisch, über den eine Decke gehängt wird. Während sich ein Kind umdreht, darf ein anderes unter den verhängten Tisch kriechen. Nun soll das „Ratekind" herausfinden, wer fehlt.

Aufpassen, zuhören, antworten

2.37 Was ist da drin? Material: Koffer oder Karton oder Tasche mit mehreren Gegenständen. Die Kinder sitzen im Halbkreis um den Erzieher und klatschen mit den Händen rhythmisch auf den Boden, wenn der Erzieher auf den Koffer o. ä. klopft und dazu fragt:
„Was ist da drin,
was ist da drin,
was ist in meinem Koffer drin?"
Dann holt er einen Gegenstand aus dem Koffer. Die Kinder sollen sagen, was es ist. Darauf der Erzieher: Was kann man damit machen?
Wer eine Antwort weiß, bekommt den Gegenstand zum Halten oder Spielen.

Ein schwierige Aufgabe lösen

2.38 Tablett weitergeben. Die Kinder sitzen im Kreis. Zwei Kinder bekommen je ein Tablett, das sie zu einem anderen Kind tragen sollen, auf dessen Platz sie sich setzen. Das Tablett ist zunächst leer. Nach einigen Minuten wird ein Bauklotz auf das Tablett gestellt, danach zwei aufeinanderliegende Klötze.
Das Spiel kann statt mit Tabletts auch mit Bechern gespielt werden, die mit Wasser gefüllt sind.

Etwas darstellen

2.39 Ich zaubere, ich zaubere. Die Kinder stellen sich an einer Wand des Zimmers (Turnhalle) auf. Der Erzieher sagt: Ich zaubere, ich zaubere, ihr seid alle Hunde! Darauf bewegen sich die Kinder auf allen Vieren bellend zur gegenüberliegenden Wand. Nun verzaubert er sie in Katzen, Schnecken, Riesen, Zwerge, Schlangen, Schmetterlinge, Hühner, Autos, Reiter ...

3. Mein Körper

Vorüberlegungen

Ab hier wird vorgeschlagen, die vielseitige Arbeit im Kindergarten einem bestimmten Thema zuzuordnen und mit den Fördergruppen zu beginnen. Daß der vorgeschlagene Wochenplan nur aufzeigen soll, wie die Woche verlaufen könnte, keineswegs aber, wie sie zu verlaufen habe, wurde ja in der Einführung schon betont. Die vorgeschlagenen Spiele aus dem Themenkreis „Mein Körper" sollen nicht nur Kenntnisse vermitteln, sondern auch Situationen schaffen, die den Kindern lustvolle Erlebnisse mit dem eigenen Körper und seinen Sinnen vermitteln.

Es gibt eine körperfeindliche und eine körperfreundliche Pädagogik. In der Sprache der körperfeindlichen Pädagogik ist die Rede vom „bösen, bösen Händchen", von den „ungeschickten Fingerchen", den „viel zu neugierigen Äuglein", dem „vorlauten Mund" und den „zappeligen Füßen", da wird Onanie als Sünde und der Gang zur Toilette als notwendiges Übel empfunden, da heißt es ständig: „Vorsicht! Du fällst!", „Setz dich anständig hin!" und vor allem: „Finger weg!"

In einer körperfreundlichen Erziehung wird niemals versucht, einen Körperteil mit abwertenden Eigenschaftswörtern zu diffamieren, weil dadurch eine Kluft zwischen dem körperlichen und dem geistigen Ich des Kindes geschaffen wird, die einer harmonischen Entwicklung der Gesamtpersönlichkeit entgegensteht. Nach Auffassung einer körperfreundlichen Pädagogik soll das Kind mit den Worten „fühl mal", „riech mal", „sieh mal", „hör mal", „probier mal" ständig angeregt werden, neue Erfahrungen mit der Umwelt zu machen und den eigenen Körper in seiner Vermittlerrolle zur Welt lustvoll zu erleben. Fühlen, wie das Wasser über die Arme fließt, erleben, wie der Körper von den Federn einer Matratze hochgeschleudert wird, mit der Nase an den neuen Schuhen entlangstreichen – das alles ist gleichzeitig Sinnesschulung und sinnliches Vergnügen.

MARIA MONTESSORI sah in der „Sinneserziehung" das Fundament nicht nur der intellektuellen, sondern auch der ästhetischen und sittlichen Erziehung. Ein wichtiges Element ihrer Erziehungsmethode besteht darin, dem Kind Material zur Verfügung zu stellen, das das Kind zu ganz bestimmten, selbständigen Aktionen herausfordert und unabhängig vom Lob der Erwachsenen zu Erfolgserlebnissen führt, die durch Selbstkontrolle ausgelöst werden.

MONTESSORI-Material ist sehr teuer. Die Kinder können aber viele typische MONTESSORI-Elemente selbst herstellen. So ist in diesem Plan das Basteln von Geräuschdosen, Tastleisten und Riechdöschen vorgesehen. Die Grundidee ist bei all diesen Materialien dieselbe: Das Kind soll sich ganz auf die Funktion eines Sinnes konzentrieren und dabei erfahren: Ich nehme etwas Interessantes wahr, ich kann Unterschiede feststellen, ich kann in das, was ich wahrnehme, Ordnung hineinbringen. Alles Ablenkende soll dabei vom Kind ferngehalten werden: Es sollen keine anderen Spielsachen auf dem Tisch liegen,

an dem das Kind seine Beobachtungen macht. Es sollen möglichst auch die Sinne ausgeschaltet werden, die nicht notwendig an der Wahrnehmung beteiligt sind: Beim Tasten oder Hören sollen die Augen geschlossen bleiben. Daß allerdings das MONTESSORI-Material nur zu einem einzigen Zweck verwendet und dem Kind weggenommen werden soll, wenn es „nur herumspielt", halte ich für falsch. Aus den Tastleisten kann ruhig ein Teppichboden für die Puppenstube gelegt werden, die Geräuschdosen können als Fässer mit Lastautos transportiert oder zum Musikmachen verwendet werden, und mit den Riechdöschen kann durchaus Kaufladen gespielt werden, denn über jeden kreativen Einfall sollten wir uns freuen.

Wörterliste

Achsel	Hüfte	Zeigefinger	schwitzen
After	Kleiner Finger	Zunge	sehen
Arm	Knie	*	sitzen
Augen	Knochen	anfassen	stampfen
Augenbrauen	Kopf	atmen	steigen
Bart	Lippen	aufspringen	stützen
Bauch	Magen	aufstellen	tanzen
Bein	Mittelfinger	aufwachsen	tasten
Beule	Mund	bewegen	wackeln
Blase	Muskeln	bücken	werfen
Brust	Nabel	drehen	zappeln
Daumen	Nase	fallen	zittern
Ellenbogen	Ohren	gehen	*
Finger	Penis	hören	barfuß
Fingernägel	Popo	hüpfen	dick
Füße	Ringfinger	knien	dünn
Gelenk	Rücken	kommen	gerade
Gesicht	Scheide	kratzen	groß
Glied	Schultern	kriechen	klein
Haare	Stirn	laufen	krumm
Hals	Wange	nicken	nackt
Handgelenk	Wimpern	rennen	salzig
Haut	Wunde	riechen	sauer
Herz	Zahn	rutschen	süß
Hinterteil	Zehe	schlafen	

Zweiwochenplan

	In der Zeit des Freispiels	Gemeinsame Aktion	Am Nachmittag	
Mo	Papierkind 3.1	Mich hat ein Floh gestochen 3.3 Seht, was ich kann 3.6	A 37–40	**A**
Di	Papierkind 3.1	Rate mal, wer das hier ist 3.2 Peter, mir tut's hier so weh! 3.4	Mich hat ein Floh gestochen 3.3	**W**
Mi	Herztöne hören (Arztspiel) 3.22	Marionetten-Gymnastik 3.7 Wer kann das? 3.12 Wer rennt in … 3.5		
Do	Erste Spiele mit Faden- figuren 3.8	Zirkusspiele mit Faden- figuren 3.8 Seht, was ich kann 3.6	Auf einer Kaffeetasse 3.11 Wer kann das? 3.12	**G**
Fr	Marionettenspiele 3.8 **K**	Was der Kopf alles kann 3.9 Auf einer Kaffeetasse 3.11	Arbeitsblatt 3	

	In der Zeit des Freispiels	Gemeinsame Aktion	Am Nachmittag	
Mo	Lochpapier herstellen 3.12 „Fernglas" 3.14 Raten mit dem Lochpapier 3.13 Suchen mit dem Fernglas 3.15	Reisegesellschaft 3.16	A 41 A 5–7 Namen flüstern 3.20	**A**
Di	Geräuschdosen herstellen 3.17 oder: Geräusche auf Band nehmen 3.18	Stimmen raten 3.19 Ohrenklappen 3.21 Schatz bewachen 3.23 Geräusche deuten 3.24	Was soll der Kopf, auf den ich zeig 3.10	**W**
Mi	Tastleisten 3.26	Blinde Kuh 3.27 Ich pack was in den Krabbel- sack 3.27		
Do	Riechdosen 3.28	Als ich nach Hause kam 3.30 Hunde 3.31 Ilse Bilse 3.32	Wörterfangen 3.35 Ich habe zwei Nasen 3.36	**G**
Fr	Hunde 3.31 **K** Obst und Gemüse waschen und schneiden für 3.33	Was hast du im Mund? 3.33 Wasserlösungen zuordnen 3.34	Wasserspiele im Freien 2.7, 2.15, 2.16, 2.18 Wasserbogen 3.37	

Angebote

Schneiden – malen

3.1 Papierkind. Material: Packpapier, Scheren, Wachskreiden, Spiel. Nacheinander werden alle Kinder auf Packpapier gelegt und mit Kreide umfahren. Die Kinder malen die Details selbst: Haare, Gesicht, Fingernägel. … Im Spiegel soll die Farbe der Augen, der Haare … festgestellt werden. Der Erzieher führt nebenbei Sachgespräche: Wo ist denn dein Knie? Wem gehört denn dieser Ellenbogen?

Nun wird das Papierkind ausgeschnitten und „angezogen" (angemalt). Anschließend werden alle Papierkinder so an der Wand befestigt, daß die Füße den Boden berühren.

Bemerkungen: Viele Kinder fürchten, ausgelacht zu werden, wenn sie dem nackten Papierkind auch Penis (Glied) oder Vagina (Scheide) malen, deshalb sollte man nicht versuchen, sie dazu zu überreden. Der Erzieher hat ja die Möglichkeit, zusätzlich zwei nackte Papierkinder herzustellen, die einfach „Junge" und „Mädchen" heißen, und ihm als Demonstrationsmaterial dienen können. (Zur Sexualerziehung siehe S. 165–169.)

Ratespiel

3.2 Rate mal, wer das hier ist. Die Kinder setzen sich in einiger Entfernung von den an der Wand befestigten Papierkindern auf den Boden. Ein Kind zeigt auf ein Papierkind und fragt: Rate mal, wer das hier ist! Der, der es erraten hat, wird weitergefragt: Und woran hast du es gemerkt? Antwort (z.B.: An der Brille! An den kurzen Haaren! Ein anderes Kind darf das nächste Rätsel aufgeben.

Spiel im Kreis

3.3 Mich hat ein Floh gestochen. Kind: Mich hat ein Floh gestochen!
Alle: Wo denn?
Kind (bezeichnet eine Körperstelle, z.B.): An meinem Bauch!
Alle kratzen sich am Bauch.
Das nächste Kind ist dran. Der Floh soll aber möglichst nur einmal an der gleichen Stelle stechen!

Spiel im Kreis

3.4 Peter, mir tut's hier so weh! Ein Kind sagt zu einem anderen: (Peter), mir tut's hier so weh!

und zeigt dabei auf eine Stelle am Körper (z.B. auf den Daumen). Das angesprochene Kind soll antworten: Hier hast du Daumensalbe!
Sein rechter Nachbar darf weitermachen: (Susanne), mir tut's hier so weh! (und zeigt dabei vielleicht auf die Ohren).
Susanne: Hier hast du Ohrentropfen!

Spiel im Raum oder im Freien

3.5 Wer rennt in mein Schneckenhaus. Die Kinder stehen an einer Wand, an der gegenüberliegenden steht ein einzelnes Kind und ruft: Wer rennt in mein Schneckenhaus?
Kinder: Niemand!
Kind: Dann müßt ihr eben kriechen!
Alle Kinder bewegen sich kriechend zur gegenüberliegenden Wand.
Variationen: Dann müßt ihr eben hüpfen, marschieren, leise schleichen, humpeln, gebückt gehen, tanzen, krabbeln …
Variation: Wie „Wer hat Angst vor dem Schwarzen Mann?“: Das Kind, das der Gruppe gegenüberstand, fängt eines der ihm entgegenkommenden Kinder und nimmt es mit auf seine Seite. Beide fangen nun im nächsten Durchlauf wieder ein Kind und so fort, bis schließlich nur noch ein Kind übrig ist, das das nächste Spiel beginnen darf.

Singspiel

3.6 Seht, was ich kann.

überliefert

Kind: (macht die entsprechende Bewegung)

Seht, was ich kann! Seht, was ich kann: Ich stampfe, ich stampfe, fangt

Alle: (machen die Bewegung nach)

alle mit an! Wir stampfen, wir stampfen. Der nächste kommt dran.

Variationen: ich boxe – wir boxen
ich dreh' mich – wir drehn uns
ich hüpfe – wir hüpfen
ich tanze – wir tanzen
ich bücke mich – wir bücken uns
ich schiebe – wir schieben
ich knete – wir kneten …

Gymnastik

3.7 Marionettengymnastik. Einführung: Der Erzieher hat eine Marionette mitgebracht. Die Figur zeigt den Kindern, was sie alles kann: Schnell gehen, langsam gehen, marschieren, den rechten Arm hochhalten, den linken Arm hochhalten, sich ganz langsam hinsetzen …

Die Kinder verwandeln sich in Marionetten.

1. Übung: Die Marionetten liegen schlapp auf dem Boden. Sie stellen sich vor, sie hätten Fäden an den Handgelenken. An einem Faden wird gezogen: Das Handgelenk und damit der ganze Arm bewegt sich langsam nach oben. Auf das Kommando „loslassen!" fällt der Arm wieder nach unten.

2. Übung: Kopf heben (alle anderen Körperteile entspannt lassen). Kopf – Hals – Schultern heben. Oberkörper langsam vom Boden abrollen lassen.

3. Übung: Beine werden hochgezogen. Die Fäden sollen (in der Vorstellung) am Knie befestigt sein.

Puppenspiel

3.8 Erste Spiele mit Fadenfiguren. Stofftiere werden von oben an einer Schnur bewegt (am Hals und Hinterleib festbinden). Zirkusspiele mit „dressierten Tieren": Jeder darf sein Tier kurz vorführen.

Wenn die Tiere gezeigt haben, wie sie auf Kommando stehen bleiben, auf Podeste springen, durch Reifen springen, Reihen bilden, tanzen usw., müssen sie auch versorgt werden: Sie brauchen Futter, das Fell muß gebürstet werden, sie brauchen einen Platz zum Schlafen. Vielleicht sollte auch ein Wagen gebaut werden, in dem die wertvollen Tiere transportiert werden können.

Wissen vermitteln

3.9 Was der Kopf alles kann. Vorbereitung: Etwas zum Schmecken (z. B. Salzstangen, Kekse), etwas zum Riechen (z. B. Apfelsine, Seife) und etwas zum Hören (z. B. Streichholzschachtel, Papier) bereitlegen.

Der Erzieher fragt reihum jedes Kind, was der Kopf alles kann. Die ganze Gruppe prüft nach, ob die Antwort des Kindes stimmt.

Beispiele:

Wackeln: Alle Kinder wackeln mit dem Kopf.

Nicken und schütteln: Der Erzieher stellt Fragen, die die Kinder mit Nicken und Kopfschütteln beantworten, z.B.: Geht ihr schon in die Schule? Könnt ihr euch schon alleine anziehen?

Sehen: Erzieher: Ich seh etwas, das du nicht siehst, und das ist …

Behalten: Der Erzieher nennt Zahlen, die die Kinder wiederholen sollen.

Rechnen: Der Erzieher stellt eine einfache Rechenaufgabe.

Riechen: Die Kinder sollen mit geschlossenen Augen einen Gegenstand (Seife) durch Riechen erkennen.

Schmecken: Die Kinder sollen mit geschlossenen Augen einen Gegenstand durch Schmecken erkennen.

Hören: Geräusche von der Straße wahrnehmen. Geräusche (Anzünden eines Streichholzes) erkennen.

Denken: Rätsel raten.

Verstehen: Einen Auftrag ausführen.

Das neue Wissen anwenden

3.10 Was soll der Kopf, auf den ich zeig. Erzieher: Was soll der Kopf, auf den ich zeig, was soll der Kopf mal tun? Ein Kind, das aufgerufen wird, darf eine Anweisung geben, z.B. „sehen!". Das Kind, auf dessen Kopf gezeigt worden war, muß nun sagen, was es sieht.

Wenn viele Tätigkeiten des Kopfes schon genannt wurden, kann man zur Hand übergehen: Was soll die Hand, auf die ich zeig, was soll die Hand mal tun? Die Antwort könnte zum Beispiel lauten: schreiben. Dann muß die Hand, auf die gezeigt wurde, pantomimisch schreiben.

Kinderreim mit Bewegungen

3.11 Auf einer Kaffeetasse. Auf einer Kaffeetasse (mit der offenen Faust Tasse bilden) sitzt eine freche Fliege (mit dem Zeigefinger Fliege zeigen), die fliegt mir auf die Nase (auf die Nase zeigen).

Paß auf, wenn ich dich kriege! (Nach der Fliege schnappen)

Rhythmisches Sprechen mit Bewegungen (Kreis)

3.12 Wer kann das? Erzieher (macht eine bestimmte Bewegung, z.B. klatschen, und spricht dazu rhythmisch): Wer kann das? Wer kann das?

Kinder (machen die Bewegung mit): Was machen wir? Was machen wir?

Alle: Wir klatschen mit den Händen!

Es geht weiter mit Variationen, z.B.:

Wir nicken mit den Köpfen.

Wir blinzeln mit den Augen.

Wir stampfen mit den Füßen.

Wir zucken mit den Schultern.

Wir wackeln mit den Daumen.

Wir kratzen mit den Nägeln.

Wir boxen mit den Fäusten.

Wir können sehen (3.12–3.16)

Konzentrationsspiel zu zweit
3.13 Raten mit dem Lochpapier. Material: Festes, am besten schwarzes, Papier (alte Heftumschläge), in das ein kleines, mittleres und größeres Loch geschnitten wird.
Das Lochpapier wird auf eine Bilderbuchseite gelegt, so daß nur Details des Bildes sichtbar sind. Der Partner soll raten, wozu das Detail gehört. Hat er richtig geraten, darf er die nächste Aufgabe stellen.

Basteln
3.14 Fernglas. Material: Für jedes Kind zwei Papprollen (vom Klopapier oder durchgeschnittene Haushaltspapierrolle), Klebeband, Farbe oder Papier zum Bekleben, eine Schnur.
Die Rollen werden längsseits mit Klebeband aneinander befestigt, angemalt oder beklebt und mit einer Schnur versehen, damit man das „Fernglas" um den Hals hängen kann.

Konzentrationsspiel
3.15 Suchen mit dem „Fernglas". Der Erzieher nennt einen bestimmten Punkt im Kindergarten, den die Kinder mit dem Fernglas vor den Augen suchen und finden sollen. Auch aus dem Fenster schauen!

Rollenspiel
3.16 Reisegesellschaft. Aus Stühlen wird ein Bus gebaut. Die Reisegesellschaft steigt ein, der Reiseleiter (Erzieher) beschreibt die Gegend. Alle folgen mit dem Fernglas seinen Schilderungen.
Wenn der Bus hält, können alle aussteigen und sich eine Cola am nächsten Ständchen kaufen.
Bei der Weiterfahrt erzählt der Reiseführer, was an der „Bergwand dort drüben" vor kurzer Zeit passiert sei: Mann rutschte vom Weg ab, konnte weder vor noch zurück, Bergwacht suchte ihn, entdeckte ihn mit dem Fernglas, dramatische Rettung mit Seilen und Hubschrauber.
Weiterführung: Echtes Fernglas zeigen. Über Brillen sprechen.

Wir können hören (3.17–3.24)

Konzentrationsspiel
3.17 Geräuschdosen (Idee: MONTESSORI). Material: Für einen Spielsatz je sechs oder acht gleiche Gefäße (leere Gläschen von Babynah-

rung, leere Milchdosen o.ä.). Papier zum Bekleben.
Für den Inhalt: Etwas Grieß oder Sand, Reis, Korkstückchen, Steinchen, Reißnägel, Wasser usw.
In je zwei Dosen wird eine kleine Menge vom gleichen Material hineingegeben und die Dose so beklebt, daß der Inhalt nirgends herausfallen und von außen nicht gesehen werden kann. Durch Schütteln der Gefäße sollen die Kinder nun herausfinden, welche beiden Gefäße den gleichen Inhalt haben. Dabei Gespräche führen: laut – leise, hell – dunkel, schrill – dumpf.
Auf der Unterseite der Dosen markieren, was zusammengehört, damit die Kinder sich selbst kontrollieren können.

Sachbegegnung
3.18 Geräusche auf Band aufnehmen. Einige Kinder dürfen im Büro des Erziehers nach Geräuschen suchen, die dann auf Tonband aufgenommen werden sollen (Telefonzeichen, Schublade auf- und zumachen, Türe abschließen, Wasser eingießen, Schreibmaschine schreiben, Locher benutzen, Papier schneiden, Nase putzen, Buch umblättern). Geräusche aufnehmen, abhören, dann der ganzen Gruppe zum Raten aufgeben.

Ratespiel
3.19 Stimmen auf Band aufnehmen – Stimmen raten. Jedes Kind darf ins Büro kommen und dort etwas auf Band sprechen, ohne seinen Namen zu nennen. Hinterher sollen die Kinder die Sprecher an ihren Stimmen wiedererkennen. (Erzieher muß eine Liste der Sprecher haben, damit er notfalls entscheiden kann.)
Das Spiel kann auch ohne Tonband gespielt werden: Einige halten die Augen zu, ein anderes Kind sagt etwas. Wer war es?

3.20 Namen flüstern. Die Kinder teilen sich in zwei Gruppen und stellen sich an zwei gegenüberliegenden Wänden auf. Ein Kind flüstert den Namen eines Kindes aus der anderen Gruppe und setzt sich. Das aufgerufene Kind flüstert ebenfalls einen Namen und setzt sich. Der Erzieher soll darauf achten, ob alle Kinder gut hören können!

3.21 Ohrenklappen. Die Kinder sitzen im Kreis und halten die Hände auf die Ohren. Während sie alle einen Ton summen, öffnen und schließen sie die „Ohrenklappen" rhythmisch. Wie verändert sich der Ton?

Rollenspiel
3.22 Herztöne hören (Arztspiel). Der Arzt hört mit dem Stetoskop (Papprohre) die Herztöne ab. Natürlich darf der Patient auch sonst noch behandelt werden: Warme oder kalte Umschläge, Massagen, Einreibungen können ebenso verordnet werden wie: 5 Minuten ruhig liegen, 20 Kniebeugen am offenen Fenster oder 3 Löffel Wasser ...

Konzentrationsspiel
3.23 Schatz bewachen. Auf einem Stuhl sitzt ein Kind und wendet den anderen den Rücken zu. Auf seinen Kopf wird ein Wattebällchen gelegt. Nun soll ein Kind von hinten anschleichen und das Wattebällchen erobern. Sowie der Schatzwächter ein Geräusch wahrnimmt, soll er mit dem Finger in die Richtung zeigen, aus der das Geräusch kommt. Zeigt er dabei auf den Räuber, muß dieser Schatzwächter sein. Zeigt er in die falsche Richtung, muß er weiter bewachen.

Kimspiel
3.24 Geräusche deuten. Hinter einer senkrecht gestellten Tischplatte geschieht etwas:
Papier wird zerknüllt, zerrissen, zerschnitten.
Eine Nuß wird geknackt.
Stoff wird zerrissen.
Papier wird gelocht.
Im Telefonbuch wird geblättert.
Etwas fällt auf den Boden: Geld, Schlüssel, Buch, Schuh, Tasche ...
Etwas wird umgefüllt: Wasser, Perlen, Legos, Bauklötze ...

Wir können tasten (3.25–3.27)

Basteln – Kimspiel
3.25 Tastleisten. Material: Holzleisten (nicht zu schmal), die in gleichmäßige Stücke zersägt werden. (Die Holzleisten können auch durch Streichholzschachteln, Bauklötze oder Pappstücke ersetzt werden.)
Verschiedene Stoffreste, die sich für Tastübungen eignen: Samt, Cordsamt, Seide, Plastik, Wachstuch, grobes Leinen, Strickware ...
Je zwei Holzstücke werden mit demselben Stoff beklebt. Danach sollen die Kinder mit verbundenen Augen aus der Menge der bezogenen Täfelchen die Paare zusammensuchen, danach

die Augenbinde abnehmen und selbst kontrollieren, ob sie alles richtig gemacht haben.

Spiel zu zweit
3.26 Ich pack' was in den Krabbelsack. Ein Kind steckt etwas in ein Stoffsäckchen. Ein anderes soll raten, was darin ist. Nun darf es selbst etwas in den Krabbelsack stecken.

Spiel im Kreis
3.27 Blinde Kuh. Zwei Kinder bewegen sich mit verbundenen Augen im Kreis. Wenn das eine Kind ruft: Blinde Kuh, wo bist du?, muß das andere antworten: Hier bin ich! Wenn ein Kind das andere gefangen hat, wird die „Kuh" wieder an seinen Platz geschickt, der Fänger spielt die Kuh und ein anderes Kind den Fänger.

Wir können riechen (3.28–3.32)

Konzentrationsspiel
3.28 Riechdosen (Idee: MONTESSORI). Material: Leere Joghurtbecher, Durchschlagpapier, Klebstoff oder Gummiringe. Inhalt: Stark riechende Substanzen, z.B. Gewürze, Kaffee, Zwiebel, Wattebausch mit Kölnisch Wasser usw.
In jeweils zwei Joghurtbecher werden dieselben Substanzen hineingegeben und die Becher oben mit Durchschlagpapier zugeklebt oder zugebunden. In die Papierdecke mit einer Nadel feine Löcher stechen, damit die Duftstoffe besser zu riechen sind. Auf die Unterseite der Becher Markierungen kleben, damit man kontrollieren kann, ob die richtigen Paare gefunden wurden. Spiel: Durch Riechen die richtigen Paare zusammensuchen. Selbstkontrolle!

Spiel im Raum
3.29 Was stinkt? Einleitendes Gespräch: Überall kann man etwas riechen. Manche Dinge riechen gut, sie duften (Rosen, Parfüm, feine Seife, frische Brötchen, Apfelsinen). Manche Dinge riechen schlecht, sie stinken (alter Fisch, faule Eier, Mist, volle Windeln, ungewaschene Füße ...). Der Erzieher nennt Dinge, die entweder duften oder stinken, und die Kinder antworten mit puh! und Nasezuhalten oder mit ah! und genußvollem Schnuppern.
Nach einigen Minuten sollen die Kinder im Raum etwas suchen, das stinkt, bzw. etwas, das duftet.

Erzählen
3.30 Als ich nach Hause kam, roch es nach ...
Die Kinder sollen versuchen, sich daran zu
erinnern, was sie als erstes gerochen haben, als
sie nach Hause kamen.
Als ich die Haustür aufmachte, roch es nach ...
Als ich durch die Glastür trat, roch es nach ...
Als ich in die Küche kam, roch es ...
Als wir uns an den Tisch setzten, roch es nach ...
Als ich aufs Klo ging, roch es nach ...

Einfaches Rollenspiel, Sinnesschulung
3.31 Hunde. Drei Kinder verstecken überall im
Raum kleine Wattebäusche mit einigen Tropfen
Kölnisch Wasser, während sich die übrigen
Kinder die Augen zuhalten. Auf das Kommando
Hunde, sucht! laufen die Kinder auf allen Vieren
durch den Raum und versuchen, durch Schnuppern die Wattebäusche zu finden. Wer einen
Wattebausch gefunden hat, bringt ihn (nicht in
den Mund nehmen!) einem Kind, das die Watte
versteckt hat, und wird von ihm dafür gelobt und
gestreichelt: Braver Hund!
Dieses Spiel kann zum sozialen Rollenspiel
ausgebaut werden. Beispiel: Bernhardinerhun-
de sollen ein Kind suchen, das im Schnee
verschüttet wurde.

Kinderreim
3.32 Ilse Bilse
Ilse Bilse,
niemand willse.
Kam der Koch,
nahm sie doch,
weil sie so nach Zwiebeln roch.

Wir können schmecken (3.33–3.34)

Kimspiel
3.33 Was hast du im Mund? Material: Möhren,
Apfel, Bananen, Apfelsinen, Brot, Blumenkohl
usw. werden von den Kindern gewaschen, eventuell geschält, in kleine Stücke geschnitten.
Zunächst mit offenen Augen prüfen: Was
schmeckt süß, sauer, bitter, salzig?
Danach schließen die Kinder die Augen und
lassen sich etwas Eßbares in den Mund stecken.
Sie sollen raten, was es ist.

Kimspiel
3.34 Wasserlösungen zuordnen. Sechs gleiche
Gläser sind gleich hoch mit Wasser gefüllt. Aber

während sich in zwei Gläsern pures Wasser
befindet, wurden in zwei anderen einige Salz-
körnchen, wieder in zwei anderen einige Zuk-
kerkörnchen aufgelöst. Die Kinder sollen die
Gläser mit gleichem Inhalt am Geschmack
erkennen und die Geschmacksart benennen:
ohne Geschmack, salzig, süß.

Spiel im Kreis: Mehrzahl bilden
3.35 Wörterfangen. Der Erzieher sagt, er würde
Wörter fangen, und die Kinder sollten raten, was
er gefangen hat. Er greift mit der einen Hand in
die Luft, sagt dazu eine Silbe einer Pluralform
aus der Wortliste Körper, z.B. „Hän", dann
greift er mit der anderen Hand in die Luft und
sagt die zweite Silbe, also „de". Dann legt er die
geschlossenen Fäuste nebeneinander und fragt:
Was habe ich? Antwort: Hände (Fü-ße, Finger, Haa-re, Na-sen, Bäu-che).
Die Kinder sollen versuchen, ob sie selbst
Wortteile „fangen" und zusammensetzen
können.

3.36 Ich habe zwei Nasen. Vorbereitung: Die
Papierkinder werden betrachtet. Von welchen
Körperteilen haben die Papierkinder zwei, wo-
von nur eines?
Danach setzen sich die Kinder im Kreis auf den
Boden. Ein Kind behauptet: Ich habe zwei
Nasen! Wenn die Behauptung stimmt, nicken
die Kinder mit dem Kopf. Ist sie falsch, lassen sie
sich nach hinten fallen, so daß die Beine in die
Luft ragen.
Reihum darf jedes Kind eine Behauptung auf-
stellen.

Bewegung im Freien
3.37 Wasserbogen. Der Erzieher spritzt mit dem
Schlauch einen Wasserbogen, unter dem die
Kinder durchlaufen können (Schlauch unbedingt ruhig halten, nicht plötzlich auf Kinder
zielen!).
Variation 1: Wasserstrahl waagrecht zum Boden
strömen lassen. Die Kinder üben Hochsprung,
kriechen unter dem Strahl durch, rennen durch.
Selbstverständlich müssen die Kinder bei diesem Spiel nackt sein oder Badekleidung tragen.
Variation 2: Die Kinder werden aufgefordert,
sich einen Schutz gegen das Naßwerden zu
suchen: Ein Brett, eine Plastikschüssel, ein Tuch
über den Kopf halten, einen Schubkarren vor
sich aufbauen, einen Schirm holen ...

4. Herbst

Vorüberlegungen

In dem Dreiwochenplan Herbst sind mehrere *Ausflüge* vorgesehen. Natürlich kann nur der Erzieher entscheiden, ob diese Ausflüge durchführbar sind, und welcher Apfelbaum, welcher Garten, Park oder Wald als Ausflugsziel geeignet ist.

In ländlichen Gemeinden wird vielleicht ein Landwirt bereit sein, die Kinder bei der Kartoffelernte helfen zu lassen oder dem Kindergarten wenigstens einige Kartoffelpflanzen zum Ernten zu überlassen. Die Eltern sollten rechtzeitig von den geplanten Lehrgängen erfahren, schon deshalb, weil für jeden Ausflug zwei Mütter oder Väter zur Verstärkung der Aufsicht erforderlich sind.

Vielleicht fragen die Eltern, ob ein solcher Aufwand überhaupt nötig sei, ob es nicht viel einfacher wäre, einige Kartoffeln, Äpfel und Tomaten mit in den Kindergarten zu bringen. Dann sollte man ihnen erklären, daß eben längst nicht alles, was für das Kindergartenkind wichtig ist, innerhalb des Kindergartens gelernt werden kann (z.B. bei der Gruppe bleiben, etwas selber entdecken, sich auf ein Detail konzentrieren, obwohl es rundherum noch viel anderes zu sehen gibt). Dazu kommt, daß unmittelbare Erfahrungen in der Natur stärker beeindrucken und länger im Gedächtnis haften bleiben als mittelbare: Es ist ein Unterschied, ob ein Kind gesagt bekommt, die Kartoffeln wüchsen in der Erde, oder ob es eigenhändig Kartoffeln ausgräbt; ob das Kind das Bild eines Kartoffelkäfers gezeigt bekommt, oder ob es selbst beobachten kann, wie das Insekt Löcher in die Blätter der Kartoffelpflanze frißt.

Wichtig für das Gelingen eines Lehrganges ist die gute Vorbereitung des Erziehers. Die Kinder sollen nicht hinter dem Erzieher her „blind ins Blaue tappen", sondern mit einer gewissen Erwartung und Zielgerichtetheit losziehen. Als Beispiel für eine mögliche Motivation der Kinder sei das Gespräch 4.1 mit der Geschichte 4.2 genannt.

Beim Malen (Wir malen einen Baum 4.13) wird es nicht ganz leicht sein, den kleineren und den größeren Kindern gleichzeitig gerecht zu werden. Die Kleinen sollen zunächst einmal lernen, den Pinsel richtig zu halten, die Pinselhaare nicht zu tief einzutauchen und die Farbe am Farbgefäß abzustreifen. Nach dem Malen müssen die Pinsel ausgewaschen werden und die Farbgläser gut zugeschraubt werden, damit die Farben nicht austrocknen.

Als Bildthema könnte sich für die Jüngeren eignen: So grün waren die Blätter! Oder: So braun war der Stamm! Oder: So rund sind die Äpfel!

Die Älteren sollen lernen, einen Baum genau zu betrachten, seine Teile Stamm – Äste – Zweige – Blätter – Früchte zu unterscheiden und sich klar zu machen, wie diese Teile einander zugeordnet sind. Manche Kinder haben bisher für „Baum" immer ein bestimmtes Zeichen gemalt, z.B. eine Stange mit einer großen Kugel darauf. Nun kommt es darauf an, dieses festgefahrene Schema durch das zu ersetzen, was das Kind gesehen hat. Vielleicht hilft die Aufforderung: „Ehe ihr anfangt zu malen, schließt ihr mal die Augen. Könnt ihr in Gedanken den Baum noch sehen mit seinem dicken Stamm, den dünnen Ästen, den feinen Zweigen und den vielen Blättern?"

Als nächstes müssen die Kinder mit dem gegebenen Format zurechtkommen. Der Baum soll so groß werden, daß möglichst wenig Papier „übrig" bleibt.

Der Erzieher kann sich zeigen lassen: „Wie weit geht bei dir der Stamm? Wie weit reichen die Äste?"

Wenn ein Kind trotz der vorbereitenden Gespräche behauptet, es könne nicht malen, soll man sich auf keinen Fall verleiten lassen, selbst etwas auf das Blatt zu malen, sondern dem Kind beweisen, daß es selber malen kann, indem man die große Aufgabe in kleine Aufgaben zerlegt. „Weißt du noch, wie der Stamm ausgesehen hat? Welche Farbe könnten wir nehmen? Wo paßt der Stamm auf unser Blatt?" usw.

Nach Beendigung der Malarbeit soll kein Baum als Musterbaum besonders hervorgehoben werden, sondern der Erzieher soll seine Freude darüber äußern, daß alle Bäume verschieden aussehen. Das Kind soll nicht lernen, blind nachzuahmen, was andere tun, sondern in sich „hineinzusehen" und seine eigenen Vorstellungen selbstsicher zu äußern.

Das *Sammeln und Ordnen* von Dingen, die man in der Natur finden kann (4.33–4.35), hat nicht nur den Zweck, Bastelmaterial für den Kindergarten zu beschaffen, sondern soll aus Kindern, die blind und gelangweilt durch die Gegend stolpern, Sachensucher machen, die ständig in der Erwartung leben: Man kann immer etwas

Interessantes entdecken und etwas Schönes finden. Mit dem Sammeln, Ordnen, Vergleichen und Tauschen ist es aber nicht getan. Die Kinder sollen angeregt werden, mit ihren Schätzen zu spielen (Spiele zu zweit 4.38–4.40), zu basteln (4.7, 4.11, 4.27, 4.29, 4.30, 4.41) und in neuen Bereichen kreativ zu werden (Blattgeschichten 4.32 oder Tischtheater 4.8, 4.25 und 4.31).

Vorschlag für einen Elternbrief

(Von den Kindern gemalt und diktiert)

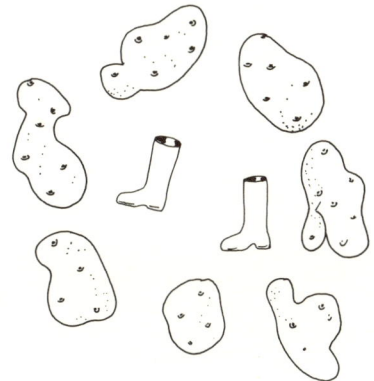

Liebe Mama,
gib mir meine Gummistiefel mit. Wir gehen auf den Acker. Wir holen da Kartoffeln.

Bemerkungen zur Sache

Die Kartoffel. Die Kartoffelpflanze wurde erst im 16. Jahrhundert von den Spaniern aus Südamerika nach Europa gebracht und war lange Zeit eine Delikatesse für Reiche. Erst spät wurde sie zum Volksnahrungsmittel.

Im Frühjahr werden die „Saatkartoffeln" im Abstand von 30 bis 40 cm in Ackerfurchen gelegt und zugedeckt. Daraus erwächst eine Pflanze mit weißen oder blaßlila Blüten. Die Früchte der Kartoffelpflanze sind grüne, giftige Beeren. Genießbar sind nur die Knollen, die zwischen den Wurzeln heranwachsen. Sie enthalten vorwiegend Wasser und Stärke.

Der Kartoffelkäfer. Der Kartoffelkäfer ist ca. 1 cm lang und leicht an seinen zehn schwarzen Streifen auf der Flügeldecke zu erkennen. Er überwintert in 25 bis 50 cm tiefem Boden und erscheint Anfang Mai an der Oberfläche. Das Kartoffelkäferweibchen legt jährlich bis zu 800 Eier an der Blattunterseite der Kartoffelpflanze ab, aus denen nach 4 bis 7 Tagen Larven schlüpfen, die an ihrer rotgelben Farbe und schwarzen Punktreihen zu erkennen sind. Nach der Verpuppung im Boden erscheint dann der Käfer.

Käfer und Larve ernähren sich von den Blättern der Kartoffelpflanze, deshalb können sie großen Schaden anrichten. Ihre natürlichen Feinde sind Krähen, Stare, Fasane. Der Bauer bekämpft den Kartoffelkäfer mit Chemikalien.

Wörterliste

Acker	Glut	Pflanze	Wanderung
Ast	Gurke	Pflaume	Weg
Ausflug	Hälfte	Raupe	Weizen
Bauer	Hagebutte	Sack	Würfel
Baum	Kartoffel	Salzkartoffel	Wurm
Birne	Kartoffelbrei	Schädling	Wurzel
Blatt	Kartoffeldruck	Schale	Zweig
Blüte	Kartoffelkäfer	Schatz	Zwetschge
Bratkartoffel	Kartoffelklöße	Scheibe	*
Eichel	Kartoffelsalat	Schmuck	abbrechen
Erde	Kartoffelsuppe	Sonnenblume	ausgraben
Ernte	Kastanie	Sonnenblumenkern	ausreißen
Feuer	Knolle	Spaziergang	ausschlüpfen
Förster	Korb	Strauch	basteln
Frucht	Korn	Streifen	beobachten
Furche	Larve	Teufel	ernten
Garten	Möhre	Tomate	fallen
Gift	Orden	Tor	faulen
Girlande	Pellkartoffel	Wald	finden

fliegen	verlaufen	feucht	rauh
fressen	verpuppen	gewaltig	reif
ordnen	wandern	giftig	schädlich
pressen	wehen	glatt	schief
sammeln	zwitschern	hoch	schmal
sortieren	*	knapp	trocken
streuen	bergab	kühl	ungenießbar
umkehren	bergauf	morsch	unreif
verblühen	dicht	nah	
vergraben	eßbar	nützlich	

Dreiwochenplan

	In der Zeit des Freispiels	Gemeinsame Aktion	Nachmittag	
Mo	Mitspielen, Gespräche führen	Gespräch 4.1	A 42, 43, 44	**A**
		Geschichte v. d. Kartoffel 4.2 Brief an die Eltern 4.3		
Di	Kartoffelernte 4.4, 4.5		Kartoffelfeuer 4.6	
Mi	Kartoffelpuppen herstellen 4.7	Kartoffeltheater 4.8		
Do	In der Puppenecke kochen	Schneideübungen 4.9 **W**	Schatz vergraben 4.10	**K**
Fr	Kartoffeldruck 4.11	Dreiermenge 4.12	Arbeitsblatt 4a	
Mo	Mitspielen	Wir malen einen Baum 4.13	A 45–47	**A**
Di	Gehn wir in den Garten 4.14		Felix darf die Pflaumen essen 4.22	**W+G**
Mi	Apfelbrei kochen 5.15	Ich gehe in den Garten und hole mir 4.16		
Do	Kneten: Die Körbe sind voll 4.18	Singspiele 4.19–4.21	Vorlesen: Der Teufel und der Bauer 4.23	
Fr	Hexentreppe als Raupe 4.24	Tischtheater: Die kleine Raupe Nimmersatt 4.25	Was wächst wo? 4.26 Arbeitsblatt 4b	
Mo	Blätter zuordnen 4.27	Falle, falle 4.28	A 48, 49	**A**
Di	Blätter pressen 4.29 Blattgirlanden 4.30	Tischtheater: Die Geschichte vom kl. roten Blättchen 4.31	Was die Blätterkinder spielen 4.32	**G**
Mi	Kartons bekleben 4.33	Lied: Du, komm zu mir 4.36		
Do	Ausflug in den Wald 4.34		Sammlung ordnen 4.35 Finden und benennen 4.36	**W**
Fr	Rate mal, wieviel 4.38 Torschießen 4.39 Kastanien-Fußball 4.40	Schmuck basteln 4.41	Arbeitsblatt 4c	

Vorbereitungen

1. Kartoffelacker, Apfelbaum, Garten ausfindig machen und den Besitzer fragen, ob die Kinder dorthin kommen können.
2. Eltern Fragen, wer bereit ist, die Kinder bei den Ausflügen zu begleiten (Liste aushängen und eintragen).
3. Überlegen, ob für den Waldspaziergang Straßenbahn- oder Busfahrt notwendig ist. Abfahrtszeiten erfragen.
4. Holz für das Kartoffelfeuer sammeln.
5. Alufolie besorgen. Für jedes Kind einen Löffel zum Aushöhlen der Kartoffel bereithalten. Butter und Salz besorgen.
6. Schuhkartons sammeln für die Sachensammlung.
7. Joghurtbecher sammeln für 4.7.

Angebote

4.1 Gespräch über die Kartoffel. Folgende Fragen *könnten* das Gespräch lenken:
Wer ißt gerne Pommes frites?
Wer hat schon mal gesehen, woraus Pommes frites gemacht werden?
Kann man aus Kartoffeln auch noch andere Gerichte machen?
Was denn?
Wo kommen die Kartoffeln eigentlich her? (Meinungen sammeln.)
Sollen wir mal untersuchen, wer recht hat?
Morgen dürft ihr alle mit zur Kartoffelernte. Da bin ich gespannt, ob ihr die richtigen Kartoffeln findet oder ob es euch so geht wie den Leuten in der Geschichte, die ich euch jetzt erzählen will.

Wissen vermitteln
4.2 Die Geschichte von der Kartoffel. Vor ein paar hundert Jahren wußten die Leute bei uns noch gar nicht, daß es Kartoffen gab. Sie aßen Brei und Brot und Pfannkuchen, und wenn sie es bezahlen konnten, auch Fleisch, aber von Kartoffeln hatten sie noch nie was gehört.
Da kam eines Tages an einem Hafen ein Schiff aus Amerika an. Am Ufer warteten schon die Frauen und Kinder auf die Seeleute, und als sie ausstiegen, riefen natürlich die Kinder gleich: „Vati, was hast du uns denn mitgebracht?" „Das werdet ihr schon sehen", sagten die Väter. „Ich zeige es euch zu Hause."
Daheim holten die Seeleute einige braune Knollen aus dem Seesack und legten sie in die Glut am Herd oder kochten sie im Wasser. Dann durften alle probieren. „Ah, das schmeckt ja wunderbar! Noch mehr! Noch mehr!" riefen die Kinder. Aber der Vater sagte: „Nein, die restlichen Knollen legen wir im Frühjahr in die Erde im Garten, dann wächst eine neue Kartoffelpflanze heran mit vielen, vielen Kartoffeln dran."
Damit waren alle einverstanden. Sie legten die Kartoffeln in die Erde, und tatsächlich wuchs nach einiger Zeit ein grünes Pflänzchen an der Stelle mit feinen weißen oder bläulichen Blüten daran.
Nach einiger Zeit mußten die Seeleute wieder auf ihr Schiff, und die Frauen und Kinder blieben wieder allein zurück.
Jeden Tag gingen die Kinder in den Garten und sahen nach, ob die Kartoffelpflanze auch tüchtig wuchs. Wenn es nicht regnete, gossen sie die Pflanzen. Tatsächlich sahen sie bald an der Stelle, an der die Blüten gesessen hatten, kleine grüne Beeren heranwachsen. „Ich sehe schon die Kartoffel!" rief ein Junge, und das Wasser lief ihm im Mund zusammen, wenn er daran dachte, wie gut die Kartoffel geschmeckt hatte.
Am nächsten Tag konnte er es nicht mehr aushalten. Er ging in den Garten, pflückte die grünen Beeren ab, kochte sie und wollte sie mit seinen Geschwistern aufessen. Kaum hatten sie das Gericht versucht, spuckten sie entsetzt alles wieder aus: Das schmeckte ja ekelhaft! Pfui! Äh! Alle rannten zum Brunnen, um sich mit Wasser den Mund auszuspülen. Einige hatten vor Schreck einen Löffel voll hinuntergeschluckt, denen wurde übel. Sie bekamen schreckliche Bauchschmerzen und wurden grün und gelb im Gesicht.
Endlich kam die Mutter und fragte entsetzt: „Was ist denn passiert?" „Wir haben Kartoffeln gegessen!" „Und davon ist euch so schlecht geworden?" „Ja!"
Da ging die Mutter voller Zorn in den Garten

und sagte: „Du ekelhafte Kartoffelpflanze, du bist ja giftig!" Dabei ergriff sie die Pflanze und riß sie aus der Erde.

Und was meint ihr, was dabei geschah? (Kinder erzählen lassen.) Seitdem wußten die Leute: Die kleinen grünen Früchte, die über der Erde an der Kartoffelpflanze wachsen, kann man nicht essen. Sie sind giftig. Aber die braunen Knollen, die zwischen den Wurzeln unter der Erde wachsen, die kann man essen. Das sind die Kartoffeln.

Malen – Formulieren

4.3 Brief an die Eltern. Den Eltern soll mitgeteilt werden, daß die Kinder am folgenden Tag in Gummistiefeln zum Kindergarten kommen sollen und daß sie alte Sachen anziehen sollen, weil sie bei der Kartoffelernte helfen dürfen.

Dazu könnten die Kinder einen Brief an die Eltern „schreiben", indem sie ein Paar Gummistiefel und viele Kartoffeln malen (s. Elternbrief). Ein Stiefelpaar wird auf den Tisch gestellt, die Kinder können mit dem Finger die Konturen der Stiefel nachfahren, dann die Form als Luftzeichnung üben und schließlich zu Papier bringen. Der Erzieher läßt sich inzwischen von einigen Kindern (Fördergruppe G!) einen Text an die Eltern diktieren, den er unter das Bild schreibt.

Sachbegegnung

4.4 Kartoffelernte. Wenigstens bei einer Pflanze sollten die Kinder durch vorsichtiges Abkratzen der Bodendecke die Kartoffeln mit den Wurzeln ausgraben. Kartoffeln mit besonders lustigen Formen sollten auf jeden Fall für das Kartoffeltheater aussortiert werden.

Sachbegegnung

4.5 Kartoffelkäfer suchen. Vielleicht zeigen sich an einigen Pflanzen Spuren von Kartoffelkäfern: Angefressene Blätter. Die Kinder erhalten eine Beschreibung von Kartoffelkäfern und deren Larven und werden aufgefordert, einen Käfer zu suchen. (In den Kindergarten mitnehmen: Glas mit Tüll bespannen.) Futter (Blätter der Kartoffelpflanze) nicht vergessen.

Sachbegegnung

4.6 Kartoffelfeuer. Kleinere Kartoffeln werden gewaschen, mit Alufolie umwickelt und ca. 15 Minuten in die Glut eines Holzfeuers gelegt. Wenn für jedes Kind eine Kartoffel gebraten werden soll, wäre es zweckmäßig, mehrere

Feuerstellen zu haben. Sowie genügend Glut vorhanden ist, kein Holz mehr nachlegen und die Kartoffeln in die Glut legen. Zum Essen wird die Kartoffel am besten in der Alufolie gelassen, in der Mitte durchgeschnitten und mit einem Löffel gegessen. Butter und Salz schmecken herrlich dazu.

Basteln

4.7 Kartoffelpuppen herstellen. Material: Kartoffeln, Streichhölzer, Federn, Blätter usw., Stoffreste.

Eine Kartoffel wird so ausgehöhlt, daß sie auf den Zeigefinger gesteckt werden kann: schon hat man den Kopf der Puppe. Das Gesicht kann entweder in die Kartoffel geschnitten werden oder auf andere Weise gestaltet werden: eine kleinere Kartoffel, die mit einem Streichholz an der größeren befestigt wird, könnte eine lustige Knollennase abgeben. Die Augen könnten aus Sonnenblumenkernen bestehen, die mit Stecknadeln befestigt werden. Haare oder Bärte aus Federn oder anderem Material können dazukommen.

Als Gewand benötigt man ein Stück Stoff in Taschentuchgröße, das über den Zeigefinger gestülpt und so in der Mitte in den Kartoffelkopf gedrückt wird und die Hand des Puppenspielers bedeckt.

Puppenspiel

4.8 Kartoffeltheater. (Die Kinder sitzen im Kreis, jeder hat seine Kartoffelpuppe in der Hand.)

Der Erzieher hat den Kartoffelkönig in der Hand.

Der Kartoffelkönig sucht sich seinen Hofstaat zusammen.

Er braucht z. B. einen königlichen Koch, einen Diener, der ihn weckt, einen Diener, der ihn anzieht, einen Diener, der ihn wäscht, einen Diener, der ihm die Nase putzt, einen Diener, der ihm die Brote schmiert, einen königlichen Einkäufer usw. Außerdem gibt es einen königlichen Chor, der dem König, wenn er gerade Lust dazu hat, ein Lied vorsingt.

Ehe der König alle Stellen besetzt, fragt er natürlich die Kandidaten: Kannst du auch wirklich gute Zitronenplätzchen backen? Kannst du auch wirklich meine Nase so putzen, daß mir dabei nicht die Nase abbricht? usw.

Nun ruft der König seine Diener: Königlicher Aufwecker, wecke mich! (Das entsprechende Kind nähert sich mit seiner Kartoffelpuppe und sagt (z.B.) Herr König, Sie müssen aufstehen!) Manchmal dauert es etwas lange, bis die Diener kommen, oder es geschieht, daß ein Diener, den der König ruft, antwortet: Ich kann nicht kommen, ich bin schwer krank. Da steht der König dumm da, weil er nichts alleine machen kann.

So beschließt der König eines Tages zu lernen, wie man das alles allein machen kann.

Der königliche Aufwecker sagt ihm, daß man sich auch von einem Wecker wecken lassen kann. Der königliche Anzieher erklärt ihm, wie man sich anzieht. Der Naseputzer sagt, wie man die Nase putzt, der Koch erklärt, wie ein Spiegelei zubereitet wird …

Und der königliche Chor bringt dem König ein Lied bei.

Sachbegegnung

4.9 Schneideübungen mit Kartoffeln. Jedes Kind bekommt ein Messer und eine Kartoffel. Zunächst sollen die Kinder versuchen, die Kartoffeln zu schälen. Vielleicht genügt es auch, sie zu schaben.

Nun soll von der Kartoffel eine dicke Scheibe angeschnitten werden, dann eine dünne und schließlich eine noch dünnere Scheibe. Aus der dicken Scheibe kann ein Würfel geschnitten werden. Man kann eine Scheibe auch in Streifen schneiden. Mit einem Reibeisen können Kartoffeln auch gerieben werden.

Zum Schluß werden die Kartoffelteile sortiert: Schale zu Schale, Scheibe zu Scheibe …

Mit den zerschnittenen Kartoffeln kann man auf dem Tisch eine Figur legen, oder man kann daraus für die Puppen und Plüschtiere eine Mahlzeit zubereiten, oder man kann die Teile an Schweine verfüttern.

Zum Schluß darf sich jeder ein Kartoffelgericht wünschen und bekommt das Gewünschte pantomimisch serviert: Kartoffelbrei, Kartoffelsuppe, -chips, -klöße, -puffer, Salzkartoffeln, Pellkartoffeln, Bratkartoffeln, Kartoffelsalat, Pommes frites … (Wortschatztraining).

Spiel im Freien

4.10 Schatz vergraben. Im Sandkasten wird ein Schatz vergraben (Plastikbeutel mit Kugeln aus Alufolie). Andere Kinder müssen versuchen, den Schatz zu finden. Man kann daraus ein Rollenspiel machen: Jemand hat beobachtet, wie Diebe einen Schatz vergraben haben. Nun ruft er die Polizei an. Die Polizei kommt mit Suchgeräten oder Spürhunden und findet schließlich den Schatz.

Basteln

4.11 Kartoffeldruck. Mit Kartoffelstempeln und Farbe wird weißes Seidenpapier zu festlichem Einwickelpapier für den nächsten Geburtstag verwandelt.

Motive: Häuschen, Blumen, Kerzen, Herzen, Sterne, Blätter, Vögel …

Didaktisches Spiel

4.12 Dreiermenge. Auf dem Tisch stehen mehrere Teller mit Kartoffeln. Auf jedem Teller sollen drei Kartoffeln liegen, aber beim Verteilen sind einige Fehler passiert: Auf einigen Tellern liegen zu wenig Kartoffeln, auf anderen zu viel. Die Kinder dürfen die Fehler berichtigen.

Anschließend kann das Arbeitsblatt 4a aus der Mappe „Wir wollen Schule spielen" verteilt werden.

4.13 Wir malen einen Baum (mit Pinsel und angerührten Farben).

Motivieren: Der Erzieher zeigt den Kindern große (DIN A 2), möglichst getönte, feste Papierbogen und macht den Vorschlag, Bäume zu malen. Zuerst aber soll im Freien nach einem besonders schönen Baum gesucht werden, der gemalt werden soll.

Beobachten: Auf einer Baumwiese darf jedes Kind den Baum wählen, der ihm am besten gefällt. Der Erzieher unterhält sich mit einzelnen Kindern darüber, was sie an dem gewählten Baum so schön finden.

Kinder zusammenrufen: Der Erzieher könnte die Kinder dadurch sammeln, daß er im Slalom um die Bäume rennt und alle Kinder auffordert, hinter ihm herzulaufen. Dann sammeln sich alle um einen Baum, der nun beschrieben werden soll.

Beschreiben: Der Baum hat einen Stamm, Äste, Zweige, Blätter, Früchte. Die Wurzeln sind in der Erde. Sieht man sie irgendwo? Der Stamm ist dick. Wie dick? Kann der Peter mit seinen Armen den Stamm umfassen? Wenn nicht, muß ihm ein anderes Kind helfen. Wie dick sind die Äste? Wie dick sind die Zweige?

Wo wachsen aus dem Stamm Äste? Mit den Armen zeigen, in welchem Winkel etwa die Äste wachsen: Der Rumpf ist der Stamm, die Arme sind die Äste, die Finger sind die Zweige.

Ein Baum hat aber nicht nur zwei Äste. Mehrere Kinder stellen gemeinsam einen Baum dar: Sie stellen sich mit den Rücken zueinander und halten alle die Arme hoch.

Danach dürfen alle sich noch einmal „ihren" Baum betrachten. Gemeinsam kehren alle in den Kindergarten zurück, um mit dem Malen zu beginnen.

Planen: Wie viel Platz ist auf dem Papier? Der Baum soll so groß werden, daß er oben und unten, links und rechts irgendwo den Bildrand berührt. Welche Farben braucht das Kind? Womit wird begonnen?

Malen: Um zu verhindern, daß die Farben ineinander laufen, muß bei Farbwechsel jeweils eine kleine Pause eingelegt werden. Damit die Kinder nicht untätig herumstehen, könnten sie den Trockenvorgang mit Hilfe eines Föhns beschleunigen.

Sachbegegnung
4.14 Früchte aus dem Garten ernten. Die Kinder machen einen Spaziergang zu einer Obstwiese oder zu einem Garten, wo sie Äpfel, Birnen, Tomaten, Möhren … betrachten können. Von allen Obst- oder Gemüsesorten sollten die Kinder wenigstens eine Frucht mitnehmen dürfen, von den Äpfeln so viel, daß damit Apfelbrei gekocht werden kann.

Sachbegegnung
4.15 Apfelbrei kochen. Apfelbrei eignet sich besonders gut für den Kindergarten, weil viele Kinder sich gleichzeitig am Schälen und Schneiden der Äpfel beteiligen können.
Variationen: Äpfel roh reiben, raspeln, Apfelkompott kochen. Mit Zimt und Zucker abschmecken.

Didaktisches Spiel im Kreis
4.16 Ich gehe in den Garten und hole mir. Die Kinder sitzen im Kreis. Jedes hat ein Stück Obst oder Gemüse in der Hand. Ein Kind hat nichts. Es überlegt sich, welche Frucht es haben will und wendet sich an das Kind, das diese Frucht in der Hand hält, mit dem Satz: Ich gehe in den Garten und hole mir (eine Pflaume). Nun muß das Kind, das nichts mehr in der Hand hat, sich etwas „aus dem Garten" holen. Zum Schluß Früchte waschen und aufessen.

Kinderreim
4.17 Ein Witz vom Onkel Fritz
Ich weiß 'nen Witz
vom Onkel Fritz,
den darf ich nicht verraten,
sonst kommen die Soldaten
und schießen mit Tomaten.

Kneten
4.18 Die Körbe sind voll. Die Kinder kneten Äpfel, Birnen, Möhren, Pflaumen, Tomaten, Gurken und sortieren die Früchte in Körbe und Kistchen. Aus Papier werden Tüten geklebt, nun kann der Verkauf beginnen. Waage nicht vergessen!

Singspiel
4.19 Spannenlanger Hansel
Spannenlanger Hansel! Nudeldicke Dirn!
Gehn wir in den Garten, schütteln wir die Birn'!
Schüttel ich die großen, schüttelst du die klein'!
Wenn das Säcklein voll ist, gehn wir wieder heim.
„Lauf doch nicht so närrisch, spannenlanger Hans!
Ich verlier die Birnen und die Schuh noch ganz."
„Trägst ja nur den kleinen Sack, nudeldicke Dirn,
und ich schlepp den schweren Sack mit den großen Birn'."
(Melodie in RICHARD KLEIN: Willkommen, lieber Tag, Bd. 1. Frankfurt/M. 1975, S. 104)

Singspiel
4.20 Es tanzt ein Bi-Ba-Butzemann
Es tanzt ein Bi-Ba-Butzemann
in unserm Haus herum, widebum,
es tanzt ein Bi-Ba-Butzemann
in unserm Haus herum.
Er rüttelt sich,
er schüttelt sich,
er wirft sein Säckchen hinter sich.
Es tanzt ein Bi-Ba-Butzemann
in unserm Haus herum!
(Melodie in RICHARD KLEIN: Willkommen, lieber Tag, Bd. 1. Frankfurt/M. 1975, S. 48)

Singspiel
4.21 Machet auf das Tor
Machet auf das Tor! Machet auf das Tor!
Es kommt ein goldner Wagen!
Was will er denn? Was will er denn?
Er will (die Bärbel) haben!
(Zwei Kinder bilden mit den Armen ein Tor, die anderen ziehen unter dem Tor durch. Wenn das Lied zu Ende ist, wird das Kind gefangen, das gerade unter dem Tor durchzieht. Dieses Kind löst eines von den beiden „Torkindern" ab.)
(Melodie in: RICHARD KLEIN: Willkommen, lieber Tag, Bd. 1. Frankfurt/M. 1975, S. 35)

Didaktisches Spiel im Kreis oder am Tisch

4.22 Der Felix darf die Pflaume essen. Auf einem Teller liegen verschiedene Früchte. (Große Früchte können auch geteilt sein.) Ein Kind beginnt: Der (Felix) darf (die Pflaume) essen. Das aufgerufene Kind darf sich das entsprechende Teil holen, muß aber, ehe es das Obst in den Mund steckt, selbst noch ein Kind aufrufen: Die Suse darf ein Stück Birne essen. Wer etwas bekommen hat und selbst ein Kind aufgerufen hat, scheidet aus. So ist gewährleistet, daß alle Kinder etwas bekommen.

Geschichte zum Vorlesen

4.23 Vom Teufel und dem Bauern (nach dem Märchen der Gebrüder GRIMM).
Es war einmal ein kluges und verschmitztes Bäuerlein, von dem man sich viele Geschichten erzählt. Die schönste Geschichte ist aber die, wie es den Teufel an der Nase herumgeführt hat.
Das Bäuerlein hatte eines Tages auf seinem Acker gearbeitet und wollte gerade heimfahren, da sah es mitten auf seinem Acker einen kleinen schwarzen Teufel sitzen. „Du sitzt wohl auf einem Schatz?" fragte der Bauer. „Ganz recht", antwortete der Teufel, „auf einem Schatz, der mehr Gold und Silber enthält, als du jemals in deinem Leben gesehen hast. Du kannst ihn ausgraben, wenn du mir zwei Jahre lang die Hälfte von dem gibst, was auf deinem Acker wächst. Wir Teufel haben nämlich genug Geld, aber die Früchte der Erde sind knapp bei uns."
Das Bäuerlein war gleich damit einverstanden. „Am besten machen wir es so: Was über der Erde wächst, gehört dir, und was unter der Erde wächst, gehört mir." Damit war der Teufel zufrieden.
Das listige Bäuerlein pflanzte Kartoffeln, und als die Zeit der Ernte kam, so erschien der Teufel und wollte seine Frucht holen. Er bekam aber nur das welke Kartoffelkraut, und das Bäuerlein zog vergnügt mit seinen Säcken voll Kartoffeln heim.
„Das passiert mir nicht noch mal!" rief der Teufel. Das nächste Mal machen wir es umgekehrt: Ich hole mir, was unter der Erde wächst, und du bekommst das, was über der Erde wächst!" „Ist mir recht" sagte der Bauer und säte auf seinem Acker Weizen. Als die Frucht reif war, ging der Bauer auf seinen Acker und schnitt das Korn ab. Als der Teufel kam, fand er nur die Stoppeln und fuhr wütend in eine Felsenschlucht hinab.
„So muß man den Teufel an der Nase herumfüh-ren!" sprach das Bäuerlein, ging hin und holte sich den Schatz.

Basteln

4.24 Hexentreppe als Raupe. Zwei Papierstreifen (ca. 1,5 cm breit, 50 cm lang) werden an einem Ende rechtwinklig übereinandergelegt, dann wird der jeweils untere Streifen über den anderen geschlagen. Enden festkleben.
Natürlich gibt es noch andere Möglichkeiten, eine Raupe zu basteln, z. B. aus Stoff.

Tischtheater

4.25 Die kleine Raupe Nimmersatt. Das Bilderbuch: Die kleine Raupe Nimmersatt von ERIC CARLE, Stalling-Verlag 1969, kann Anregung für ein Tischtheater sein.
Zunächst werden Raupen gebastelt, indem aus Papierstreifen sogenannte Hexentreppen gefaltet werden. Damit die Raupen langsam über den Tisch kriechen können, werden sie an einen dünnen Faden gebunden.
Nun werden Früchte auf den Tisch gelegt, und die Raupe wird langsam hinter den Früchten vorbeigezogen.
Dabei spricht ein Kind:
Am Montag fraß sie sich durch einen Apfel, aber satt war sie immer noch nicht.
Am Dienstag fraß sie sich durch zwei Tomaten, aber satt war sie immer noch nicht.
Am Mittwoch fraß sie sich durch drei ...
Wenn die Raupe sich verpuppt, verschwindet sie unter dem Tisch. Danach kommt ein wunderschöner Schmetterling (Klecksbild) zum Vorschein.
Statt echten Früchten können natürlich auch Bilder von Früchten verwendet werden. Man muß nur dafür sorgen, daß die gemalten Früchte das nötige „Stehvermögen" haben (Blatt doppelt nehmen, Ränder nach außen abknicken).
Übrigens: Es können mehrere Raupen gleichzeitig auftreten!

Spiel im Kreis

4.26 Was wächst wo? Auf den Boden wird ein Tuch gelegt, darüber ein Kindertisch gestellt, und auf den Tisch kommt ein Stuhl. So können wir ordnen, was unter der Erde (unter dem Tuch), was unmittelbar auf der Erde (auf dem Tuch), was an Sträuchern (auf dem Tisch) und was auf Bäumen (ganz oben) gewachsen ist.
Die Kinder bekommen ein Stück Obst oder Gemüse in die Hand und legen es an die richtige Stelle mit dem Satz: Die (Möhre) wächst (unter der Erde).

Bemerkung: Manche Kinder legen ihre Früchte stumm ab. Sie sollten nicht aufgefordert werden, einen ganzen Satz zu sagen. Ein Kind, das Schwierigkeiten mit dem Sprechen hat, verstummt erst recht, wenn es merkt, daß die ganze Gruppe darauf wartet, daß es etwas sagt. In diesem Fall wäre es besser, wenn der Erzieher den Satz übernimmt: Du hast den richtigen Platz gefunden, die Möhre wächst unter der Erde! Im Anschluß an dieses Spiel kann das Arbeitsblatt 4b aus der Mappe „Wir wollen Schule spielen" eingesetzt werden.

4.27 Blätter zuordnen. Material: Fünf farbige Plakatkartons, Blätter von fünf verschiedenen Bäumen oder Sträuchern, Klebstoff, braune Farbe, Plastikfolie (durchsichtig, selbstklebend).

Während der Erzieher mit einigen Kindern auf die fünf Kartons je einen kahlen Baum zeichnet (Fingerfarbe oder Deckfarbe benutzen), kann ein anderer Erwachsener mit den Kindern Blätter von fünf verschiedenen Bäumen oder Sträuchern sammeln.

Der Erzieher klebt an jeden Baum ein Blatt, mischt die übrigen Blätter und fordert die Kinder auf, jedem Baum von der angegebenen Blätterart so viel Blätter wie möglich anzukleben.

Zum Schluß werden die Bäume mit Plastikfolie überzogen und ergeben einen hübschen Wandschmuck.

Lied
4.28 Falle, falle, falle (Worte: LISA BENDER – Weise: WILHELM BENDER).

Die Kinder halten sich Hände voll Blätter über den Kopf und lassen die Blätter langsam zu Boden fallen, während sie das Lied singen.

4.29 Blätter pressen. Jedes Kind sucht sich einige besonders schöne Blätter heraus, legt sie zwischen Zeitungen und beschwert sie mit Büchern.

Mit den gepreßten Blättern kann das Kind sich ein „Blätterbuch" (Schulheft, in das Blätter geklebt werden) anlegen oder ein Bild kleben (ein Fabelwesen, ein Muster) oder die Blätter mit Tesafilm an der Fensterscheibe befestigen.

Basteln
4.30 Blattgirlanden. Blätter können wie Perlen aufgefädelt und als Girlande im Raum aufgehängt werden. Auch die Kleinen können sich bei dieser Arbeit beteiligen. Die Blätter trocknen dann an der Luft, dadurch verändert sich die Girlande fast stündlich.

Tischtheater
4.31 Die Geschichte vom kleinen roten Blättchen. LEO LEONIS Bilderbuch „Das kleine Blau und das kleine Gelb" regt dazu an, selbst ähnliche Geschichten zu erfinden, zum Beispiel: Es war einmal ein kleines rotes Blättchen (Blatt auf den Tisch legen), das wohnte mit seinem Vater und seiner Mutter auf einem großen Baum (zwei größere Blätter derselben Sorte dazulegen). Vom Baum aus sah das kleine rote Blättchen, wie andere Blattkinder in der Luft umhertanzten (verschiedene Blättchen ins Spiel bringen). „Was machen die, Mama?" fragte es. „Die spielen Fangen!" antwortete die Blättermama (Blättchen so ordnen, daß sie hintereinander herlaufen). „Und jetzt?" (die Blättchen ordnen sich zum Kreis). „Jetzt spielen sie Ringel Reihe." „Und jetzt?" (die Blättchen werden in eine Reihe gelegt, eines steht der Reihe gegenüber). „Jetzt spielen sie „Wer hat Angst vor dem Schwarzen Mann".

„O, ich möchte auch mitspielen!" rief das kleine rote Blatt und flog davon. „Kann ich mitspielen?" rief das Blättchen. „Ne", rief ein Kind, „rote Blättchen wollen wir nicht!" „Wieso denn nicht?" sagte ein anderes. „Ist doch ganz egal, ob man grün oder rot oder gelb aussieht, Hauptsache, man ist kein Spielverderber!"

Und da haben sie das rote Blättchen endlich mitspielen lassen. Was glaubt ihr, was die alles zusammen gespielt haben? (Kinder erzählen die Geschichte weiter und spielen mit den Blättern.)

Klebebild
4.32 Was die Blätterkinder spielen. Die Kinder kleben kleine Blätter in bestimmter Formation auf ein Blatt Papier (gepreßte und getrocknete Blätter eignen sich natürlich am besten dazu). Der Erzieher geht von Kind zu Kind und läßt sich diktieren, was die Blattkinder gerade machen.

Das Bild sollten die Kinder mit nach Hause nehmen, vielleicht wird dadurch auch die Kreativität der Eltern ein bißchen geweckt.

Basteln – Malen
4.33 Kartons bekleben. Zur Vorbereitung für die „Sachensammlung" werden Schuhkartons bemalt oder beklebt und im Kindergarten so deponiert, daß die Kinder drankommen.

Sachbegegnung
4.34 Ausflug in den Wald. Ehe die Kinder losziehen, schauen sie sich die leeren Kartons für die „Sachensammlung" an und überlegen sich,

was man alles finden und in die Kartons sortieren könnte: Eicheln, Kastanien, Blätter, Kiefern- oder Tannenzapfen, Federn, hübsche Steine, Schneckenhäuser, Hagebutten …

Die Kinder bekommen Tüten oder Plastikbeutel. Folgende Abmachungen gelten: Jeder muß das, was er mitnehmen möchte, selbst tragen. Pilze und Beeren sollen nur angeschaut, aber nicht angefaßt werden, weil manche davon giftig sind.

Niemand darf sich so weit von der Gruppe entfernen, daß er die Leiterin nicht mehr sieht. Wenn die Leiterin einmal auf der Trillerpfeife pfeift, bedeutet das: Alle sollen mal herschauen. Wenn sie dreimal pfeift, sollen alle ganz schnell herlaufen (Probe!).

Sachbegegnung
4.35 Sachensammlung ordnen. Manche Kinder wollen „ihre" Schätze nicht in die allgemeine Sammlung einordnen. Hier sollte man nicht zu streng sein und sich mit freiwilligen Abgaben begnügen. Manchmal sind die Kinder damit einverstanden, ihre Schätze dem Kindergarten als Leihgabe zur Verfügung zu stellen (Zeichen anbringen!).

Auf jede Schachtel wird mit Tesafilm ein Gegenstand geklebt, damit die Kinder wissen, was wohin kommt.

Lied zum Singen, Spielen, Weitertexten
4.36 Du, komm zu mir. Worte und Melodie: ROSE GÖTTE.

Du, pst! pst! Komm zu mir! pst! pst! Dann zeig ich dir pst! pst! was ich gefunden hab: Einen alten Regenwurm, der krabbelt noch! Pech! Jetzt ist er weg! Die Tasche hat ein Loch! Mist! (stampf, stampf) so ein Mist! (stampf, stampf) daß der Wurm aus dem Loch ge-fal-len ist!

Du, pst! pst! Komm zu mir – pst! pst! dann zeig ich dir – pst! pst!
was ich gefunden hab!
Ein kaputtes Auto damit spiel ich noch.
Pech! Jetzt ist es weg! Die Tasche hat ein Loch!
Mist! (stampf! stampf!) So ein Mist (stampf! stampf!)
Daß der Wurm, dann das Auto aus dem Loch gefallen ist.
Du pst! pst! Komm zu mir – pst! pst! dann zeig ich dir – pst! pst!
was ich gefunden hab!
Einen alten Lutscher, du, den eß ich noch!
Pech, jetzt ist er weg! Die Tasche hat ein Loch!
Mist! (stampf! stampf!) So ein Mist! (stampf! stampf!)
Daß der Wurm, dann das Auto, dann der Lutscher aus dem Loch gefallen ist!

Bemerkungen zu: Du – pst! pst! Komm zu mir:
Am besten singt der Erzieher das Lied vor, wobei von Anfang an viel Mimik und Pantomimik mitspielen soll. Statt „pst! pst!" kann auch durch die Zähne gepfiffen werden. Bei „stampf! stampf!" soll mit dem Fuß aufgestampft werden. Der Witz des Liedes besteht darin, daß die Kinder sich selbst einfallen lassen sollen, was der Sachensammler alles gefunden hat:
Einen alten Kaugummi, den kau ich noch!
Einen stumpfen Bleistift, damit schreib ich noch!
Ein zerriss'nes Büchlein, darin les ich noch!
Ein verfaultes Ei, du, damit werf ich noch!
Am Ende des Liedes muß alles, was aus dem Loch gefallen ist, in der richtigen Reihenfolge wiederholt werden.
Wenn alle Strophen, die den Kindern eingefallen sind, gesungen wurden, können die Kinder das Lied wahrscheinlich schon allein singen.

Didaktische Spiele am Tisch (kleine Gruppe)
4.37 Finden und benennen. Material: 20 leere Joghurtbecher. 20 Gegenstände aus der Sachensammlung.
Die Kinder legen unter jeden Becher einen Gegenstand. Dann schließen sie die Augen, während ein Kind die Becher „mischt" (Plätze tauscht). Reihum darf jedes Kind einen Becher aufdecken. Wenn es den Gegenstand benennen kann, darf es ihn herausnehmen. Kann das Kind den Gegenstand nicht benennen, bleibt er an seinem Platz. Wer einen leeren Becher aufdeckt, hat Pech gehabt. Also gut aufpassen, welche Becher schon einmal hochgehoben wurden!
Wenn alle Becher leer sind, zählt jeder seine Gegenstände. Dann beginnt das Spiel von vorn.

Didaktisches Spiel zu zweit
4.38 Rate mal, wie viel ich habe. Jedes Kind bekommt zehn Kastanien. Nun nimmt ein Kind null, eine, zwei oder drei Kastanien in die geschlossene Hand und fragt den Partner: Rate mal, wie viel ich habe. Hat der andere richtig geraten, bekommt er die Kastanien. Hat er falsch geraten, muß er dem anderen so viele Kastanien geben, wie der in der Hand hat. Nun ist der Partner an der Reihe. Wenn einer keine Kastanien mehr hat, werden sie wieder verteilt und das Spiel beginnt von neuem.
Bemerkung: Man kann das Spiel entweder als Glücksspiel spielen (dann müssen die restlichen Kastanien verdeckt sein) oder als Rechenspiel (dann sind die restlichen Kastanien für den Partner sichtbar).

Geschicklichkeitsspiel auf dem Boden oder am Tisch (kleine Gruppe)
4.39 Torschießen mit Kastanien. Als Tor dient ein auf den Kopf gestellter Karton, in den ein halbrundes Tor geschnitten wurde. Abwechselnd darf nun jedes Kind versuchen, mit Kastanien von einer bestimmten Entfernung aus ein Tor zu schießen (nicht werfen!). Jeder hat drei Schüsse.

Spiel zu zweit
4.40 Kastanienfußball. Auf den Tisch oder den Fußboden wird ein ca. 50 cm langer Papierstreifen gelegt (mit Tesakrepp an den Enden festkleben!), auf dem von der Mitte aus je zwölf Felder eingezeichnet werden. An den beiden Enden zeigt je ein rotes Feld das Tor an.
Die Kastanie liegt auf der Mittellinie. Abwechselnd würfeln die beiden Spieler. Jeder darf um so viele Felder in Richtung auf das gegnerische Tor vorrücken, wie er Augen gewürfelt hat.

Basteln
4.41 Schmuck basteln. Aus Sonnenblumenkernen und anderem Material aus der Sachensammlung werden Ketten aufgezogen und Ro-

setten auf Bierdeckel geklebt, die später mit einem Band zum Umhängen verwendet werden. Mit dem Schmuck kann sich die Königin aus „Schneewittchen" schmücken, die Rosetten können Orden für die Hofleute sein oder Medaillen für eine Olympiade.

5. Nahrungsmittel

Vorüberlegungen

Der Plan Nr. 5 sieht Einkaufen, Kochen, Tischdecken und Abwaschen vor.
Kochen und Einkaufen sind Tätigkeiten, für die die Kinder von vornherein motiviert sind. Wenn sie dann erfahren, daß demnächst in den Kindergarten Gäste eingeladen werden, die die Kinder bewirten sollen (Plan 6), wird vielleicht auch das Tischdecken für sie interessant.
Wenn jedes Kind etwas zu tun bekommen soll, muß in möglichst kleinen Gruppen gearbeitet werden, in denen jeweils ältere und jüngere Kinder vertreten sind. Das erfordert eine gute, auch für die Kinder durchschaubare Organisation, und von seiten der Eltern einige freiwillige Helfer.
Es ist wichtig, daß die Kinder wissen, in welche Gruppe sie gehören und welche Kinder sonst noch dieser Gruppe zugeteilt sind. Man könnte jede Gruppe mit einer bestimmten Farbe bezeichnen und den Kindern, die diese Gruppe bilden, ein Bändchen in der entsprechenden Farbe ums Handgelenk binden oder eine Perle um den Hals hängen. Das hätte auch den Vorteil, daß die Mütter, die mit den Kleingruppen einkaufen gehen, sofort sehen, wer zu welcher Gruppe gehört.
Da die Gruppen sich in ihrer Zusammensetzung während der ganzen ersten Woche nicht ändern sollen, könnte sich ein Zusammengehörigkeitsgefühl entwickeln, das sich auch auf das weitere Leben im Kindergarten auswirkt.
Jede Gruppe soll für ihre Leistungen die nötige Anerkennung finden, es soll aber kein Wettbewerb stattfinden. Daß man etwas kann und daß man etwas gut macht, soll Befriedigung verschaffen, nicht die Tatsache, daß andere etwas noch nicht so gut können.
Man muß damit rechnen, daß die größeren Kinder sich beim Kochen oder Abwaschen der Kleineren entledigen möchten, die „doch alles falsch machen". Hier sollte nicht von oben her bestimmt werden: „Der XY macht mit – basta!", sondern es müssen Wege gefunden werden, die Einstellung der Größeren zu ändern. Der Satz „Natürlich kann der XY das noch nicht so gut wie die Großen, aber euch fällt bestimmt etwas ein, was er schon tun kann" kann vielleicht aus Angreifern Beschützer machen.
Die Lernziele, die in diesem Wochenplan verfolgt werden, sind: In kleinen Gruppen erfolgreich zusammenarbeiten zu können (1. Woche), Nahrungsmittel einkaufen und zubereiten (1. Woche), erkennen, daß Nahrungsmittel verderblich sind (5.12). Tischdecken lernen und Geschirr spülen (1. Woche).
Schwerpunkte der Sprachförderung sind: Nahrungsmittel benennen können (5.1, 5.2, 5.4, 5.23), sie in ein System von Oberbegriffen einordnen (5.9–5.11, 5.13–5.15, 5.19) und das Üben von Pluralbildungen (5.8, 5.16–5.17). Dabei wird versucht, die rein grammatischen Übungen mit anderen Tätigkeiten zu verbinden, so daß die Kinder gar nicht merken, was sie eigentlich lernen: Die Bildung von Oberbegriffen wird beim Kneten und Kaufladenspiel geübt, die Pluralbildungsübung ist in eine Geschichte (5.16) und ein Kaspertheaterstück (5.8) verpackt. Besonderer Wert wird wie immer auf das Rollenspiel gelegt, das auf die konkreten Erfahrungen wie Einkaufen, jemanden zum Essen einladen, aufbauen soll: Kaufladenspiele (5.9) und Puppengeburtstag (5.20). Auch die Geschichte vom dicken, fetten Pfannkuchen, bei der die Kinder sich die Herstellung eines Pfannkuchens noch einmal ins Gedächtnis rufen sollen, endet beim Rollenspiel: Zunächst wird nur der Text der Geschichte geboten, dann wird der Text von stummem, pantomimischem Spiel der Kinder begleitet, zuletzt wird der Text der einzelnen Rollen ebenfalls von den Kindern übernommen, während der Erzieher nur noch den erzählenden Zwischentext spricht (5.3).
Für die musikalische Bildung wird vorgeschlagen, ein bekanntes Kinderlied mit einfachen Instrumenten zu begleiten (5.7). Auch grobmotorische (5.19, 2.22) und feinmotorische Übungen (5.10–5.11, 5.18, 5.25) sind vorgesehen, und daneben gibt es genügend Möglichkeiten, seiner Phantasie freien Lauf zu lassen, wofür das „Schlaraffenland" (5.24) eine Anregung bieten soll.

Vorschlag für einen Elternbrief

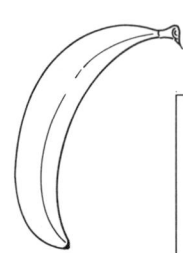

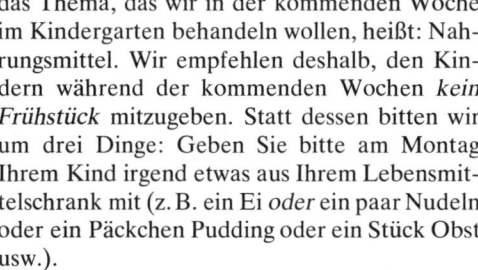
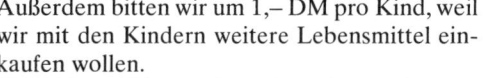

Datum

Liebe Eltern,
das Thema, das wir in der kommenden Woche im Kindergarten behandeln wollen, heißt: Nahrungsmittel. Wir empfehlen deshalb, den Kindern während der kommenden Wochen *kein Frühstück* mitzugeben. Statt dessen bitten wir um drei Dinge: Geben Sie bitte am Montag Ihrem Kind irgend etwas aus Ihrem Lebensmittelschrank mit (z. B. ein Ei *oder* ein paar Nudeln oder ein Päckchen Pudding oder ein Stück Obst usw.).
Außerdem bitten wir um 1,– DM pro Kind, weil wir mit den Kindern weitere Lebensmittel einkaufen wollen.
Und drittens bitten wir um leere Verpackungen von Lebensmitteln zum Kaufladenspielen.
Vielen Dank und freundliche Grüße,
Ihr(e)

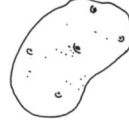

Wörterliste

Abendessen	Kräuter	Schmalz	rühren
Aprikose	Kuchen	Schüssel	salzen
Banane	Lebensmittel	Schwarzbrot	schlagen
Blumenkohl	Leckerbissen	Süßigkeiten	schlucken
Brezel	Margarine	Suppe	schneiden
Brei	Mehl	Teigwaren	spülen
Brot, Brötchen	Milch	Teller	Tisch decken
Butter	Mittagessen	Weißbrot	versuchen
Creme	Möhren	Wurst	würzen
Dose	Nachtisch	Zitrone	
Ei, Eigelb, Eiweiß	Nudeln	Zucker	*
Essig	Nuß		
Fett	Obst	*	alt
Fleisch, Fleischwaren	Öl		bitter
Frühstück	Petersilie	abtrocknen	fett
Gemüse	Pfannkuchen	backen	hungrig
Geschäft	Pudding	braten	satt
Geschirr	Rezept	faulen	sauer
Getränk	Salat	kauen	scharf
Keks	Salzstangen	kneten	schaumig
Konserve	Schinken	mischen	süß
		raspeln	verschimmelt

Zweiwochenplan

	In der Zeit des Freispiels	Gem. Aktion	Bes. Aufgaben	Förderkursus am Nachmittag
Mo	Kochen Gruppe 1 Tisch decken Gruppe 2	Was hast du mir mitgebracht 5.1 Etwas Eßbares malen 5.2	Einkaufen Gr. 2 Abwasch. Gr. 1	Warum ist die Banane krumm A 15 Lirum, larum Löffelstiel A 14 **A**
Di	Kochen Gr. 2 (Pfannkuchen) Tisch decken Gruppe 3	Die Geschichte vom Pfann-kuchen 5.3	Einkaufen Gr. 3 Abwasch. Gr. 2	Ich hätte gern 5.4 **W**
Mi	Kochen Gruppe 3 Tisch decken Gruppe 4	An meinem Geburtstag 5.5	Einkaufen Gr. 4 Abwasch. Gr. 3	
Do	Kochen Gruppe 4 Tischen decken Gruppe 5	Mit Instrumen-ten: Backe, backe Kuchen 5.7	Einkaufen Gr. 5 Abwasch. Gr. 4	An meinem Geburtstag … 5.5 Rezept wissen 5.6 **G**
Fr	Kochen Gruppe 5 Tisch decken Gruppe 1	Kaspertheater: Wie der Teufel … 5.8	Einkaufen Gr. 1 (Getränke) Abwasch. Gr. 5	Arbeitsblatt 5 a

Mo	Selbstbedienungsladen 5.9	Nahrungsmittel werden schlecht (Versuche ansetzen) 5.12		Das wünscht sich ein Kind aus Afrika A 10 Nüsse knacken A 92 **A**
Di	Aus Mehlknete: Obst für den Obstladen, Wurst für die Metzgerei herstellen 5.10–5.11	Bei „Lebensmittel": kauen 5.13 Obst, Getränke, Süßigkeiten 5.14 Gegenstände ordnen 5.15		Kann ich bitte 2 haben? 5.16 Ein Apfel – zwei Äpfel 5.17 **G**
Mi	Schaufenster kleben 5.18	Lauft schnell und kauft 5.19		
Do	Puppengeburtstag 5.20 **K**	Was denkt die Maus am Donnerstag? 5.21 Maus, Maus 5.22		Hinter dem Rücken weiter-geben 5.23 **W**
Fr	Schlaraffenland 5.24	Lebensmittel werden schlecht (Versuch abschließen) 5.12 Übrigens … 5.25 Sechs mal sechs 5.26		Arbeitsblatt 5 b

Vorbereitungen des Erziehers

1. Schon am Ende der vorhergehenden Woche muß ein Elternbrief geschrieben, vervielfältigt (und vielleicht von den Kindern bemalt) werden, damit die Eltern ihren Kindern eine Woche lang kein Frühstück mit in den Kindergarten geben (siehe Elternbrief).
2. Einige Mütter fragen, ob sie bereit sind, an einem der folgenden Tage 1–2 Stunden in den Kindergarten zu kommen und mit einer Kleingruppe einkaufen zu gehen.
3. Die Kinder sollten schon am Ende der vorhergehenden Woche in Gruppen eingeteilt werden. Jedes Kind muß wissen, in welche Gruppe es gehört und wann es mit dem Einkaufen, Kochen, Tischdecken oder Abwaschen dran ist.
4. Die Küche muß daraufhin untersucht werden, ob die nötigen Geräte, genügend Teller und Besteck vorhanden sind.

Menüvorschläge und Rezepte sind unter 5.0 zu finden.

Angebote

5.0 Menüvorschläge und Rezepte

Montag: Nudelsuppe aus Wasser, Fleischbrüh-würfeln und Fadennudeln mit Schnittlauch oder gehackter Petersilie. Zum Nachtisch: Falsche Spiegeleier. Auf flache Teller wird ein Löffel Pudding (Farbe: möglichst weiß) gegeben und in die Mitte eine halbe Aprikose aus der Dose gelegt.

Dienstag: Pfannkuchen mit Apfelmus.

Mittwoch: Rohkostsalat und diverse Butterbro-te (Schwarzbrot, Knäckebrot …).
Möhrensalat: Ein Pfund Mohrrüben, ein Pfund Äpfel, eine Zitrone, zwei Eßlöffel Olivenöl, ein Teelöffel Zucker.
Die gewaschenen Mohrrüben raspeln, die Äpfel auf einer Glasreibe zu Mus reiben. Zitronensaft, Zucker und Öl werden mit einer Gabel gründ-lich geschlagen und mit den Mohrrüben und Äpfeln vermischt. Gleich servieren.
Blumenkohlsalat: 1 kleiner Kopf Blumenkohl (roh), 4 hartgekochte Eier, 200 g Mayonnaise, 2 Eßlöffel Sahne, 200 g gekochten Schinken, 100 g gekochte junge Erbsen (kann aus der Dose sein), 1 Eßlöffel feingewiegte Kräuter. Die Mayonnaise wird mit Sahne und Kräutern ver-mischt. Eier in Scheiben schneiden. Blumenkohl in kleine Röschen zerteilen, Schinken in feine Streifen schneiden. Alles zusammen mit den Erbsen unter die Kräutermayonnaise mischen.

Donnerstag: Schinkenhörnchen. Zum Nach-tisch Früchtequark.
Schinkenhörnchen: Gefrorenen Blätterteig kaufen oder vorher selber machen. Teig dünn ausrollen, in Dreiecke schneiden, auf jedes Dreieck etwas gehackten Schinken geben, zu-sammenrollen, halbkreisförmig biegen, auf das Blech setzen, vorsichtig mit Eigelb bestreichen und im vorgeheizten Ofen goldgelb backen. Noch warm aufessen.

Freitag: Russische Eier und Nudelsalat.
Bemerkungen: Für jedes Kind nur sehr kleine Portionen berechnen. Die Kinder sollen ja nur eine kleine Zwischenmahlzeit zu sich nehmen. Das Mittagessen wartet zu Hause auf sie.

Spiel im Kreis
5.1 Was hast du mitgebracht? Jedes Kind hält in der Hand, was ihm von zu Hause mitgegeben

wurde (siehe Elternbrief S. 76) Reihum darf jeder sagen, was er mitgebracht hat. (Für den Fall, daß einige Kinder nichts mitbekommen haben, muß der Erzieher einige Nahrungsmittel bereithalten, damit kein Kind mit leeren Hän-den dasteht.)
Zweite Runde: Jedes Kind sagt, was sein rechter Nachbar mitgebracht hat.
Dritte Runde: Jedes Kind sagt, was sein linker Nachbar mitgebracht hat.
Vierte Runde: Die Kinder verstecken das Mit-gebrachte hinter ihrem Rücken. Ein Kind ruft ein anderes auf und sagt: Rate mal, was ich mitgebracht habe. Wenn das aufgerufene Kind richtig geraten hat, darf es selber ein Kind aufrufen und auffordern, zu raten, was es mitgebracht habe.

Malen
5.2 Etwas Eßbares malen. Die mitgebrachten Lebensmittel werden auf den Tisch gelegt, die Kinder versuchen, etwas davon abzumalen, anzufärben und auszuschneiden.

Spielgeschichte
5.3 Die Geschichte vom dicken, fetten Pfann-kuchen
Einleitung: Die Gruppe, die am Vormittag Pfannkuchen gebacken hat, erzählt, wie die Pfannkuchen gemacht wurden und was alles dazu gebraucht wurde.
Geschichte: Es waren einmal vier dicke, fette Frauen, die wollten sich einen dicken, fetten Pfannkuchen backen.
Die erste brachte das Mehl, die zweite schlug ein Ei hinein, die dritte schüttete die Milch dazu und die vierte gab ein Stück Butter in die Pfanne. Als der Pfannkuchen fertig war, richtete er sich auf, sprang aus der Pfanne und rollte zur Tür hinaus.
Die vier dicken, fetten Frauen riefen: „Bleib stehn, dicker, fetter Pfannkuchen!" Aber der Pfannkuchen hörte nicht auf sie und rannte in den Wald hinein.
Da begegnete ihm ein Häschen, das rief: „Bleib stehen, dicker, fetter Pfannkuchen, ich will dich fressen!"
Aber der Pfannkuchen lachte nur: „Ich bin vier dicken, fetten Frauen weggelaufen, ich lauf auch dir davon!" und lief weiter.
Da begegnete ihm ein hungriges Wildschwein, das grunzte: „Bleib stehen, dicker, fetter Pfann-kuchen, ich will dich fressen!"
Aber der Pfannkuchen antwortete: „Ich bin vier dicken, fetten Frauen und dem Häschen wegge-

laufen, ich laufe auch dir davon!" und lief weiter.
Da kam ein Pferd herangetrabt und wieherte:
„Bleib stehen, dicker, fetter Pfannkuchen, ich
will dich fressen!" Aber der Pfannkuchen ent-
gegnete: „Ich bin vier dicken, fetten Frauen und
dem Häschen und dem Wildschwein weggelaufen. Ich laufe auch dir davon!" Und lief weiter.
Da kamen zwei Kinder den Weg entlang, die
hatten keinen Vater und keine Mutter mehr und
sprachen: „Bitte, lieber Pfannkuchen, bleib
stehen! Wir haben den ganzen Tag noch nichts
gegessen und haben solchen Hunger!" Da blieb
der dicke, fette Pfannkuchen stehen und ließ
sich von den Kindern aufessen.
Im Bauch hat er sich dann gründlich ausgeruht
von dem vielen Laufen.
Spiel: Das Kind, das den Pfannkuchen spielt,
setzt sich unter den Tisch, auf dem die vier
Frauen den Pfannkuchen zubereiten, und
springt dann hervor, wenn es heißt: Als der
Pfannkuchen fertig war ...
Beim ersten Durchlauf spielen die Kinder noch
stumm, danach übernehmen sie auch den Text,
während der Erzieher den erzählenden Zwischentext behält.
Vorher überlegen: Wie soll das Häschen sprechen? Wie grunzt das Schwein? ...

Spiel am Tisch
5.4 Ich hätte gern. Material: Möglichst verschiedene Früchte der Jahreszeit. Oder: Essiggurke,
Chips, Salzstangen, Würfelzucker u.ä. Dazu
einen Würfel.
Reihum wird gewürfelt. Wer eine 1 oder eine 6

würfelt, darf einen Wunsch äußern, z.B.: Ich
hätte gern ein Stück von der Banane. Der
Erzieher schneidet ein Stück ab und reicht es
dem Kind. Es wird solange gewürfelt, bis alles
aufgeteilt ist.
Auch das Spiel 3.33 (Was hast du im Mund)
kann hier eingesetzt werden.

Erzählen
5.5 An meinem Geburtstag. Jedes Kind sagt
reihum den Satz: An meinem Geburtstag soll es
zum Mittagessen ... geben.
2. Runde: Als Nachtisch wünsche ich mir ...
Danach fragt der Erzieher, ob jemand schon
einmal ganz allein etwas gekocht hätte. Das
Kind soll erzählen, wie es vorgegangen ist.

Erzählen (Einsatz einer Handpuppe)
5.6 Rezept auswendig wissen. Die Kinder versuchen, das, was sie zuvor im Kindergarten zubereitet haben, auswendig und in der richtigen
Reihenfolge zu erzählen.
Beispiel: Pfannkuchenteig.
Zuerst habe ich das Mehl in die Schüssel getan.
Dann habe ich in die Mitte ein Ei und ein
bißchen Milch gegeben und vorsichtig umge-
rührt, bis es ein ganz dicker Brei wurde.
Dann habe ich immer wieder etwas Milch
nachgegossen, bis der Teig dünn genug war.
(Man kann bei dieser Übung die Kinder dadurch
zum Sprechen motivieren, daß man eine Handpuppe mitbringt, die sich das Rezept nicht
merken kann, alles verkehrt sagt und von den
Kindern korrigiert werden muß.)

5.7 Backe, backe Kuchen (für Singstimmen und alle vorhandenen Instrumente)

Alle Kinder singen und klatschen

alle Kinder singen und klatschen

singen
+ Schlaghölzer
+ Schellenbänder

singen
+ Schlaghölzer
+ Schellenbänder

Schieb, schieb in Ofen rein! ZU!   singen (ohne Instrumente)

Wenn die Ofentür zufällt, rufen die Kinder „zu!" und schlagen alle gleichzeitig einmal auf ihr Instrument.

Kaspertheater (Übung zur Mehrzahlbildung)
5.8 Wie der Teufel den Geburtstagskuchen für die Großmutter klauen wollte. Kasper tritt auf, erzählt, daß er jetzt einkaufen gehe, weil seine Großmutter morgen Geburtstag habe und er für sie einen Kuchen backen wolle mit viel Eiern und Zucker und Mandeln und Rosinen …
Kasper ab. Teufel taucht auf, der alles mitangehört hat. „So so, einen Geburtstagskuchen will der Kasper backen! Soll er, soll er! Aber den Kuchen kriegt die Großmutter nie! Und wißt ihr, warum nicht? Weil ich den nämlich klaue!" Teufel freut sich auf den Leckerbissen, reibt sich die Hände, trägt den Kindern auf, dem Kasper ja nichts zu verraten.
Kasper kommt mit Einkaufsnetz vom Einkauf zurück. Will gleich anfangen, den Kuchen zu backen.
(Natürlich werden die Kinder den Kasper jetzt warnen und die Pläne des Teufels verraten.)
Kasper hat eine Idee: Er will zwei Kuchen backen: Einen für den Teufel und einen danach für die Großmutter. Dem Teufel soll der Appetit auf gestohlene Kuchen gründlich verdorben werden, denn der Kasper rührt jetzt in den Teig (nur Bewegungen machen):

eine Hand voll Nägel,
eine Hand voll Schrauben,
ein Pfund Glasscherben,
20 Steine,
ein paar alte Kämme,
einige rostige Messer,
zwei Radiergummis,
fünf stinkige Lappen,
einige gebrauchte Heftpflaster,
drei alte Zahnbürsten,
sieben kleine Seifen …

Fertig. Der Kuchen kommt aufs Blech und wird in den Ofen geschoben. Dann geht Kasper weg. Der Teufel kommt, klaut den Kuchen, beißt rein und stimmt ein Wehgeschrei an. Jammernd zieht er ab.
Der Kasper freut sich und macht sich daran, den echten Kuchen für die Großmutter zu backen.

Bemerkungen: Während des Spiels sollen die Kinder dem Kasper Vorschläge machen, was alles in den Kuchen für den Teufel hinein soll. Der Erzieher achtet darauf, daß die Kinder die richtigen Pluralformen verwenden.

Rollenspiel
5.9 Selbstbedienungsladen. Die leeren Packungen, die die Kinder während der vergangenen Woche gesammelt haben, werden mit Tesastreifen zugeklebt und in Regale (Bretter und Backsteine) sinnvoll eingeordnet. Was gehört zusammen? (Oberbegriffe Teigwaren, Süßigkeiten, Babynahrung usw. einführen.) Ein Kind sitzt an der Kasse. Andere Kinder ziehen mit Körben oder Einkaufswagen (Puppenwagen) durch das Geschäft, nehmen sich, was sie brauchen und bezahlen an der Kasse.
Besondere Ereignisse: Irgend eine Ware ist schlecht. Der Käufer bringt sie zurück und bekommt sein Geld erstattet.
Oder: Jemand hat etwas in die eigene Tasche gesteckt, wird erwischt und von der Polizei abgeführt.

Mehlknete
5.10 Back- und Wurstwaren herstellen. 500 g Mehl, 200 g Salz, $^1/_4$ l Wasser gut durchkneten. Aus dieser Masse kann man Waren formen, die bei 150° 50 Minuten gebacken und anschließend bemalt werden können.
Mit diesen Waren wird dann eine Bäckerei und eine Metzgerei eingerichtet.

5.11 Obst aus Mehlknete. Aus demselben Material können auch Früchte geformt und bemalt werden.

Versuch
5.12 Nahrungsmittel werden schlecht
Brot im Plastikbeutel,
aufgeschlagenes Ei im Glas (abdecken!),
Milch im Glas,
Apfel auf einem Teller (angefault).
Einige Tage abwarten, beobachten:

Das Brot verschimmelt,
das Ei wird faul und stinkt,
die Milch wird sauer,
der Apfel verfault.
Verdorbene Nahrungsmittel sind gefährlich.
Was kann man tun, damit Lebensmittel nicht
verderben?
Nur so viel kaufen, wie man braucht.
Kühl lagern (was kommt in den Kühlschrank?).
Manche Lebensmittel sind haltbar gemacht:
Tiefgefroren, getrocknet, abgekocht, in Dosen
verpackt ...

Spiel im Kreis
5.13 Bei „Lebensmittel": kauen. Der Erzieher
nennt bestimmte Dinge. Handelt es sich um
Lebensmittel, sollen die Kinder mit Kaubewe-
gungen reagieren. Handelt es sich um Spielzeug,
sollen sie mit Klatschen reagieren.
Beispiel: Brot – Salz – Puppe – Wurst – Legos ...

Spiel im Kreis
5.14 Obst – Getränke – Süßigkeiten. Der
Erzieher nennt einen der drei Oberbegriffe und
rollt einem Kind einen Ball zu. Der muß so rasch
wie möglich einen Gegenstand nennen, der zu
diesem Oberbegriff gehört. Nachbarhilfe ist
erlaubt.

Spiel im Kreis
5.15 Gegenstände ordnen. In der Kreismitte
liegen Teigwaren, Getränke, Süßigkeiten, Obst.
Die Dinge werden nach Oberbegriffen sortiert.
Zwei Kinder drehen sich um, zwei andere
vertauschen einige Gegenstände. Was stimmt
nicht mehr?

Geschichte zum Mitsprechen (Mehrzahl bilden)
5.16 Kann ich bitte zwei haben? Es war einmal
ein kleiner Jungen, den hatten alle Leute gern,
und deshalb bekam er auch sehr oft etwas
geschenkt, wenn er mit seiner Mama einkaufen
ging oder wenn er jemanden besuchte: mal
einen Lutscher, mal einen Apfel, mal einen
Keks ... (Habt ihr auch schon mal was geschenkt
bekommen?)
Eines Tages bekam der kleine Junge noch ein
Brüderchen. Da freute er sich sehr und dachte,
wenn ich wieder was zum Naschen geschenkt
kriege, muß ich den Leuten sagen, daß ich jetzt
ein Brüderchen habe, damit sie ihm auch was
geben.
Gleich darauf schickte ihn die Mutter zur
Nachbarin mit einem Brief. Die Nachbarin

bedankte sich und sagte: „Warte, ich habe eine
Banane für dich!"
„Kann ich bitte zwei Bananen haben?" fragte
der Junge. „Ich habe nämlich noch ein Brüderchen zu Hause." Da lachte die Nachbarin und
gab ihm zwei Bananen. Und als er wieder mal in
den Laden einkaufen ging und der Verkäufer
ihm einen Lutscher geben wollte, sagte er:
„Kann ich bitte zwei Lutscher haben? Ich habe
nämlich noch ein Brüderchen zu Hause." Und
als er die Oma besuchte und eine Tafel Schoko-
lade bekam, fragte er: „Kann ich bitte zwei
Tafeln haben?" Und als ihm die Verkäuferin im
Obstgeschäft einen Apfel geben wollte, sagte er:
„Kann ich bitte zwei Äpfel haben? Sie wissen
doch, ich habe noch ein Brüderchen!"
Zu Hause lief er schnell zu seiner Mama und
rief: „Schau mal, was ich alles bekommen habe:
Zwei Bananen und zwei Lutscher und zwei
Tafeln Schokolade und zwei Äpfel und zwei
Kaugummis und zwei Mohrenköpfe ... Und die
Hälfte gebe ich jetzt dem Brüderchen."
„Aber das Brüderchen kann das noch gar nicht
essen, das ist ja noch zu klein!" sagte die Mama.
„Das macht nichts", sagte der Junge, „ich lege
alles in meine Schublade, und wenn das Brüder-
chen größer ist, darf es alles aufessen."
Und so hat er es wirklich gemacht. Und als das
Brüderchen größer war und laufen konnte, da
hat der große Bruder es eines Tages an der Hand
genommen und wollte ihm die Schätze in seiner
Schublade zeigen. Aber die Bananen und Äpfel
waren verfault, die Schokolade war geschmol-
zen, die Bonbons hatten die Ameisen aufgefressen ... „So 'ne Gemeinheit!" sagte der Junge.
„Hätte ich doch gleich alles selber aufgegessen!"
Bemerkung: Es kommt bei dieser Geschichte
darauf an, daß die Kinder möglichst viel Text
mitsprechen oder ergänzen.

Spiel im Kreis
5.17 Ein Apfel – zwei Äpfel. Der Erzieher rollt
einem der Kinder, die mit gegrätschten Beinen
auf dem Boden sitzen, den Ball zu und sagt: Ein
Apfel. Das Kind rollt den Ball zurück und sagt
dazu: Zwei Äpfel.
Birne – Birnen
Banane – Bananen
Erdbeere – Erdbeeren
Radieschen – Radieschen
Tomate – Tomaten
Nuß – Nüsse
Apfelsine – Apfelsinen
Kirsche – Kirschen

Pflaume – Pflaumen
Gurke – Gurken
Traube – Trauben
Pfirsich – Pfirsiche
usw.

Malen – schneiden – kleben
5.18 Schaufenster. Lebensmittel werden aufge-
malt oder aus Katalogen herausgesucht und
ausgeschnitten. Leere Packpapierbogen sollen
die Schaufenster von Bäckerei, Metzgerei,
Obst- und Gemüsehandlung und Lebensmittelgeschäft sein. Die ausgeschnittenen Waren sollen in das richtige Schaufenster geklebt werden.

Bewegungsspiel
5.19 Lauft schnell und kauft ein Brötchen. Die
„Schaufenster" der vier Geschäfte werden an
den vier Wänden des Gymnastikraumes befestigt. Der Erzieher erklärt, daß im Lebensmittelgeschäft zwar auch Obst und Backwaren verkauft würden, daß die Auswahl in dem Geschäft
dort drüben (zeigt auf das entsprechende
„Schaufenster") nicht groß genug sei, und er die
Kinder deshalb bitte, Backwaren nur in jener
Bäckerei, Obst und Gemüse nur im gegenüberliegenden Gemüsegeschäft und Fleisch- und
Wurstwaren nur in jener Metzgerei zu kaufen.
Ein Ton der Pfeife soll bedeuten: Auf den
Boden setzen und zuhören. Der Erzieher nennt
nun die Ware, die eingekauft werden soll, und
die Kinder rennen so schnell sie können in das
richtige Geschäft.
Später sollen sie auf einem Bein hüpfend,
krabbelnd, auf beiden Beinen hüpfend, rückwärts gehend … einkaufen.

Rollenspiel
5.20 Puppengeburtstag. Eine Puppe hat Geburtstag. Wer wird eingeladen?
Es müssen Vorbereitungen getroffen werden: In
einer Bäckerei muß eingekauft werden. Der
Tisch muß gedeckt werden. Gäste kommen und
bringen Geschenke mit. Auspacken – sich be-
danken. Gemeinsames Kaffeetrinken. Hinterher wird den Gästen noch ein Bilderbuch
gezeigt. Schließlich verabschieden sich die Gäste
und gehen heim. Der Gastgeber spült das
Geschirr und räumt es wieder an seinen Platz.

Gedicht von JOSEF GUGGENMOS
5.21 Was denkt die Maus am Donnerstag (aus
dem gleichnamigen Taschenbuch dtv, München,
1971, S. 106).

Kind: Was denkt die Maus am Donnerstag,
alle: am Donnerstag, am Donnerstag?
Kind: Dasselbe wie an jedem Tag,
alle: an jedem Tag, an jedem Tag.
Zweites Kind: Was denkt die Maus an jedem
Tag,
Erzieher: am Dienstag, Mittwoch, Donnerstag
alle: und jeden Tag, und jeden Tag?
Erzieher: O hätte ich ein Wurstebrot
mit ganz viel Wurst
und wenig Brot!
O fände ich zu meinem Glück,
ein riesengroßes Schinkenstück!
Das gäbe Saft,
das gäbe Kraft!
Da wär ich bald nicht mehr mäuschenklein,
da würd ich bald groß wie ein Ochse sein.
Doch wär ich erst so groß wie ein Stier,
dann würde ein tapferer Held aus mir.
Das wäre herrlich,
das wäre recht –
und der Katze,
der Katze
ginge es schlecht!

Sätze bilden
5.21a Was denkt der Hans am Donnerstag?
Am Donnerstag, am Donnerstag
dasselbe wie an jedem Tag,
an jedem Tag, an jedem Tag:
O hätte ich ein großes Eis!
oder:
Wenn ich doch bloß einen Teller Pommes frites
hätte!

Bewegungsspiel
5.22 Maus, Maus komm heraus. Im Anschluß an
„Was denkt die Maus am Donnerstag" könnte
dieses Fangspiel angeboten werden.
Ein Kind ist die Katze, alle anderen sind Mäuse,
die unter einen Stuhl kriechen. (Es dürfen nur so
viele Stühle in das Spiel einbezogen werden wie
Kinder da sind.) Wenn die Katze ruft:
Maus, Maus, komm heraus,
komm aus deinem Haus heraus!
müssen alle Mäuse ihr Haus verlassen und auf
allen Vieren durch den Raum kriechen. Sowie
die Katze „miau!" schreit, muß jedes Mäuschen
wieder ein Loch (einen Stuhl) finden. Auch die
Katze sucht sich ein Loch. Wer kein Mäuseloch
gefunden hat, ist die Katze.
Die Katze kann auch als Feind auftreten, indem
sie beim Miauschreien eine drohende Haltung
einnimmt und versucht, eine Maus zu fangen.

Diese Spielform hat auch therapeutische Funktion: Kinder üben im Spiel, mit Ängsten fertig zu werden.

Spiel im Kreis (Wortschatzübung)
5.23 Hinter dem Rücken weitergeben. Aus dem „Lebensmittelgeschäft" werden so viele Waren geholt wie Kinder da sind. Jedes Kind bekommt einen Gegenstand, den es hinter seinem Rücken an den rechten Nachbarn weitergibt. Die Gegenstände werden solange weitergereicht, bis ein Kind ruft: „Stopp!" Danach benennt jedes Kind den Gegenstand, den es hinter seinem Rücken hervorholt.
Auf „Los!" wird dann wieder weitergereicht.

Basteln, gestalten
5.24 Schlaraffenland (Wandfries). Der Erzieher malt auf einen Papierwandfries eine (noch kahle) Landschaft mit Bäumen, Sträuchern, Häuschen, Wegen, Gärten usw. Die Kinder schneiden aus Hausfrauen-Illustrierten Bilder von Eßbarem aus. Nebenher erzählt der Erzieher vom Schlaraffenland, in dem auf Bäumen Würste wachsen und die Dächer mit Kuchen bedeckt sind. Die Blumen haben statt Blüten Bonbons, die Wege sind mit Keksen gepflastert, die Seen sind Gemüsesuppen, statt Steinen liegen Essiggurken herum, die Mauern werden aus Konserven gebaut ...
Die Kinder kleben ihre ausgeschnittenen Bilder so in das Wandbild, daß aus der Landschaft ein Schlaraffenland wird.
Dabei reden und benennen.

Wortspiel
5.25 Übrigens ...
Kann ein Apfel faulen?
Kann eine Birne faulen?
Kann eine Tomate faulen?
Kann eine Kartoffel faulen?
Kann ein Kind faulen?
Gibt es faule Äpfel?
faule Birnen?
faule Tomaten?
faule Kartoffeln?
faule Kinder?
Was faul ist, stinkt.
Meine Oma hat einmal zu mir gesagt: Du bist stinkfaul!
Eine Frau hat einmal geschimpft: Mein Mann stinkt vor Faulheit!

Kinderreim
5.26 Sechs mal sechs
Sechs mal sechs ist sechsunddreißig,
und die Kinder sind so fleißig,
und der Lehrer ist so faul,
wie ein alter Sattelgaul!

6. Gäste kommen

Vorbemerkungen

Wir schlagen vor, an einem Vormittag den Elternbeirat, den Bürgermeister bzw. Pfarrer oder andere Personen einzuladen, die sich für die Belange des Kindergartens einsetzen.
Gäste im Kindergarten – das kann ein Alptraum für Kinder und Erzieher sein. Wochenlanger Drill beim Einstudieren von irgendwelchen Vorführstücken, hektische Vorbereitungen, nervöse Erzieher, ängstliche Kinder, aufgeregte Eltern, die fürchten, ihr Kind könne sie blamieren – und ein anstrengendes Fest, an dessen Ende jeder sagt: Gott sei Dank, es ist vorbei!
Solche Alptraumfeste gehen von falschen Voraussetzungen und von überholten pädagogischen Vorstellungen aus. Warum sollen Kinder unbedingt etwas Einstudiertes vorführen? Warum sollen die Gäste sich als Publikum statt als Besuch fühlen? Man sollte sich weniger am Theater als an der Situation einer Familie, die Besuch bekommt, orientieren und daran denken, daß Gäste sich dann am wohlsten fühlen, wenn man sie einfach am Familienleben teilnehmen läßt.
Die Kinder sollen selbst entscheiden, wie sie sich auf den Besuch vorbereiten. Die Erzieher sollen Gelegenheiten haben, die pädagogische Arbeit im Kindergarten mit allen Mängeln und Schwierigkeiten darzustellen.
Vor allem aber soll der Besuch allen Beteiligten Spaß machen: Den Gästen, den Kindern und den Erziehern.
Die Aussicht auf Gäste soll die Kinder zu allerlei Aktivitäten motivieren: Ein Tischtuch aus Papier herstellen, Blumen stecken, vielleicht sogar etwas backen. Das muß aber alles nicht sein. Man könnte auch einige Kekse oder etwas Salzgebäck beim Bäcker kaufen.
Was sonst in Anwesenheit der Gäste gemacht wird, soll keine Vorführung sein, sondern alltägliche Arbeit aus dem Kindergarten zeigen. Also

nicht: Das haben wir gelernt! Sondern: So lernen wir!

So könnte der Vormittag mit den Gästen verlaufen:

Die Gäste werden bei der Ankunft einzeln von der Leiterin begrüßt und aufgefordert, sich im Kindergarten etwas umzusehen, bis alle da sind. Vielleicht haben die Erwachsenen Lust, gleich ein bißchen mit den Kindern zu spielen. Sie könnten Käufer in der Bäckerei, der Metzgerei, dem Lebensmittelgeschäft und dem Gemüseladen sein. Wenn alle da sind, werden die Gäste und die Kinder zu Tisch gebeten. Die Großen dürfen Saft eingießen oder Teller mit Gebäck reichen. Danach räumen die Kinder schnell die Tische ab und ordnen die Stühle zu einem großen Kreis. Der Erzieher erzählt eine Geschichte und läßt sie von den Kindern nachspielen. Danach gehen die Kinder, die nicht mehr stillsitzen können, in den Gymnastikraum oder in den Garten, während die anderen kurz ein Lied mit Instrumenten üben.

Danach könnten die Erwachsenen entweder noch eine Weile mit den Kindern Kaufladen oder sonst etwas spielen oder sich gleich verabschieden.

Zum Spiel von der goldenen Gans gibt es ein Arbeitsblatt in der Mappe „Wir wollen Schule spielen" (Blatt 6). Dargestellt sind die Figuren des Märchens, die durch Falten des Blattes auf- und abtreten können. Das Kind soll zum Nacherzählen der Geschichte angeregt werden.

Wörterliste

Ankunft	anbieten
Bedienung	aufräumen
Begrüßung	bedienen
Blumengesteck	begrüßen
Dekoration	bewirten
Einladung	eingießen
Gästehandtuch	einladen
Gast	führen
Gastbett	gefallen
Gasthaus	kennenlernen
Gastwirtschaft	mitbringen
Gastzimmer	schmücken
Mitbringsel	übernachten
Serviette	verabschieden
Tischdecke	vorbereiten
Tischschmuck	wohlfühlen
Zimmer	zeigen

Wochenplan

	In der Zeit des Freispiels	Gemeinsame Aktion	Förderkurse am Nachmittag	
Mo	Gespräch: Gäste kommen 6.1	Ich komme nicht mehr los 6.2	A 24–26, A 11	**A**
Di	Tischdecke bedrucken – Servietten verzieren 6.3	Mit Instrumenten: Backe, backe … 5.7 Meine Mu, meine Mu A 14	Gast, Gasthaus 6.4 Haben Sie ein Zimmer? 6.5	**W + G**
Mi	Kaufläden herrichten, Tüten kleben, Preisschilder malen (s. 5.9)	Tischdecken und Eingießen üben 6.6, 6.7		
Do	Käsestangen backen, Nußhörnchen backen 6.8	Backe, backe Kuchen (mit Instrumenten) 5.7	Blumen und Gräser sammeln, Gestecke als Tischschmuck herstellen 6.9	
Fr	Tisch decken Besuch durch den Kindergarten führen 6.10	Frühstück mit Gästen. Die goldene Gans 6.12–6.13 Backe, backe Kuchen 5.7	Gemeinsam aufräumen, Geschirr spülen. Reporterspiel 6.11	**K**

Angebote

Gespräch

6.1 Gäste kommen

Die Gäste sollen sich bei uns wohlfühlen.
Der Kindergarten soll ihnen gefallen.

Sie sollen sehen, was die Kinder im Kindergarten machen.
Sollen wir selbstgemalte Bilder an die Wand hängen?

Sollen wir die Fenster mit Fingerfarbe bemalen?
Muß im Kaufladen, in der Puppenstube mal
aufgeräumt werden?
Wer hat Lust?
Wer will die Puppenecke ausfegen?
Wie sieht es in der Garderobe aus?
Sind noch Bastelarbeiten vom Plan „Herbst" da,
die als Tischschmuck verwendet werden
könnten?

Pantomimische Übungen für 6.12

6.2 Ich komme nicht mehr los! Da am Ende der
Woche ein Märchen erzählt und von den Kindern pantomimisch dargestellt werden soll, ist es
sinnvoll, schon vorher bei den Kindern den Spaß
an der Pantomime wachzurufen. Die Kinder
sitzen im Kreis. Zwei Kinder zeigen, wie man
sich (stumm) guten Tag sagt, wie man sich
verabschiedet, winkt, freundlich lächelt.
Nun spielen die Kinder, die Hände kämen nicht
mehr voneinander los. Oder: Ein Mensch tippt
einem anderen auf die Schulter, aber er kommt
nicht mehr los. Oder: Alle berühren ihren Schuh
und stellen sich vor, die Hand würde am Schuh
festkleben.

Basteln – Gestalten

**6.3 Tischdecke bedrucken – Servietten verzie-
ren.** Auf weißes Papier (von der Rolle) werden
Blattmotive aufgedruckt. Möglichkeit 1: Blätter
dünn mit Farbe bestreichen, mit der Farbseite
auf die „Tischdecke" legen, sauberes Papier
vorsichtig drüberlegen und draufdrücken.
Möglichkeit 2: Siebdruck. Gepreßtes Blatt auf
die Tischdecke legen. Zahnbürste in Farbe
tauchen, über ein Sieb streichen und die Farbe
dabei auf das Blatt und seine Umgebung spritzen. Danach Blatt vorsichtig abheben.
Servietten können mit Kartoffeldruck oder
Korkdruck an einer Ecke verziert werden.
Danach trocknen und falten.

Wortspiele

6.4 Gast – Gasthaus. Für jede richtige Antwort
gibt es eine Spielmarke. Der Erzieher muß
darauf achten, daß kein Kind leer ausgeht.
Das Haus, in dem der Gast übernachten kann,
heißt (Gasthaus). Der Wirt, der dem Gast Essen
und Trinken verkauft, heißt (Gastwirt).
Das Bett für den Gast heißt (Gastbett).
Handtücher, die extra für die Gäste bereitgelegt
wurden, heißen (Gästehandtücher).
Das Klo, das die Gäste benutzen sollen, heißt
(Gästeklo).

Ein Mensch, der zu den Gästen freundlich ist, ist
ein gastfreundlicher Mensch.
Wenn Gäste erwartet werden, wird meistens
vorher der Tisch (gedeckt).
Wenn die Gäste mit dem Zug kommen, werden
sie am Bahnhof (abgeholt).
Liebe Gäste haben für die Kinder etwas (mitge-
bracht).
Hat euch schon mal jemand etwas mitgebracht?
Was denn?

Spiel im Kreis

6.5 Haben Sie ein Zimmer frei? Die Kinder
sitzen im Kreis auf Stühlen, nur ein Kind hat
keinen Stuhl. Es geht zu einem anderen Kind
und fragt: Haben Sie vielleicht ein Zimmer frei?
Währenddessen tauschen die anderen Kinder
ihre Plätze, und das angesprochene Kind antwortet: Da drüben in dem Gasthaus ist eins frei!
Daraufhin muß das Kind versuchen, einen
leeren Stuhl zu erwischen. Das Kind, das keinen
Stuhl erwischt, muß weiterfragen.

Fingergeschicklichkeit üben

6.6 Eingießen. Jedes Kind hat eine mit Wasser
gefüllte Flasche vor sich und ein Glas.
Der Erzieher zeigt, worauf es beim Eingießen
ankommt: Flasche nicht auf den Glasrand auflegen.
Die Kinder versuchen, das Glas halb voll zu
gießen, ohne zu verschütten. Danach soll das
Glas so vorsichtig wie möglich in den Waschraum getragen werden, daß kein Tropfen verschüttet wird. Dort Wasser ausgießen.
Zweiter Versuch.
Danach spielen die Kinder „bedienen". Da das
Glas rechts vom Gast steht, sollte die „Bedienung" ebenfalls von rechts kommen.
Rollen tauschen: Wer bisher „bedient" hat, ist
jetzt Gast.

Kimspiel

6.7 Tisch decken. Tisch decken für sechs Personen zum Frühstück.
Zwei Kinder drehen sich um, zwei andere
verändern etwas (nehmen ein Teil weg oder
legen etwas dazu ...). Was stimmt nicht mehr?

Rezepte

6.8 Backen

Feine Käsestangen
Für acht Personen berechnet: 300 g Margarine,
400 g Weizenmehl, 200 g geriebener Parmesan-
käse, 100 g geschälte, geriebene Mandeln, 2

Eigelb, etwas Salz und Kümmel, 1 Eigelb zum Bestreichen.

Fett, Mehl, Käse, Mandeln, Eigelb und Salz zu einem Mürbeteig zusammenkneten, kalt stellen. Teigrolle in kleine Scheiben schneiden, aus jeder Scheibe eine Stange formen. Mit Eigelb bestreichen. Mit Kümmel bestreuen und backen.

Nußbeugel (Nußhörnchen)

Für zwölf Personen berechnet: 1,5 kg Weizenmehl, 60 g Hefe, $3/8$ l lauwarme Milch, 1 Teelöffel Salz, 3 Eigelb, 135 g Zucker, 300 g Margarine, etwas abgeriebene Zitronenschale.

Füllung: 18 Eßlöffel Wasser, 300 g Puderzukker, 375 g geriebene Haselnüsse, 3 Eiweiß.

2 Eigelb zum Bestreichen.

Hefeteig zubereiten. Gehen lassen. Danach 1 cm dick ausrollen, Dreiecke schneiden, mit Füllung belegen, Hörnchen rollen. Die fertigen Hörnchen nochmals gehen lassen, dann backen.

Basteln

6.9 Blumen stecken – Tischschmuck. Die Kinder sammeln Blumen und Gräser und stellen Gestecke her (Moosi).

Blumenkränzchen,

kleine Figuren aus Kastanien usw.

Gespräch

6.10 Wir zeigen den Gästen den Kindergarten. Die Gäste kennen sich im Kindergarten noch nicht aus. Die Kinder überlegen gemeinsam mit dem Erzieher, was man ihnen zeigen und erklären könnte.

Die Gäste wissen nicht

– wie viele Räume der Kindergarten hat und was man darin macht,

– wo das Büro der Erzieherin ist und was sie dort tut,

– warum an den Garderobehaken Bildchen sind,

– wo man sich die Hände waschen kann,

– daß es im Kindergarten auch eine Küche gibt,

– welches das schönste Bilderbuch ist …

Vielleicht wagen es tatsächlich einige Kinder, die Gäste, wenn sie da sind, durch die Räume zu führen. Wenn nicht, muß der Erzieher einspringen. Die Kinder haben dann wenigstens geübt, wie man jemandem etwas zeigen könnte.

Erzählen

6.11 Reporterspiel. Ein Mann von der Zeitung (Erzieher) ruft an (Spieltelefon) und sagt, er habe gehört, im Kindergarten seien Gäste gewesen. Er wolle gern einen Artikel darüber in die Zeitung setzen und hätte dazu noch einige Fragen: Wer war da? Was gab es zu essen? Haben die Gäste viel gegessen? Wie war der Tisch gedeckt? Haben die Gäste mit den Kindern gespielt? …

Geschichte zum Vorlesen oder Erzählen

6.12 Die goldene Gans (nach dem Märchen der Brüder GRIMM).

Zunächst könnte der Text vorgelesen werden, dann könnte das Märchen pantomimisch dargestellt werden:

Es war einmal ein Junge, der wurde von seinen Eltern in den Wald geschickt, um Holz zu sammeln. Seine Mutter hatte ihm ein Stück Brot mitgegeben, und als der Junge Hunger hatte und sein Brot essen wollte, stand plötzlich ein kleines Männlein vor ihm und sagte: „Du, ich habe solchen Hunger! Bitte gib mir ein Stück von deinem Brot!" Da brach der Junge sein Brot in der Mitte durch und gab dem Männlein die Hälfte.

Dafür schenkte ihm das Männlein eine Gans, die hatte Federn von reinem Gold. Der Junge sprang vor Freude hoch in die Luft und zog mit der Gans davon.

Bald kam er an ein Gasthaus. Da wollte er übernachten. Der Wirt hatte drei Töchter, die kamen gleich angelaufen und wollten die goldene Gans sehen. „So eine Feder möchte ich haben", dachte die eine Tochter und wollte der Gans eine Feder ausreißen. Aber da blieb sie an der Gans hängen und kam nicht mehr los. Da kam die zweite Schwester, die auch eine Feder von der Gans haben wollte, aber sie blieb an der Schwester hängen. Und die dritte Schwester blieb an der zweiten hängen.

Der Junge aber zog mit seiner Gans fröhlich weiter, und die Schwestern mußten hinter ihm herlaufen. Unterwegs trafen sie den Pfarrer, der rief: „Schämt euch, man läuft doch nicht hinter einer goldenen Gans her!" und wollte das letzte Mädchen an der Hand packen, aber da blieb auch er hängen und kam nicht mehr los. Da kam der Bürgermeister und rief: „Der Herr Pfarrer läuft hinter den Mädchen her!" und wollte ihn am Ärmel ziehen. Aber da blieb auch der Herr Bürgermeister hängen.

So zog die ganze Kette in die Stadt. Dort stand die Prinzessin auf der Schloßterrasse. Als sie die Gruppe sah, mußte sie so sehr lachen, daß sie fast nicht mehr aufhören konnte. Sie faßte den

Jungen bei der Hand und sagte: „Dich heirate ich, dann habe ich immer etwas zu lachen!" In diesem Augenblick löste sich der Zauber und alle, die an der goldenen Gans gehangen hatten, plumpsten auf ihr Hinterteil.

Erarbeitung eines Rollenspiels

6.13 Das Spiel von der goldenen Gans. Nachdem das Märchen vorgelesen oder erzählt wurde (6.12), wird gemeinsam überlegt, was man als goldene Gans nehmen könnte (zusammengerolltes gelbes Tuch, mit Goldfolie umwickeltes Papierknäuel …).

Wer kann sich noch erinnern, welche Leute hinter der goldenen Gans her waren: Zuerst die drei Wirtstöchter, dann der Pfarrer, dann der Bürgermeister.

Die Wirtstöchter wohnen im Wirtshaus. Wo soll das Wirtshaus (Gasthaus) sein? (Stühle holen.) Wer möchte eine Wirtstochter sein? (Die drei Kinder setzen sich ins „Wirtshaus".) Wer möchte der Pfarrer sein? (Pfarrer setzt sich auf eine „Bank am Wegesrand".) Wer möchte der Bürgermeister sein? (Bürgermeister stellt sich an „die Straße", wartet auf seinen Auftritt.)

Nun brauchen wir noch den Jungen, der die goldene Gans geschenkt bekam. (Kind bekommt die Gans unter den Arm.)

Nach dieser Rollenverteilung wird das Märchen von der Stelle ab, wo der Junge mit seiner Gans in die weite Welt zieht, vorgelesen oder erzählt, und die Kinder stellen dabei die Geschichte stumm dar (Pantomime). Die Geschichte wird soweit gespielt, bis alle an der Gans hängen und durch den Raum ziehen.

Dann fragt der Erzieher, ob alle übrigen Kinder die Schloßbewohner sein wollten, die auf der Schloßterrasse stehen (auf den Stuhl steigen) und den merkwürdigen Zug kommen sehen. Wer will die Prinzessin sein? Wenn die Leute, die hinter der goldenen Gans her sind, am Schloßhof vorbeiziehen, fängt die Prinzessin furchtbar an zu lachen und mit ihr der ganze Hofstaat.

Nun läuft die Prinzessin zum Jungen und sagt: „Dich heirate ich!" In diesem Augenblick fallen alle auf ihr Hinterteil.

An einem der folgenden Tage sollte das Spiel wiederholt werden. Die Kinder sollten nun versuchen, auch den Text, der zu den Rollen gehört, zu übernehmen. Dabei kommt es nicht auf die wörtliche Wiedergabe an, sondern auf den Sinn. Also nicht auswendig lernen, sondern sinngemäß wiedergeben.

7. Kleidung

Vorüberlegungen

Beim Wochenthema Kleidung denkt der Erzieher vielleicht an Wörterlisten von Abendkleid bis Zwillingskleidung, an Oberbegriffe und Unterscheidungsmerkmale von Textilien.

Ein Kind denkt beim selben Stichwort vielleicht daran, daß der grüne Pullover kratzt, daß man sich nicht schmutzig machen soll, daß die anderen Jungen sicher lachen werden, wenn sie beim Turnen die Strumpfhose entdecken, daß die Oma versprochen hat, zu Weihnachten so eine Jacke zu schenken, wie sie der XY hat …

Wichtiger als alle didaktischen Spiele ist deshalb, daß der Erzieher versucht, durch Einzel- und Gruppengespräche und durch einfühlsames Beobachten herauszufinden, welche Probleme die Kinder eigentlich mit Kleidung haben. Sicher haben die meisten dieser Probleme mehr mit dem Elternhaus als mit dem Kindergarten zu tun. Trotzdem sollte der Erzieher überlegen, ob er nicht eine Möglichkeit sieht, auch hier den Kindern zu helfen.

Er kann auf die Kinder einwirken, indem er ihnen klar macht, warum eine bestimmte Kleidung für bestimmte Tätigkeiten oder Wetterlagen sinnvoll oder nicht sinnvoll ist. Er kann ihnen helfen, ihre Wünsche in Worte zu fassen und in der richtigen Art anzubringen.

Er sollte aber auch versuchen, auf die Eltern einzuwirken, zum Beispiel durch eine Diskussion zum Thema „Kleidung" an einem Elternabend. Fragen wie die folgenden könnten den nötigen Zündstoff liefern: Von welchem Alter an sollte ein Kind sich selbständig an- und ausziehen können? Wie weit darf ein Kind selbst bestimmen, was es anziehen soll? Wie sollen Eltern sich verhalten, wenn ein Kind bestimmte Kleidungsstücke strikt ablehnt (z.B. Strumpfhosen)? Soll man einschreiten, wenn ein Kind sich mitten am Tag umzieht, obwohl die Temperatur sich nicht verändert hat? Sollen Kinder sonntags „fein gemacht" werden oder sollen sie das anziehen, was ihnen selbst am besten gefällt? Dürfen sich Kinder im Kindergarten schmutzig machen? Müssen Eltern ihre Kinder fragen, ehe sie zu klein gewordene Kleidungsstücke verschenken? Worin zeigt sich ein partnerschaftlicher Erziehungsstil bei Kleidungsfragen? In welchen Situationen sollten die Kinder auf die Eltern, wo die Eltern auf die Kinder Rücksicht nehmen?

Das Wochenprogramm Kleidung soll im übrigen neben dem gewohnten Wortschatz-, Grammatik-, Artikulations- und Kommunikationstraining erste Ahnungen darüber vermitteln, welche Bedeutung die Kleidung für die „Rollenspiele" der Erwachsenen hat, z.B. dadurch, daß Kleidung und passende Gangart einander zugeordnet werden (7.7–7.8).

Daneben soll die Selbständigkeit der Kinder dadurch gestärkt werden, daß sie lernen, mit Knöpfen, Haken, Schleifen und Schnallen ohne fremde Hilfe zurechtzukommen (Jahrmarkt der Geschicklichkeiten, 7.12).

Beim Rollenspiel „Des Kaisers neue Kleider" (7.16) darf über Leute gelacht werden, die es nicht wagen, sich zu ihrer eigenen Meinung zu bekennen, sondern aus Angst vor einer möglichen Blamage lieber dem zustimmen, was die anderen sagen. Ich glaube nicht, daß es nötig ist, ein Gespräch über Zivilcourage o. ä. anzuschließen, falls die Kinder nicht selbst damit anfangen, denn die Geschichte soll erst einmal für sich selbst sprechen. Die Spiele „Des Kaisers neue Kleider" (7.16) und „Die Puppe friert so" (7.18) werden in Form von Mitmachgeschichten angeboten. Hier kommt es darauf an, die Kinder zum Mitspielen und Mitsprechen, schließlich zum Selberspielen und Selbersprechen zu aktivieren (vgl. S. 30).

Wörterliste

Abendkleid	Mütze	Weste	umtauschen
Ärmel	Muster	Wolle	umziehen
Anorak	Naht	*	waschen
Anzug	Nachthemd	abreißen	zerreißen
Bluse	Oberbekleidung	ankleiden	zumachen
Brautkleid	Pullover	anziehen	zuknöpfen
Dirndel	Regenmantel	aufhängen	*
Dirndelschürze	Reißverschluß	aufmachen	altmodisch
Fleck	Rock	auftrennen	bunt
Gewand	Saum	ausreißen	draußen
Gürtel	Schal	ausziehen	drinnen
Haken	Schlafanzug	binden	einfarbig
Hausschuhe	Schleife	bügeln	eitel
Hemd	Schnalle	flicken	elegant
Hose	Schürze	kaufen	eng
Jacke	Schuhe	kleiden	gemustert
Kapuze	Sicherheitsnadel	kratzen	gestreift
Kleid	Socken	häkeln	geschickt
Kleiderbügel	Stoff	nähen	herrlich
Kniestrümpfe	Strickjacke	passen	kariert
Knöpfe	Strümpfe	probieren	leuchtend
Knopfloch	Tasche	putzen	prächtig
Kordel	Uniform	reißen	ungeschickt
Kostüm	Unterhemd	schnüren	unsichtbar
Mantel	Unterhose	schützen	verrückt
Mode	Verschluß	stricken	verkehrt

Wochenplan

	In der Zeit des Freispiels	Gemeinsame Aktion	Am Nachmittag
Mo	Mäntel verkaufen 7.1 **K**	Sich ganz verrückt anziehen 7.2 Geschichte erfinden: Doch, das ziehst du an! 7.3	A 50–52, A 56 **A**
Di	Such mal das Kind 7.5	Turnen: Gangarten 7.7 Ratet mal, was ich anhabe 7.8	Flüstertelefon 7.4 **W** Ich seh' ein Kind 7.11 **G**
Mi	Kleidung für drinnen – Kleidung für draußen 7.6	Lied: Wir haben bunte Hosen an 7.9 Gespräch: Dürft ihr anziehen, was ihr wollt? 7.10	
Do	Jahrmarkt der Geschicklichkeiten vorbereiten 7.12	Jahrmarkt der Geschicklichkeiten 7.12 Alle Kinder, die … 7.13	Was zieht die Königin heute an? 7.14 **K**
Fr	Alte Kleider auseinandernehmen 7.15	Geschichte mit Rollenspiel: Des Kaisers neue Kleider 7.16	Puppenkleider waschen 7.17 Arbeitsblatt 7 a–d

Vorbereitungen: Alte Kleider sammeln. Süßigkeiten bzw. Salzgebäck für den „Jahrmarkt der Geschicklichkeiten" bereitstellen. Feinwaschmittel besorgen für die Puppenkleiderwäsche. Kinder fragen, wer ein kleines Bügeleisen besitzt. (Kinderbügeleisen sind leichter und werden nicht so heiß wie Normalbügeleisen.) Wäscheleine, Klammern und Bügeldecke besorgen.

Rollenspiel
7.1 Mäntel verkaufen in der Garderobe. Die Garderobe wird zum Fachgeschäft für Mäntel, Jacken, Mützen. Kritische Kunden kommen (zum Teil mit ihren Kindern) und wollen Mäntel anprobieren.
Bemerkung: Es kann sein, daß manche Kinder dagegen protestieren, daß ihr Mantel, ihr Anorak in das Spiel einbezogen wird. Oft steckt aber nur die Angst dahinter, sie könnten den eigenen Mantel nachher nicht mehr finden. In solchen Fällen ist dem Kind schon damit geholfen, daß man einen Zettel mit dem Namen des Kindes an das entsprechende Kleidungsstück heftet. Eine weitere Möglichkeit: Dem Kind vorschlagen, im Spiel seinen eigenen Mantel zu kaufen.

7.2 Sich ganz verrückt anziehen. Alle Kinder bekommen den Auftrag, sich mit den eigenen Kleidern besonders lustig anzuziehen. Man könnte den Pullover links herum tragen, die Strümpfe über die Schuhe ziehen, die Unterhose über dem Kleid tragen, den Strumpf um den Hals wickeln …
Nachdem man den Kindern ein bißchen Zeit gelassen hat, um sich gegenseitig zu bewundern und sich zu amüsieren, soll die Gruppe herausfinden, was bei den einzelnen Kindern nicht stimmt.

Geschichte erfinden
7.3 Doch, das ziehst du an! Der Erzieher sagt, daß er eine Geschichte gefunden hätte, die er ein bißchen langweilig fände, obwohl sie ganz kurz sei. Nun würde es ihn interessieren, was die Kinder darüber denken würden.
Es war einmal eine Mutter, die legte ihrem Kind abends die Kleider zurecht und sagte: „Hier sind deine Kleider, die ziehst du morgen an."
Da schaute sich das Kind die Kleider an und sagte: „Nein, die ziehe ich nicht an!"
Da schimpfte die Mutter: „Doch, die ziehst du an!"
Da schrie das Kind: „Nein, die ziehe ich nicht an!"
Da jammerte die Mutter: „Sei doch vernünftig! Du ziehst das an!"
Da weinte das Kind: „Nein, das ziehe ich nicht an!"
Da sagte die Mutter: (Kinder mitsprechen lassen.)
Da sagte das Kind: (Kinder mitsprechen lassen.)
Und so weiter. Wahrscheinlich streiten sie sich immer noch.

Falls die Kinder auch der Ansicht sind, daß diese Geschichte nicht besonders gut ist, sind sie sicher bereit, eine bessere Geschichte daraus zu machen.

Das Kind könnte doch versuchen zu erklären, warum es die Sachen nicht anziehen möchte. (Argumente sammeln: Vielleicht kratzt der Pullover. Vielleicht wird das Kind in diesen Sachen von anderen ausgelacht. Vielleicht kann es die Hose nicht schnell genug runterkriegen, wenn es mal muß, weil der Verschluß so kompliziert ist …) Was könnte die Mutter antworten?

Didaktisches Spiel (kleine Gruppe)
7.4 Flüstertelefon. Die Kinder setzen sich in eine Reihe. Am Ende der Reihe steht ein Korb mit verschiedenen Kleidungsstücken oder Teilen von Kleidungsstücken wie Ärmel, Knöpfe, Reißverschluß usw.

Der Erzieher flüstert dem ersten Kind den Namen eines Gegenstandes ins Ohr, das sich im Korb befindet, z.B. Weste. Das angesprochene Kind gibt das Wort flüsternd seinem Nachbarn weiter. Das letzte Kind in der Reihe greift den entsprechenden Gegenstand aus dem Korb und gibt ihn seinem Nachbarn, indem er laut „Weste" sagt. So wandert der Gegenstand bis zum ersten Kind der Reihe.

Nach jeder Flüsterrunde können die Kinder einen Stuhl weiterrücken, damit jedesmal ein anderes Kind den Gegenstand aus dem Korb holen darf.

Bilderbuch betrachten (kleine Gruppe)
7.5 Such mal das Kind mit dem blauen Pullover!
Auf Bilderbuchseiten soll nach bestimmten Personen gesucht werden. Bilderbücher von ALI MITGUTSCH eignen sich z.B. gut für solche Spiele. Der Erzieher sollte erreichen, daß die Kinder dieses Spiel auch zu zweit oder in kleinen Gruppen ohne Erwachsene spielen.

Schneiden – kleben (nageln)
7.6 Kleidung für drinnen – Kleidung für draußen. Aus Katalogen wird Oberbekleidung ausgeschnitten. Wenn es kalt wird, trägt man im Haus eine andere Oberbekleidung als draußen auf der Straße. Die ausgeschnittenen Kleider, Mäntel, Anoraks usw. können nun entweder auf ein großes Plakat geklebt werden, auf das ein Haus gemalt ist. Kleidung für drinnen wird in das Haus geklebt, Kleidung für draußen wird außerhalb des Hauses aufgeklebt.

Die Kinder könnten aber auch zwei Leisten mit Garderobehaken nageln: Eine Leiste für Oberbekleidung, die drinnen getragen wird, eine für Oberbekleidung, die draußen getragen wird. Wer ein Kleidungsstück ausgeschnitten hat, darf es auf die richtige Leiste nageln.

Turnen
7.7 Gangarten. Dieselben Menschen können sich ganz verschieden bewegen, je nachdem, was sie anhaben. Die Kinder stellen sich vor, sie seien Erwachsene und wechseln die Kleidung:
Soldatenuniform: Im Stechschritt marschieren.
Abendkleid bzw. Abendanzug: Tanzen.
Arbeitsanzug eines Bergarbeiters: In gebückter Haltung schweren Karren schieben.
Sportkleidung: Rennen.
Clownskostüm: Purzelbaum.
Wenn man einen Sack anhätte, der bis zur Gürtellinie geht: Sackhüpfen. Wenn man einen Sack anhätte, der eng wäre und bis zum Hals geht: Seitwärts rollen.

Ratespiel
7.8 Ratet mal, was ich anhabe. Kleine Erholungspausen während der Turnstunde (7.7) könnte man dazu benutzen, raten zu lassen, was ein Kind wohl anhat. Das Kind bewegt sich entsprechend seinem (unsichtbaren) Kostüm. Zunächst sollen die Kinder eine der Übungen, die vorher gemeinsam durchgeführt wurden, wiederholen. Wer kann, darf sich aber auch andere Kleidungsstücke ausdenken (z.B. Braut und Bräutigam schreiten zur Kirche: Hochzeitskleid und dunkler Anzug).

Kreisspiel mit Gesang
7.9 Wir haben bunte Hosen an (Worte und Melodie: ROSE GÖTTE)

Wir   haben   bunte   Hosen an, und   die sind schön, und   wer 'ne   rote

(Alle Kinder fassen sich an und bewegen sich singend im Kreis. Kinder mit roten Hosen gehen

Hose   hat, soll   in   die   Mitte   gehn!   Rot, rot, rot, rot   soll sich drehn!

in die Kreismitte und drehen sich, die übrigen bleiben stehen und klatschen.)

Rot, rot, rot, rot   soll sich drehen!

Außer den verschiedenen Farben können auch karierte, gestreifte usw. Hosen (Pullis, Kleider, Röcke …) aufgerufen werden.

Gespräch
7.10 Dürft ihr anziehen, was ihr wollt? Manche Kinder können schon ganz allein entscheiden, was sie anziehen sollen.
Bei anderen Kindern müssen die Eltern oft eine andere Entscheidung treffen, wenn es unvernünftig ist, was das Kind vorhat.
Es ist unvernünftig, sich heikle Sachen anzuziehen, wenn man Spiele vorhat, bei denen man sich schmutzig macht.
Es ist unvernünftig,
wenn man sich an einem warmen Tag einen dicken Pullover anzieht,
wenn man an einem kalten Tag im dünnen Blüschen herumläuft,
wenn man bei Regenwetter Sandalen anzieht,
wenn man zum Turnen ein Kleid oder eine enge Hose anzieht,
wenn man jeden Tag andere Sachen aus dem Schrank holt, so daß die Mutter vor lauter Waschen keine Zeit mehr zum Bilderbücheran-gucken hat, …
Vorschlag: Die Kinder sollen die Eltern bitten, am nächsten Tag allein entscheiden zu dürfen, was sie anziehen sollen.
Wie könnte man die Eltern fragen? (Formulie-rungsvorschläge sammeln.)

Spiel im Kreis
7.11 Ich seh ein Kind, das ihr nicht seht. Ein Kind beschreibt die Kleidung eines anderen Kindes z. B. so: Ich seh ein Kind, das ihr nicht seht, das hat einen karierten Rock an. Wer es zuerst erraten hat, darf weiterraten. (Damit nicht immer die gleichen Kinder drankommen, kann man auch der Reihe nach Rätsel auf-geben.)

Fingergeschicklichkeit üben
7.12 Jahrmarkt der Geschicklichkeiten. Zuerst bauen die Kinder verschiedene Jahrmarktsbu-den auf, an denen es bestimmte Aufgaben zu lösen gilt:
Einen Reißverschluß zumachen. (Eine große Puppe, ein großes Stofftier oder ein mit Stoffre-sten gefüllter Sack können einen Anorak ange-zogen bekommen, der geschlossen werden soll.)
Knopfleiste schließen.
Sicherheitsnadeln zumachen.
Schnallen, Haken und Ösen auf- und zumachen.
Schleife binden …
(In manchen Kindergärten sind MONTESSORI-Rahmen vorhanden, die gut verwendet werden können.)
Abwechselnd dürfen alle Kinder einmal Buden-

besitzer sein. Die anderen bummeln auf dem „Jahrmarkt" umher und versuchen ihr Glück. Für jede richtig gelöste Aufgabe gibt es eine kleine Belohnung: Eine Salzstange, ein Gummibärchen, eine Haselnuß oder einen Keks. Die Erzieher gehen als Reporter über den Markt und fragen die Gewinner, wie das eigentlich geht, eine Sicherheitsnadel zuzukriegen ...

Spiel im Kreis
7.13 Alle Kinder, die einen Gürtel tragen, sollen ... Die Kinder sagen reihum, wer etwas tun soll: Alle Kinder, die einen Gürtel tragen, alle Kinder, die eine Jacke mit Knöpfen anhaben, alle Kinder, die irgendwo einen Reißverschluß haben, usw. ...
Der Erzieher ergänzt jeweils den Satz:
... sollen schnell mal unter ihrem Stuhl durchkriechen und sich dann wieder setzen.
... sollen zur Tafel laufen, einen Strich machen und sich wieder setzen.
... dürfen mir ein Haar ausreißen.
... sollen die Andrea streicheln.
... sollen sich die Hände waschen und schnell wiederkommen,
usw.

Beschreiben und verstehen
7.14 Was zieht die Königin heute an? Die Königin (bzw. der König) besitzt viele Mäntel (alle, die in der Garderobe hängen). Ein Diener läuft hinter der Majestät her und fragt: Was zieht die Königin (der König) heute an? Die Königin beschreibt einen Mantel, ohne darauf zu zeigen. Wenn der Diener den richtigen Mantel holt, wird er gelobt.
Nun spielen zwei andere Kinder Majestät und Diener.

Schneiden, reißen, auftrennen
7.15 Alte Kleider auseinandernehmen. Die Kinder wurden am Vortag gebeten, alte Kleider mitzubringen, die zerschnitten werden dürfen. Diese Kleider werden nun in ihre Einzelteile zerlegt: Knöpfe abschneiden, Ärmel heraustrennen, Taschen abschneiden, Gestricktes aufziehen, Fäden suchen ... Dieses Spiel hat sicher auch eine therapeutische Funktion: die Kinder dürfen etwas kaputt machen, können sich abreagieren. Darüber hinaus sollte der Erzieher aber versuchen, die Kinder dazu zu bringen, die Kleidung „fachgerecht" zu zerlegen, im Gespräch einzelne Teile und Materialien zu nennen, zu erkennen, wie das Kleidungsstück zusammengesetzt wurde.
Zum Schluß Einzelteile sortieren und in die Bastelkiste legen.

Mitmachgeschichte
7.16 Des Kaisers neue Kleider (nach dem Märchen von Hans Christian Andersen).
Es war einmal ein Kaiser, der war so eitel, daß er den ganzen Tag vor dem Spiegel stand und sich betrachtete. So vielleicht. (Erzieher dreht und wendet sich vor einem unsichtbaren Spiegel.) Und wie noch? (Kinder drehen und wenden sich ebenfalls.) Jede Stunde zog er ein anderes Gewand an (damit sind prächtige Kleider gemeint). Und wenn jemand fragte, wo der Kaiser sei, hieß es immer: Der zieht sich gerade um. (Erzieher wendet sich an ein Kind:) „Entschuldigung, haben Sie vielleicht den Kaiser gesehen?" (Falls das Kind nicht antwortet, fragt der Erzieher ein anderes Kind, bis jemand antwortet: Der zieht sich gerade um.) „Ach so, das hätte ich mir denken können!"
Eines Tages kamen zwei Betrüger an den Hof. Betrüger sind Kerle, die die Leute anlügen und sie hereinlegen. Sie sagten, sie wären Schneider und könnten Gewänder nähen, die so schön seien, wie man es sich kaum vorstellen könne. Aber nur kluge Leute könnten diese Kleider sehen, für die Dummen wären sie unsichtbar.
„Wie", fragte der Kaiser, „hab ich recht verstanden: die Gewänder, die ihr macht, können nur die Klugen sehen?"
„Ganz richtig. Majestät. Es sind Wunderkleider. Und natürlich sind solch herrliche Dinge nicht ganz billig."
„Das muß ich haben! Das muß ich haben!" rief der Kaiser aufgeregt, dann weiß ich genau, wer klug ist und wer dumm. Wer meine Kleider nicht sieht, ist dumm. Den jage ich vom Hof."
Also bestellte er gleich mehrere von den Wunderkleidern und gab jedem von den Betrügern ein Goldstück als Anzahlung.
In Wirklichkeit aber konnten die Betrüger gar keine Kleider nähen, und Wunderkleider schon gar nicht. Aber sie dachten, wenn wir so tun, als ob wir nähen, tun die anderen sicher so, als ob sie die Kleider sehen würden, weil niemand möchte, daß man ihn für dumm hält.
Und genau so war es. Der Kaiser schickte alle seine Leute nacheinander in die Schneiderei. Jeder sollte sich die neuen Kleider ansehen. (Spielt ihr mal die Betrüger, die so tun, als ob sie zuschneiden und nähen und bügeln ...) Und nun

kommt ein Diener des Königs (Erzieher geht zu den Kindern, die pantomimisch nähen), sieht nichts, reibt sich die Augen und denkt: (flüstern) „Ach du liebe Güte, ich sehe ja nichts. Also bin ich ganz dumm. Das darf ich mir nicht anmerken lassen!" Und laut sagt er: „O, ist das ein schöner Stoff! Diese herrlichen Farben! Diese seltenen Muster! Und so elegant, und so angenehm zu tragen …"

Und er rief gleich einen anderen Diener (Erzieher winkt Kind herbei) und sagte: „Schau mal, ist das nicht phantastisch!" Und der andere sagte: (Kind bewundert die unsichtbaren Kleider.) Und sie holten immer noch mehr Hofleute herbei (noch mehr Kinder heranwinken), und alle bewunderten die Kleider, die sie gar nicht sahen, weil jeder dachte: „O weh, ich bin dumm! Das darf keiner merken. Ich tue einfach so, als ob ich etwas sehen würde." Und so sagten sie: (Kinder äußern sich alle gleichzeitig zu den Kleidern.)

Schließlich kam der Kaiser. (Erzieher schreitet herbei.) Auch er sah nichts, denn es war ja nichts da, aber auch er wollte nicht, daß man ihn für dumm hält, und deshalb sagte auch er: „O wie elegant, o wie geschmackvoll, ach wie prächtig!" Und tat so, als ob er die neuen Kleider anziehen würde. (Erzieher zieht sich pantomimisch an.) „Nun machen wir einen Festzug durch die Stadt", sagte der Kaiser, der in Wirklichkeit nur Unterwäsche trug, und ihr paßt alle auf, ob es Dumme in unserer Stadt gibt, die meine herrlichen Kleider nicht sehen können. (Der Erzieher schreitet als Kaiser an den Kindern vorbei, die Hofleute hinterher, und fragt immer wieder: Na, wie findet ihr meine neuen Kleider? Irgendwann wird eines der Kinder sagen: Sie haben ja Unterhosen an!) Als die Leute hörten, was der … gesagt hatte, riefen alle: „Ja, ja, es stimmt, der Kaiser hat überhaupt keine neuen Gewänder an, er läuft in der Unterwäsche herum." Und alle lachten.

Der Kaiser lief schnell ins Schloß zurück und schämte sich. Die Betrüger aber waren längst über alle Berge.

(Hinweise zur Mitmachgeschichte siehe S. 30.)

Sachbegegnung

7.17 Puppenkleider waschen. Puppenkleider werden gewaschen, gespült, zum Trocknen aufgehängt oder mit einem Haarföhn getrocknet und gebügelt. Es ist wichtig, daß die Jungen von solchen Beschäftigungen nicht ausgeschlossen bleiben.

Mitmachgeschichte

7.18 Die Puppe friert so. Der Erzieher nimmt eine unbekleidete Puppe auf den Schoß und verteilt die passenden Puppenkleidungsstücke an die Kinder. Während seiner Geschichte wird die Puppe von den Kindern angezogen.

Die Puppe jammert:

Huhuu, ich friere so! Kommt denn niemand und wärmt mich? Huhuu, ist das kalt! Ich werde bestimmt noch krank.

Da kommt das Hemdchen und sagt: Du, ich bin das Hemdchen und wärme dir den Bauch und den Rücken. Gleich fühlst du dich besser. (Das Kind, das das Hemd hat, zieht es der Puppe an.) Aber ich friere ja noch! ruft der Popo. Da kommt die Unterhose und sagt: Schrei doch nicht so, ich, die Unterhose, bin ja schließlich auch noch da. So, nun noch hochziehen – schon wird dir wärmer, was?

Aber nun werfen sich die Arme hoch und rufen: Und wer wärmt uns? Wir können doch nicht nackt bleiben bei dieser Kälte! Da kommt der Pullover angerannt und flüstert: Ihr braucht nicht zu weinen, Arme, ich bin doch so schön weich und kuschelig, fühlt mal! Ich wärme euch Arme und den Bauch und den Rücken und sogar den Hals!

Da kommt die lange Hose daher und sagt: Ohne mich, die Hose, ist die Puppe doch gar nicht angezogen …

(Allmählich sollen die Kinder nicht nur ein Kleidungsstück herbringen und der Puppe anziehen, sondern auch den Text selbst erfinden.)

So geht die Geschichte weiter, bis die Puppe alles an hat, was sie braucht. Zum Schluß könnte die Puppe sagen:

Habt ihr vielleicht irgendwo einen Spiegel? Ich glaube, ich sehe richtig schick aus, oder? Ich weiß schon gar nicht mehr, was ich alles anhabe. Also zuerst kam das Hemd, dann …

8. Weihnachten

Vorüberlegungen

Weihnachten ist für Kinder die Zeit, in der sich die Umwelt in einen riesigen Jahrmarkt verwandelt. Die Straßen sind „festlich" beleuchtet, die Schaufenster geschmückt, die Kaufhäuser scheinen von oben bis unten mit Spielzeug und Süßigkeiten vollgepackt zu sein, und über allem singen Engelsstimmen auf Schallplatten ihre frohe Botschaft im non-stop. Kataloge kommen fast täglich ins Haus, das Fernsehen bringt doppelte Werbesendungen: Der Wünsche-Weckungs-Mechanismus läuft auf Hochtouren. Brennende Wünsche und hochgesteckte Erwartungen versetzen das Kind in einen Spannungszustand, dem die Umgebung ein besonderes Maß an Geduld und Einfühlungsvermögen entgegensetzen müßte. Aber gerade dazu ist sie in der Vorweihnachtszeit am wenigsten in der Lage. Hektische Betriebsamkeit der Erwachsenen, Nervosität am Arbeitsplatz, überfüllte Busse, Parkplatzärger, Menschengedränge in der Fußgängerzone, überfüllte Kaufhäuser, weinende Kinder, überreizte Hausfrauen, die unter einem selbstgewählten Mammutputz- und -backprogramm zusammenbrechen – das bestimmt die Atmosphäre der Vorweihnachtszeit, deren Höhepunkt meist nur in einer verkitschten Feierstunde oder einem bis zur Peinlichkeit sinnentleerten Warentausch mit Musik und Gänsebraten besteht.

Es kann nicht von jedem Erzieher erwartet werden, daß er dem ein christliches Weihnachtsverständnis entgegensetzt, aber vielleicht kann er sich doch im Kindergarten gerade in der Weihnachtszeit um eine ruhige, entspannte Atmosphäre bemühen und den Kindern die Erfahrung vermitteln, daß es jenseits von Warenkatalogen eine Unzahl von Möglichkeiten gibt, um Spannung, Vorfreude, Glück zu erleben. Durch Handeln, nicht durch Ermahnungen, sollen die Kinder merken, daß nicht nur Geschenke, sondern auch das Schenken, das Überraschen, das Ausdenken Spaß macht, daß Stille und Konzentration erholsam sein können, daß man mit kleinen Dingen wie Bratäpfeln oder Nüssen richtige Feste feiern kann.

Vor allem soll der Kindergarten den Kindern, die zu Hause jedem nur im Weg sind, das Gefühl vermitteln: Im Kindergarten freut man sich, wenn ich komme. Hier bin ich nicht im Weg, hier hat jemand Zeit für mich.

Auf einen detaillierten Programmvorschlag wird verzichtet. Wir empfehlen statt dessen, an jedem Vormittag eine ruhige Viertelstunde einzulegen, in alle Kinder einer Gruppe zusammenkommen zu einem möglichst gleichbleibenden „Ritual": Ein Kind darf die entsprechenden Kerzen am Adventskranz anzünden (ein gefüllter Wassereimer sollte griffbereit auf einem der Schränke stehen), ein anderes Kind darf den Adventskalender „bedienen", eines darf entscheiden, welche Geschichte vorgelesen werden

soll (soweit das nicht schon der Adventskalender der 8.2 übernommen hat). Nach der Geschichte könnte die „Überraschung des Tages" verkündet werden: eine Idee, was heute unternommen werden soll (Anregungen siehe 8.4–8.23).

Ein Weihnachtslied und das Ausblasen der Kerzen könnten den Abschluß der ruhigen Viertelstunde bilden.

Falls die Kinder während dieser Zeit ihr Frühstück verzehren wollen, ist dagegen sicher nichts einzuwenden.

Die „Angebote" enthalten wenig Bastel- und keine Liedvorschläge, weil wir davon ausgehen, daß dazu in jedem Kindergarten genügend Literatur vorhanden ist.

Höhepunkt der Adventszeit könnte das Nikolausfest (8.24) mit den Eltern sein. Wir schlagen vor, mit den Eltern und Kindern in den Wald zu ziehen, um dort den Nikolaus aufzustöbern. Daß der Nikolaus später von den Kindern aus seinem Kostüm geschält werden darf, ruft vielleicht den Widerspruch einiger Eltern hervor, die den „Glauben an den Nikolaus" nicht „zerstören" wollen, sei es, daß sie glauben, dem Kind dadurch die schöne Weihnachtszeit zu entzaubern oder sei es, daß sie den Nikolaus als Angst- und Drohfigur in der Erziehung einsetzen. Solche Eltern sollten rechtzeitig informiert werden, was die Kinder beim Nikolausfest erwartet (Elternbrief).

Auf eine „Weihnachtsfeier" im Kindergarten könnte verzichtet werden. Statt dessen könnten am letzten Tag vor den Weihnachtsferien die Kerzen am Weihnachtsbaum, der im Lauf der Weihnachtszeit immer mehr mit Basteleien der Kinder geschmückt wurde, angezündet werden und die Weihnachtsgeschichte in einer kindgemäßen Fassung (8.26) erzählt werden. Danach könnte jedes Kind ein „Schmuckstück" vom Weihnachtsbaum holen und mit nach Hause nehmen.

Vorschlag für einen Elternbrief

Liebe Eltern,
am 6. Dezember würden wir gern ein Nikolausfest mit Eltern und Kindern feiern. Folgendes Programm ist vorgesehen:
Wir treffen uns um … Uhr am … (Haltestelle der öffentlichen Verkehrsmittel oder Parkplatz in der Nähe eines Ausflugslokals im oder am Wald angeben). Wenn Ihr Kind eine Laterne oder eine Taschenlampe besitzt, bringen Sie sie bitte mit. Wir ziehen dann gemeinsam in den

Wald, um den Nikolaus zu suchen. Wenn wir ihn aufgestöbert haben, verteilt er seine Päckchen und zieht mit uns in das Lokal ... Dort können Sie eine warme Suppe, Kakao oder sonst eine Kleinigkeit bestellen. Inzwischen dürfen die Kinder den Nikolaus aus seinem Kostüm schälen.

Vielleicht sind einige von Ihnen nicht damit einverstanden, daß wir den Kindern zeigen möchten, daß der Nikolaus von einem Vater dargestellt wurde. Vielleicht glauben Sie, man würde damit „den Zauber der Weihnachtszeit" zerstören. Aber Sie werden sehen, daß für die Kinder das Aufstöbern des Nikolaus, von dem sie wissen, daß es nur ein verkleideter Vater ist, nicht weniger aufregend und lustvoll ist, als wenn wir versuchen würden, ihnen etwas vorzumachen. Außerdem wollen wir der Angst, die viele Kinder vor dem Nikolaus haben, entgegenwirken, da wir die Angst als Erziehungsmittel auf jeden Fall ausklammern wollen.

Unser Fest wird gegen ... beendet sein. Vielleicht kann der eine oder andere Vater nach der Arbeit nachkommen und noch ein Bier bei uns trinken.

Ein Päckchen, das der Nikolaus Ihrem Kind bringt (Wert bitte nicht über 3 DM), geben Sie bitte so, daß Ihr Kind es nicht sieht, bis spätestens ... im Kindergarten ab.

Mit freundlichen Grüßen ...

Dreiwochenplan

Für die Fördergruppe Artikulation werden die Übungen A 16 und A 29–31 empfohlen, weil eine zu lange Unterbrechung der Artikulationsübungen ungünstig wäre.

Für die anderen Fördergruppen werden in der Adventszeit keine speziellen Übungen vorgeschlagen. Die Angebote:

Drei Vorschläge für einen Adventskalender 8.1, 8.2 oder 8.3.
Barbarazweig 8.4.
Adventssingen 8.5.
Adventskranz binden 8.6.
Weihnachtsschmuck basteln 8.7.
Weihnachtsbaum kaufen 8.8.
Apfelmännlein basteln 8.9.
Überraschung im Schuh 8.10.
Paket packen 8.11.
Geheimniskiste basteln 8.12.
Geschenke basteln 8.13–8.17.
Bratäpfel essen 8.18, Kastanien rösten 8.19, Plätzchen backen 8.20.

Weihnachtspapier drucken 8.21.
Rätsel raten 8.22.
Jemandem einen Brief schreiben 8.23.
Nikolausfest 8.24 und Nikolausruf 8.25.
Die Weihnachtsgeschichte erzählen 8.26.
Arbeitsblatt Nr. 8 aus der Mappe „Wir wollen Schule spielen".

Vorbereitungen

1. Vorrat an Bastelmaterial (8.7) ergänzen.
2. Material für Weihnachtsgeschenke (8.13–8.17) besorgen.
3. So viele Geschichten aussuchen, wie es noch Tage sind bis Weihnachten. Es brauchen keine Weihnachtsgeschichten zu sein. Vorschläge: Marieluise Bernhard von Luttitz: Bumfidel lacht sich krank. 7 × 7 Bumfidel-Geschichten. rororo-Taschenbuch.
4. Adresse besorgen von einem Kinderheim, an das das Paket (8.11) geschickt werden könnte.
5. Zutaten für Backwerk (8.20) einkaufen.
6. Tannenzweige für Adventskranz besorgen (8.6).
7. Sich beim Pfarramt oder der Sozialisation erkundigen, welche Leute in der Nähe des Kindergartens wohnen und schon längere Zeit bettlägerig sind (8.5).
8. Einen Vater dazu bringen, beim Nikolausfest die Rolle des Nikolaus zu übernehmen (8.24).
9. Ein Lokal finden, das in der Nähe eines Wäldchens liegt, leicht zu erreichen ist und genügend Platz für Kinder und Eltern bietet. Den Kindergarten dort anmelden (8.24).
10. Elternbrief schreiben (Elternbrief Nr. 4).
11. Sich Gedanken darüber machen, wie man selbst die Vorweihnachtszeit ohne Streß – auch im privaten Bereich – überstehen kann.

Angebote

8.1 Adventskalender 1. Die Eltern werden gebeten, dem Kindergarten ein Päckchen mit Süßigkeiten (z.B. Haselnüssen, Gummibärchen, Keksen, Bonbons oder auch eine Tüte Salzbrezelchen) zu stiften. Diese Packungen werden in Papier eingewickelt und mit dem Datum der Tage versehen, die die Kinder bis zu den Weihnachtsferien im Kindergarten verbringen. Die Päckchen werden an ein Seil gehängt, das von einer Wand zur anderen gespannt wird. Jeden Tag darf ein Kind ein Päckchen auswählen, ein anderes darf es abschneiden, ein drittes darf es auspacken und ein viertes den Inhalt verteilen.

8.2 Adventskalender 2. Die Kinder haben Sterne aus Goldpapier ausgeschnitten. (Der Erzieher stellt dazu eine Folie aus Pappe zur Verfügung.) Nun werden so viele Sterne irgendwo an der Wand befestigt, wie die Kinder noch bis Weihnachten in den Kindergarten kommen. Auf die Rückseite hat der Erzieher auf jedem Stern die Überschrift einer Geschichte notiert. Jeden Tag darf ein Kind einen Stern abnehmen. Die auf der Rückseite bezeichnete Geschichte wird vorgelesen. Das Kind darf den Stern seinem Freund schenken.

8.3 Adventskalender 3. Rätsel werden auf Zetteln notiert, zusammengerollt und in goldenes, rotes und silbernes Papier eingewickelt und irgendwo aufgehängt. Jeden Tag darf ein anderes Kind ein Päckchen abnehmen und auswickeln. Der Erzieher liest das Rätsel vor. (Rätselvorschläge siehe 8.22.)

8.4 Barbarazweig. Am Barbaratag, dem 4. Dezember, werden nach altem Brauchtum Zweige von Obstbäumen oder frühblühenden Sträuchern (z.B. Forsythien) abgeschnitten und im warmen Zimmer ins Wasser gestellt. Sie blühen an Weihnachten. Der Erzieher könnte mit den Kindern einen Spaziergang machen und einige Zweige mit dicken Knospen schneiden. Die Zweige sollen eine große Schnittfläche haben und die Stiele etwas breitgeklopft werden. Das Gefäß soll oben nicht zu eng sein. Zunächst läßt man die Zweige einige Tage im dunklen Raum stehen, danach werden sie ins Zimmer geholt. Die Zweige sollten immer wieder mit Wasser angefeuchtet werden oder in einem nicht zu trockenen Raum (Küche?) aufbewahrt werden. Die Kinder können kurz vor Weihnachten das Aufblühen der Zweige beobachten.

8.5 Adventssingen. Die Kinder dürfen einem Kranken ein Ständchen bringen.
Der Erzieher muß sich überlegen, ob er die Kinder vorher anmelden soll oder nicht. Meldet er sie nicht an, besteht die Gefahr, daß man ungelegen kommt oder vor verschlossener Tür

steht, was für die Kinder eine große Enttäuschung wäre. Werden sie angemeldet, muß man befürchten, daß der Kranke sich verpflichtet fühlt, den Kindern etwas zu schenken, was vielleicht mehr Belastung als Freude bedeutet. Geeignete Adressen vermitteln die Pfarrämter bzw. die Sozialstation.

8.6 Adventskranz. Die Kinder zerschneiden große Tannenzweige in kleine Zweige und reichen sie dem Erzieher hin, der die Zweige mit Blumendraht um einen „Unterbau" aus Stroh oder Styropor (kann man beim Blumenhändler kaufen oder selber machen) wickelt.

Basteln
8.7 Weihnachtsschmuck. Im Gruppenraum wird ein ungeschmückter Tannenbaum aufgestellt. Die Bastelarbeiten der Kinder aus Papier, metallischer Folie, Stroh, Nüssen usw. werden von ihnen selbst an den Baum gehängt. Auf genaue Arbeitsanweisungen für Bastelarbeiten wird hier verzichtet, da zu diesem Thema schon genügend Literatur vorhanden ist. Wichtig ist nur, daß die Arbeiten wirklich von den Kindern und nicht von den Erziehern stammen. Es sollten also vorwiegend einfache Dinge (wie z.B. Ketten aus kleingeschnittenen Strohhalmen oder aus Papierringen) gebastelt werden.

Sachbegegnung
8.8 Weihnachtsbaum kaufen. Einige Kinder gehen mit einer Begleitperson zu einer Verkaufsstelle für Weihnachtsbäume und tragen den Baum gemeinsam zum Kindergarten, wo er im Baumständer festgeschraubt wird.
Vielleicht besteht sogar die Möglichkeit (Forstamt fragen!), einen Baum direkt vom Wald zu holen. In diesem Fall sollte die ganze Gruppe an dem Ausflug in den Wald beteiligt sein.

Basteln
8.9 Apfelmännlein. Material: Rote Äpfel oder Apfelsinen, Nüsse, Watte, Streichhölzer, Klebstoff.
Mit einem Streichholz wird die Kopf-Nuß mit dem Apfel-Bauch verbunden. Nun fehlt dem Kopf noch ein langer weißer Watte-Bart und eine Kopfbedeckung.
Solche Apfelmännlein könnten am Nikolausfest die Tischdekoration abgeben. Auch hier sollte der Erzieher der Versuchung widerstehen, selbst schönere Apfelmännlein zu basteln.

8.10 Überraschung im Schuh. Jedes Kind erhält den Auftrag, von seinen eigenen Spielsachen zu Hause irgend eine Kleinigkeit (Pixibuch, kleine Figur, kleines Schüsselchen, Bällchen usw.) zum Verschenken einzupacken und in den Kindergarten mitzubringen, um es einem anderen Kind in den Schuh zu stecken. Alle Kinder stellen sich im Kreis auf. Jeder zieht einen Schuh aus und stellt ihn vor sich hin. Nun bewegen sich die Kinder singend im Kreis um die Schuhe herum, dabei darf jedes Kind sein Päckchen in den Schuh stecken, in dem noch keines liegt. Wenn alle Päckchen einen Platz gefunden haben, sucht jeder seinen Schuh (nicht durch den Kreis laufen, nur außen herum!) und darf das Päckchen holen, das ein anderes Kind hineingesteckt hat.
Bemerkungen: Der Erzieher muß den Kindern vorher klar machen, daß sie den Gegenstand verschenken sollen, daß sie ihn also nicht nach dem Spiel wieder an sich nehmen können. Da einige Kinder bestimmt kein Päckchen mitgebracht haben, sollte der Erzieher unbedingt einige weitere Päckchen bereithalten.

8.11 Paket packen. Die Kinder werden gebeten (vorher mit den Eltern darüber sprechen!), etwas von ihren Spielsachen, das noch nicht kaputt ist, für andere Kinder, die nichts zum Spielen haben, mitzubringen. Sie wickeln ihr Päckchen in Weihnachtspapier und binden hübsche Wollfäden darum. Auf ein kleines Schild wird nach dem Diktat des Kindes geschrieben, für wen das Päckchen sein soll. (Beispiel: Für ein Mädchen, das fünf Jahre alt ist und gerne Bilder anschaut. Oder: Für einen Jungen, der sechs Jahre alt ist und gerne kocht.)
Das Paket wird dann an ein Kinderheim geschickt oder direkt an eine Adresse im Ausland. Adressen vermitteln:
Caritas,
Innere Mission,
Terre des Hommes,
Amnesty International.
Die Kinder gehen alle mit zur Post, wenn das Paket aufgegeben wird.

Basteln
8.12 Geheimniskiste. Für ihre kleinen Weihnachtsgeschenke, die die Kinder basteln, brauchen sie einen sicheren Platz. Die Gruppe geht zum Supermarkt, wo jedes Kind sich einen größeren Karton auswählen kann. Dieser Karton wird nun bemalt oder beklebt, mit einer

Schnur zum Zubinden versehen und vor allem (nach dem Diktat der Kinder) beschriftet, z. B.: „Streng geheim! Wehe, wenn jemand in diese Schachtel guckt! ..." Diese Kiste können die Kinder mit nach Hause nehmen und unter ihrem Bett oder sonst an einem sicheren Platz verstekken. Fertige Bastelarbeiten werden den Kindern gleich mit nach Hause gegeben.

Geschenke basteln
8.13 Briefbeschwerer. Ein großer, glatter Kieselstein wird mit Lackfarbe bemalt. Es dauert einige Tage, bis die Farbe trocken ist.

8.14 Kleiderbügel bemalen. Ein Holzkleiderbügel wird bemalt und zum Trocknen aufgehängt.

8.15 Notizbuch. Ein kleines Heft oder ein Notizblock wird mit einer Kinderzeichnung, einer Flecht- oder Klebearbeit eingebunden bzw. beklebt.

8.16 Streichholzschachtelhalter. Streichhölzer werden immer gesucht. In einem Täschchen an der Wand sind sie immer griffbereit. Ein solches Täschchen könnte genäht oder aus dünnem Karton gefaltet werden.

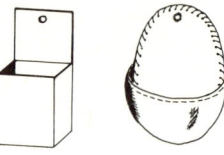

8.17 Zierkerze. Eine Kerze wird mit Knetwachs verziert.

Sachbegegnung
8.18 Bratäpfel. Apfel waschen, blank reiben, auf feuerfeste Formen setzen und in den Backofen schieben. (Wenn man will, kann man das Kernhaus vorher herausschneiden und das Loch mit Rosinen oder Marmelade füllen.) Wenn die Äpfel gar sind, etwas abkühlen lassen und mit dem Löffel essen.

8.19 Kastanien rösten. Kastanien einschneiden (das sollte vielleicht besser der Erzieher machen, da man mit dem Messer zu leicht an der glatten Oberfläche der Kastanie abrutscht), auf der Herdplatte, in einer Pfanne oder im Backofen braten, oder aber in Wasser weichkochen.

8.20 Plätzchen backen. Rezeptvorschläge:
Vanillebrezelchen (40–50 Stück): 250 g Mehl, 125 g Zucker, 125 g Butter oder Margarine mit einem Ei auf der Tischplatte zusammenarbeiten (Knetteig). Teig etwas ruhen lassen, dann eine lange Rolle machen, in gleichmäßige Stücke zerschneiden, aus jedem Stück ein Brezelchen formen und im Ofen hellgelb backen. Nach dem Backen werden die noch heißen Brezelchen in die Glasur (100 g Staubzucker, 1 Päckchen Vanillinzucker, 1–2 Eßlöffel kaltes Wasser) getaucht. Danach trocknen lassen.

Ausstecher (80–100 Stück): Zutaten: 250 g Butter oder Margarine, 375 g Zucker, 750 g Mehl, 3 Eier, abgeriebene Schale einer Zitrone, 1 Päckchen Backpulver. Die Butter wird schaumig gerührt, die Eier und der Zucker mitverrührt, Zitrone und der größte Teil des Mehls zugegeben. Zuletzt wird das mit dem restlichen Mehl vermischte Backpulver dazugegeben, der Teig messerrückendick ausgerollt, ausgestochen und auf das gut eingefettete Blech gelegt und goldbraun gebacken.

Basteln
8.21 Weihnachtspapier drucken. Aus Tesamollresten (zum Abdichten der Fenster) lassen sich kleine Figuren schneiden, die mit der Klebseite auf einen kleinen Bauklotz gedrückt werden können. Mit Plakafarbe bestreichen und auf weißes Seidenpapier hübsche Motive drucken. Das Weihnachtspapier können die Kinder nach dem Trocknen mit nach Hause nehmen und in ihrer Geheimniskiste verstauen bis zum Fest.

8.22 Rätsel raten
Welche Birne kann man nicht essen? (Glühbirne)
Welcher Abend fängt schon am Morgen an? (Sonnabend)
Was schmeckt besser als ein Bonbon? (zwei Bonbons)
Welcher Mann wird kleiner, wenn die Sonne scheint? (Schneemann)
Welches Glöckchen läutet nicht? (Schneeglöckchen. Oder: Eins, das kaputt ist.)

Aus welchem Stein kommt Rauch heraus? (Schornstein)
Sie geht und geht und kommt doch nicht vom Fleck. (Uhr)
Er guckt in euer Wohnzimmer und sieht doch nichts. (Fernsehsprecher)
Es gibt dir nach jedem Waschen die Hand. (Handtuch)
Welcher grüne Baum hat kein einziges Blatt? (Tanne)
Was macht der Glaser, wenn er kein Glas hat? (Er trinkt aus der Flasche.)
Wer kann sein Haus spazieren tragen? (Schnecke)
Welches Tier hat Löffel am Kopf? (Hase)
Wer hat 20 Kinder? (Ich, der Erzieher).

Diktieren
8.23 Jemandem einen Brief schreiben. Zu dem Geschenk für ein unbekanntes Kind (8.11) könnte der Spender einen kleinen Brief diktieren, in dem er sagt, was man mit dem Spielzeug anfangen kann.
Die Kinder könnten sich aber auch gegenseitig als Überraschung kleine Briefe schreiben und heimlich in die Manteltasche des Empfängers stecken.

Ausflug in den Wald
8.24 Nikolausfest. Kinder, Eltern und Erzieher ziehen mit Laternen, Taschenlampen und Fakkeln in den Wald, um den Nikolaus zu suchen. Ihre Lieder locken den Nikolaus herbei.
Der Nikolaus hat in seinem Sack für jedes Kind ein Päckchen, das er (ohne Moralpredigten) verteilt. Der Erzieher sollte auf jeden Fall einige Ersatzpäckchen dabei haben, damit kein Kind leer ausgeht. Zusammen mit dem Nikolaus ziehen alle in ein nahegelegenes Lokal, wo die Kinder den Nikolaus „auswickeln" dürfen. (Natürlich darf vorher niemand wissen, wer den Nikolaus spielt!)
Nach einem gemütlichen Zusammensein, das dem Erzieher die Möglichkeit bietet, von Tisch zu Tisch zu gehen und mit den Eltern einige Worte zu wechseln, gehen alle wieder heim.
Die Kinder unseres Kindergartens haben für das Nikolausfest folgendes Lied erfunden:

8.25 Nikolausruf

Nikolaus, Nikolaus, komm doch aus dem Wald heraus! Wir tun dir nichts, wir tun dir nichts, wir wollen nur Ge- schenke!

8.26 Die Weihnachtsgeschichte. Für Kinder im Alter von 4 bis 6 Jahren erzählt.

In einer kleinen Stadt wohnte vor zweitausend Jahren ein junger Mann, der hieß Joseph. Er war ein Zimmermann und konnte Häuser bauen. Immer, wenn jemand ein Haus brauchte, kam er zu Joseph gelaufen und fragte: „Kannst du mir nicht ein Haus bauen?" „Klar kann ich das!" sagte der Joseph dann und ging gleich fort, um sich große Balken zu besorgen. Wißt ihr, was Balken sind? Lange, dicke Holzklötze sind das. Aus diesen Balken baute der Joseph dann ein Haus, ungefähr so, wie ihr das mit den Bauklötzen macht, nur natürlich viel größer.
Der Joseph hatte auch eine Frau, die hieß Maria und war eine ganz besonders liebe Frau. Wenn zum Beispiel ein Kind vor ihrer Tür hingefallen war und sich das Knie aufgeschlagen hatte, lief sie schnell hin, hob das Kind auf, klebte ihm ein Pflaster auf die Wunde und erzählte ihm etwas Lustiges, daß es gleich wieder lachen mußte. Manchmal lud sie auch Nachbars Kinder ein und spielte im ganzen Haus mit ihnen Verstecken. „Müßt ihr denn einen solchen Krach machen?" brummte der Joseph dann, und die Maria antwortete: „Weißt du, ich muß doch ein biß-chen üben, wie man mit Kindern spielt, damit ich es lerne!" „Ach so!" meinte dann der Joseph und lachte auch.
Weißt du, warum die beiden lachten? Sie sollten nämlich bald selbst ein Kind bekommen. Es war schon in Marias Bauch und strampelte. Der Joseph hatte schon ein Bettchen gezimmert, und die Maria hatte aus einem großen Stück Stoff viele weiche Windeln für das Baby geschnitten. Und natürlich freuten sich beide sehr auf das Kind.
Eines Tages aber geschah etwas Schlimmes. Ein Mann zog durch die Stadt und rief: „Alle mal herhören! Alle mal herhören!"

„Was ist denn das für einer?" fragten die Leute. „Das ist ein Beamter des Kaisers, das sehe ich an seinen Kleidern!" erklärte jemand. Und alle drängten sich um den Mann, um zu hören, was er sagte:
„Hört zu, Leute, was der Kaiser euch befiehlt! Der Kaiser will wissen, wie viele Menschen eigentlich in seinem Reich wohnen. Er will euch alle zählen!"
„Na gut", sagten die Leute, dann zählen wir eben, wie viele wir sind: 1, 2, 3, 4, 5, 6, ..."
„Nein, nein", sagte der Bote, „so geht das nicht! Ihr müßt alle dorthin gehen, wo die Männer geboren sind. Dort werdet ihr gezählt. Und die ganze Familie muß mit." Dann blickte er zu Joseph und fragte ihn: „Du da, wo bist denn du geboren?"
„Ich?" fragte der Joseph. „Ich bin in Bethlehem geboren."
„Gut, dann mußt du morgen nach Bethlehem reisen und dich dort auf dem Rathaus melden!"
„Und meine Frau?" fragte der Joseph.
„Die muß natürlich mit!" antwortete der Bote.
„Aber wir bekommen ein Baby, und meine Frau kann unmöglich einen so weiten Weg gehen!"
„Das geht mich nichts an", sagte der Bote und ging in die nächste Straße, um dort den Leuten dasselbe zu sagen.
Ganz unglücklich ging der Joseph nach Hause. Es gab ja keine Busse und keine Eisenbahn nach Bethlehem, und einen Esel oder ein Pferd, auf dem die Maria reiten konnte, oder einen Wagen, in den sie sich setzen konnte, hatte er auch nicht. Aber die Maria tröstete ihn: „Wir schaffen das schon. Wir gehen eben ganz langsam, und wenn ich müde werde, setzen wir uns einfach auf einen Stein oder einen Baumstamm und ruhen uns aus."
„Und was machen wir, wenn unser Kind unterwegs zur Welt kommt? Ich kann doch das schwere Bettchen nicht mitschleppen!"

„Nein, das lassen wir zu Hause. Aber die Windeln, die nehmen wir auf alle Fälle mit!"
Viele Leute waren am nächsten Tag unterwegs. Einer nach dem anderen überholte Maria und Joseph. Und als es dunkel wurde, meinte der Joseph: „Nun müssen wir mal sehen, wo wir übernachten können!" Nach einigem Suchen fanden sie eine alte Scheune. „Wie gut, daß wir ein Dach über dem Kopf haben und Stroh zum Liegen", sagte die Maria. „Ich spüre nämlich ein so merkwürdiges Ziehen und Drücken im Bauch, daß ich glaube, das Baby kommt heute nacht auf die Welt." Maria hatte recht. Nachts wurde das Baby geboren, und der Joseph wickelte es gleich in die Windeln, die Maria mitgenommen hatte. Es war ein Junge, und er sollte Jesus heißen.

„Schau mal, was ich gefunden habe", sagte plötzlich der Joseph und zeigte der Maria eine Futterkrippe, „wäre das nicht ein prima Bettchen für unseren Jungen?" (Eine Futterkrippe ist so ein Holzkasten, in den man das Futter für die Kühe hineinschütten kann.) Es war noch weiches Heu darin, und so bekam der kleine Jesus sogar ein Bettchen. Und Maria und Joseph waren so glücklich, daß sie mitten in der Nacht anfingen zu singen.

Das hörten einige Hirten, die in der Nähe auf eine Schafherde aufpassen mußten, damit kein wildes Tier sie zerreißen konnte. Als sie Maria und Joseph singen hörten, wurden sie neugierig und sagten: „Schaut doch mal nach, wer im alten Schuppen so schön singt!" Da zogen einige Hirten los und fanden Maria und Joseph und das neugeborene Kind in der Futterkrippe.

Und nun kommt das Merkwürdige: Jeder, der sich das Baby anschaute, hatte es gleich lieb und wollte ihm etwas schenken. Und zwei Männer, die sich eben noch angeschrien hatten, redeten auf einmal ganz leise und freundlich miteinander. Und einer, der sonst immer die Kleineren zur Seite stieß, die ihm im Weg waren, ging ganz vorsichtig auf Zehenspitzen. Und als das Baby lächelte, lachten die Erwachsenen auch und sahen mit einem Mal ganz freundlich aus.

Später, als aus dem Baby ein junger Mann geworden war, zog er mit anderen Männern durch das Land und sagte allen Leuten, sie sollten nicht so böse zueinander sein, sondern sich lieb haben.

Und die Leute sagten: „Den hat uns der liebe Gott geschickt, damit er uns sagt, was wir tun sollen!"

9. Spielzeug

Vorüberlegungen

Den meisten Kindern fehlt es nicht an Spielzeug, sondern an der Fähigkeit zu spielen. Deshalb sollen die beiden folgenden Wochen dem Erzieher Gelegenheit geben zu überlegen, welche Rolle die Spielpflege eigentlich in seiner Gruppe oder seiner Vorklasse einnimmt.

Spielpflege betreiben heißt, den Kindern zu helfen, von einer Niveaustufe des Spiels zur nächsten zu gelangen. Das setzt voraus, daß der Erzieher die verschiedenen Niveaustufen kennt und beurteilen kann, ob ein Kind auf dem Niveau spielen gelernt hat, das seinem Alter entspricht.

Natürlich kann ein Kind häufig auch „unter seinem Niveau" spielen. Es hat vielleicht zuerst eine komplizierte Maschine aus Legos gebaut und ist anschließend damit zufrieden, die restlichen Steine von einer Ecke in die andere zu schieben oder im Zimmer zu verstreuen. Es ist normal und notwendig, daß Kinder je nach ihrer augenblicklichen körperlichen, seelischen und geistigen Verfassung Spiele von ganz unterschiedlichem Schwierigkeitsgrad wählen. Entscheidend ist, ob ein Kind unter günstigen Bedingungen zu den höheren Spielformen seiner Altersgruppe überhaupt Zugang hat. Das muß der Erzieher herausfinden.

Sicher wäre es begrüßenswert, wenn der Erzieher sich still in eine Ecke des Spielzimmers setzen und seine Beobachtungen niederschreiben könnte. Aber dazu fehlt ihm vermutlich Zeit und Gelegenheit. (Falls Praktikanten im Kindergarten arbeiten, sollten sie aber regelmäßig mit solchen Aufgaben betraut werden.) Der Erzieher selbst wird sich darauf beschränken müssen, das, was ihm beim Spiel mit den Kindern auffällt, im Gedächtnis zu behalten und bei der erstbesten Gelegenheit in wenigen Worten zu notieren. Wie schnell verliert ein Kind die Lust an einem Spiel? Mit wem spielt es gern, mit wem ungern? Welches Spiel hat sich für welches Kind als zu schwierig erwiesen? Welche Kinder spielen immer dasselbe? Welche Kinder spielen vorwiegend stumm, welche reden dabei? Führt ein Kind beim Spiel mehr Selbstgespräche oder redet es mit anderen Kindern? Kann es verlieren? Zeigt es Angst bei Bewegungsspielen? Solche und ähnliche Fragen können Aufschluß geben über die Spielfähigkeit eines Kindes.

Von den verschiedenen Niveaustufen eines Spiels war schon auf den Seiten 35–39 die Rede. Hier sollen die Entwicklung der Spielfähigkeit noch einmal kurz am Beispiel „Spiel mit einem kleinen auto" aufgezeigt werden:

Ein einjähriges Kind ergreift ein Auto, läßt es wieder fallen, trägt es weg, steckt es in den Mund, hämmert damit auf einen Stuhl: Das nennt man nach HILDEGARD HETZER Spiele des unspezifischen Materialumgangs.

Nach einigen Wochen beginnt das Kind, das Auto auf dem Boden hin- und herzuschieben, an den Wänden hochfahren zu lassen oder hinter sich herzuziehen. Es hat bemerkt, daß die Räder sich drehen und führt ganz bestimmte Bewegungen mit seinem Auto aus. Das sind Spiele des spezifischen Materialumgangs.

Wenn das Kind etwas älter geworden ist, wird aus dem Spiel mit dem Auto ein Nachahmungsspiel: Es ahmt das Motorengeräusch nach, es fährt Kurven, hupt usw. Dieses Nachahmungsspiel wird immer differenzierter, je genauer das Kind beobachten kann: Es verändert das Motorengeräusch nach dem Schalten, man hört die Reifen quietschen bei einer scharfen Kurve, das Auto wird nicht einfach in die Luft gehoben und in die richtige Position gesetzt, sondern bringt sich selbst durch Vorwärts- und Rückwärtsfahren an die richtige Stelle. Wenn das Kind sich als Fahrer des Autos fühlt, Selbstgespräche führt, vielleicht zum Stuhlbein sagt „bitte volltanken!" hat es schon die Ebene des einfachen Rollenspiels erreicht.

Eine höhere Entwicklungsstufe des Spiels ist das soziale Rollenspiel: Kinder verteilen Rollen (z.B. Autofahrer, Tankwart, Automechaniker), denken sich eine Handlung aus („Du hättest jetzt einen Unfall. Dann würdest du anrufen und ich käme, um dich abzuschleppen …") und einigen sich auf bestimmte Annahmen („Das wäre die Straße, hier wäre das Telefon, es wäre schon ganz dunkel …").

Alle Kinder im Kindergarten sollten vor dem Eintritt in die Schule die Spielebene des sozialen Rollenspiels erreichen.

Das vorliegende Wochenprogramm soll Situationen schaffen, in denen der Erzieher versuchen kann, die Spielfähigkeit der Kinder zu erweitern und zu vertiefen.

Zweimal ist ein Kaspertheaterstück vorgesehen (9.13, 9.24). Damit soll nicht nur beim Erzieher, sondern auch bei den Kindern die Lust am Spiel mit Handpuppen neu geweckt werden. Für das Handpuppenspiel der Kinder ist zunächst etwas Hilfestellung des Erziehers nötig (9.25), sonst beschränken sich die Kinder darauf, die Nasen der Puppen aufeinanderzuschlagen.

Da wir davon ausgehen, daß das Wochenprogramm „Spielzeug" im Anschluß an die Weihnachtsferien angesetzt wird, soll auch das neugeschenkte Spielzeug der Kinder einbezogen werden. Hier kann der Erzieher Anregungen geben, wie aus einem Einzelspiel ein Gemeinschaftsspiel werden kann (9.6). Oft genügt schon ein Gegenstand, um ein allzu eintöniges Spiel zu beleben: Drei Bretter als Brücke oder Dach, ein leerer Karton als Futternapf, Bett, Garage oder Schiff, ein Seil zum Anbinden, Absperren, Abteilen, ein Tuch zum Verbinden, Zudecken oder Umhängen …

Das soziale Rollenspiel setzt voraus, daß die Kinder das Nebeneinanderherspielen (kollektives Rollenspiel) schon können. Das Puppenfest (9.21) soll Gelegenheit geben, das zu üben.

Daß man nicht unbedingt gekauftes Spielzeug braucht, sondern auch mit einfachem Naturmaterial prima spielen kann, wenn man sich nur etwas einfallen läßt, sollen die Kinder durch Spiele in der Art 9.31–9.36 erfahren.

Immer wieder soll den Kindern Gelegenheit gegeben werden, sich gegenseitig Spielregeln zu erklären oder die Funktion eines Spielzeugs zu beschreiben.

Schließlich soll das Kaspertheater „Kasper ist sauer" (9.13) Denkanstöße geben zu dem Thema: Mir ist es ja soo langweilig! Vielleicht läßt sich mit den Kindern darüber reden.

Wörterliste

Achterbahn	Bilderbuch	Fußball	Kaspertheater
Ball	Buntstift	Geschicklichkeitsspiel	Kaufladen
Bagger	Domino	Hampelmann	Knetmasse
Bastelzeug	Drachen	Holzspielzeug	Kreisspiel
Baukasten	Eisenbahn	Kartenspiel	Kugel
Bild	Farbe	Kasper	Los

Lotto	Schwarzer Peter	finden	zusammensetzen
Malefiz	Spielregel	gewinnen	*
Memory	Stofftier	knallen	dick
Mensch ärgere dich nicht	Teddybär	kneten	dünn
Pinsel	Tennisball	losen	elektrisch
Puppenstube	Theater	ordnen	geschickt
Puppenwagen	Turnstange	reparieren	groß
Puzzle	Überraschung	rollen	hart
Quartett	Wagen	schenken	interessant
Reihe	Würfel	schieben	klein
Roller	Würfelspiel	schmusen	laut
Rollschuhe	*	spielen	leicht
Sand	ärgern	suchen	lieb
Schaukelpferd	baggern	verkleiden	lustig
Schiff	basteln	verlieren	schön
Schlitten	bauen	verschenken	spannend
Schneemann	bestellen	verstecken	schwer
Schnipp-Schnapp	erfinden	würfeln	schwierig
Schnur			

Zweiwochenplan

	In der Zeit des Freispiels	Gemeinsame Aktion	Fördergruppe	
Mo	Malen und beschreiben: Das habe ich bekommen 9.1	Spielzeugbilder-Galerie 9.2 Spielzeugtraum 9.3	A 53–55 A 34–35	**A**
Di	Eigenes Spielzeug mit-bringen 9.6	Womit spiele ich? 9.4 Mit meinem Lieblingsspiel-zeug spielt man so 9.5	Spielregeln erklären lassen 9.7	**G**
Mi	Spielzeugschrank ordnen 9.8	Turnen: Schaukelpferd und Hampelmann, Karussell und Wippe 9.10–9.12		
Do	Aussortieren – reparieren 9.9	Kaspertheater: Kasper ist sauer 9.13	Ich schenke dem Peter ein ... 9.14 Ich hätte gern 9.15	**W**
Fr	Reparieren 9.9	Musik: Mein Schmusebär 9.16	Spielzeug bestellen 9.17	**K**

Mo	Basteln: Becherball 9.18 und Flattervogel 9.19	Kreisspiele losen 9.20	Wörter reparieren A 36 A 71, A 72	**A**
Di	Puppenfest vorbereiten 9.21	Turnen: Ballgymnastik 9.23	Spielzeug zuordnen 9.27 Der Vertreter kommt 9.28	**W**
Mi	Spiel mit Puppen in kleinen Gruppen 9.22 **K**	Puppenfest 9.22 Die gestohlene Knall-pistole 9.24		
Do	Erste Spiele mit Hand-puppen 9.25	Didaktische Spiele 9.26	Angeberspiel: Ich habe zu Hause ... 9.29	**G**
Fr	Basteln: Spiele aus Natur-material: Schiffchen 9.30	Sachen sammeln – Spiele erfinden 9.31–9.36	Arbeitsblatt 9	

Angebote

Malen und beschriften lassen
9.1 Das habe ich an Weihnachten zum Spielen bekommen. Die Kinder malen, was sie an Weihnachten zum Spielen bekommen haben. Die Erzieher beschriften die gemalten Gegenstände und die Teile dieser Gegenstände nach den Angaben der Kinder. Die Kinder überlegen sich, was sie von den Spielsachen am nächsten Tag mit in den Kindergarten bringen wollen und rahmen das entsprechende Spielzeug rot ein.
Bemerkungen: Manche Kinder verlieren schnell die Lust am Malen, weil sie einfach nicht wissen, wie sie etwas so Kompliziertes wie eine Puppe oder einen Kran zeichnen sollen. Sie sehen dann „vor lauter Bäumen den Wald nicht". Man kann ihnen dadurch helfen, daß man ihnen hilft, sich nacheinander auf verschiedene Details zu konzentrieren. („Hat deine Puppe einen Kopf? Na, dann mal doch den Kopf mal hin. Hat sie auch Augen? Wo denn so ungefähr? Na, dann male der Puppe mal zwei Augen. Natürlich braucht sie auch einen Mund zum Reden ...")
Bei sehr komplizierten Spielsachen könnte man einfach den Behälter malen, in dem das Spielzeug verpackt ist. Die Beschriftung kann trotzdem ins Detail gehen („In dieser Schachtel ist ein blaues Rennauto mit großen Scheinwerfern ...").
Die jüngeren Kinder, für die das Thema Spielzeug zum Malen noch zu schwierig ist, könnten vielleicht die Plätzchen und Bonbons malen, die sie an Weihnachten gefuttert haben.

Eigene Werke beschreiben
9.2 Spielzeugbilder-Galerie. Alle gemalten Spielzeugbilder werden an der Wand aufgehängt. Jedes Kind darf erklären, was es gemalt hat.

Spiel im Kreis (Oberbegriffe üben)
9.3 Spielzeugtraum. Die Kinder lehnen sich bequem zurück, schließen die Augen und stellen sich vor, sie träumen von Spielzeug. Der Erzieher nennt viele Spielsachen: Ball, Puppe, Kaufladen, elektrische Eisenbahn ... Sowie er aber ein Wort nennt, das nicht zum Oberbegriff „Spielzeug" gehört, müssen die Kinder „aufwachen" und sich aufrecht setzen.

Spiel im Kreis (Pantomime üben, Pantomime verstehen)
9.4 Womit spiele ich? Der Umgang mit einem Spielzeug wird pantomimisch dargestellt. Die Kinder sollen erraten, worum es sich handelt.
(Wenn die pantomimische Darstellung den Kindern noch zu schwer fällt, geht man folgendermaßen vor: In der Mitte des Kreises liegen verschiedene Spielsachen. Alle Kinder nehmen sich einen Gegenstand und spielen damit. Danach legen sie den Gegenstand aus der Hand, machen aber die Bewegungen weiter. Zwei Kinder gehen reihum und sollen raten, welchen Gegenstand welches Kind gehabt hat.)
Spiel im Kreis (Sprachverständnistraining).

9.5 Mit meinem Lieblingsspielzeug spielt man so. Der Erzieher (oder ein Kind) beschreibt, wie man mit seinem Lieblingsspielzeug umgeht oder nennt die Spielregel eines Spiels. Die Kinder sollen raten, welches Spielzeug gemeint ist.
(Falls das Spiel zu schwer ist, sollen nur solche Spielsachen geraten werden, die in der Mitte des Kreises liegen.)

Spiele in kleinen Gruppen
9.6 Mit eigenem Spielzeug spielen. Jedes Kind darf irgend ein Spiel oder Spielzeug von zu Hause mitbringen und im Kindergarten in der Zeit des Freispiels damit spielen.
Bemerkungen: Der Erzieher muß verhindern, daß aus dem Vormittag eine Protz- und Spielzeugschau wird, wobei jedes Kind das andere mit seinem Spielzeug übertrumpfen will. Vielmehr sollen die Kinder lernen, mit diesem Spielzeug zu spielen und es für Gruppenspiele einzusetzen. Kinder, die ähnliche Spielsachen bekommen haben, könnten vom Erzieher dazu angeregt werden, sich zu Spielgruppen zusammenzuschließen: Die Autobesitzer könnten eine Autobahn, eine Tankstelle oder eine Rennstrecke bauen und einen Automobilklub gründen. Verschiedene Stofftiere könnten einen Zoo ergeben. Mit einigen Puppen kann man Kindergarten oder Kinderheim spielen. Regelspiele (Karten, Würfel- oder Brettspiele) können nacheinander gespielt werden, damit jeder Besitzer sein Spiel einmal einsetzen kann ...
Es ist sinnvoll, die Spielschränke des Kindergartens an diesem Tag geschlossen zu halten.

Gespräch zu zweit oder in kleinen Gruppen
9.7 Spielregeln erklären. Der Erzieher läßt sich von einzelnen Kindern die Spielregeln des Spiels, mit dem das Kind gerade spielt, erklären. Er zieht Kinder hinzu, die gerade untätig herumstehen und regt die Kinder an, nach diesen

Spielregeln oder Gebrauchsanweisungen vorzugehen.

Natürlich kann auch eine Handpuppe zu den Kindern getragen werden, die überall mitspielen will, aber die Spielregeln einfach nicht begreift. Immer wieder müssen die Kinder der Puppe erklären, was sie falsch verstanden hat.

Sachbegegnung, Kooperation
9.8 Spielzeug ordnen. Am vorhergehenden Tag kündigt der Erzieher an, morgen solle gründlich aufgeräumt werden. Jedes Kind solle sich überlegen, welche Schublade, welches Regal, welche Kiste es aus- und wieder einräumen möchte und an die entsprechende Stelle einen Zettel kleben, auf dem der Name oder ein bestimmtes Zeichen steht. Natürlich ist Gruppenarbeit erwünscht: mehrere Kinder können beschließen, gemeinsam z. B. die Bauecke aufzuräumen ...

Am nächsten Tag dürfen die Kinder gleich mit dem Ausräumen beginnen. (Der Erzieher muß darauf achten, daß die Kinder, die früher kommen, sich nicht an den Schubladen, Kisten und Regalen, die andere Kinder reserviert hatten, „vergreifen".)

Da die Spielsachen vermutlich erst einmal auseinandersortiert werden müssen, empfiehlt es sich, auf den vorhandenen Tischen einen großen Spielzeugladen aufzubauen: Bauklotz zu Bauklotz, Muggelsteine zu Muggelsteine ... Wenn alle Regale leer sind, können die Kinder auf dem Spielzeugmarkt jeweils das einkaufen, was in „ihr" Regal gehört, das sie vorher sorgfältig ausgewaschen haben. Nun räumen sie alles so wieder ein, wie sie es für richtig halten.
Bemerkungen: Das Frühstück kann in das Spiel einbezogen werden: Die Arbeiter machen Pause, wenn ein Klingelzeichen ertönt.

Sachbegegnung, „Fachgespräch"
9.9 Wer kann das reparieren? Alle Spielsachen, die schmutzig, schadhaft oder unvollständig sind, werden zunächst einmal aussortiert. Die Kinder benennen die Schäden und überlegen, was sie selbst in Ordnung bringen können (waschen, fehlende Teile suchen, kleben ...), oder ob sie die Hilfe eines Erwachsenen brauchen.

Die Kinder sollen ihre Eltern fragen, wer bereit wäre, ein Puppenkleid zu flicken, einen Kran zu reparieren ...
Von den mitgegebenen Gegenständen wird eine Liste angelegt. Die Kinder dürfen selbst ausstreichen, was sie wieder zurückgebracht haben.

Bodenturnen
9.10 Schaukelpferd und Hampelmann. Die Kinder verwandeln sich in ein Schaukelpferd, indem sie in Bauchlage die Arme nach hinten nehmen und die Fußgelenke mit den Händen umfassen. Den Kopf nach hinten legen und auf dem Bauch schaukeln.

Beim Hampelmann wird zunächst nur die Bewegung der Arme, danach die Bewegung der Beine, dann alles gleichzeitig geübt.
Lied: Jetzt steigt Hampelmann ...

Gruppen zu je vier Kindern
9.11 Karussell. Vier Kinder bilden zusammen ein Karussell, indem jedes mit der rechten Hand das rechte Handgelenk eines anderen Kindes umfaßt.
Dabei sprechen die Kinder:
Wir fahren mit dem Karussell,
zuerst geht's langsam, dann geht's schnell!

Gruppen zu je zwei Kindern
9.12 Wippe. Zwei Kinder stehen sich gegenüber, die Füße nah beieinander, und halten sich mit ausgestreckten Armen an den Händen fest, wobei sie den Oberkörper nach hinten beugen. Abwechselnd geht immer ein Kind in die Hocke, während das andere sich aufrichtet.

Puppenspiel zur Sozialerziehung
9.13 Kasper ist sauer
Puppen: Kasper und Mutter.
Kasper (sitzt da und schimpft leise vor sich hin): ... überhaupt ganz blöd, alle miteinander ...
Mutter (ruft hinter der Szene): Kasper! Wo bist du eigentlich?
Kasper (brummt etwas Unverständliches).
Mutter: Kasper! Ich habe gefragt, wo du bist!
Kasper: Hier!
Mutter: Wo hier?
Kasper (belästigt): Im Wohnzimmer!
Mutter (tritt auf): Was machst du hier eigentlich die ganze Zeit?
Kasper: Nichts.
Mutter: Was?
Kasper: Nichts.
Mutter: Du kannst doch nicht die ganze Zeit so herumhängen! Komm, mach endlich deine Schulaufgaben!
Kasper: Hab nichts auf.
Mutter: Na um so besser, dann kannst du jetzt ein bißchen spielen!
Kasper: Ich hab nichts zum Spielen.
Mutter: So? Du hast nichts zum Spielen? Und

dabei ist der Spielzeugschrank in deinem Zimmer so voll, daß beinahe nichts mehr hineingeht (geht ins Kinderzimmer, kommt mit einem Ball zurück). Na, und was ist das? Etwa kein Spielzeug?

Kasper: Ach, der doofe Ball, der springt ja gar nicht mehr richtig!

Mutter (verschwindet, kommt mit einem Bilderbuch zurück): Und wie wär's damit?

Kasper: Ach das blöde Bilderbuch! Das kenne ich schon auswendig!

Mutter (verschwindet, kommt mit einer Flöte zurück): Schau mal, was ich habe!

Kasper: Ach, die blöde Flöte, die ist mir viel zu laut!

Mutter (wendet sich an die Kinder): Kinder, habt ihr einen Vorschlag, womit der Kasper spielen könnte? Wer eine Idee hat, soll doch mal die Hand hochhalten!

(Die Kinder sollen nun Vorschläge machen, aber der Kasper antwortet immer negativ: Puzzles sind ihm zu anstrengend, Puppen kann er nicht leiden, Bausteine findet er zu kindisch, usw.)

Mutter: Kasper, jetzt reißt mir aber die Geduld. Ich will dir mal was sagen: Ein Kind, das alle Spielsachen doof findet, ist selber doof.

Kasper (trotzig): Dann bin ich eben doof.

Mutter: Komm mal her, Kasper.

(Kasper rückt zögernd näher.)

Mutter: Nun sag mir mal, was eigentlich los ist mit dir.

Kasper: Was soll schon los sein.

Mutter: Was fehlt dir denn?

Kasper: Spielsachen jedenfalls nicht.

Mutter: Was dann?

Kasper: Etwas ganz anderes.

Mutter: Dann sag's mir doch.

Kasper: Ich möchte – ich möchte ...

Mutter: Was?

Kasper: Einen Freund!

Mutter: Aber Kasper, warum hast du denn das nicht gleich gesagt? Das ist doch ganz einfach! Du brauchst doch nur runter auf die Straße zu gehen und mit den anderen Kindern zu spielen, dann hast du gleich eine Menge Freunde.

Kasper: Die lassen mich ja doch nicht mitspielen!

Mutter: Hast du es denn schon versucht?

Kasper: Ja, wenn ich komme, sagen die immer: Hau ab!

Mutter: Du, da fragen wir mal die Kinder hier. Vielleicht können die dir sagen, was du machen sollst.

(Gespräch mit den Kindern. Vielleicht kommt jemand auf die Idee, daß der Kasper einfach fragen soll, ob er mitspielen kann. Kasper könnte auch seinen Ball mitnehmen, und die anderen Kinder zum Fußballspielen auffordern...

Im Lauf des Gesprächs erzählt Kasper auch, daß die anderen Kinder sich manchmal über seine lange Nase lustig machen. Er fragt die Kinder, wie er reagieren soll.)

Schluß: Kasper wagt sich auf die Straße und verspricht, den Kindern später zu berichten, wie es ihm dort ergangen ist.

Spiel im Kreis (Benennen)

9.14 Ich schenke dem ... ein ... Ein Kind beginnt: Ich schenke dem ... ein ... (nennt ein Spielzeug). Der rechte Nachbar des „beschenkten" Kindes darf weitermachen.

Variation: Es liegen so viele Spielsachen in der Kreismitte, wie Kinder vorhanden sind. Das „beschenkte" Kind steht auf, nimmt sich den entsprechenden Gegenstand und darf selbst „schenken". Jedes Kind darf aber nur einen Gegenstand bekommen.

Spiel im Kreis (Beschreiben)

9.15 Ich hätte gern vom (Peter) ... In der Kreismitte liegen mehrere Puppen, Autos, Bausteine, Puppenkleider usw.

Ein Kind darf einen Gegenstand auswählen, ohne auf den Gegenstand zu zeigen (ich hätte gern das kleine blaue Rennauto), ein anderes soll den gewünschten Gegenstand herausfinden. Sein rechter Nachbar darf weitermachen.

Bemerkung: Es kommt bei diesem Spiel darauf an, daß die Kinder die Gegenstände so genau beschreiben, daß kein Zweifel möglich ist, welcher Gegenstand gemeint ist.

Geschichte und Lied

9.16 Mein Schmusebär. Der Erzieher erzählt eine Geschichte:

Es war einmal ein kleiner Junge, der besaß einen süßen, kuscheligen Teddybären, den nannte er „Schmusebär". Er nahm ihn jeden Abend mit in sein Bett und gab ihm einen Zipfel von seiner Bettdecke ab, damit der Schmusebär nicht zu frieren brauchte.

Manchmal gingen die Eltern des kleinen Jungen abends noch weg, weil sie noch jemand besuchen wollten, und dem kleinen Jungen war dann ein bißchen ängstlich zumute, so allein in seinem Zimmer. Und wißt ihr, was er dann machte? Er stellte sich einfach vor, daß sein Schmusebär auch Angst hätte, und dann streichelte er den kleinen Bären und sagte zu ihm: „Du brauchst keine Angst zu haben, Papa und Mama kommen ganz bestimmt wieder. Und du bist ja bei mir im Bett, Schmusebär, und es ist so schön kuschelig und warm hier, merkst du es?" Wenn dann der kleine Bär immer noch ein bißchen Angst hatte, sang ihm der kleine Junge ein Lied vor, und dabei vergaß er ganz, daß er ja selbst ein bißchen Angst gehabt hatte.

Soll ich euch mal sagen, wie das Lied ging? Es ging so:

Text und Melodie: R. GÖTTE (Teile überliefert)

Mein Schmusebär, wenn der nicht wär, so wär die ganze Welt so leer. Schläft bei mir ein, will zärtlich sein, so sind wir beide nie allein.

2. Den Schmusebär
geb ich nicht her,
ich will auch keinen andern mehr.
In dunkler Nacht
halt ich ihn sacht
bis morgen früh die Sonne lacht.

Bemerkungen: Wer seinen Schmusebär oder ein Schmusetier mitbringen möchte, soll das tun. Dann wird das Lied für die Schmusetiere gesungen.

Spiel zu zweit (Kommunikation)
9.17 Spielzeug bestellen. Einige Kinder bestellen telefonisch beim Spielzeugversand (Erzieher) neues Spielmaterial für den Kindergarten anhand eines Spielzeugkataloges. Der Erzieher muß darauf achten, daß die Kinder die gewünschten Artikel so genau beschreiben, daß kein Zweifel möglich ist, was gemeint ist, und daß bei der Bestellung gesagt wird, wer der Auftraggeber ist und wohin die Dinge geschickt werden sollen. Nun sollen die Kinder versuchen, das Spiel ohne Erzieher zu spielen.

Basteln
9.18 Becherball. Material: Pro Kind einen leeren Joghurtbecher, ein Stücken Wolle oder Bindfaden, eine Holzperle.
Anleitung: Durch den Becherboden ein Loch brennen (Stopfnadel auf einen Korken spießen, mit Kerze zum Glühen bringen), Faden durchziehen und von außen verknoten. Ans andere Ende des ca. 25 cm langen Fadens die Perle knüpfen. Nun soll versucht werden, die Perle mit dem Becher aufzufangen.

Basteln
9.19 Flattervogel. Material: Buntes Kreppapier, Zeitungspapier, Band, Schere, Klebstoff.
Anleitung: Auf ein ca. 30×30 cm^2 großes Stück Kreppapier wird ein Ball aus zerknülltem Zeitungspapier gelegt. Ecken und Kanten zusammenfassen und das „Bündel" mit Hilfe des Bandes so abbinden, daß ein ca. 50 cm langes Stück Band übrig bleibt. Nun den „Vogel" mit bunten Bändern (möglichst lang) bekleben, am Band schwingen lassen, loslassen. Nun fliegt er durch den Raum, und die Bänder flattern wunderschön!

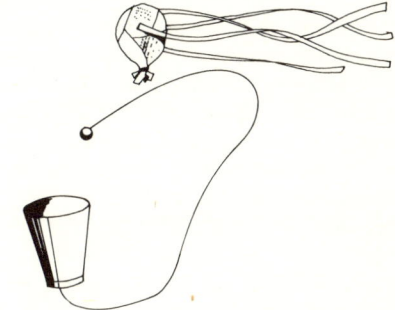

9.20 Singspiele losen. Die Kinder bilden einen Kreis und setzen sich auf den Boden. Der Erzieher fragt, welche Singspiele die Kinder kennen und notiert jede Antwort auf einen Zettel. Wenn den Kindern kein Sing- oder Tanzlied mehr einfällt, werden die Zettel zu Losen gerollt und gut gemischt. Ein Kind zieht ein Los. Das betreffende Spiel wird gleich ausprobiert. Danach wird das nächste Los gezogen – und so weiter, solange es den Kindern Spaß macht.

(Eine Liste der in Frage kommenden Sing- und Tanzspiele findet sich im Register unter dem Stichwort: Lieder und Singspiele.)

Schachteln bemalen – Überraschungen ausdenken

9.21 Puppenfest vorbereiten. Der Erzieher sagt den Kindern, daß jedes Kind am nächsten Tag seine Lieblingspuppe oder sein Lieblingsstofftier mit in den Kindergarten bringen soll, da ein Puppenfest geplant sei. Auch die Jungen sollen ermuntert werden, mit Puppen zu spielen.

Die Kinder bereiten für ihre Puppen kleine Überraschungen vor: Kleine Schachteln oder Döschen werden beklebt oder bemalt, mit einer Überraschung (z. B. Gummibärchen) versehen, mit dem Namen der Puppe beschriftet und an einen kahlen Zweig gehängt.

Einige Kinder können Salzbrezelchen einkaufen.

Vielleicht freuen sich die Puppenkinder auch über hübsch bemalte Tischkarten oder Einladungen.

Kollektives Rollenspiel

9.22 Puppenfest. Wenn die Kinder mit ihren Puppen ankommen, werden sie vom Erzieher einzeln begrüßt. Kinder und Puppen legen die Mäntel ab und hängen sie an ihren Platz.

Die Kinder zeigen den Puppen den Kindergarten.

Der Tisch wird gedeckt. Die Puppen sollen die Hände waschen (ohne Wasser). Alle essen Salzbrezelchen und trinken Limonade.

Nach dem Essen dürfen sich die Puppen ihre Überraschung holen (kleines Päckchen, das die Kinder am Vortag gefaltet oder bemalt haben).

Kreisspiele mit Puppen.

Puppenrutschbahn (schräg gestellte Tischplatte).

Zum Schluß dürfen alle Puppenkinder mit den „Eltern" zum Kaspertheater (9.24).

Bälle benennen – mit Bällen umgehen

9.23 Ballgymnastik. Die Kinder sitzen im Kreis. Verschiedene Bälle werden ausgeteilt: Tisch-

tennisbälle, Tennisbälle, kleine und größere Gummibälle, Handbälle, Fußbälle …

Jedes Kind benennt seinen Ball, danach versuchen alle, ihre Bälle im Sitzen hochzuwerfen und wieder zu fangen. Nicht aufgefangene Bälle dürfen zunächst nicht wieder geholt werden. Wer am längsten seinen Ball hochwerfen und auffangen kann, ist Ballkönig. Alle Kinder springen auf und suchen sich einen anderen Ball.

Ball nur mit den Fingerspitzen halten.

Ball mit den Handrücken halten.

Ball zwischen Kinn und Brustbein klemmen, dabei aufstehen und sich wieder hinsetzen.

Allgemeiner Bälletausch.

Sitzen, Ball mit nackten Füßen fassen, hochheben, gegen eine Wand stoßen, mit den Füßen fangen, wenn er von der Wand zurückrollt.

Die kleinen Bälle einsammeln. Mit dem großen Ball fangen üben. Zunächt Oberarme locker anlegen, Unterarme und Hände vorstrecken, Hände nach oben gedreht.

Zweiergruppen bilden.

Bemerkungen: Manche Kinder können deshalb keinen Ball fangen, weil sie Angst vor dem Ball haben und deshalb instinktiv ausweichen. Diese Angst kann überwunden werden, indem mit harten Bällen zunächst nur gerollt wird. Das Werfen muß dann zuerst mit Plüschbällen geübt werden. (Statt dessen kann auch ein Plüschtier oder ein mit weichem Material gefüllter Krabbelsack genommen werden.) Auch das Spiel mit Luftballons ist ein gutes Mittel, um ängstliche Kinder zum Fangen zu bewegen.

Wenn die Angst vor dem Ball allmählich überwunden wurde, kommt es darauf an, den Kindern die Technik des Fangens zu erklären: Beide Unterarme nach vorn strecken, Handflächen nach oben drehen und öffnen. Der Erzieher wirft nun aus kleiner Entfernung den Ball auf die ausgestreckten Arme.

Kaspertheater zum Thema Vorurteile

9.24 Die gestohlene Knallpistole. Es spielen mit: Kasper, Räuber, Prinzessin, Polizist, Kindermädchen.

I. *Kasper:* Tra-tri-trallala …

Guten Tag, Kinder. Heute spielen wir das spannende Theaterstück: „die gestohlene Knallpistole".

Es spielen mit: Vor allen Dingen, erstens und ganz besonders ich. (Kasper verbeugt sich. Süssisan tritt auf.)

Zweitens die wunderschöne Prinzessin Süssisan, die einen reichen und mächtigen Vater hat, dem

fast alle Fabriken hier im Land gehören. Natürlich hat sie auch eine reiche und mächtige Mutter, die die vielen Gäste begrüßen muß, die im Schloß ständig aus- und eingehen. Weil die reichen Eltern so wenig Zeit für die Prinzessin haben, haben sie ein Kindermädchen eingestellt. *Kindermädchen* tritt auf: Süssisan, wo steckst du denn schon wieder?
Süssisan: Hier bin ich doch!
Kindermädchen: Süssisan, du sollst doch nicht immer weglaufen. Du sollst schön artig neben mir hergehen, verstanden?
Und du sollst nicht immer überall dranfassen, schau dir bloß mal deine Hände an! Nun trödel doch nicht so, wir müssen schließlich nach Hause. Pfui Teufel, nun bist du auch noch in eine Pfütze getreten, wie gräßlich ... (beide ab).
Kasper: Natürlich spielt auch der Räuber Hotzenplotz mit (Räuber tritt auf) und der Polizist Meinepflicht (Polizist tritt auf).
Polizist: Aha, der Räuber Hotzenplotz streicht wieder hier herum. Jetzt heißt es: Meinepflicht, sei wachsam! Der hat doch bestimmt wieder eine Räuberei im Kopf! (Beide ab, der Polizist leise hinter dem Räuber herschleichend.)

II. *Kasper:* So, Kinder, jetzt fängt das Stück erst richtig an. Es ist die Geschichte von dieser Knallpistole (holt eine kleine Pistole hervor). Die habe ich mir nämlich von meinem Taschengeld gekauft für Karneval, weil ich mich diesmal als Cowboy verkleiden will.
(Gähnt) O je, ich bin schon wieder müde. Am besten lege ich mich hier ein bißchen ins Gras und halte ein Schläfchen.
Räuber (kommt vorbei, sieht den Kasper): Ach, mein alter Bekannter, der Kasper. Ob ich ihn wecken soll? Nein, der schläft gerade so gut. Soll er, soll er. Möchte bloß wissen, wozu er eine Pistole braucht (ab).

III. *Prinzessin:* Endlich bin ich meinem Kindermädchen mal entwischt. (Hinter der Bühne ruft das Kindermädchen aufgeregt nach der Prinzessin.) Pst, Kinder, nicht verraten, wo ich bin!
(Sie sieht den schlafenden Kasper.) Oh, der Kasper hat eine Knallpistole! Genau so eine möchte ich auch schon immer haben. Ich möchte auch mal an Karneval so richtig herumknallen. Aber ich darf nie Cowboy sein. Ich soll immer Blümchen und Schmetterling und so'n Quatsch sein. Wenn ich bloß so eine Pistole hätte! Ob er sie mir wohl mal leiht? Soll ich ihn wecken? Oder soll ich – soll ich – soll ich sie einfach

klauen? Der Kasper kann sich ja wieder eine neue Pistole kaufen. Das macht dem sicher gar nichts aus. Vielleicht hat er zu Hause noch eine andere Pistole oder vielleicht noch zwei oder drei. Wahrscheinlich hat er eine ganze Kiste voller Pistolen, da kann ich mir die eine schon nehmen (nimmt die Pistole vorsichtig weg). (Kindermädchen ruft wieder nach der Prinzessin.) Die ruft mich schon wieder. Hoffentlich sieht sie meine Pistole nicht. Ich werde sie zu Hause unter meinem Bett verstecken (ab).

IV. *Kasper* (wacht auf): Ach, so ein Schläfchen tut halt gut! Jetzt bin ich nicht mehr so müde. (Sucht seine Pistole) Wo ist denn meine Knallpistole? ...
(Sucht immer weiter mit entsprechendem Kommentar, rennt schließlich weinend zur Polizei.)

V. *Kasper* erzählt dem Polizisten, daß er auf der Wiese neben dem Weg ein Schläfchen gemacht hätte und daß ihm inzwischen die Knallpistole, für die er sein ganzes Taschengeld ausgegeben habe, gestohlen worden sei.
Polizist: Heute morgen, sagst du? Auf der Wiese, sagst du? Neben dem Weg, sagst du? Eine Knallpistole, sagst du? Gestohlen, sagst du? Da ist mir alles klar: Ich weiß schon, wer dir deine Pistole gestohlen hat! (Kasper ab.)
(Verschwindet und schiebt den Räuber vor sich her, den er am Kragen gepackt hat.)
VI. *Polizist:* Bist du der Räuber Hotzenplotz?
Räuber: Ich bin der Karl Wilhelm Eduard Hotzenplotz.
Polizist: Hast du nicht schon im Gefängnis gesessen, weil du was geklaut hast?
Räuber: Ja, aber das ist schon lange her.
Polizist: Aha!
Und bist du nicht heute morgen zufällig an der Wiese neben dem Weg vorbeigekommen?
Räuber: Das stimmt.
Polizist: Aha! Hast du da vielleicht den Kasper gesehen?
Räuber: Ja, aber ...
Polizist: Aha! Aber eine Pistole hast du nicht zufällig gesehen, was?
Räuber: Doch, die lag neben dem Kasper.
Polizist (schlägt ihn): Her mit der Pistole, du Räuber, du Dieb!
Räuber: Ich habe keine Pistole.
Polizist (schlägt ihn): Auch noch lügen, das haben wir gern! Ich weiß genau, daß du die Pistole gestohlen hast. Leute, die so aussehen wie du, klauen und lügen immer! Ich kann mir

schon denken, wozu du die Pistole gebraucht hast: Leute erschrecken, was? Daß sie denken, es sei eine richtige Pistole, was? Daß sie vor Angst ihr Geld herausrücken, was? Oder gar Banküberfall geplant, was? (Bei jedem „was" schlägt er ihn.) Ab in die Zelle, bis der Richter kommt! (Alle ab.)

VII. *Prinzessin* tritt auf und knallt mit der Pistole herum, schreit dazu immer: Hände hoch, peng, peng! Sie dreht dem Kasper, der sich nähert, den Rücken zu und bemerkt ihn nicht.
Kasper: Seh ich recht? Das ist doch die Prinzessin! Und was hat sie in der Hand? Sieht doch aus wie meine Pistole!
He, Prinzessin, was hast du denn da für eine Knallpistole?
Prinzessin (stottert): Die hat mir mein Papa geschenkt.
Kasper: So? Zeig doch mal! In meine Pistole habe ich nämlich ein K geritzt. Und was sehe ich? Das ist die Pistole mit dem K! K wie Kasper. Heißt du vielleicht Küssisan? Oder Krinzessin?
Prinzessin: Bitte, bitte, Kasper, nichts meinen Eltern verraten. Ich gebe dir deine Pistole wieder und schenke dir noch ein Bilderbuch, wenn du micht nicht verrätst.
Kasper: Das geht nicht, Prinzessin, die Polizei hat nämlich schon den Räuber Hotzenplotz eingesperrt. Da gibt es nur eines: Schnell zur Polizei laufen und sagen, wie es wirklich war.

VIII. *Kasper* (auf der Polizeistation): Laßt den Räuber – ich meine, den Herrn Hotzenplotz laufen. Er war's nicht! Die Prinzessin hat mir die Pistole geklaut, während ich schlief.
Polizist: So ein Unsinn! Prinzessinnen klauen nie. Nur Räuber klauen!
Prinzessin: Doch, ich war es wirklich. Aber bitte, bitte, erzählen Sie es nicht meinen Eltern. Sie erlauben mir nicht, daß ich herumknalle, weil ich ein Mädchen bin.
Polizist: Ja, wenn das so ist, muß ich den Hotzenplotz wieder laufen lassen. Trotzdem, Kinder, ich glaube: Der war es doch!
Kasper: Komm, Süssisan, kommen Sie, Herr Hotzenplotz, wir gehen. Vielleicht können die Kinder dem Polizisten erklären, wie es wirklich war.

(Falls die Kinder noch aufmerksam genug sind und Lust haben, kann nun ein Gespräch zwischen dem mit Vorurteilen vollgepackten Meinepflicht und den Kindern stattfinden.)

9.25 Erste Spiele mit Handpuppen. Nach dem Kaspertheater vom Vortag haben die Kinder sicher Lust bekommen, selbst mit Handpuppen zu spielen. Aber auch das Handpuppenspiel muß zuerst einmal gelernt werden.
Wer Lust dazu hat, soll sich eine Handpuppe auswählen und sich mit dem Erzieher, der ebenfalls eine Handpuppe genommen hat, in eine ruhige Ecke zurückziehen.
Zunächst muß einmal die richtige Handhaltung geübt werden: Der Zeigefinger kommt in den Kopf der Puppe, Mittelfinger und Daumen in die Hände.
Erster Versuch: Die Puppen klatschen Beifall und rufen: „Bravo!" (Eine Puppe sagt einen Kinderreim, die anderen spielen das Publikum.)
Zweiter Versuch: Die Puppen nicken mit dem Kopf oder schütteln ihn und sagen dazu: Jajajaja oder neinneinnein!
(Der Kasper stellt Behauptungen auf wie z.B.
Die Stühle sind zum Sitzen da.
Die Tische sind zum Werfen da.
Der Papierkorb ist zum Kaffeekochen da.
Die Bälle sind zum Werfen da.
Die Kindergärtnerin ist zum Verhauen da …)
Dritter Versuch: Begrüßen und Verabschieden. (Zwei Puppen geben sich die Hand, begrüßen sich, fragen, wie es geht, verabschieden sich wieder und winken sich aus der Ferne noch einmal zu.)
Vierter Versuch: Klatsch in der Nachbarschaft. (Eine Puppe wendet sich an die zweite: „Wissen Sie es schon?" „Was denn?" „Na, die Sache mit dem Fritz!" „Was ist denn mit dem?" „Na, der hat bei der Frau Maier Geld gestohlen!" „Na, so was! Das muß ich gleich dem … erzählen!" Zum Schluß stellt sich heraus, daß Frau Maier das Geld in ihre Schublade gelegt hatte und Fritz völlig unschuldig ist.)
Spiele, bei denen die Handpuppen nur aufeinander losdreschen, sollte man vermeiden, weil die Kinder sofort in primitive Handlungsmuster zurückfallen und gar nicht erst versuchen, differenzierte Bewegungen und echte Gespräche zustande zu kriegen. Puppen, die zum Draufschlagen herausfordern (Krokodil), vielleicht vorher aus dem Verkehr ziehen.

Spiel im Raum
9.26 Spielzeug suchen – Plätze wechseln

1. Anweisungen möglichst schnell befolgen:
Berührt etwas, was *kein* Spielzeug ist!
Berührt ein Spielzeug aus Holz!

Berührt ein Spielzeug aus Plastik!
Sucht ein möglichst kleines Spielzeug!
Berührt ein möglichst großes Spielzeug!
Rennt alle dahin, wo die Würfelspiele aufbewahrt werden!
Rennt in die Ecke, die der Puppenecke gegenüber liegt!
Versucht mal, ob ihr alle in die Bauecke paßt, ohne daß einer umgeworfen oder zerquetscht wird!

2. Jeder holt sich ein Spielzeug und setzt sich damit auf einen der kreisförmig aufgestellten Stühle.
Plätze wechseln: Ball und Schwarzer Peter,
              alle Autos,
              alle Bausteine,
              alle harten Spielsachen
              usw.

3. Mein rechter Nebenplatz ist leer, da wünsch ich mir den Teddy her. (Statt dem Namen des Kindes wird das Spielzeug benannt, das das Kind in der Hand hält.)

Schneiden – kleben – zuordnen
9.27 Spielzeug für wen? Material: Alte Spielzeugkataloge, Fotos von Menschen in verschiedenen Altersstufen vom Baby bis zum Greis, Packpapier, Klebstoff.
Auf jedes Papier wird das Bild eines Menschen geklebt. Diese Figuren bekommen nun Spielsachen „geschenkt", die für das Alter passend sind. Dabei könnte ein Gespräch darüber geführt werden, daß alle Menschen gern spielen, auch die Erwachsenen. Sicher wird dabei auch die Frage auftauchen, ob bestimmte Spielsachen vielleicht nur für Jungen oder nur für Mädchen geeignet sind. Da sollte man die Kinder an ihre eigenen Erfahrungen erinnern. Hat es etwa keinen Spaß gemacht, als der Alexander mit den Puppen Arzt gespielt hat? Hat der Florian nicht einen prima Nachtisch gekocht? Kann die Gesa nicht gute Autos bauen? …

Rollenspiel (Spielmaterial benennen)
9.28 Der Vertreter vom Spielzeugversand kommt. Ein Kind spielt den Vertreter, der mit dem Spielzeugkatalog (Widmeyer, Dusyma o. ä.) anderen Kindern, die die Erzieher spielen, neues Spielzeug für den Kindergarten empfiehlt. Die „Erzieher" schauen nach, ob das vorgeschlagene Spielmaterial nicht schon vorhanden ist, was ergänzt oder neu angeschafft werden soll.

Zwischendurch können die „Erzieher" auch die Kinder mitbestimmen lassen, was gekauft werden soll.
Rollenwechsel nicht vergessen.

Gespräch
9.29 Ich habe zu Hause. Manche Kinder geben mit ihren Spielsachen schrecklich an. Man kann dazu auch sagen: sie prahlen.
Ein Kind hat einmal gesagt: Ich habe zu Hause ein Schaukelpferd, das ist so groß, daß die ganze Familie drauf paßt: Papa und Mama und meine drei Brüder und meine beiden Schwestern und sogar die Oma! Ein anderes Kind hat gesagt: Ich habe zu Hause eine Puppe, die blutet echt, wenn sie hinfällt. Ich habe zu Hause ein Bilderbuch, das ist so groß, daß man es nur zu zweit tragen kann …
Sollen wir auch mal Angeber spielen? Wer will was von seinem Fußball sagen? (So schwer, daß man ihn nur mit dem Leiterwagen wegschaffen kann …)

Basteln
9.30 Spielzeug aus Naturmaterial: Schiffchen bauen. Aus Rindenstückchen werden kleine Schiffe geschnitten. Gleich ausprobieren, ob sie schwimmen!
Bemerkungen: Wenn man etwas morsche Holz- oder Rindenstücke nimmt, ist das Material weich und läßt sich von den älteren Kindern gefahrlos bearbeiten.

Sammeln
9.31 Sachen sammeln – Spiele erfinden
Einführung: Der Erzieher erzählt von Kindern, die in einem Land wohnen, in dem es keine Fabriken und keine Kaufhäuser gibt. Nirgendwo können sie Spielzeug kaufen, und trotzdem spielen die Kinder ebenso viel wie die Kinder in Deutschland. Sie suchen sich einfach im Wald und am Bach und am Weg etwas zum Spielen. Was könnten sie finden?
Im Anschluß an dieses Gespräch werden die Kinder nach draußen geschickt, sie sollen auch etwas holen, mit dem man spielen kann. Danach werden in kleineren Gruppen verschiedene Spiele ausprobiert:

9.32 Zielschubsen. Jedes Kind bekommt zehn Steinchen, die es mit einem bestimmten Filzstift kennzeichnet. Aus einer bestimmten Entfernung sollen die Steinchen in ein (mit Klebestreifen markiertes) Feld geschubst werden. Wer die meisten Treffer erzielt, hat gewonnen.

9.33 Figuren legen. Mit Steinen, Holzstückchen... Figuren legen.

9.34 Slalom laufen. Mit Steinen (Tannenzapfen o. ä.) Slalombahn markieren. Im Gänsemarsch Slalom laufen, hüpfen, krabbeln.

9.35 Puppensalat zubereiten. Aus Gräsern und Blättern einen Salat für die Puppen zubereiten.

9.36 Kräuterfrau. Verschiedene Gräser und Blätter sortieren, bündeln, als „Kräuter" auf dem „Markt" verkaufen.
Wichtig: Zuerst sollen die Kinder sich Gedanken machen, was sie mit dem Material anfangen könnten, ehe die Erzieher Tips geben.

10. Katze

Vorüberlegungen

Fast alle Kinder sind von Tieren fasziniert, aber sie bringen noch wenig Verständnis für diese Lebewesen auf, weil sie ihre eigenen Gefühle und Gedanken auf das Tier übertragen (was durch die vielen unsachlichen Tiervermenschlichungsgeschichten im Fernsehen wie Daktari oder Flipper noch verstärkt wird). Sie müssen erst lernen, daß Tiere andere Verhaltensweisen und andere Bedürfnisse als Menschen haben. Dazu kann die Begegnung mit einem Tier im Kindergarten ein erster Schritt sein.
Als Beispiel wird hier die Begegnung mit einer Katze vorgeschlagen. Wenn eine lebendige Katze den Kindergarten besucht, kann das für das Tier, die Kinder und die Erzieher sehr aufregend werden. Um zu verhindern, daß die Kinder mit lautem Geschrei hinter einem verängstigten Tier durch den Kindergarten rasen, müssen die Kinder auf den Katzenbesuch vorbereitet werden. Sie müssen wissen, daß die Katze im fremden Kindergarten vielleicht Angst bekommt, daß man sie nicht mit Geschrei erschrecken oder durch die Räume jagen darf, und daß sie sich mit ihren Zähnen und Krallen wehren kann, wenn sie belästigt wird.
Am günstigsten wäre es, wenn der Besitzer der Katze das Tier nicht einfach abliefert, sondern mit ihm im Kindergarten bleibt, die Katze zunächst auf den Arm nimmt, damit die Kinder sie alle einmal streicheln und kraulen können und hören, wie sie schnurrt.

Die Mitmachgeschichte 10.12 soll einige Kenntnisse über die Katze vermitteln und die Kinder anregen mitzudenken, mitzufühlen und mitzusprechen.
Das überlieferte Lied 10.7 hat einen schwäbischen Text, den man sicher auch in andere Dialekte übersetzen kann. Sprachbildende Spiele werden in 10.5, 10.6, 10.10 angeboten, und selbstverständlich soll die Begegnung mit der Katze auch zur Pantomime (Katzengymnastik 10.3) und zum Rollenspiel (Beim Tierarzt 10.11) anregen.

Bemerkungen zur Sache

Die Hauskatze
Die Katze ist ein Haustier, gehört aber zur Familie der Raubtiere. Ihre Vorfahren stammen aus wärmeren Ländern, daher die große Wärmebedürftigkeit der Katze.
Sie frißt Fleisch und Milch, stellt aber auch lebenden Tieren nach (Mäusen, Vögeln, Ratten). Dazu befähigt sie ihr außerordentlich scharfes Gehör, das auch im Schlaf auf Geräusche sofort reagiert, Augen, die auch in der Dunkelheit noch gut zu sehen vermögen, lange Schnurrbarthaare zum Tasten, scharfe Krallen zum Packen der Beute, Reißzähne (scharfe, zackige Backenzähne) zum Zerlegen der Beute, kleine Schneidezähne (oben und unten je sechs) zum Abnagen der Knochen. Mit ihrer rauhen Zunge leckt sie Milch.
Gewöhnlich sind die Krallen in je eine Hautfalte der Pfote zurückgezogen. So kann die Katze auf ihren „Sammetpfötchen" leise schleichen und verhindert, daß die Krallen vom ständigen Aufstoßen stumpf werden.
Die Katze kann mit Hilfe ihrer Krallen senkrecht an Bäumen hochklettern und springt zwei bis drei Meter weit. Dazu duckt sie sich, krümmt den Rücken, zieht den Hals ein und biegt die Beine stark in den Gelenken. Dann stößt sie sich mit den Hinterbeinen kräftig vom Boden ab und streckt Rumpf und Hals nach vorn.
Die Hauskatze ist zahm und läßt sich gern streicheln oder kraulen. Wenn sie sich wohlfühlt, schnurrt sie. Sie spielt gern mit Gegenständen, die am Boden rollen. Die Katze hängt stärker an der vertrauten Umgebung als an den Bewohnern (im Gegensatz zum Hund) und findet ihre Heimat oft auch aus größerer Entfernung wieder. Hunde mag sie nicht. Vor ihnen flüchtet sie auf Bäume. (Es gibt allerdings keine „Naturfeindschaft" zwischen Hund und Katze.)

Wenn sie zusammen aufwachsen, vertragen sie sich auf Grund „frühkindlicher Erfahrungen" gut.)

Die Katze ist ein Nachttier. Bei Tageslicht schließen sich ihre Pupillen zu schmalen Schlitzen, nachts öffnen sie sich.

Zweimal im Jahr kann die Katze vier bis sechs Junge werfen. Die kleinen Kätzchen öffnen erst nach neun Tagen die Augen und werden von der Mutter in einem weichen, warmen Versteck gesäugt und mit der Zunge gereinigt. Wenn Gefahr droht, packt die Alte ihre Jungen mit dem Maul vorsichtig am Genick und trägt sie an einen Ort, der ihr sicherer scheint. Wenn die Jungen sehen können, bringt die Alte ihnen Mäuse und lehrt sie das Fangen und Töten der Beute.

Literatur: OTTO SCHMEIL, Tierkunde. Heidelberg 1961.

Wörterliste

Alte	Reißzähne	klettern	geschmeidig
Fell	Schwanz	krümmen	krumm
Gebiß	Zähne	lecken	reinlich
Gefahr	Zunge	putzen	scharf
Haustier	*	säugen	spitz
Junge	beißen	schnurren	stumpf
Kätzchen	ducken	spielen	warm
Kater	fangen	springen	weich
Ohren	fressen	strecken	zahm
Pfoten	füttern	*	zutraulich

Wochenplan

	In der Zeit des Freispiels	Gemeinsame Aktion	Fördergruppe	
Mo	Gespräche mit einzelnen Kindern beim Spiel K	Katze beobachten 10.1 Gedicht: Schnurre, Katze 10.8	A 2–3, A 12, A 63	A
Di	Katzenkopf malen 10.2	Turnen: Katzengymnastik 10.3	Dingsbums 10.5	W
Mi	Katzenkopf malen (2. Gruppe) 10.2	Lied: D'Bäure hot d'Katz verlorn 10.7		
Do	Tierpuzzle 10.9 Tausche Kopf gegen Schwanz 10.10	Mitmachgeschichte: Katze Winnetou 10.12	Wenn ich eine Maus wäre 10.6	G
Fr	Rollenspiele: Beim Tierarzt 10.11	Armer Schwarzer Kater 10.13 Katz und Maus 10.4 Die Katze schleicht umher 10.14	Arbeitsblatt 10	

Vorbereitungen:

1. Fragen, wer eine Katze besitzt und sie an einem Vormittag mitbringen könnte (möglichst erst in der zweiten Vormittagshälfte).
2. Die Kinder auffordern, Postkarten oder andere Bilder von Katzen oder anderen Tiern zu sammeln und mit in den Kindergarten zu bringen, damit Puzzles hergestellt werden können.
3. Eigene Sachkenntnisse überprüfen (Bemerkungen zur Sache).

Angebote

Sachbegegnung

10.1 Katze beobachten. Eine Mutter bringt gegen 9.30 Uhr eine Katze in den Kindergarten. Die Kinder dürfen sie streicheln. Wenn der Erzieher die Katze auf den Arm nimmt, sie krault, und die Katze dicht an das Ohr der Kinder hält, kann man das Schnurren deutlich hören.

Was frißt die Katze? Wir bieten ihr ein Tellerchen mit Salat, eines mit Milch, eines mit Fleisch (z. B. Leber) an. Mag sie auch Möhren? Wie holt sich die Katze die Milch? Wer kann die Zunge sehen? Warum bleibt Milch an der Zunge hängen?

Was für Augen hat die Katze? Wer kann an die Tafel ein Katzenauge malen? Und wie sieht ein Menschenauge aus? Was ist der Unterschied? Die Katze kann ihre Ohren aufstellen. Wie sehen Katzenohren aus? Wo sitzen sie am Kopf? Wer kann Katzenohren an die Tafel malen? Wer kann nachmalen, wie die Katze sich bewegt? Wer kann einen Katzenbuckel machen, sich ducken, sich zusammenrollen?

Wir lassen einen kleinen Ball durchs Zimmer rollen. Wie reagiert die Katze?

Malen

10.2 Katzenkopf malen. Nachdem am Vortag schon Einzelheiten geübt und am Modell genau betrachtet wurden (Augen, Ohren), versuchen wir jetzt einen Katzenkopf zu malen. Es soll aber kein Tafelbild zum Abmalen vorgegeben werden, sondern die Kinder sollen sich im Gespräch erinnern, welche Form der Katzenkopf hatte, wo die Ohren angewachsen sind usw. Wer will, kann die ganze Katze malen oder sich aus dem Katzenkopf eine Maske machen.

Turnen

10.3 Katzengymnastik (im Anschluß an einen Katzenbesuch im Kindergarten)

1. Einen krummen Katzenbuckel machen (Kniestand).
2. Sich zusammenrollen wie eine Katze.

3. Nachahmen, wie die Katze ihr Fell leckt (aber nicht wirklich lecken).
4. Zum Sprung ansetzen (in die Hocke gehen, auf Händen und Füßen stehen, dann die Beine plötzlich durchdrücken).
5. Lautlos schleichen auf weichen Pfoten.
6. Den eigenen Schwanz fangen.
7. Sich ducken und aufrichten.

Bewegungsspiel

10.4 Katz und Maus. Die Kinder bilden einen Kreis. Im Kreis steht die Maus. Die Katze lockt von außen:

Mäuslein, Mäuslein, komm heraus,
sonst kratz ich dir die Augen aus!
Maus: Ich komme nicht!
Katze (springt in den Kreis): Dann hol' ich dich!
Die Kinder helfen der Maus, indem sie sie durchschlüpfen lassen, der Katze aber mit den Armen den Weg versperren.

Verstehen – ergänzen

10.5 Dingsbums. Der Erzieher berichtet von der Katze, ersetzt aber die einschlägigen Wörter durch das Wort „Dingsbums". Die Kinder nennen das richtige Wort. Eventuell kann jede „Übersetzung" mit einer Spielmarke belohnt werden.

Beispiel: Also, Kinder, heute morgen war was los im Kindergarten. Wir hatten eine Dingsbums zu Besuch. Ein tolles Tier, sage ich euch, mit so einem schönen kuscheligen weichen Dingsbums und vier samtigen, weichen Dingsbümschen. In ihren Pfoten hat sie scharfe Dingsbümse versteckt, die braucht sie zum Mäusefangen und auch, wenn sie an den Bäumen hinaufdingsbumsen will. Wir haben sie mit Milch und Fleisch gedingsbumst und konnten genau sehen, wie sie alles aufgeleckt hat mit ihrer Dingsbums. Wir haben auch gehört, wie sie ganz leise gedingsbumst hat. Im Maul hat sie ganz scharfe Dingsbümse, damit kann sie sogar Knochen zerdingsbumsen …

Spiel im Kreis (Satzbildung)

10.6 Wenn ich eine Maus wäre. Stellt euch vor, ihr seid lauter Mäuse und wohnt in einer alten Mauer wie die Freunde von der Maus Frederik. Auf einmal seht ihr, daß die Katze herumschleicht. Was würdet ihr tun?

(Die Kinder sollen ihre Sätze reihum beginnen: Wenn ich eine Maus wäre, würde ich …) Die Antwort, die den Kindern am besten gefallen hat, wird nachgespielt.

Lied
10.7 D'Bäure hot d'Katz verlorn

überliefert

(Ins Hochdeutsche übersetzt: Die Bäurin hat die Katze verloren, weiß nicht, wo sie ist. Sie sucht alle Winkel aus: Mulle, Mulle, wo bist du?)

Kinderreim
10.8 Schnurre, Katze
Schnurre, Katze
leise Tatze,
kratze, kratze, kratze, Katze.
Mit der Schnauze
miautse.

Puzzle
10.9 Tierpuzzle. Die Kinder kleben die mitgebrachten Katzen- oder andere Tierbilder, wenn nötig, auf dünnen Karton und zerschneiden das Puzzle zunächst in wenige Teile. Wenn sie diese Teile wieder richtig zusammensetzen konnten, zerschneiden sie das Puzzle in weitere Teile – je nach dem Schwierigkeitsgrad, den sie sich selbst zutrauen. (Siehe auch Arbeitsblatt 10 aus der Mappe „Wir wollen Schule spielen.")

Puzzle zu zweit
10.10 Tausche Kopf gegen Schwanz. Die Teile zweier Puzzles werden bis auf je ein Stück gemischt und verteilt. Die beiden zurückbehaltenen Teile werden durch Losen (Welche Hand willst du?) an die beiden Mitspieler abgegeben. Nun dürfen die Kinder immer abwechselnd ein Puzzleteil gegen ein anderes Teil ihrer Wahl beim Partner eintauschen. Wer zuerst sein Puzzle fertig hat, hilft dem Partner, seines auch zu vollenden.

Bemerkung: Man kann die Kinder nicht zwingen, jeweils das Puzzleteil, das sie haben wollen, zu benennen. Häufig sagen die Kinder einfach: Ich tausche das hier gegen das da! Man kann den Kindern höchstens die Spielregel vorschlagen, daß das Zeigen mit dem Finger nicht erlaubt sei.

Rollenspiel
10.11 Beim Tierarzt. Der Tierarzt hat Sprechstunde. Die Leute kommen mit ihren kranken Tieren (Stofftiere) und nehmen im Wartezimmer Platz. Die Sprechstundenhilfe notiert die Namen. Der Arzt spricht mit den Tierhaltern über die Krankheit des Tieres, fragt nach Freßgewohnheiten, auffälligem Verhalten usw. Er zeigt, wie das Tier behandelt werden muß.
Bemerkung: Vielleicht sollte zunächst der Erzieher den Tierarzt spielen, bis das Spiel richtig in Gang gekommen ist.

Mitmachgeschichte
10.12 Die Geschichte von der Katze Winnetou.
Ich kenne eine Familie, die heißt Familie Klein, und hat drei Kinder: Einen Matthias, der ist *so* groß, einen Andreas, der ist *so* groß, und eine Bärbel, die ist etwa so groß wie ihr und geht auch in den Kindergarten. Außerdem gibt es in der Familie noch eine Katze, die heißt aber nicht Mohrle oder Pussi oder wie sonst Katzen heißen, sondern Winnetou, und dabei war es doch eine Katzenfrau und kein Kater!
Die Geschichte fängt an einem Morgen an, als die Familie Klein gerade mit allen Möbeln und Büchern und Spielsachen in eine andere Stadt

umziehen will. Die Möbelpacker haben fast alles schon eingepackt, aber die ganze Familie rennt noch durch die Wohnung und sucht etwas: „Hat jemand meinen Autoschlüssel gesehen?" „Sie haben doch hoffentlich nicht meine Handtasche in die Kiste gepackt!" „Wer hat den Hammer weggenommen? Ich hatte ihn doch hier hingelegt!" (Macht mal mit!) (Kinder reden durcheinander, jeder sucht etwas.)

Genau so wie jetzt klang es in der Wohnung der Familie Klein, bis Herr Klein rief: „Wir müssen los! Alles einsteigen! Die Möbelpacker bringen dann schon die restlichen Sachen!"

„Wo ist Winnetou?" schrie Bärbel. „Gerade war sie doch noch da!"

Nun rannte die Familie durch die ganze Wohnung und rief: (Kinder: Winnetou, Winnetou, wo bist du?)

Endlich hörten sie die Katze ganz leise miauen (Kinder: miau!). Sie hatte sich auf dem Speicher versteckt, weil es ihr in der Wohnung zu ungemütlich geworden war.

Bärbel nahm Winnetou auf den Arm, stieg mit den Eltern und den Brüdern in das Auto ein, und dann fuhren sie los (Kinder: brrrrr! …).

Zum Abschied von der alten Wohnung drückte Herr Klein noch einmal kräftig auf die Hupe (Kinder: tuuut!), und alle Nachbarn winkten aus den Fenstern und riefen: (Kinder: Auf Wiedersehn! Auf Wiedersehn! Gute Fahrt!).

Als die Familie Klein in der neuen Wohnung in der anderen Stadt angekommen war, stand der Möbelwagen schon vor dem Haus, und sie konnten gleich mit dem Einräumen beginnen. Frau Klein bekam richtig Kopfschmerzen, weil alle Leute sie fragten: „Wo soll der Schrank hin?" „Wohin kommen die Gläser?" „Soll das Bild aufgehängt werden?" „Wohin kommt der Tisch?" (Macht mal mit!) (Kinder: erfinden ähnliche Fragen, der Erzähler gibt die Antworten: „da rüber", „in den Keller", „weiß ich noch nicht!"). So ging das bis zum späten Abend. Keiner dachte mehr an Winnetou. Erst als es schon sehr dunkel war, fragte Andreas: „Wo ist eigentlich Winnetou?" Ja, wo war sie? Wieder lief die ganze Familie durch die neue Wohnung, wieder riefen sie: (Kinder: Winnetou! Winnetou!). Aber von Winnetou war keine Spur.

Wißt ihr, was mit Winnetou los war? Ihr hatte das neue Haus gar nicht gefallen, sie wollte unbedingt wieder in die alte Wohnung, wo sie sich auskannte, wo ihr jeder Winkel vertraut war, wo sie sich heimisch fühlte. Und was tat sie da? Sie machte sich einfach auf den Weg in die

alte Heimat. Und obwohl sie keine Karte lesen kann und keine Straßenschilder, schlug sie tatsächlich die richtige Richtung ein.

Aber der Weg war lang und nicht ungefährlich. Als Winnetou gerade eine Straße überqueren wollte, kam ein Auto angerast, das gerade noch bremsen konnte (Kinder: ühühühü!). Um ein Haar wäre Winnetou überfahren worden. Und an einer anderen Stelle kam plötzlich ein Hund angerannt und bellte wütend (Kinder: wauwauwau …). Winnetou konnte sich gerade noch auf einen Baum retten. Sie blieb solange oben, bis es dem Hund zu langweilig wurde. Er bellte noch einmal kurz (Kinder: wu! wu!), dann trollte er sich. Schnell sprang Winnetou vom Baum herunter und lief weiter und immer weiter, bis sie spät in der Nacht todmüde an der alten Wohnung ankam. Sie miaute kläglich (Kinder: miau!), aber niemand öffnete ihr die Tür. Zum Glück wußte Winnetou, wo sie etwas zu fressen finden konnte: Gleich um die Ecke war ein Fischgeschäft mit vielen Mülleimern im Hof, und neben den Mülleimern lag immer so viel Abfall auf der Erde, daß es gut für ein Katzenabendessen reichte.

Danach setzte sich Winnetou wieder vor die geschlossene Tür, miaute noch ein bißchen (Kinder: miau!), machte es sich dann auf dem Schuhabtreter bequem, fing schließlich behaglich an zu schnurren (Kinder schnurren) und schlief ein.

Mit lautem Geratter kamen am nächsten Morgen die Leute angefahren, die in Kleins alte Wohnung einziehen wollten. (Kinder machen Motorenlärm nach, bis das Auto hält.) Die Wagentür öffnete sich, eine Frau und ein Mann stiegen aus, knallten die Autotür zu (Kinder klatschen in die Hände) und schlossen die Tür zur Wohnung auf. Kaum war die Tür einen Spalt offen, schlüpfte Winnetou schnell hindurch und rannte in die Küche, wo sonst immer ihr Freßnapf gestanden hatte. Aber nun war die Küche leer. Der Mann und die Frau merkten gleich, daß Winnetou sich hier zu Hause fühlte. „So eine Unverschämtheit!" schimpfte die Frau. „Die haben ihre Katze dagelassen! Und ich kann diese Viecher nicht ausstehen! Sofort rufen wir an!"

Das Telefon war noch da, also wählten sie gleich die neue Nummer der Familie Klein. Das Telefon machte (Kinder: tut-tuut, tut-tuut), bis am anderen Ende der Leitung jemand sagte: „Matthias Klein."

„Also hören Sie mal, hatten Sie in der alten

Wohnung vielleicht eine Katze? (Kinder antworten).
So, und da denken Sie, Sie könnten die Katze einfach hier lassen! So eine Unverschämtheit! Ich will nämlich keine Katze, haben Sie verstanden? ...)?
Matthias versuchte zu erklären, daß die Katze weggelaufen sei und daß sie sie schon überall gesucht hätten und daß sie am Nachmittag die Katze holen würden (Kinder versuchen, das in direkte Rede zu übersetzen). „Also gut", sagte die Frau, „holen Sie das Biest, aber möglichst rasch bitte!"
Nachmittags kam dann Herr Klein mit den Kindern angefahren und holte Winnetou ab. „Nun dürft ihr sie aber nicht gleich wieder rauslassen", sagte Herr Klein. Sie muß jetzt einige Tage in der Wohnung bleiben, bis sie sich an die neue Umgebung gewöhnt hat."
„Ja", sagte Bärbel. „Und wer die Tür offen läßt, daß Winnetou wieder abhauen kann, der soll zu Fuß bis zur alten Wohnung laufen und sie wiederholen."

Mimisches Spiel
10.13 Armer schwarzer Kater. Die Kinder sitzen im Kreis. Ein Kind bewegt sich auf allen Vieren im Kreis und wendet sich mit kläglichem Miauen einem Kind zu. Das streichelt den Kater und sagt: Armer schwarzer Kater!, darf aber nicht dabei lachen. Wer lachen muß, gibt einen Schuh ab, den er nach dem Spiel allein wieder anziehen muß (Nachbarschaftshilfe ist erlaubt).

Konzentrationsspiel
10.14 Die Katze schleicht umher. Alle Kinder stehen still mit geschlossenen Augen im Raum. Zwischen ihnen bewegt sich leise miauend die „Katze". Alle Kinder zeigen mit der Hand in die Richtung, in der sie die Katze vermuten. Wenn jemand ruft: Augen auf! kann jedes Kind feststellen, ob es die Bewegungen der Katze im Raum richtig verfolgt hat.

11. Körperpflege

Vorüberlegungen

Beim Thema Körperpflege geht es zunächst um alltägliche hygienische Notwendigkeiten wie Waschen, Naseputzen, Gang zur Toilette usw.

Sicher gibt es viele Kinder, für die regelmäßige Körperpflege selbstverständlich ist und die auch die entsprechenden Techniken beherrschen. Aber ebenso sicher gibt es Kinder, die keine Zahnbürste besitzen, die panische Angst vor dem Haarewaschen oder Nägelschneiden haben oder zu Hause noch nie gezeigt bekamen, wie man Klopapier am geschicktesten benutzt. Solche Mängel häuslicher Erziehung sollte der Kindergarten auszugleichen versuchen. Der Kindergarten soll aber auch eine regulierende Funktion beim anderen Extrem wahrnehmen: Manche Kinder haben zu Hause eine so übertriebene Sauberkeitserziehung erfahren, daß sie von der unterbewußten Angst, sie könnten sich schmutzig machen, in ihrer Handlungsfreiheit regelrecht behindert sind. Sie schrecken davor zurück, Dinge anzufassen, sie scheuen sich, beim Turnen den Fußboden zu berühren, sie wollen anderen Kindern nicht zu nahe kommen. Solchen Kindern wäre ein schlechter Dienst erwiesen, wenn nun auch noch der Erzieher im Kindergarten mit der Angst- und Ekelmethode arbeiten würde. (Ich erinnere mich an den entsetzten Blick einiger Kinder, als ein Erzieher im Kindergarten die Existenz von Bakterien dadurch zu erklären suchte, daß er ihnen erzählte, unzählige winzige, böse Tierchen würden bei Tag und Nacht in Hals und Nase herumkrabbeln!)
Im Kindergarten sollen die Kinder Gelegenheit haben, die Notwendigkeit und Nützlichkeit der Körperpflege ohne dramatisierenden oder moralisierenden Beigeschmack zu erfahren und damit verbundene Ängste auszusprechen (zum Beispiel beim Spiel mit den Puppen).
Wichtig ist auch, daß die Kinder überlegen, wie sie aus dem Dilemma, sich nicht schmutzig machen zu dürfen und doch die Welt kennenlernen zu wollen, herausfinden. Man kann Malkittel anziehen, ehe man mit Fingerfarben oder Ton umgeht, man kann heikle Sachen ausziehen, ehe man auf dem Boden turnt, man kann die Ärmel hochkrempeln, ehe man im Wasser planscht ... Vor allen Dingen kann man sich waschen. Im Hochsommer könnte ein großes Schmier- und Schmutzfest mit anschließendem großen Wasch-, Dusch-, Schaum- und Spritzvergnügen Höhepunkt der Unterrichtseinheit Körperpflege sein.

Wörterliste

Bad, Badewanne	Nagelschere	Verband	erkälten	verletzen
Becher	Pflaster	Verschluß	gurgeln	ziepen
Borsten	Puder	Waschbecken	heilen	*
Bürste	Salbe	Wasserstrahl	jucken	gefährlich
Creme	Schaum	Watte	kämmen	gesund
Deckel	Seife, Seifenschale	Wunde	messen	hygienisch
Dose	Shampoo	Zahnbürste	pflegen	krank
Flasche	Spiegel	Zahnpasta	putzen	mager
Föhn	Stiel	Zäpfchen	schäumen	nackt
Hahn	Tabletten	*	schlafen	sauber
Handtuch	Thermometer	abwischen	schlucken	scharf
Kamm	Toilette	ausspucken	schniefen	schlimm
Klo	Tropfen	baden	spülen	schmutzig
Klopapier	Tube	duschen	triefen	unhygienisch
Nagelbürste	Umschlag	eincremen	verbinden	wund
Nagelfeile				

Wochenplan

Tag	In der Zeit des Freispiels	Gemeinsame Aktion	Fördergruppe	
Mo	Puppenhaarwäsche 11.1	Gespräch 11.2 Hampelmann 11.3 Witze erzählen 11.4 **K**	A 57–60	**A**
Di	Spielkarten herstellen 11.5 Mit den Karten spielen 11.6, 11.7, 11.8	Zähne putzen 11.9 Experimente mit Watte 11.10 Merkverse vertonen 11.11 Geschichte vorlesen oder erfinden: Bei Räubers 11.12	Wer hat die meisten gleichen? 11.6 Kleinkinderquartett 11.7 Schwarzer Peter 11.8	**G**
Mi	Die Räuberfamilie im Luxus- bad 11.13	Turnen/Singen/Pantomime: Alle meine Entchen 11.14 Uah! Ist das Wasser … 11.15 Wißt ihr noch? 11.16 Oder: Sieben kleine … 11.25		
Do	Badewannen bauen 11.17	Kaspertheater: Kasper will sich bessern 11.20	Gegenstände raten 11.18 Ich brauche was zum … 11.19	**W**
Fr	Basteln: Ein Täschchen für das Taschentuch 11.21	Schniefnase u. Triefnase 11.22 Naseputzen 11.23 Popo abwischen 11.24	Arbeitsblatt 11	

Vorbereitungen des Erziehers: Shampoo, Kämme, Bürsten, Handtücher, Nagelscheren, Nagelfei-len, Seife und Waschlappen bereitstellen für Puppenhaarwäsche (11.1).
Bilder aus Katalogseiten von Toilettengegenständen sammeln. Bierdeckel oder Kartonabschnitte und Klebstoff für das Kartenspiel 11.5 besorgen.
Einige neue Zahnbürsten zum Verschenken besorgen, dazu verschiedene Zahnpasten, Watte und Kölnisch Wasser für 11.9 und 11.10.
Illustrierte mit Werbefotos von Badezimmereinrichtungen sammeln (z.B. Illustrierte für Bauspa-rer). Einige Räuberkinder aufzeichnen (11.13).
Material für Taschentuchtäschchen und für jedes Kind ein Tempotuch besorgen (11.21).
Lied lernen: Uah! Ist das Wasser kalt! (11.15). Oder: 7 kleine Mausezähne (11.25).

Angebote

Sachbegegnung

11.1 Puppenhaarwäsche mit echtem Shampoo.
Die Puppen bekommen die Haare gewaschen:
Haare naß machen, mit Shampoo einschäumen,
spülen, abfrottieren, föhnen. Manche Puppen
haben Angst vor dem Haarewaschen, denen
muß man gut zureden.
Anschließend können die Ohren mit Wattestäb-
chen (Streichhölzer mit Wattekopf) „gereinigt"
werden und (pantomimisch) die Fingernägel
geschnitten werden. Manche Puppen haben
auch davor wieder Angst. Vielleicht verlieren sie
ihre Angst, wenn beim Nägelschneiden folgen-
der Fingerreim gesprochen wird:
Der ist ins Wasser gefallen,
der hat ihn rausgezogen,
der hat ihn ins Bett gesteckt,
der hat ihn zugedeckt,
und der kleine Butzewacker hat ihn wieder
aufgeweckt!

11.2 Gespräch mit Puppeneltern. Die Puppen-
mütter und -väter sitzen mit ihren Puppen im
Kreis. Der Erzieher spielt eine Art Erziehungsberater, der die Eltern fragt, wie die Kinder sich
denn beim Haarewaschen so verhalten hätten,
und warum wohl manche Puppenkinder solche
Angst vor dem Haarewaschen und dem Nägelschneiden hätten.
Schließlich fragt er die Puppenkinder direkt, ob
das Waschen, Kämmen, Nägelschneiden wirklich so schlimm sei. Die Puppen dürfen ordentlich schimpfen. (Falls die Kinder nicht wissen,
wie sie sich verhalten sollen, läßt der Erzieher
die erste Puppe schimpfen.)
Wenn meine Mama mir die Nägel schneidet, hält
sie immer die Finger so fest, daß es mir weh tut.
Das doofe Waschen finde ich so langweilig!
Neulich ist mir beim Haarewaschen Schaum in
die Augen gekommen …
Nachdem die Kinder einige Minuten still gesessen und sich gegenseitig zugehört haben, dürfen
sie anschließend tüchtig hampeln.

Bewegungsspiel
11.3 Jetzt steigt Hampelmann. (Zunächst prüfen, ob die Kinder das Hampeln (9.10) noch
können.)
Jetzt steigt Hampelmann/aus seinem Bett
heraus
O du mein Hampelmann …   (hampeln)
Jetzt kämmt Hampelmann/sich seine Haare

au-wai o wai o wai …   (Pantomime)
Jetzt wäscht Hampelmann/sich sein Gesicht
O du mein Hampelmann …   (hampeln)
Jetzt putzt Hampelmann/sich seine Zähne
ar-r-r-r-rr …   (ohne Wasser gurgeln)
Jetzt cremt Hampelmann/sich seine Hände ein
O du mein Hampelmann   (hampeln)
Jetzt legt Hampelmann/sich lieber wieder hin
ah-ah-h-h-a-a …   (sich hinlegen und gähnen)

11.4 Witze nacherzählen – Witze erfinden. *Doof
wäscht sich.* Sagt der Dick zum Doof: Warum
hast du denn so eine Beule am Kopf? Antwortet
der Doof: Weil mir beim Waschen immer der
Klodeckel auf den Kopf fällt!
Ein ganz sparsamer Mann. Ich habe mal einen
ganz sparsamen Mann gesehen, der hat immer
das Klopapier zum Trocknen aufgehängt,
… der hat die Schuhbürste auch gleich zum
Zähneputzen benutzt,
… der hat gesagt, ich kaufe mir keinen Kamm,
ich kann ja den Rechen aus dem Garten auch
zum Kämmen benutzen,
… der hat das Tischtuch auch gleich als Taschentuch benutzt …

Schneiden – kleben
11.5 Herstellen von Spielkarten. Aus Katalogen
werden Gegenstände, die für die Körperpflege
gebraucht werden, ausgeschnitten und auf weiße
Kärtchen oder überklebte Bierdeckel geklebt.
Besonders schöne Karten könnten als „Luxus-
ausgabe" dieses Kartenspiels mit Plastikfolie
überzogen werden.
Wichtig ist, daß beim Ausschneiden und Kleben
über die gewählten Gegenstände gesprochen
wird.

Spiel am Tisch in Gruppen von vier bis sechs
Kindern
11.6 Wer hat die meisten Gleichen? *Material:*
Je vier Karten mit denselben Toilettengegenständen (Zahnbürsten, Kämme …).
Wir brauchen so viele Quartette wie Kinder da
sind. Ein Kind verteilt die gemischten Karten
gleichmäßig. Danach decken alle Kinder ihre
Karten auf. Wer die meisten gleichen hat, hat
gewonnen.
Wichtig ist, daß jedes Kind seine besten Karten
benennt, also nicht nur sagt: „Ich habe drei!",
sondern: „Ich habe drei Kämme!"

Schwierigere Spielform:
11.7 Kleinkinderquartett. Karten gleichmäßig

verteilen. Jeder muß vier haben. Auf „los!" gibt jeder eine Karte an seinen rechten Nachbarn ab. Danach nimmt er die Karte seines linken Nachbarn auf und schaut nach, ob er diese Karte zum Sammeln für ein Quartett gebrauchen kann. Das Weitergeben von Karten wird solange wiederholt, bis ein Spieler ein Quartett hat.

11.8 Schwarzer Peter. Zu den Spielkarten kommt eine weitere Karte, der Schwarze Peter, dazu. Karten gleichmäßig verteilen. Wer zwei zusammenpassende Karten hat (z. B. zwei Nagelscheren), darf sie ablegen. Danach läßt reihum nacheinander jedes Kind seinen rechten Nachbarn eine von seinen Karten ziehen.
Paare werden jeweils abgelegt. Wer zum Schluß den Schwarzen Peter hat, darf sich selbst mit Zeichenkohle einen schwarzen Strich auf die Nase malen oder ein Stück schwarzes Klebeband aufkleben.

Sachbegegnung
11.9 Zähne putzen – Lieder gurgeln. Die Kinder haben ihre Zahnbürsten mitgebracht. Kinder, die keine Zahnbürste besitzen, sollten bei dieser Gelegenheit eine geschenkt bekommen. Wir vergleichen die Zahnbürsten:
Alle roten Zahnbürsten hochhalten!
Welche Zahnbürste hat ein Loch im Stiel? Wer hat einen kurzen, wer einen langen Stiel? Wie sehen die Borsten aus?
Es gibt weichere und härtere Borsten.
Die halbe Gruppe geht mit einem Erzieher und den Zahnbürsten in den Waschraum, die andere Hälfte macht inzwischen mit einem zweiten Erzieher Experimente mit Watte (11.10).
Zunächst wird das Auf- und Zuschrauben der Zahnpastatube geübt. Am Tubenende drücken!
Dann wird den Kindern gezeigt, wie man am besten die Zähne putzt: von oben nach unten, zuerst bei geschlossenen Zähnen, dann bei offenen.
Kinderreim zum Zähneputzen:
Sch-sch-sch die Eisenbahn,
sch-sch-sch, da kommt sie an,
fährt nach hier, fährt nach dort,
sch-sch-sch, schon ist sie fort!
Verschiedene Zahnpasten ausprobieren. Welche schmeckt scharf, welche süß? Welche schmeckt nach Himbeeren, welche nach Kaugummi?
Zum Spülen braucht man nicht unbedingt einen Becher. Man kann auch mit dem Mund direkt an den Wasserstrahl kommen, ohne dabei den Wasserhahn zu berühren. Gurgeln üben. Wer kann Lieder gurgeln?

11.10 Experimente mit Watte. Was sauber aussieht, ist in Wirklichkeit oft recht schmutzig. Wir befeuchten saubere Watte mit Wasser oder Alkohol und fahren damit über „saubere" Handflächen, über ein Knie, über die Haut am Hals. Überall liegt Schmutz: Nacheinander dürfen Kinder den „Watteversuch" an der Tischfläche, dem Fußboden, der Fensterscheibe, der Türklinke … machen.
Anschließend kurzes Gespräch über das Händewaschen vor dem Essen.

Melodie erfinden
11.11 Merkverse zur Körperpflege. Die „Wattegruppe" versucht eine Melodie zu erfinden für den Vers:
Vor dem Essen, vor dem Essen
Händewaschen nicht vergessen!
Die „Zahnbürstengruppe" versucht eine Melodie zu erfinden für den Vers:
Zähneputzen, Zähneputzen,
Zahnpasta dabei benutzen!
Wer findet eine Melodie für die Verse:
Wasser ist zum Waschen da,
falleri und fallera,
auch zum Zähneputzen
kann man es benutzen.
(Man könnte zum Beispiel so vorgehen, daß der Erzieher zu einem Kind sagt: Sing mal: „Wasser ist zum Waschen da." Darauf antwortet der Erzieher singend mit der zweiten Zeile. Nun fordert er ein zweites Kind auf: Sing mal: „auch zum Zähneputzen!" und antwortet wieder singend: „kann man es benutzen".)

Geschichte erfinden (oder vorlesen)
Es gibt eine Geschichte, die heißt:
11.12 Bei Räubers[1]
und fängt so an:
Bei Räubers geht es so zu:
Wenn die Räuberkinder aufgewacht sind, waschen sie sich nicht etwa, nein, sie schmieren sich von oben bis unten mit Dreck voll. Sie kämmen sich auch nicht etwa, sondern stecken die Haare in den Honigtopf. Und sie putzen sich nicht etwa die Zähne mit der Zahnbürste, …

---

1 HEINRICH HANNOVER: Das Pferd Huppdiwupp und andere lustige Geschichten. (rororo-Taschenbuch) Reinbek 1972, S. 35–36.

Wer kann weiter erzählen? (Aber jeweils nur einen Satz!)
Die Geschichte hört so auf:
… die Räuberkinder hauen sich gegenseitig, sie schreien so laut wie die Löwen, sie reißen sich die Haare, die Arme und Beine aus und beißen sich gegenseitig die Nase ab. Und wenn die Räuberkinder kaputt sind, klaut der Räubervater sich neue.

Basteln – malen

11.13 Räuberfamilie im Luxusbad. Zunächst werden aus Illustrierten (solche für den Wohnungsbau enthalten gewöhnlich viele Werbefotos von Badezimmereinrichtungen) viele Fotos von Spiegeln, Waschbecken, Badewannen, Badevorlagen, Duschanlagen usw. ausgeschnitten und als Wandfries auf einen großen Bogen

Papier geklebt. Danach halten die Räuberkinder Einzug im Luxusbad: Gemalte und ausgeschnittene Figuren werden in das Luxusbad hineingeklebt: Sie turnen auf dem Badewannenrand, schaukeln an der Dusche …

Lied und Bewegung

11.14 Alle meine Entchen. Einführung: Der Erzieher summt oder flötet die Melodie. Wer kann erraten, welches Lied das ist?
Bewegungen:
Alle meine Entchen schwimmen auf dem See (Arme weit vor- und zurückschwingen, mit den Knien nachfedern).
Köpfchen in das Wasser (Rumpfbeugen mit durchgestreckten Knien).
Schwänzchen in die Höh' (Kopf nach unten, Arme nach hinten möglichst weit hochdrücken).

11.15 Uah! Ist das Wasser kalt

Text und Melodie: ROSE GÖTTE

Uah!   Ist das   Wasser kalt!   Uah!   Na, da   geh ich halt erst mal

unter die Dusche!   iii!   So kalt wie   heut war das Wasser noch   nie!

2. Uah! Ist das Wasser naß!
Uah! Macht das wirklich Spaß?
Na, da tauch ich mal unter – iii!
So naß wie heut war das Wasser noch nie!

Pantomime

11.16 Wißt ihr noch, wie's im Schwimmbad war? Wir rennen durch das Kleinkinderbecken: Füße hochreißen, aufstampfen. Wir bewegen uns im Kinderbecken, wo das Wasser bis zu den Schultern geht: Zeitlupenbewegungen. Wir schwimmen: Auf den Bauch legen, Schwimmbewegungen versuchen.

Konstruktionsspiel

11.17 Badewannen bauen. Je nachdem, welches Material im Kindergarten vorhanden ist, kann an die Puppenstube ein Badezimmer angebaut werden (mit anschließendem Spiel: Puppenstubenkinder werden zu Bett gebracht) oder ein Swimmingpool für größere Puppen mit Sprung-

brett und Rohrphantasieanlagen für die Warmwasserbereitung und die Filteranlage.
Natürlich brauchen sich die Konstruktionsspiele nicht auf Badezimmer zu beschränken. Es können auch Plastikschiffe gebaut werden, die man anschließend im Wasser schwimmen lassen kann, oder was immer die Kinder bauen wollen. Wichtig ist, daß nicht nur irgend etwas gebaut wird, sondern daß mit dem Ergebnis auch gespielt wird, daß Gespräche stattfinden, daß die Kinder sich gegenseitig erklären, wie sie dies oder jenes gemacht haben.

Spiel am Tisch mit Karten (Wortschatztraining)

11.18 Gegenstände raten. Auf dem Tisch liegen die Spielkarten von „Wer hat die meisten Gleichen?" (11.5) verdeckt auf einem Stapel. Das erste Kind nimmt eine Karte ab, ohne sie den anderen zu zeigen, und macht eine pantomimische Bewegung, die für den abgebildeten Gegenstand typisch ist. Die anderen Kinder raten, welcher Gegenstand auf der Karte war. Wer es zuerst erraten hat, darf die nächste Karte ziehen.

Wenn die Gewinnchancen unter den Kindern zu ungleich verteilt sind, bestimmt der Spielleiter zwischendurch: Bei der nächsten Karte darf der... mal als erster raten.

Spiel im Kreis
11.19 Ich brauche was zum Waschen. Ein Kind oder der Spielleiter wirft einem anderen Kind ein Tuch zu und sagt: Ich brauche was zum Waschen. Das angesprochene Kind wirft das Tuch mit einer passenden Antwort zurück (Waschlappen).
bürsten – Bürste
Nägel schneiden – Nagelschere
Nase putzen – Taschentuch
eincremen – Creme
Haare trocknen – Föhn
usw.

Puppentheater
11.20 Kasper und Seppel. Es spielen mit: Kasper und Seppel.
Kasper und Seppel treffen sich. Kasper gibt dem Seppel die Hand, aber die Hände kommen nicht mehr voneinander los. Der Kasper hat nämlich vorher Honigbrot gegessen, sich aber nicht die Hände gewaschen. Der Seppel beschließt, dem Kasper keine Hand mehr zu geben. Kasper will dem Seppel ein Geheimnis verraten: Aber Seppel mag dem Kasper nicht zu nahe kommen: Er putzt sich nämlich nie die Zähne und stinkt ganz schön aus dem Mund. Deshalb verrät Kasper schließlich sein Geheimnis laut: Er hat die Seife in den Mülleimer geworfen, damit er sich nicht mehr zu waschen braucht. Der Seppel sagt, das sei dumm gewesen, denn wenn man so viel Dreck auf der Haut hat, fängt die Haut schließlich an zu jucken, man bekommt einen Ausschlag und sieht nicht besonders nett aus ...
Der Kasper will sich bessern. Zu Hause angekommen, holt er gleich die Seife aus dem Mülleimer, wäscht sie ab und will sich jetzt waschen. „Zuerst wasche ich mir mal die Augen tüchtig mit Seife, damit sie blitzblank werden." (Protest der Kinder hervorlocken. Die Kinder sollen dem Kasper erklären, warum die Augen keine Seife vertragen.)
Danach will er sich die Zähne mit der Haarbürste putzen. Die Kinder sollen begründen, warum eine Zahnbürste nützlicher ist.

Zahnpasta sei überflüssig, behauptet der Kasper.
Zum Abtrocknen nimmt er ein gebrauchtes Taschentuch.
Er wäscht sich das Gesicht mit dem Po-Waschlappen.
Die Haare will er sich nicht kämmen. Er behauptet, das tut weh, weil es zieht. Außerdem sieht er keinen Grund, Haare zu kämmen.
Kasper und Seppel treffen sich wieder. Du kannst mir ruhig die Hand geben, sagt der Kasper, die Kinder haben mir gezeigt, wie man sich wäscht. Der Seppel sagt, zum Dank wollten sie den Kindern ein Lied vorgurgeln. Die Kinder sollen raten, wie das Lied heißt. Der Kasper wünscht sich von den Kindern das Lied „Uah, ist das Wasser kalt ..."

Basteln (textiles Gestalten)
11.21 Ein Täschchen für das Taschentuch.
Material: Wachstuch, Wolle, Faden, Klebstoff, zwei Schablonen, Nadeln, Scheren, Bleistifte.
Der Erzieher bereitet zwei Schablonen aus Pappe vor, zum Beispiel so:

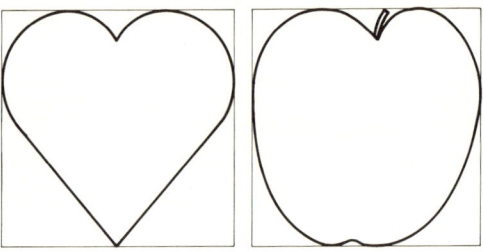

Die Kinder legen die Schablonen auf das Wachstuch, umfahren sie und schneiden zwei gleiche Teile aus. Die jüngeren kleben die Teile an den Rändern zusammen (oben offen lassen), die älteren können die Teile mit einem Faden umstechen. Zum Schluß wird ein dicker Wollfaden zum Umhängen am Täschchen befestigt. Jedes Kind sollte ein Papiertaschentuch geschenkt bekommen.

Spielgeschichte
11.22 Schniefnase und Triefnase. Schniefnase (hochziehen) und Triefnase (Nase am Ärmel abwischen) hatten beide kein Taschentuch. „Ich schniefe immer hoch" (hochziehen), sagte Schniefnase. „und ich wisch mich immer am Ärmel ab" (abwischen), sagte Triefnase.
Und so ging das den ganzen Tag (hochziehen, abwischen, hochziehen, abwischen, hochziehen,

abwischen), bis der Kopf schon weh tat vom vielen Schniefen und der Ärmel schon ganz und gar verschmiert war vom vielen Abwischen.

Da konnte Schniefnase nicht mehr hochziehen, und Triefnase sich nicht mehr am Ärmel abwischen. Und die Nase wurde immer voller.

„Was bachen wir denn jetzt bit den vollen Dasen?" fragte Schniefnase. „Bensch, ich weiß, was ban da tun buß!" sagte Triefnase. „Wir büssen uns ein Taschentuch kaufen!" „Das bachen wir, das bachen wir gleich borgen!" rief Schniefnase.

Und sie haben es tatsächlich gemacht und sich gleich tüchtig geschncuzt. Das klang so: (kräftig ins Taschentuch schneuzen.)

Selbständigkeitserziehung
11.23 Naseputzen üben. Wer kann mal vormachen, wie man sich am besten die Nasen putzt? Worauf kommt es an? Wohin mit den schmutzigen Taschentüchern? Schnupfen ist ansteckend. Schnupfenbazillen kommen am weitesten, wenn man kräftig niest.

Selbständigkeitserziehung
11.24 Popo abwischen üben. Wer kann mal (man braucht sich nicht extra auszuziehen) vormachen, wie man sich am besten mit Klopapier den Popo abwischt, ohne daß die Finger schmutzig werden? Manche Kinder zerknüllen das Papier zu einem kleinen Knäuel, ehe sie es benutzen, statt das Papier flach auf die Hand zu legen. Warum muß man sich nach dieser Arbeit die Hände waschen?

Mit dem restlichen Klopapier dürfen die Kinder anschließend spielen, zum Beispiel einen Freiwilligen mit Klopapier an seinen Stuhl fesseln, ohne daß das Papier reißt.

Übrigens: Zum Klo kann man auch Toilette sagen oder WC. An der Tür steht manchmal 00.

Lied mit Bewegung
11.25 Sieben kleine Mausezähne

Text und Melodie: ROSE GÖTTE

Sieben kleine Mause-zähne kauten so he-rum da

fing ein Zahn zu wackeln an und fiel auf einmal um.

2. Da wuchs dem Kind ein neuer Zahn,
ganz langsam, seht mal, so!
Das Kind fing gleich zu kauen an
und wurde wieder froh.

Bewegungsspiel: Jeweils sieben Kinder sitzen in einer Reihe. Bei „Sieben kleine Mausezähne kauten so herum" stellen und setzen sich die Kinder im Rhythmus zum Lied. Bei „Da fing ein Zahn zu wackeln an" beginnt ein Kind hin- und herzuwackeln, während die anderen weiter sich abwechselnd stellen und setzen. Bei „und fiel auf einmal um!" setzt sich das erste Kind vor seinen Stuhl auf den Boden.

Nun geht es weiter mit „Sechs kleine Mausezähne …".

Wenn kein Mausezähnchen mehr auf dem Stuhl sitzt, beginnt man mit dem zweiten Teil: „Da wuchs dem Kind ein neuer Zahn, ganz langsam, schaut mal, so": Das erste Kind erhebt sich langsam und setzt sich wieder. Bei „Das Kind fing gleich zu kauen an und wurde wieder froh" macht der erste Zahn wieder die Auf-ab-Bewegung.

„Da wuchs dem Kind ein zweiter Zahn …" usw. bis alle Zähne wieder da sind.

12. Arzt

Vorüberlegungen

Viele Kinder müssen gelegentlich zum Arzt, und die meisten haben Angst davor. Sie wissen nicht, was sie dort erwartet, gehen manchmal auf Grund gutgemeinter Lügen ihrer Eltern („der macht nichts!") mit falschen Vorstellungen in die Praxis und reagieren dann mit panischer Angst, wenn doch ein Eingriff nötig ist. Besonders beim Anblick einer Spritze geraten die Kinder oft außer sich, weil sie deren Funktion und Zweck nicht verstehen und sich hilflos der Willkür des Arztes, den sie als Angreifer erleben, ausgesetzt fühlen.

Das Wochenthema Arzt soll den Kindern Gelegenheit geben, den Arzt nicht als feindliche Person, sondern als freundlichen Menschen, die Praxis nicht als Schreckenskammer, sondern als Ort, an dem Menschen geholfen wird, zu erleben.

Vielleicht besucht ein Kind den Kindergarten, dessen Vater oder Mutter eine ärztliche Praxis betreibt. Sicher ist der Arzt bereit, einige Minuten für den Kindergarten zu opfern, zumal es ja auch in seinem Interesse liegen müßte, die Angst der Kinder abzubauen. Das Arztkind wäre dann auch das ideale „Untersuchungskind", da es bestimmt keine Hemmungen hat, sich von Vater bzw. Mutter abhören zu lassen.

Das Tischtheater 12.5 soll versuchen, den Kindern den Nutzen einer Spritze klar zu machen. Vielleicht erinnert sich das Kind beim nächsten Zahnarzt- oder Arztbesuch, bei dem eine Spritze nötig werden könnte, an diese Geschichte und kann damit seine verständliche Angst eindämmen.

Der Besuch beim Arzt soll natürlich auch dem Rollenspiel neue Impulse geben. Die Beobachtungen, die in der Praxis gemacht wurden, können das Spiel erweitern und differenzieren und neue Personen wie Sprechstundenhilfen in der Anmeldung, im Labor und im Bestrahlungsraum einführen.

An dieser Stelle sollte auch ein Wort über die bekannten „Doktorspiele" gesagt werden, die Kinder zum Anlaß nehmen, um sich gegenseitig die Genitalien zu zeigen, sich gegenseitig einzuschmieren, Fieber zu messen usw. Die meisten Erwachsenen reagieren mit Ablehnung oder zumindest mit unangenehmen Gefühlen auf solche Spiele, was vor allem dadurch zu erklären ist, daß in ihrer eigenen Kindheit solche Spiele verboten waren (was ihre Verbreitung allerdings keineswegs einschränkte, sie aber mit dem Hauch des Bösen und Verbotenen umgab).

Man kann nicht die Sexualität der Erwachsenen bejahen und gleichzeitig die Sexualität des Kindes, aus dem dieser Erwachsene werden soll, im wahrsten Sinne des Wortes versauen, indem man ihm zu verstehen gibt, sexuelle Neugier und sexuelles Vergnügen sei böse, schlecht oder verboten. Der Erwachsene, der solche Spiele von Kindern nicht ertragen kann, soll sich eben entfernen. Eingreifen oder stören darf er nur dann,

– wenn ein Kind von einem anderen zu Handlungen gedrängt wird, die es gar nicht will,
– wenn zwischen den Spielenden ein erheblicher Altersunterschied besteht,
– wenn die Gefahr besteht, daß Kinder sich (z.B. beim „Fieber messen") verletzen.

Im übrigen sollte sich der Erwachsene, der sich von kindlichen Arztspielen aus der Ruhe bringen läßt, mehr Sorgen um seine eigene Sexualität machen als um die der Kinder. Kindliche Arztspiele sind im allgemeinen nur der Beweis für eine natürliche, normale Entwicklung.

Mehr zur Sexualerziehung in den Vorüberlegungen zum Wochenplan 19 (Baby).

Wörterliste

Adresse	Husten	Spritze	bestrahlen	schneiden
Angst	Krankenhaus	Tabletten	bewegen	spülen
Apotheke	Krankenwagen	Tee	bluten	untersuchen
Arznei	Krankheit	Thermometer	Blut abnehmen	verbinden
Arzt	Labor	Tropfen	brechen	verletzen
Arzthelferin	Medizin	Verband	einatmen	verschreiben
Ausschlag	Name	Wartezimmer	einreiben	wiegen
Beule	Pflaster	Watte	erkälten	*
Binde	Pinzette	Wunde	Fieber messen	blaß
Blut	Rezept	Zäpfchen	gurgeln	empfindlich
Brandwunde	Rechnung	*	heilen	erkältet
Entzündung	Salbe	anstecken	helfen	freundlich
Erkältung	Schmerzen	aufrufen	operieren	gesund
Fieber	Sprechstundenhilfe	ausatmen	pflegen	krank
Gewicht	Sprechzimmer	ausspucken	schlucken	nackt
				wehleidig

Wochenplan

	In der Zeit des Freispiels	Gemeinsame Aktion	Fördergruppe	
Mo	Tragbahre bauen 12.1 Ein Verletzter wird abtrans- portiert 12.2	Turnen: Kranken- gymnastik 12.4	A 9, A 61, 62	**A**
Di	Unfallwagen rufen 12.3 **K**	Tischtheater: Spritze, du bist Klasse 12.5 Lied: Heile, heile Segen 2.31	Was ist denn da passiert? 12.4	**G**
Mi		Besuch beim Arzt 12.6		
Do	Rollenspiel: Praxis eröffnen 12.7	Häschen in der Grube 2.28 und andere Kreisspiele nach dem Wunsch der Kinder	Wenn die Musik aussetzt 12.8 Reise nach Jerusalem 12.9	**W**
Fr	Apotheke 12.10	Herr Doktor, was soll ich tun? 12.11 Der Kasper als Doktor 12.12	Witze erzählen 12.13–12.14 Arbeitsblatt 12	

Vorbereitungen: Mit einem Arzt einen Termin ausmachen. Eine gebrauchte Spritze, Pinzette, Mullbinde, Pflaster und eine Glasscherbe besorgen für das Tischtheater 12.5.
Material für die Tragbahre 12.1 besorgen.
Überlegen, welche Gegenstände für die Praxiseröffnung 12.7 vorhanden sind.

Angebote

Konstruktionsspiel
12.1 Tragbahre bauen. Material: Ein Stück Sackleinen, eine alte Decke o. ä. im Format ca. 150 × 150 cm, zwei kräftige Stangen, Nägel.
Das Tuch wird an den Seiten einige Male um die Stangen gewickelt und festgenagelt. Wenn die Stangen zum Umfassen zu dick sind, müssen sie an den Enden vom Erzieher abgehobelt, von den Kindern glattgeschmirgelt werden.
Die Tragbahre muß so stabil sein, daß ohne weiteres ein Kind darauf transportiert werden kann.
Falls der Erzieher das nötige Material nicht auftreiben kann, könnten die Kinder auch Tragbahren für Puppen bauen.

Rollenspiel
12.2 Ein Verletzter wird abtransportiert. Ein Radfahrer ist gestürzt. Er liegt verletzt auf der Straße. Die Passanten rufen aus der nächsten Telefonzelle den Unfallwagen. Sie müssen genaue Auskunft geben, wo der Verletzte sich befindet. Der Verletzte wird vorsichtig auf die Seite gerollt und mit einer Decke zugedeckt. Nun kommt der Unfallwagen. Zwei Sanitäter laden den Verunglückten auf die Bahre und tragen ihn weg (zum Auto), später aus dem Auto in das Krankenhaus.
Die Polizei schreibt auf, was passiert ist.

Turnen
12.3 Krankengymnastik in der Unfallklinik. Die Kinder sind alle Patienten in einer Unfallklinik. Sie können die Beine nicht bewegen. Sie bewegen sich sitzend durch den Raum, indem sie die Oberschenkel abwechselnd nach vorn schieben. Sie stemmen sich mit den Händen vom Boden ab. Sie legen sich auf den Bauch auf eine Balancierbank und ziehen sich mit den Armen vorwärts. Ein Bein ist gesund. Die Kinder hüpfen auf einem Bein.
Spontane Übungsideen der Kinder aufgreifen!

Rollenspiel
12.3 Unfallwagen rufen. Mit zwei Spielzeugtelefonen üben die Kinder, wie man einen Unfallwagen ruft. Sie sollten dabei die richtige Nummer erfahren, diese Nummer wählen und versuchen, möglichst genaue Angaben über Adresse bzw. Unfallort, Anzahl der Kranken bzw. Verletzten usw. zu machen. Zunächst sollte vielleicht der Erzieher die Rolle des Krankenhauses überneh-

men, damit er durch Rückfragen die Kinder dazu bringen kann, die richtige Auskunft zu erteilen.

Bildbetrachtung

12.4 Was ist denn da passiert? Mit einer kleinen Gruppe von Kindern werden Bilder oder Bilderbücher betrachtet, die zum Wochenthema passen. Die Kinder sollen versuchen zu beschreiben, was auf den Bildern zu sehen ist.
Bemerkung: Der Erzieher muß jede schulische Situation vermeiden. (Also nicht sagen: Nun will ich mal sehen, ob du ein Bild beschreiben kannst!) Vielmehr soll er beim ersten Bild selbst erzählen, dann zum zweiten Bild kommen und mit einer gewissen Spannung fragen: „O, was ist denn da los?" oder so ähnlich. Wenn das Kind nicht mehr weiter weiß, keine langen Pausen entstehen lassen, sondern selbst weiter erzählen (z. B. was die dargestellten Personen gerade sagen oder denken). Beim folgenden Bild beginnt das Kind dann oft schon von ganz allein zu erzählen.

Tischtheater

12.5 Spritze, du bist Klasse! Es spielen mit: Ein nackter Fuß (vielleicht der von der Gruppenhelferin oder von einem Kind, das sich freiwillig meldet), ein Pflaster, ein Verband, eine Spritze, eine Pinzette, eine Glasscherbe.
Der Erzieher erzählt:
Im Sommer war es sehr heiß. Klaus watete barfuß im Bach. Auf einmal spürte er einen starken Schmerz an seinem Fuß.
Blut sickerte aus der Fußsohle. Wenn er auftreten wollte, tat es scheußlich weh. Mühsam humpelte Klaus nach Hause.
Was glaubt ihr, was passiert war?
Richtig, Klaus war in eine Glasscherbe getreten. Es gibt nämlich immer noch so dumme Leute, die ihre leeren Flaschen einfach in die Gegend schmeißen. Dann liegen überall Scherben herum, und andere verletzen sich.
Die Mutter schaute sich den Fuß an (Fuß auf den Tisch legen) und klebte ein Pflaster darauf (Pflaster aufkleben). Sie wischte Klaus die Tränen ab und sagte: „Gleich wird es nicht mehr weh tun!"
Aber diesmal hatte die Mutter nicht recht. Der Fuß tat immer mehr weh, und Klaus konnte die Schmerzen kaum mehr aushalten.
Und nun erzähle ich euch, was mit dem Fuß wirklich los war. Der Fuß dachte immer: „Ja, merken die denn nicht, daß noch eine Glasscher-

be in mir drinsteckt?" (Wenn der Fuß „denkt", bewegt er sich ein bißchen hin und her.) „Bitte, bitte, holt doch endlich die Glasscherbe raus, die tut mir doch so weh!" Aber da ein Fuß ja nicht sprechen kann, hörte Klaus auch nicht, was er sagte.
Immer wieder dachte der Fuß: „Holt die Glasscherbe raus, ich will keine doofe Glasscherbe! Holt sie doch bitte, bitte raus!" Endlich, nach langer Zeit, als der Fuß gar nicht aufhören wollte wehzutun, sagte die Mutter: „Komm, Klaus, wir fahren mal zum Arzt. Der kann sicher etwas unternehmen, daß die Schmerzen aufhören."
„Na endlich!" dachte der Fuß. „Das hätte denen aber auch früher einfallen können!"
Der Arzt sah sich den Fuß an, und inzwischen unterhielt sich der Fuß mit den Instrumenten, den Arztsachen, die da herumlagen.
Fuß: Holt doch endlich die verdammte Glasscherbe aus mir raus, oder seid ihr vielleicht zu blöd dazu?
Pinzette: Ich bin die Pinzette, ich habe zwei so geschickte Fingerchen, die können besser zupacken als die viel zu dicken Finger vom Arzt.
Fuß: Na, dann hol die Scherbe endlich und red nicht lang.
Pinzette: Ich komme aber nicht dran an die Scherbe. Das würde dir weh tun.
Fuß: Weh tun? Nein, das will ich nicht! Ich habe heute schon genug Schmerzen gehabt.
Pinzette: Was machen wir bloß, was machen wir bloß?
Fuß: Ich habe gehört, es gibt ein Zaubermittel. Wenn ich davon ein bißchen hätte, würde ich überhaupt nichts spüren.
Pinzette: Ja, das habe ich auch gehört. Es sieht aus wie Wasser, und wenn man nur ein paar Tröpfchen davon bekommt, hören die Schmerzen sofort auf und es würde dir kein bißchen weh tun, wenn ich mir die Scherbe hole. Nicht ein winziges Bißchen.
Fuß und Pinzette: Zaubermittel, Zaubermittel, komm doch! Bitte, bitte, komm schnell!
Spritze: Hier bin ich!
Fuß: Du bist doch eine Spritze, aber ich brauche das Zaubermittel, das mir alle Schmerzen wegzaubert.
Spritze: Das ist doch in mir drin, du armer Fuß! Soll ich dir ein paar Tröpfchen geben?
Fuß: Aber ich habe Angst, wenn du mich piekst!
Spritze: Du, das ist noch nicht mal so schlimm wie wenn man sich an einer Rose sticht. Bei mir gibt es nur so einen ganz kurzen, feinen Piekser – ehe du „los" sagst, ist es schon vorbei.

Fuß: Und du gibst mir wirklich von dem Zaubermittel?

Spritze: Ehrenwort!

Fuß: Also los!

Spritze (spritzt): Schon vorbei!

Fuß: Einen kleinen Pikser habe ich gespürt.

Spritze: Das war schon alles. Jetzt kommt nichts mehr, was weh tut.

Pinzette: Kann ich jetzt die Scherbe aus dem Fuß holen?

Fuß: Probier mal.

Pinzette: Tut es weh?

Fuß: Ich spüre nichts. Bist du überhaupt da? Pinzette, los, du sollst die Scherbe holen!

Pinzette: Ich bin doch schon an der Arbeit!

Fuß: Ich spüre aber nichts.

Pinzette: Du hast doch von der Spritze das Wunderwasser bekommen!

Fuß: Ach so! Mensch, ist das eine tolle Erfindung!

Pinzette: Ja, das ist prima. Früher hatten die Menschen noch kein Wundermittel und keine Spritze, da mußten sie alle Schmerzen ertragen.

Fuß: Spritze, du bist Klasse!

Pinzette: Spritze, du bist Klasse! Hier ist übrigens die Glasscherbe.

Fuß: Mensch, bin ich froh! Da kann ich ja bald wieder laufen.

Verband: Aber zuerst muß alles gut zuheilen. Ich wickle mich um dich herum, ich bin weich und sauber und sorge dafür, daß kein Schmutz in die Wunde kommt.

(Verband wird um den Fuß gewickelt.)

Fuß: Tschüs, Pinzette! Und vielen Dank! Tschüs, Spritze, du warst Klasse!

Im Anschluß an die Geschichte könnte das Lied „Heile, heile Segen" (2.31) gesungen werden.

Exkursion

12.6 Besuch beim Arzt. Die Gruppe der älteren Kinder darf den Arzt besuchen. Die Kinder setzen sich zunächst in das Wartezimmer. Vielleicht ist ein Kind bereit, sich freiwillig untersuchen zu lassen. Wenn dieses Kind von der Sprechstundenhilfe gerufen wird, gehen alle Kinder mit. Zunächst werden die Personalien aufgenommen:

Name, Alter, Adresse, Name des Vaters, Krankenkasse.

Das Kind gibt einen Krankenschein (es braucht kein echter zu sein) ab.

Im Sprechzimmer wird das Kind untersucht. Die anderen schauen zu. Der Arzt zeigt, wo das Wundermittel steht, das die Schmerzen „wegzaubern kann" und zeigt ihnen, daß es sogar ein Mittel gibt, daß man selbst den Pikser von der Spritze nicht spürt.

Er zeigt den Rezeptblock, seinen Vorrat an Pflaster und beantwortet die Fragen der Kinder. Anschließend zeigt die Sprechstundenhilfe das Labor und schaltet vielleicht kurz ein Bestrahlungsgerät ein.

Es wäre schön, wenn die Kinder einige alte Einwegspritzen (ohne Nadel) und etwas Verbandsmaterial geschenkt kriegen würden, vielleicht auch einige unschädliche Vitamintabletten o. ä.

Rollenspiel

12.7 Praxis eröffnen. Aus Stellwänden und Stühlen Wartezimmer, Anmeldung, Sprechzimmer, Labor und Bestrahlungszimmer bauen.

Im Wartezimmer liegen Bilderbücher. In der Anmeldung Formulare, Stempel, Schreibzeug, vielleicht eine Schreibmaschine.

Im Sprechzimmer eine Liege, Verbandsmaterial, Salben, Watte, Fläschchen mit Wasser, Hörrohr, Spritze, Pinzette ...

Im Labor viele Fläschchen, verschieden gefärbtes Wasser, Waage, Vergrößerungsglas ... Klebeetiketten zum Beschriften.

Im Bestrahlungszimmer Sonnenbrille und Lampe (als Höhensonne), Wecker, Liege.

Falls zunächst der Erzieher den Arzt spielt, soll er möglichst viele Sprechstundenhilfen beschäftigen und Arbeit delegieren, damit viele Patienten gleichzeitig behandelt werden können.

Didaktisches Spiel für kleine Gruppe

12.8 Wenn die Musik aussetzt. Am Rande eines Tisches oder einer Tischgruppe liegen in gleichmäßigen Abständen Gegenstände, die in der Wörterliste genannt sind, z.B. Pflaster, Verband, Tabletten, Salbe, Tropfen, Pinzette, Spritze, Thermometer, Rezept, Watte, Verbandmull usw. Es sollen so viele Gegenstände ausgewählt werden, wie Kinder da sind. Die Kinder bewegen sich zur Musik um den Tisch. Wenn die Musik aussetzt, bleibt jeder wie angewurzelt stehen und benennt den Gegenstand, der ihm am nächsten liegt.

Derselbe Vorgang kann auch als Variation der **12.9 Reise nach Jerusalem** gespielt werden. In diesem Fall ist ein Gegenstand weniger als die Anzahl der Kinder vorhanden. Wer beim Aussetzen der Musik keinen Gegenstand erwischt hat, scheidet aus und darf einen Gegenstand entfernen. Für die restliche Zeit wird er als Schiedsrichter eingesetzt. Wer zuletzt übrig bleibt, hat gewonnen. Voraussetzung bei diesem Spiel ist, daß die Gegenstände mindestens eine Kinderarmlänge voneinander entfernt liegen.

Rollenspiel

12.10 Apotheke. Aus dem Labor vom Vortag (12.7) wird eine Apotheke gebaut. Manche medizinischen Präparate hat der Apotheker vorrätig, andere muß er erst herstellen (eventuell mit Klebeetiketten versehen). Darauf achten, daß die Patienten ein Rezept vom Arzt mitbringen.

Im Labor der Apotheke (Küche) könnten allerlei Heilkräutertees hergestellt werden zum Trinken oder Gurgeln.

Spiel im Kreis

12.11 Herr Doktor, was soll ich tun? Einführendes Gespräch: Der Erzieher fragt die Kinder, ob sie schon einmal beim Arzt gewesen seien. Viele Kinder würden jetzt gern lange Geschichten erzählen, was die Zuhörbereitschaft der anderen Kindern überstrapazieren würde. Der Erzieher soll deshalb versuchen, nur nach dem Namen der Krankheit, nicht nach der Krankengeschichte zu fragen. Vielleicht fallen Begriffe wie Ausschlag, Wunde, verbrannt, Entzündung, Schmerzen …

Im Anschluß an dieses *kurze* Gespräch stellt sich ein Kind in die Kreismitte als Arzt. Reihum nennen nun die Patienten ihre Beschwerden: Herr Doktor, was soll ich tun, ich habe Ohrenschmerzen! Arzt: Da nehmen Sie Ohrentropfen. Herr Doktor, was soll ich tun, ich habe einen Ausschlag!

Arzt: Da verschreibe ich Ihnen Puder.

Herr Doktor, was soll ich tun, mir tut der Bauch so weh!

Da machen Sie warme Umschläge …

Falls die Rolle des Arztes für die Kinder anfangs noch zu schwierig ist, sollte sie der Erzieher übernehmen, damit das Spiel flüssig bleibt.

Spiel im Kreis mit Handpuppen

12.12 Der Kasper als Doktor. Alle Handpuppen werden verteilt. Der Erzieher nimmt die Kasperpuppe.

Die verschiedenen Handpuppen klagen dem Arzt ihr Leid, der Kasper-Arzt gibt unsinnige Ratschläge. Zum Beispiel so:

Herr Doktor, mir tun die Füße so weh!

Da mußt du eben auf den Händen laufen.

Herr Doktor, mir tun die Finger so weh!

Mach einfach eine Faust, dann sind die Finger weg!

Herr Doktor, ich habe hohes Fieber!

Dann mach schnell das Thermometer kaputt.

Herr Doktor, ich kriege keine Luft mehr!

Mußt du immer so viel Luft haben? Nimm halt mal was anderes!

…

Witze erzählen

12.13 Vom Mann, der eine Maus verschluckt hatte. Ein Mann kam zu einem Arzt und jammerte: Herr Doktor, Herr Doktor, ich habe eine Maus verschluckt! Da sagte der Arzt: Wissen Sie was, verschlucken Sie noch eine Katze dazu, dann sind Sie die Maus wieder los.

12.14 Vom Bauern, der die Kartoffeln bringen wollte. Ein Bauer kam zum Arzt und wollte einen Sack Kartoffeln abliefern. Setzen Sie sich bitte, sagte der Arzt.

Der Bauer setzte sich.

Ziehen Sie sich bitte aus, sagte der Arzt.

Aber ich – begann der Bauer.

Sie sollen sich ausziehen!

Aber ich –

Zuerst muß ich Sie untersuchen!

Da zog der Bauer sich halt aus.

Ihnen fehlt ja gar nichts! sagte der Arzt.

Das weiß ich, antwortete der Bauer, ich wollte ja bloß die Kartoffeln abgeben!

13. Karneval

Vorüberlegungen

Karneval soll Anlaß für ein Fest im Kindergarten sein. Feste sind Ausnahmesituationen, deshalb soll auch der Wochenplan von der üblichen Gestaltung abweichen.

Vorbereitung

Am Anfang der Woche könnten die Kinder zu einer Besprechung zusammengerufen werden, um zu überlegen, unter welchem Thema die Karnevalsvorbereitungen stehen könnten. Wir bieten hier Vorschläge für das Thema „Zirkus" an, es könnte aber ebenso gut ein anderes Thema gewählt werden wie z.B. Geisterbahn,

Rummelplatz, Schlaraffenland, Märchenschloß, Räuberhöhle oder: Wo die wilden Kerle wohnen. Die Vorbereitungen sind das wichtigste und pädagogisch wertvollste am Fest, alle Kinder sollen motiviert werden, sich zu beteiligen und sich etwas einfallen zu lassen.

Auch einige Mütter oder Väter sind vielleicht bereit, in dieser Woche eine „Artistengruppe" zu betreuen oder sich wenigstens am Zirkusaufbau und -abbau zu beteiligen.

Publikum

Bei einem so lebhaften Fest wie Karneval sollte man nicht noch mehr Leute einladen als ohnehin schon im Kindergarten sind, es sei denn, sie helfen mit bei der Betreuung der Kinder. Die Kinder selbst sind Akteure und Publikum zugleich.

Dekoration

Beim Thema „Zirkus" brauchen wir eine Andeutung von Zelt, eine Manege, eine Bar, eine Würstchenbude, eine Kasse und was sonst den Kindern noch wichtig erscheint.

Das Zelt könnte dadurch angedeutet werden, daß von einem Haken in der Mitte der Zimmerdecke aus Schnüre zu den Wänden gespannt werden, an denen Wimpel in allen Formen und Farben befestigt sind.

Zirkusleute lieben alles, was glitzert. Vielleicht ist vom Weihnachtsbasteln noch metallisch glänzende Folie übrig. Kleine Schnipsel könnten abwechselnd mit Perlen auf Fäden gezogen werden und an der Decke aufgehängt werden. Die Bar könnte mit Papierblumen geschmückt werden, die man aus Kreppapierstreifen wickeln und mit Blumendraht zusammenhalten kann. Wenn die Streifen mit Fransen versehen werden, entstehen Papiernelken. Wichtig ist, daß die Kinder eigene Vorschläge machen können, und daß die Dekoration auf Arbeiten beschränkt bleibt, die wirklich von den Kindern und nicht von den Erziehern übernommen werden. Es gibt Kindergärten, in denen die Erzieher nächtelang an einer Karnevalsdekoration basteln, die zwar von den Eltern bewundert wird, aber für die Kinder eher schädlich als nützlich ist. Entweder werden sie nämlich durch die zur Schau gestellte Perfektion entmutigt, weil sie es selber ja doch nicht so schön hinkriegen, oder sie begeben sich in die Rolle der passiven Genießer, die mit verschränkten Armen darauf warten, daß ihnen etwas geboten wird.

Rollen

Während der Vorbereitungszeit führt der Erzieher Gespräche mit den einzelnen Kindern und hilft ihnen, sich für eine Rolle zu entscheiden. (Es macht nichts, wenn sich das Kind in letzter Minute dann doch für eine ganz andere Rolle entscheidet.) Ein Zirkus braucht Musiker, Kunstturner, Clowns, Dompteure, Zauberer, Cowboys, Würstchenverkäufer, Raubkatzen, Kunstreiter … Gleichzeitig ist jedes Kind auch Publikum, solange es nicht gerade selbst in der Manege steht.

Kostüme

Kostüme brauchen nur angedeutet zu werden. Angedeutete, schnell improvisierte Kostüme haben den Vorteil, daß man rasch die Rolle wechseln kann. Außerdem wird das Konkurrenzdenken („Ich habe ein schöneres Kostüm als du") ausgeschaltet.

Knallplättchen sollten im Innenraum streng verboten sein. Ob auch auf Pistolen und Gewehre verzichtet werden soll, muß gründlich überlegt werden. Einerseits spielen sie für das Kind eine wichtige Rolle, andererseits fallen Kinder, wenn sie eine Pistole in der Hand haben, allzu leicht in ein primitives Spielschema zurück. Sie beschränken sich darauf, schießend in der Gegend herumzurennen und sind dann kaum mehr in der Lage, ein Spiel, das mehr von ihnen verlangt, zu entwickeln.

Aktionen

Viele Kinder beschränken sich in der Karnevalszeit darauf, ihre Kostüme spazieren zu tragen und vielleicht noch mit Pistolen auf der Straße herumzuknallen. Dem soll nun der Kindergarten die Erfahrung entgegen setzen, daß es noch viel interessantere Spiele gibt, die sich aus einer Rollenübernahme herleiten lassen.

Clowns können lustige Szenen spielen, Witze erzählen und komische Bewegungen machen, Kunstturner führen eine „Nummer" vor, Dompteur und Raubtiere können einen Dressurakt zeigen, der Zauberer kann seine Tricks vorführen.

Während der ganzen Woche sollte der Erzieher mit kleinen Gruppen solche Aktionen ausprobieren (nicht proben!) und sich einige Notizen machen, was den einzelnen Kindern besonderen Spaß gemacht hat.

Vorstellung

Bei der großen Zirkusvorstellung, die Höhepunkt der Karnevalswoche im Kindergarten sein sollte, könnte der Erzieher zur Überraschung der Kinder als Zirkusdirektor auftreten, der jeweils den Künstler ankündigt, der als nächster auftritt. Jeder Auftritt soll möglichst kurz sein, damit dem Publikum die Zeit nicht zu lang wird. In den Pausen werden die Eis- unds Würstchenverkäufer aktiv. Nach der Zirkusvorstellung könnte im Zirkuszelt getanzt werden oder ein Umzug mit viel Lärminstrumenten um den Häuserblock stattfinden.

Nach dem Fest
sollten die Erzieher sich zusammensetzen und ehrlich überlegen, ob das Fest ihnen mehr Vergnügen oder mehr Belastung war. Es war als Vergnügen – auch für die Erzieher! – geplant.

Anmerkung: Einige der Gymnastikvorschläge stammen aus dem Buch Purzelpeter von HEIDI und MANFRED VORDERWÜLBECKE und V. NEUBAUER-ZACHARIAS, Sellier-Verlag, Freising 1970. Das Buch enthält noch viele andere Vorschläge für Gymnastik mit Kindern.

Angebote

Turnen
13.1 Indianer schleichen sich an. Der Zirkusdirektor kündigt die leisesten Indianer der Welt an: Die Weltmeister im Schleichen. Die Indianer kriechen tiefgeduckt und fast lautlos zu einem Stuhl, klettern hoch, springen möglichst unhörbar von diesem „Felsen" ab und schleichen unter den Stühlen durch. Wenn der Häuptling ein Zeichen gibt, springen alle mit lautem Geschrei auf, werfen die Arme in die Höhe und zeigen einen wilden Indianertanz.

Turnen
13.2 Zirkuspferde. Der Zirkusdirektor führt meistens seine Paradepferde selbst vor. Die Pferdchen traben hintereinander in der Manege. (Die Kinder laufen aufrecht, heben die Knie möglichst hoch und nicken mit den Köpfen.) Wenn der Direktor das Zeichen gibt, drehen sich die Pferde um die eigene Achse und wechseln die Richtung.
Nun stellen sich die Pferde in einer Reihe auf. (Die Kinder stellen sich auf alle Viere.) Die Pferde schlagen abwechselnd mit den Vorder- und Hinterbeinen aus.
Zum Schluß springen die Pferde über ein Hindernis. (Die Kinder laufen wieder auf zwei Beinen.)

Turnen
13.3 Kamele. Kamele bewegen sich im Paßgang, das heißt, sie bewegen gleichzeitig Vorder- und Hinterbein derselben Körperseite. Wer kann das? Geht es auch mit einem Kameltreiber auf dem Rücken?

Rollenspiel
13.4 Schlangenbeschwörer. Weinkorken werden auf einen Faden gezogen und am vorderen Ende so abgerundet und mit Augen (Stecknadelköpfen) versehen, daß das Ganze einer Schlange ähnlich sieht. Diese Schlange wird mit einem dünnen Faden am Ende einer Papprohre befestigt, und zwar so, daß zwischen Schlange und Papprohr 10 bis 20 cm Abstand bleibt.
Das Papprohr stellt die Flöte dar, in die der Schlangenbeschwörer hineinsingt. Langsam kommt die Schlange zur Musik aus dem Korb gestiegen. Wenn die Musik abbricht, fällt auch die Schlange in ihren Korb zurück.

Turnen
13.5 Seiltänzer. Seiltänzer können barfuß auf Besenstielen balancieren. Der Besen sollte gut am Besenstiel befestigt sein, damit der Stiel nicht wegrollen kann. Seiltänzerinnen halten die Balance oft mit Hilfe eines kleinen Schirmes.

Turnen
13.6 Ballartisten. Die Ballartistengruppe führt allerlei Kunststücke mit Bällen vor: Ball unter dem hochgehobenen Knie durchwerfen, Ball mit den Füßen packen und über den Kopf werfen …

Turnen – Rollenspiel
13.7 Dompteurszenen. Raubtiere springen durch einen Reifen, werden angefeuert und gelobt. Sie springen auf Stühle und kriechen durch die Beine des mutigen Dompteurs. Zur Belohnung bekommen sie ein Stück Fleisch.

Rollenspiel
13.8 Zauberer. Der Zauberer behauptet, er könne eine Kugel in einen Faden verwandeln: Er kaut einen kugelförmigen Kaugummi und zieht ihn lang. Er kann einen Keks spurlos verschwinden lassen: er ißt ihn auf. Er kann Wasser im Sieb davontragen: Eiswürfel aus dem Kühlschrank. Er kann einen Luftballon in eine Rakete verwandeln: aufblasen und loslassen.

Rollenspiel

13.9 Clown und Schuh. Zwei Clowns ziehen sich die Schuhe aus, weil ihnen die Füße weh tun. Beim Anziehen erwischt jeder von ihnen einen Schuh des anderen. Nun jammern sie beide, daß sie ein ungleiches Paar haben. Sie trösten sich damit, daß sie beide gleich schlimm dran sind.

13.10 Clown und Sessel. Ein Clown setzt sich auf einen Stuhl, läßt ein Tuch über sich werfen (damit er seine Ruhe hat) und schläft ein. Ein zweiter Clown kommt, freut sich beim Anblick des „Sessels" und nimmt Platz. Als der Sessel sich unter ihm bewegt, bekommt er einen fürchterlichen Schreck.

13.11 Clown und Dame. Der Clown will eine Dame ansprechen, aber er weiß nicht, wie man das macht. Ein zweiter Clown bietet seine Hilfe an:
„Ich sage dir, wie man so was macht. Du mußt nur gut auf mich hören und alles so sagen, wie ich es dir vorsage."
Dame nähert sich.

„Zuerst nimmst du den Hut ab!" Der Clown geht auf die Dame zu und sagt zu ihr: „Zuerst nimmst du den Hut ab!"
„Nein, *du* sollst den Hut abnehmen, du Esel!" Der Clown wiederholt auch das.
So geht das weiter, bis die Dame den beiden den Rücken kehrt.

Clown erzählt Witze
(Die Kinder überlegen sich, welche Witze sie erzählen können. – 11.4, 12.13, 12.14 u.a.)
13.12 Vom Breitmaulfrosch. Der Breitmaulfrosch geht spazieren. Er trifft eine Kuh und fragt sie: „Was machst du denn?" „Ich fresse Gras!" „Na, dann friß mal weiter!" (Der Breitmaulfrosch muß mit breitem Mund gesprochen werden.)
Dann trifft er einen Hasen. „Was machst denn du?" „Ich fresse Karotten." „Na, da friß mal weiter." Dann trifft der Breitmaulfrosch einen Storch. „Was machst denn du?" „Ich fresse Breitmaulfrösche!" Darauf der Breitmaulfrosch mit gespitzten Lippen: „Ü, ü, dü gübst doch gar nücht möhr!"

Lied und Mimik
13.13 Knatschlied

Worte und Melodie: ROSE GÖTTE

Wir knatschen schon, wenn man uns weckt: Knatsch-knatsch-knatsch-knatsch
Wir knatschen, wenn der Tisch gedeckt: Knatsch-knatsch-knatsch-knatsch

I-pfui Teufel! Sowas essen wir nicht! Knatsch-knatsch-knatsch-knatsch

Lieber machen wir ein Knatschgesicht: Knatsch-knatsch-knatsch!

Wir knatschen, wenn wir spielen soll'n
Knatsch, knatsch, knatsch, knatsch,
Weil wir viel lieber knatschen woll'n:
Knatsch, knatsch, knatsch, knatsch.
I pfui Teufel, so was spielen wir nicht!

Wir knatschen noch bis heute nacht:
Knatsch, knatsch, knatsch, knatsch,
Und wehe, wenn hier einer lacht!
Knatsch – knatsch, knatsch, knatsch
I pfui Teufel! Lachen mögen wir nicht!
Knatsch, knatsch, knatsch, knatsch
Lieber machen wir ein Knatschgesicht!
Knatsch, knatsch, knatsch!

Kinderreime

13.14 Ich red nicht mit dir
Ich red nicht mit dir
dein Hemd ist aus Papier,
deine Hose ist aus Blech,
du bist mir viel zu frech!

13.15 Was sollen wir machen?
Was sollen wir machen?
Auf dem Kopf steh'n und lachen.
Was wollen wir spielen?
Auf dem Kopf steh'n und schielen.
Was wollen wir tun?
Auf dem Kopf steh'n und ruh'n.

13.16 Eins, zwei, drei
1-2-3-4-5-6-7
in der Schule wird geschrieben,
in der Schule wird gelacht,
bis der Lehrer pitsch-patsch macht.
Au, Herr Lehrer, das tut weh,
morgen komm ich nimmermeh,
übermorgen noch einmal,
aber mit dem Großpapa.
Großpapa ist nicht so dumm,
dreht dem Lehrer die Nase krumm.

13.17 Auf dem Klavier
Auf dem Klavier
steht ein Glas Bier.
Wer daraus trinkt,
der stinkt!

13.18 Da droben auf dem Berge
Da droben auf dem Berge,
da ist der Teufel los,
da zanken sich vier Zwerge
um einen dicken Kloß.
Der eine will ihn haben,
der andere läßt nicht los,
der dritte fällt in'n Graben,
dem vierten platzt die Hos'.

Andere lustige Kinderreime:
Ilse Bilse 3.32
Auf einer Kaffeetasse 3.11
Ein Witz vom Onkel Fritz 4.17.

Geschichte zum Nacherzählen
13.19 Lüge, Lüge, nichts als Lüge
Ich saß auf einem Baum und aß Pflaumen.
Die Steine spuckte ich einer Frau auf den Kopf.
Als sie mich sah, rief sie „Komm mal her!"

Ich verstand: „Spuck noch mehr!"
Also spuckte ich noch mehr.

Dann ging ich zum Hafen.
Dort lagen drei Schiffe:
ein rotes, ein grünes und eins, das nicht da war.
Ich setzte mich in das, das nicht da war,
und fuhr nach Amerika.
Dort stand ein Mann und rief:
„Leute, kauft Nüsse!"
Ich aber verstand: „Leute, klaut Nüsse!"

Da kam ein Polizist und rief:
„Komm mal her!"
Ich aber verstand:
Klau noch mehr!
Und klaute, bis mir die Taschen platzten.

Dann kam ich in eine Kirche.
Da sang der Pfarrer: Halleluja!
Ich aber verstand: Es ist kein Stuhl da!
Also setzte ich mich auf den Altar.
Da rief der Pfarrer: Was machst du, du Wurm!
Ich aber verstand: Ab auf den Turm!
Als ich auf dem Turm war,
sah mich meine Mutter und rief:
Bist du verrückt!
Ich aber verstand: Komm zurück,
und flog zu ihr durch die Luft.

14. Schuhe

Vorüberlegungen

„Schuhe" als Wochenthema: das klingt nicht
besonders attraktiv. Und doch können auch bei
der Auseinandersetzung mit einem so alltäglichen Gegenstand die verschiedensten Lernziele
verfolgt und eine Menge kindlicher Bedürfnisse
befriedigt werden.
Schuhe putzen (14.1) macht Kindern Spaß,
nicht nur, weil es zu Hause meist für Kinder
verboten ist, sondern weil das Wischen und
Schmieren ihren natürlichen Bedürfnissen ent-
gegenkommt. Für den Erzieher bietet sich dabei
die Möglichkeit, den Wortschatz der Kinder zu
erweitern (indem er mit ihnen darüber spricht,
wie die verschiedenen Schuhtypen und Schuh-
teile behandelt werden müssen) und einen
Handlungsablauf sprachlich bewältigen zu lassen (indem er z. B. ein Kind fragt, was es bis jetzt
mit dem Schuh gemacht habe).

Alte Schuhe auseinandernehmen (14.3) bedeutet nicht nur ein Geschicklichkeitstraining, sondern kommt dem kindlichen Forscherdrang, vielleicht auch aggressiven Bedürfnissen, entgegen und bietet zudem als Gespensterkollage (14.4) ein Aktionsfeld für Kreativität. Phantasie entwickeln können die Kinder auch bei der Schaffung des tausendfüßigen Ungeheuers (14.9–14.12), dessen Gefährlichkeit dadurch gedämpft werden kann, daß man den 1000 Füßen Schuhe verpaßt, das wilde Tier also vermenschlicht. Das Ausschneiden soll die Fingergeschicklichkeit fördern und gleichzeitig bewußt machen, wie verschieden die einzelnen Schuharten an Form und Größe sind.

Eine Schleife binden können (14.15–14.16) ist ein wichtiger Meilenstein auf dem Weg zur Selbständigkeit. Ob der Erzieher zunächst zwei Schlingen verknoten läßt oder gleich das „richtige" Binden der Schleife übt, bleibt ihm überlassen. Hauptsache, kein Kind wird in die Schule entlassen, ohne gelernt zu haben, seine Schuhe allein an- und auszuziehen. Hier ist besonders auch auf die „überbemutterten" Kinder zu achten und notfalls ein Gespräch mit den allzu hilfsbereiten Müttern zu führen.

Das Rollenspiel Schuhladen (14.13) kann vielleicht in der Garderobe stattfinden. Auch für Bewegungsexperimente (in Erwachsenenschuhen herumlaufen, Wettrennen mit vertauschten Schuhen usw.) sollten die Kinder genügend Möglichkeiten haben (14.20).

Das Aufstampfen macht Kindern besonderen Spaß und bietet ein gutes Training für Rhythmus, Konzentration und Kooperation (14.24).

Wörterliste

Absatz	Stiefel
Bürste	Turnschuhe
Damenschuh	Wanderschuhe
Einlagen	Wildleder
Fußballstiefel	Zunge
Gummistiefel	*
Haken	anziehen
Halbschuh	ausziehen
Hausschuh	binden
Herrenschuh	drücken
Holzschuh	einsprühen
Hüttenschuh	polieren
Innenfutter	putzen
Kinderschuh	wichsen
Lappen	sohlen
Leder	schnüren
Loch	*
Ösen	abgetragen
Profilsohle	alt
Riemen	bequem
Riß	billig
Sandale	echt
Schnalle	elegant
Schnürsenkel	flach
Schuhband	gefüttert
Schuhkarton	glatt
Schuhlöffel	hoch
Schuhmacher	kaputt
Schuster	neu
Schuhverkäufer	niedrig
Schuhwichse	sauber
Skistiefel	schmutzig
Sohle	warm

Wochenplan

	In der Zeit des Freispiels	Gemeinsame Aktion	Fördergruppe	
Mo	Gespräche mit Kindern aus der Fördergruppe G über das, was sie gerade tun **G**	Schuhe putzen 14.1￼ Schuhcremebild 14.2	A 64–66 A 78–80	**A**
Di	Alte Schuhe auseinander-reißen 14.3 Collage aus Schuhteilen 14.4 Oder: Schuhsohlen vergleichen 14.4	Ich habe Stiefel an 14.6 Paare suchen 14.7 Schuhe raten 14.8	Schuhe tasten 14.18 Paare suchen ohne zu sehen 14.19 vielleicht: 14.20	**W**
Mi	Das tausendfüßige Ungeheuer 14.9	Gespräch im Kreis 14.10 Bewegungsspiel 14.11 Märchen erfinden 14.12		

	In der Zeit des Freispiels	Gemeinsame Aktion	Fördergruppe	
Do	Schuhe verkaufen 14.13	Schleife binden 14.15 Vom Felix 14.16 Lied: Suse, liebe Suse	Fundsachen 14.17	**K**
Fr	Basteln mit Schuhkarton 14.14	Lied: Wozu sind … 14.24 Wortspiele (nur mit den Älteren) 14.21, 14.22 Witz 14.23	Arbeitsblatt 14	

Vorbereitung: Von den Eltern erbitten: Alte Schuhe zum Kaputtmachen, leere Schuhkartons, Kataloge oder Katalogseiten von Schuhen oder Sportausrüstung (Sportschuhe). Besorgen: Schuhputzzeug für mehrere Kinder, Preßholzplatten und Nägel, für jedes Kind eine Kordel zum Schleife-binden-üben, verschiedene Schuhe bereitstellen.

Angebote

Sachbegegnung

14.1 Schuhe putzen. Um die Kinder zu motivieren, Schuhe zu putzen, muß man ihnen zuerst einmal klar machen, daß viele Schuhe schmutzig sind. Dabei dürfen aber nicht die Besitzer bloßgestellt oder getadelt werden, sondern es soll als selbstverständlich gelten, daß Schuhe schmutzig werden und Pflege brauchen.
Möglichkeit: Hört mal zu, was die Schuhe sagen: „Mir spannt richtig das Leder", sagen die Schuhe von Birgit, „wir kriegen nie genügend Schuhcreme!" „Wir auch nicht, wir auch nicht", rufen die Schuhe von Peter und Markus, „und dabei läuft der Markus immer mitten durch die Pfützen, und weil wir nicht richtig eingecremt sind, werden wir jedesmal pitschnaß!" Da melden sich die Schuhe von Beate: „Creme krieg ich schon, aber ich werde mit dem Lappen nie richtig blank gerieben. Und dabei habe ich mir schon die ganze Zeit gewünscht, mal so toll zu glänzen wie die Schuhe von der Sabine." „Ha", rufen die Schuhe von der Sabine, „habt ihr schon mal gesehen, wie schmutzig unsere Schnürsenkel sind? Die Sabine bindet uns ja nie richtig zu, da schleifen wir immer durch die schmutzigen Pfützen!" „Ist doch schön", sagen die Gummistiefel von Paul …
In kleinen Gruppen beginnen die Kinder anschließend, Schuhe zu putzen, während die anderen mit dem Schuhcremebild (14.2) beginnen. Gummistiefel werden gewaschen, Lederschuhe gebürstet, eingecremt, blank gewichst. Der Erzieher muß durch Fragen und Hinweise dafür sorgen, daß möglichst viele Begriffe aus der Wortliste „Schuhe" fallen. (Der Absatz ist noch nicht ganz sauber! Wie kriegt man bloß den Dreck aus der Profilsohle raus? Hat dein Stiefel keine Zunge oder hat die sich bloß versteckt? …)
Nicht vergessen, den Kindern Malkittel überzuziehen!

Malen

14.2 Schuhcremebild. Mit einer Kerze einen (zunächst kaum sichtbaren) großen Mond auf ein Blatt Papier malen, dann mit in Schuhcreme gestippter Bürste drübermalen: Nun leuchtet der Mond in der Nacht.

Sachbegegnung

14.3 Alte Schuhe auseinanderreißen. Mit viel Kraft, Zangen und Scheren lassen sich alte Schuhe in ihre Einzelteile zerlegen. Sortieren: Absätze, Schnürsenkel, Zungen, Sohlen, Oberleder …

Gestalten

14.4 Kollage aus Schuhteilen. Auf Kork- oder Preßholzplatten werden Schuhgespenster aufgeklebt oder genagelt. Material: Teile von Schuhen (siehe 14.3).

14.5 Schuhsohlen vergleichen. Die Kinder stellen sich auf feste Pappe, umfahren die Schuhe (gegenseitig) mit einem Stift und schneiden ihre „Schuhsohlen" aus. Der Erzieher gibt den Kindern Maße (Pappstreifen) für verschiedene Schuhgrößen. Die Kinder sollen herausfinden, welches Schuhmaß zu ihren Sohlen paßt. Welche Schuhsohlen sind kürzer, welche länger, welche breiter, welche schmäler? Gleich große Schuhsohlen nebeneinander aufhängen. Namen dazuschreiben. Besonders lustig ist es, wenn die Sohlen an der

Raumdecke befestigt werden könnten. Es sieht dann so aus, als sei der ganze Kindergarten in langer Reihe über die Decke marschiert. Dazu eine Geschichte erfinden: Wie wir mal an den Wänden hoch und die Decke entlang gelaufen sind.

Spiel im Kreis
14.6 Ich habe Stiefel an. Das erste Kind sagt etwas über seine Schuhe, z.B. „Ich habe Stiefel an!" Reihum betrachtet jedes Kind seine eigenen Schuhe und antwortet „Ich auch" oder „Ich nicht!" – bis die Reihe an das zweite Kind kommt, das eine andere Aussage machen kann, z.B. „Ich habe Schnallen an meinen Schuhen." *Variation:* Wer nicht schnell genug oder falsch antwortet, muß einen Schuh als Pfand geben.

Spiel im Kreis
14.7 Paare suchen. Alle Kinder ziehen einen Schuh aus und stellen ihn neben den zweiten. Drei Kinder drehen sich um, drei andere dürfen Schuhe vertauschen. Nun sollen die Kinder, die sich umgedreht haben, die Ordnung möglichst schnell wieder herstellen.

Spiel im Kreis
14.8 Schuhe raten. Einzelne Schuhe liegen in der Kreismitte. Einer beginnt: Ich seh einen Schuh, den ihr nicht seht, der ist (blau und hat keine Schnürsenkel). Wer als erster auf den richtigen Schuh zeigt, hat gewonnen und darf das nächste Rätsel aufgeben. (Damit nicht immer dieselben Kinder drankommen, muß der Erzieher zwischendurch ankündigen: Jetzt darf mal nur der … raten.)
Anschließend: Schuhe wieder anziehen, Schleife binden.

Schneiden – kleben – sprechen
14.9 Das tausendfüßige Ungeheuer. Kinder, die morgens schon früh kamen, haben zusammen mit dem Erzieher auf einen langen Papierbogen ein schlangen- oder drachenähnliches Ungeheuer mit unzähligen kurzen Beinen gemalt (verschiedene Länge). Nun sollen alle Kinder aus Katalogseiten Schuhe ausschneiden und jedem Beinchen einen Schuh verpassen, damit das Ungeheuer nicht mehr friert und friedlicher wird. Der Erzieher unterhält sich dabei mit den Kindern: Welchen Schuh gibst du dem Ungeheuer? Er achtet darauf, daß die Kinder mit der Schere möglichst dicht an den Schuh herankommen, ohne hineinzuschneiden.

Musikerziehung
14.10 Das Ungeheuer. Was für Töne gibt das tausendfüßige Ungeheuer wohl von sich? Einzeln vormachen lassen: Wer findet das unheimlichste Geräusch? Welches Instrument könnte man nehmen, um das Kommen des Ungeheuers anzukündigen?
Still werden: Stecknadel fallen hören. Einige künden auf Instrumenten (Trommel z.B.) das Kommen des Ungeheuers an. Alle Kinder machen das Ungeheuergeräusch.

Turnen
14.11 Bewegungsspiel tausendfüßiges Ungeheuer. Die Kinder machen nicht nur das Geräusch, sie bilden selber ein tausendfüßiges Ungeheuer, indem sie eine Reihe bilden, wobei jeder seinen Vordermann mit beiden Armen umfaßt und die Füße seitwärts stellt.
Weitere Reihenspiele: Hintereinander in eine Reihe stellen, Beine grätschen, Ball durchrollen lassen. Der letzte fängt ihn auf, läuft damit an die Spitze der Reihe und rollt ihn wieder durch die ganze Reihe.

Wenn die Kinder müde sind:
14.12 Märchen erfinden. Es war einmal ein tausendfüßiges Ungeheuer, das war so böse, daß es jeden Tag drei Kinder fraß.
Wie soll die Geschichte weitergehen?

Rollenspiel
14.13 Schuhe verkaufen. Die Kinder verpacken ihre Schuhe in die mitgebrachten Kartons und zeichnen die Preise aus. Laden einrichten.
Der Erzieher sollte beim Einkaufen mitspielen, um einen „Musterdialog" in Gang zu setzen.
Der Verkäufer preist die Schuhe an, der Käufer stellt kritische Fragen über Qualität, Preis, Verarbeitung, Farbe …

Basteln
14.14 Ein Schuhkarton zum Sammeln. Ein Schuhkarton wird in Fächer unterteilt, danach bemalt oder beklebt. Die Kinder sollen sich eine Sammlung anlegen und einordnen, was sie auf Spaziergängen usw gefunden haben: Schöne Steine, Federn, Muscheln …
Von Zeit zu Zeit sollen die Kinder ihre Sammlung mit in den Kindergarten bringen und den anderen zeigen, was sie alles gefunden haben, oder auch Schätze tauschen.

14.15 Schleife binden. Jedes Kind bekommt ein Stück dicke Kordel und versucht, eine Schleife zu binden. Kordel um den Oberschenkel legen, Knoten üben. Dann zwei Schleifen machen und diese wieder zu einem Knoten verbinden (oder andere Art). Nach den ersten Versuchen erzählt der Erzieher eine Geschichte, etwa so:

Geschichte

14.16 Vom Felix, der keine Schleife binden konnte. Felix hatte neue Winterstiefel bekommen. Sie waren braun und rochen nach Leder. (Riechen eure Schuhe auch nach Leder? Riecht mal!) Felix war sehr stolz auf seine neuen Schuhe und wollte sie gleich anziehen. Weil er aber noch keine Schleife binden konnte, schlurfte er mit offenen Schuhen durch die Wohnung. (Susanne und Peter, zeigt mal, wie das aussieht, wenn einer schlurft.) Zweimal ist er gestolpert. So. (Vormachen.) Felix suchte seine Mutter und fand sie in der Küche, wo sie gerade einen Apfelkuchen backen wollte. „Mama, binde mir bitte die Schuhe zu!" „Ich habe die Hände voller Teig", sagte die Mutter, „geh zu Papa!" Da ging Felix zu seinem Vater, der gerade vor dem Fernseher saß und sagte: „Papa, binde mir bitte die Schuhe zu!" „Gleich, Felix, sagte Papa, „ich möchte nur erst die Tagesschau sehen, dann habe ich Zeit für dich!" Das dauerte dem Felix aber zu lange, deshalb ging er zu seinem älteren Bruder Henrik. Der lag bäuchlings in seinem Zimmer auf dem Fußboden (wie denn?) und hörte Schallplatten. Dabei hatte er den Lautsprecher so weit aufgedreht, daß er überhaupt nicht hörte, wie Felix hereinkam. Zweimal rief Felix ganz laut: (Was rief er denn? Ruft mal für Felix!) Aber der Bruder hörte überhaupt nichts. „So was Blödes!" schimpfte Felix. „Kein Mensch bindet mir die blöde Schleife! Heute abend soll mir die Mama mal erklären, wie das geht, damit ich es selber kann und nicht immer warten muß, bis die Erwachsenen Zeit haben!" Am Abend hat ihm die Mama wirklich gezeigt, wie man es macht. Was hat sie wohl zu Felix gesagt? Also zuerst ... (sagt *ihr* es mal!)

Spiel im Raum

14.17 Fundsachen im Hotel. Der Erzieher hat aus Illustrierten oder Katalogen Bilder ausgeschnitten von Personen, die eine ganz bestimmte Kleidung tragen, z.B.
Kind im Regenmantel,

Tennisspieler,
Mann im Schlafanzug,
Dame im Kostüm,
usw.
Zu jedem Bild werden ein Paar passende (echte) Schuhe im Raum versteckt.
Die Kinder werden hereingerufen. Der Erzieher stellt sich als Hotelbesitzer vor und zeigt Bilder von Leuten, die alle ihren Urlaub in seinem Hotel verbracht hätten. Inzwischen seien die Gäste abgereist, aber leider hätte jeder von ihnen u.a. ein Paar Schuhe vergessen. Jedes Kind bekommt ein „Foto" des Schuhbesitzers und soll nun im Raum nach den passenden Schuhen suchen. Wer ein Paar gefunden hat, gibt dem Hotelbesitzer eine genaue Beschreibung, die dieser notiert.
Bemerkung: Falls diese Variation für die Kinder zu schwierig ist, soll zunächst einmal jedes Kind ein beliebiges Paar Schuhe suchen. Die Zuordnung zu dem Bild erfolgt dann erst hinterher.
Mögliche Weiterführung:
Schuhe verpacken.
Die gefundenen Schuhe müssen verpackt und verschnürt werden.

Spiel am Tisch (Wortschatzübung)

14.18 Schuhe tasten. Verschiedene Schuhe (Turnschuhe, Gummistiefel, Hausschuhe, Pantoffeln, Skistiefel, Hüttenschuhe ...) werden mit einem Tuch bedeckt. Die Kinder sollen durch Tasten erraten, welche Art Schuhe sie gefunden haben.

Spiel am Tisch (Zuordnen)

14.19 Paare suchen ohne zu sehen. Die Kinder bekommen einen Schuh in die Hand. Die „Partner" stecken in Krabbelsäcken oder sind mit einem Tuch bedeckt. Wer den Partner gefunden hat, soll ein Paar benennen.

Mögliche Weiterführung (einfaches Rollenspiel)

14.20 In Erwachsenenschuhen herumlaufen. Die Kinder können verschiedene Rollen darstellen und die entsprechenden Schuhe anziehen. Die anderen sollen raten, welche Rolle gemeint ist.
Die Kinder können aber auch einfach zum Spaß in den viel zu großen Schuhen herumlaufen und versuchen, sich möglichst geschickt darin zu bewegen.
Schließlich kann man auch Wettrennen in Erwachsenenschuhen veranstalten.

Gespräch
14.21 Wortspiele mit Schuhen. Der Stiefel streckte mal der Sandale die Zunge heraus. Stiefel haben doch gar keine Zungen, oder? Können Schuhe essen? Wieso gibt es dann Schuhlöffel?
Glaubt ihr, daß es eine so große (ca. 1,70 m zeigen) Schnalle gibt? Ich habe aber mal gehört, wie ein Mann hinter einer Frau hergerufen hat: Blöde Schnalle.
Kann man ein Kind besohlen? Kann man einen Schuh besohlen? Kann man ein Kind versohlen? Kann man einen Schuh versohlen?

14.22 Wem fällt was auf? Wenn ihr etwas hört, was nicht zu den anderen Wörtern paßt, laßt ihr euch vom Stuhl auf den Boden fallen.

Schuhmacher   Schuhschrank
Schuhverkäufer   Schuhlöffel
Schuhcreme   Schule (!)
Schuhkarton   Schuhbürste
Schulter (!)   Schuhgeschäft
Schuhbürste   Schublade (!)

Holzschuh   Damenschuh
Turnschuh   Herrenschuh

Hüttenschuh   Kinderschuh
Handschuh (!)   Erfrischu-ng (!)
Damenschuh   Hausschuh

Witz zum Nacherzählen
14.23 Vom Elefant und der Maus. „Elefant, Elefant, komm mal her!" schrie die Maus. „Ich hab keine Zeit!" brummte der Elefant. „Doch, du mußt unbedingt kommen, es ist was ganz Wichtiges!" rief die Maus. Da kam der Elefant. Die Maus sagte: „So, jetzt kannst du wieder gehen, ich wollte nur mal sehen, ob du meine Turnschuhe anhast!"

Lied zum Aufstampfen
14.24 Wozu sind die Füße da. Die Kinder stehen sich in zwei Reihen gegenüber. Die eine Gruppe bewegt sich singend zur anderen Gruppe vor und wieder zurück mit der Frage: Wozu sind die Füße da? Die zweite Gruppe antwortet, indem sie auf ihrem Platz bleibt und rhythmisch mit dem Fuß aufstampft. Danach darf diese Gruppe sich auf die andere zubewegen und die Frage stellen: Wozu sind die Hände da?
Die angesprochene Gruppe antwortet singend mit rhythmischem Klatschen.

überliefert

Wozu   sind   die   Füße   da,   Füße   da,   Füße   da,

Wozu   sind   die   Füße   da,   wozu   sind   sie   da?

Die Füße sind zum Stampfen da, Stampfen da, Stampfen da,
die Füße sind zum Stampfen da, dazu sind sie da.

Wozu sind die Hände da, Hände da, Hände da,
wozu sind die Hände da, wozu sind sie da?
Die Hände sind zum Klatschen da …

Wozu sind die Beine da, …
Die Beine sind zum Hopsen da …

Wozu sind die Arme da, …
Die Arme sind zum Schwingen da …

Die Kinder sollen eigene Strophen erfinden.

Weitere Lieder zum Stampfen: Du, komm zu mir (4.36). Oder: Große Uhren gehen tick-tack. In: R. R. Klein, Willkommen, lieber Tag, Bd. 1. Frankfurt 1975, S. 6.

15. Bilderbücher

Vorüberlegungen

Eine ganze Woche Bilderbücher betrachten? Nein, natürlich nicht. Selbstverständlich soll in dieser Woche ebenso viel gemalt, geturnt, gespielt und gesungen werden wie in den anderen Wochen auch. Und selbstverständlich soll die Beschäftigung mit Bilderbüchern nicht auf eine Woche beschränkt sein, sondern die Arbeit des ganzen Jahres begleiten.

Wenn hier trotzdem eine ganze Kindergartenwoche dem Bilderbuch gewidmet wird, so hat dies zwei Gründe:

Erstens soll der Erzieher motiviert werden, sich einmal intensiv mit den Möglichkeiten, die das Bilderbuch bietet, auseinanderzusetzen und die Einfälle, die ihm ganz sicher dabei kommen, gleich in die Praxis umzusetzen. Die Bilderbuchwoche soll also eine Art Selbstfortbildung des Erziehers sein.

Zweitens sollen die Kinder einmal erleben, was man mit Bilderbüchern alles machen kann, ohne durch zu viele andere Angebote abgelenkt zu werden. Längst bekannte Bilderbücher sollen durch eine neue Art der Darbietung wieder interessant werden und das Kind zur selbständigen Beschäftigung auch mit anderen Büchern anregen.

Wie immer sind auch in dieser Woche an das Hauptthema die verschiedensten Lernziele geknüpft. Man könnte zum Beispiel der Frage nachgehen, wo kommen die Bilderbücher eigentlich her? In städtischen Kindergärten bieten sich folgende Ausflüge zur Wahl an:

Besuch einer Druckerei,
Besuch einer Buchbinderei,
Besuch einer Buchhandlung,
Besuch einer Leihbücherei (15.9).

Dieser Ausflug soll die Kinder zum Rollenspiel (15.10) anregen. Die Buchwahl (15.7) soll die Kinder dazu bringen, über ihr persönliches Verhältnis zu den Büchern im Kindergarten nachzudenken, und gleichzeitig erste Begegnungen mit demokratischen Regeln ermöglichen. Der Schwerpunkt liegt in dieser Woche aber im Umgang mit Bilderbüchern. Dazu sind einige Überlegungen nötig:

Die meisten Kinder betrachten gern Bilderbücher, ganz besonders mit Erwachsenen zusammen. Sicher spielt neben der Befriedigung der kindlichen Neugier auf Unbekanntes und der optischen Faszination, die von Bildern ausgeht, dabei die Tatsache eine wichtige Rolle, daß der Erwachsene dem Kind beim gemeinsamen Betrachten eines Bilderbuches nahe ist, daß er keine anderen Dinge nebenher tun kann, daß es „so schön gemütlich" ist. Viele Kinder wollen deshalb beim Bilderbuchbetrachten auf dem Schoß des Erwachsenen sitzen, was im Kindergarten allerdings vermieden werden sollte, weil die Kinder lernen müssen, daß nicht alles, was für die Eltern-Kind-Beziehung gilt, auch im Kindergarten möglich ist, wo viele Kinder dieselbe Bezugsperson haben.

Wie beim Spiel gibt es auch bei der Beschäftigung mit Bilderbüchern entsprechend der Entwicklung des Kindes verschiedene Niveaustufen. Es führt ein weiter Entwicklungsweg vom Einjährigen, der mit der flachen Hand auf die Abbildung eines Hundes schlägt und „wauwau!" ruft, bis zum Sechsjährigen, der gewandt Seite um Seite umblättert und dabei eine fortlaufende Geschichte erzählt. Grob könnte man diese Entwicklung so charakterisieren:

Vom großflächigen zum klein- und vielteiligen Bild,
vom Einzelbild zur Bilderfolge,
vom einfachen und kurzen Text zum schwierigeren und längeren Text,
vom Verstehen zum Selbersprechen.

Der Erzieher sollte herausfinden, auf welchem Niveau sich das einzelne Kind mit Bilderbüchern beschäftigen kann, und entsprechende Angebote machen, die das ganze Jahr über langsam im Schwierigkeitsgrad gesteigert werden.

Die einfachste Form der Arbeit mit Bilderbüchern besteht darin, Kindern großflächige Bilder zu zeigen und den Inhalt mit einfachen Sätzen zu beschreiben. Bei Darstellungen von Personen oder Tieren hören die Kinder besonders gern, was diese wohl gerade sagen oder denken.

Von Anfang an sollte das Kind aber nicht nur passiver Zuhörer sein, sondern zum Mitmachen angeregt werden. Jüngere Kinder haben zum Beispiel Spaß daran, sich aus einem Bild etwas „herauszupicken" (15.12), oder sie ergänzen ihnen schon bekannte Bilderbuchtexte (15.17). Kleinteilige Bilderbücher stellen schon höhere Anforderungen an die Konzentrationsfähigkeit des Kindes. Das Suchen und Entdecken von Details ist ein beliebtes Spiel (15.15). Die Kinder werden dabei zum genauen Beobachten angeregt und erweitern ihren Wortschatz.

Von einer gewissen Entwicklungsstufe an bevorzugt das Kind die Bilderfolge. Es möchte Geschichten hören. Auch hier sollte das Kind nicht passiver Genießer bleiben, sondern dazu aktiviert werden, die Geschichte in ein Spiel mit Farben (15.13) oder Gegenständen (15.14, 4.25) umzusetzen. Vor allem aber soll das Kind zum Sprechen angeregt werden. Bücher mit einfacher, sich wiederholender Textstruktur (15.17) sind eine gute Vorbereitung für das freie Erzählen (15.18).

Die höchste Stufe im Umgang mit Bilderbüchern hat ein Kind erreicht, wenn es über das Verstehen und Nacherzählen hinaus mit dem Erzieher oder mit anderen Kindern über die Darstellung reden kann, Stellung beziehen kann, eine Meinung begründen kann (15.20).

Das Betrachten von Bilderbüchern sollte am besten vorwiegend in Kleingruppen stattfinden. Der Erzieher sollte also immer wieder eine kleine Gruppe von Kindern, die gerade nichts zu spielen hat, um sich versammeln und mit ihnen ein Bilderbuch betrachten.

Das Thema Bilderbuch wäre auch für einen Elternabend geeignet. Dabei käme es nicht so sehr darauf an, den Eltern bestimmte Bücher zu empfehlen, als ihnen zu zeigen, welche Qualitäten ein Bilderbuch haben sollte, und zu demonstrieren, wie man mit einem Bilderbuch für Kinder einer bestimmten Entwicklungsstufe „arbeiten" kann.

Wörterliste

Band	Druckerei	Titel	wählen
Bibliothek	Einband	Umschlag	*
Bibliothekar(in)	Eselsohr	Wahl	bekannt
Buchhandlung	Leihbücherei	*	beliebt
Buchladen	Leihfrist	betrachten	langweilig
Buchrücken	Leseecke	leihen	lustig
Buchstützen	Seite	lesen	spannend
Bücherei	Stapel	umblättern	traurig
Bücherregal			

Wochenplan

	In der Zeit des Freispiels	Gemeinsame Aktion	Fördergruppe	
Mo	Bilderbücher reparieren 15.1 Bücherregal säubern 15.2 Leseecke einrichten 15.3 Vorlesen	Buch-Zuordnungsspiel 15.5 Buch-Vergleichsspiel 15.6	A 28 A 21–23	**A**
Di	Bilderbuch für die Puppe 15.4 Buchwahl 15.7	Auswertung der Buchwahl 15.8 Vorlesen der gewählten Bücher	Genau hinsehen – suchen – entdecken 15.15	**W**
Mi	Ausflug in die Stadtbücherei 15.9 Oder: Geschichten verstehen – Geschichten nachspielen 15.19			
Do	Rollenspiel Stadtbücherei 15.10	Turnen: Hindernislauf mit Purzelbaum	Bilderbücher mit einfacher, sich wiederholender Textstruktur 15.17	**G**
Fr	Kinder zeigen dem Erzieher ihr Lieblingsbilderbuch und erzählen daraus Geschichten 15.18 **K**	Wir machen gemeinsam ein Bilderbuch 15.11	Arbeitsblatt 15	

Vorbereitungen: Falls ein Ausflug in die Stadtbücherei oder eine Buchhandlung stattfinden soll: Terminabsprache bei der zuständigen Stelle und Anfrage bei den Eltern, wer bei der Beaufsichtigung der Kinder mitmachen möchte.
Material zum Reparieren der Bücher und Putzzeug für das Bücherregal bereithalten (15.1–15.2).
Nachschauen, welche der unter 15.12 bis 15.20 genannten Bilderbücher im Kindergarten vorhanden sind.
Für 15.5 die entsprechenden Bücher und Gegenstände besorgen.
Für die Buchwahl (15.7) Kleberchen kaufen.

Angebote

15.1 Bilderbücher reparieren. Risse in Bilderbüchern werden mit Tesafilm geklebt, schmierige Einbände abgewaschen, Eselsohren gerade gebogen, Bleistiftstriche ausradiert, Buchrücken mit Tesaband geklebt …

15.2 Bücherregal säubern – Buchstützen suchen. Das Bücherregal muß abgestaubt werden. Was kann als Buchstütze verwendet werden? (Backsteine, alte Buchstützen bekleben, …)

15.3 Leseecken einrichten. Wo könnte man gemütliche Plätze zum Bilderbuchanschauen schaffen? Wo ist es ruhig, wo stört man nicht und wird nicht gestört? Sollen es Liegeplätze oder Sitzplätze sein? Gibt es Matratzen, Turnmatten, Kissen, Luftmatratzen, die dafür in Frage kämen? Könnte man auch eine Leseecke im Freien einrichten? Wo kommt das Licht her? …
Neugeschaffene Leseplätze natürlich gleich einweihen!

Basteln – malen
15.4 Bilderbücher für die Puppen. Papierbogen falten, kleine Zettel schneiden, in der Mittellinie mit einem andersfarbigen Deckblatt zusammennähen oder heften – schon ist ein kleines Heft fertig, in das man für die Puppen etwas hineinmalen kann.

15.5 Buch-Zuordnungsspiel. Die Kinder sitzen im Kreis. Der Erzieher hat verschiedene Bücher mitgebracht, und die Kinder sollen herausfinden, um welche Art von Buch es sich handelt: Bilderbuch, Lesebuch, Kochbuch, Rechenbuch, Malbuch, Märchenbuch, Telefonbuch, Liederbuch, Notizbuch, Gesangbuch. Als nächstes zieht der Erzieher aus einer Tasche nacheinander verschiedene Gegenstände hervor, die den einzelnen Büchern zugeordnet werden sollen: Kindergartentasche zum Bilderbuch, Schulranzen oder Federmäppchen zum Lese- oder Rechenbuch, Rührlöffel zum Kochbuch, Malstift zum Malbuch, König vom Kaspertheater zum Märchenbuch, Kindertelefon zum Telefonbuch, Flöte zum Liederbuch, Bleistift zum Notizbuch, Kirche aus Bausteinen zum Gesangbuch …
Danach einige Gegenstände vertauschen und Fehler korrigieren (Kimspiel).

15.6 Buch-Vergleichsspiel. Während ein Kind langsam auf 10 zählt, soll sich jedes Kind ein *großes* Buch suchen und damit zu seinem Platz im Kreis zurückkehren. Nun wird verglichen: welches ist größer, welches am größten?
Das größte Buch bekommt für die Buchwoche einen Sonderplatz und die Plakette: Größtes Buch des Kindergartens.
Während ein anderes Kind auf 10 zählt, soll sich jedes Kind ein kleines Buch suchen und zu seinem Platz zurückkehren. Das kleinste Buch erhält ebenfalls einen Sonderplatz und die Plakette: Kleinstes Buch des Kindergartens.
Auf dieselbe Art wird nun noch das dickste und das dünnste Buch ermittelt und mit Sonderplatz und Plakette geehrt. Danach kündigt der Erzieher die für den folgenden Tag vorgesehene *Buchwahl* an, damit die Kinder einen Tag Zeit haben, sich zu überlegen, welche Bücher sie wählen wollen.

15.7 Buchwahl. Material: Für jedes Kind drei kleine Kleberchen in den Farben rot, silber, gold. (Natürlich können auch drei andere Farben gewählt werden.) Es gibt zum Beispiel selbstklebende Sternchen u.ä. zu kaufen, die sich gut dafür eignen würden.
Jedes Kind soll sich überlegen, welches Bilderbuch im Kindergarten ihm gut gefällt. Diesem Buch schenkt er sein rotes Sternchen (jeweils auf die Rückseite des Einbandes aufkleben). Dem Buch, das ihm noch besser gefällt, schenkt es sein silbernes Sternchen. Und das Buch, das ihm am besten von allen Büchern im Kindergarten gefällt, bekommt das goldene Sternchen.
Auf diese Art haben alle Kinder einen Grund, sich die vorhandenen Bücher einmal durchzuse-

hen und über das persönliche Verhältnis zu den Büchern nachzudenken.

Für den Erzieher könnte das Wahlergebnis aufschlußreich sein. Es wird angekündigt, daß die drei beliebtesten Bücher als erstes vorgelesen werden.

15.8 Auswertung der Buchwahl. Alle Bücher, die ein oder mehrere Sternchen bekommen haben, werden auf einen Stapel gelegt. Nun werden für jedes Buch Perlen auf einen Faden aufgezogen: Für jedes goldene Sternchen gibt es drei Perlen, für jedes silberne zwei und für jedes rote eine. Zum Schluß läßt sich leicht feststellen, welche Bücher die Wahl gewonnen haben: Es sind die mit den längsten Ketten.

Diese Bücher werden vorgelesen.

15.9 Ein Ausflug in die Stadtbücherei. Vorbereitung: Anrufen, Termin absprechen, Mütter oder Väter als Begleitpersonen anheuern.

Gespräch: Wer von euch besitzt ein Bilderbuch? Wie seid ihr eigentlich an das Buch herangekommen? Reihum darf jeder sagen, wie er zu seinem Lieblingsbilderbuch gekommen ist. Gruppen bilden: Kinder, die das Buch von den Eltern geschenkt bekommen haben. Kinder, die es mit der Post von jemandem geschickt bekamen. Kinder, die dabei waren, als es im Laden gekauft wurde. …

Man kann Bücher kaufen oder geschenkt bekommen, aber auch leihen.

Vorteil: Man kommt an mehr Bücher heran, andere Kinder können es auch sehen, man braucht kein Geld.

Nachteil: Manche Kinder behandeln das Buch schlecht, verschlampen es, geben es nicht rechtzeitig oder gar nicht zurück.

In der Leihbücherei sollten die Kinder selbständig an die Bücher herangehen dürfen. Was ihnen besonders gut gefällt, legen sie auf einen Stapel. Davon sucht die Erzieherin einige aus, die mit in den Kindergarten genommen werden. Die Kinder gehen damit zur Ausleihe und erledigen die Formalitäten. Was macht die Bibliothekarin?

Rollenspiel

15.10 Stadtbücherei. Wir brauchen: Bücher, Leihscheine, einen Stempel, eine Theke …

Zwei Kinder sind Bibliothekare, die anderen kommen zum Bücherausleihen. Sie müssen Namen und Adresse angeben und bekommen einen Zettel mit, auf dem neben dem Stempel der Bibliothek steht, wie lange das Buch behalten werden darf. (Zunächst sollte der Erzieher die Rolle des Bibliothekars spielen, dann das Spiel abgeben und sich unter die Ausleiher mischen.)

Malen – erzählen

15.11 Wir machen gemeinsam ein Bilderbuch. Zunächst soll das „Bilderbuch" eine große Wandzeitung ergeben.

Man könnte so vorgehen, daß nach dem Vorlesen oder Erzählen einer Geschichte die Kinder irgend eine Szene aus der Geschichte malen sollen. Der Erzieher sieht dann, welche Szenen fehlen und kann am nächsten Tag entsprechende Anregungen geben. Wenn die Bilderfolge komplett ist, fehlt noch der Text. Am besten wäre es natürlich, wenn die Kinder den Text selbst formulieren würden. Bilder und Text werden dann in der richtigen Reihenfolge aufgeklebt und an die Wand gehängt.

Beispiele: Die Geschichte vom Fischer und seiner Frau (nach dem Märchen der Brüder GRIMM). Der Text könnte vereinfacht etwa so aussehen: Es war einmal ein Fischer, der fing einen Fisch, der sprechen konnte. Den ließ er wieder schwimmen (Bild Fischer – Fisch). Aber seine Frau schimpfte (Bild Frau), weil er sich nichts gewünscht hatte. Da wünschte er sich ein Häuschen und bekam es auch (Bild Häuschen). Aber die Frau war immer noch nicht zufrieden. Sie wollte ein größeres und schöneres Haus. Auch diesen Wunsch erfüllte der Fisch (Bild Villa). Aber die Frau war immer noch nicht zufrieden. Sie wollte ein Schloß (Bild Schloß). Aber die Frau war immer noch nicht zufrieden. Sie sagte dem Fischer, er soll zum Fisch sagen, seine Frau möchte der liebe Gott werden. Da war das Meer ganz schwarz (Bild Meer). Kaum hatte der Fischer gesagt, was seine Frau wollte (Bild Fischer beim Fisch am dunklen Wasser), saß die Frau wieder in ihrer alten Bretterbude (Bild Bretterbude).

Wo die wilden Kerle wohnen (nach dem Bilderbuch von M. SENDAK). Die wilden Kerle könnten statt gemalt auch als Fratzen aus weißem oder buntem Papier ausgeschnitten werden und auf schwarzes Papier geklebt werden. Max, der ja bei allen Szenen mit dabei ist, könnte im Faltschnitt gleich mehrfach hergestellt werden und dann zu den wilden Kerlen geklebt werden. Den Text können die Kinder bestimmt diktieren!

15.12 Spiele mit naturkundlichen Bilderbüchern. Naturkundliche Bilderbücher, in denen seitenweise nur Blumen, Früchte oder Tiere nebeneinander abgebildet sind, langweilen die Kinder manchmal. Lustiger wird es, wenn jedes Kind sich eine Blume „abpflücken", eine Frucht „nehmen und aufessen", ein Tier „streicheln" darf. Wenn es dabei auch noch spricht („ich pflücke mir ein Gänseblümchen, ich esse die Kirschen auf ..."), lernt es dabei die Namen der dargestellten Dinge.

Bei Tierabbildungen können die Kinder sich auch identifizieren: Ich bin der Löwe, ich bin das Mäuschen ...

Bei Abbildungen von Gebäuden: Ich wohne im Hochhaus, ganz oben. Ich wohne im Schloß ...

Beispiel: IRMGARD LUCHT/CHRISTA SPANGENBERG: Die grüne Uhr. Ellermann-Verlag, München 1974.

15.13 Zuhören – mitdenken – in Farben umsetzen (für die älteren Kinder)

Beispiel 1: ERICH FUCHS: Vom Fischer und seiner Frau. Ellermann-Verlag, München 1971.

Die Kinder ziehen ihre Malkittel an und setzen sich an einen Tisch. Jeder bekommt ein großes Blatt Papier und einen Pinsel. Außerdem brauchen wir Töpfe mit angerührter Farbe in blau, gelb, schwarz und sauberes Wasser.

Der erste Abschnitt der Geschichte wird vorgelesen (wobei je nach der Konzentrationsfähigkeit der Kinder gekürzt werden darf).

Zunächst ist das Wasser klar und hell: Die Kinder vermischen wenig blaue Farbe mit viel Wasser und färben damit ihr Blatt zartblau an. Als der Fischer zum erstenmal den Fisch ruft, sieht das Wasser gelb, stellenweise etwas grün aus.

Beim zweiten Bittgang wird das Wasser grau und violett, schließlich schwarzgrau. Zum Schluß kommen noch riesige dunkelblaue und grüne Wellen in das Bild ...

Beispiel 2: LEO LIONNI: Das kleine Blau und das kleine Gelb. Oetinger Verlag, Hamburg 1962.

Die Kinder brauchen viel Papier und blaue und gelbe Farbe. Ein Kind malt die Familie Blau, das andere die Familie Gelb. Auf einem neuen Blatt treffen sich nun die Farben ...

Das Spiel mit Farbklecksen kann auch unabhängig vom Bilderbuch weitergespielt werden: Die Farbklecke sind Kinder, die miteinander spielen: Häschen in der Grube (Kleckse kreisförmig angeordnet, ein Klecks in der Mitte). Wer hat Angst vor dem schwarzen Mann? (Kleckse reihenförmig angeordnet, ein Klecks der Reihe gegenüber). Machet auf das Tor (Kleckse paarweise angeordnet) usw.

15.14 Zuhören – zuschauen – mit Gegenständen nachspielen

Beispiel 1: JANOSCH: Das Auto hier heißt Ferdinand. Parabel-Verlag, München o.J.

Zunächst wird das Bilderbuch betrachtet und vorgelesen.

Dann wird es ein zweites Mal vorgelesen, wobei die Geschichte jetzt mit Spielautos nachgespielt wird. Wir brauchen: Ein schräggestelltes Brett (z.B. Bügelbrett), einen Oldtimer, ein Taxi mit aufgeklebter Ziffer 7, ein Postauto, ein Feuerwehrauto, einen Traktor, ein Pferd und eine Schnur. Die Gegenstände werden an die Kinder verteilt. Alle müssen genau auf die Geschichte hören, damit sie ihren Auftritt und ihre Aktion nicht vergessen:

Zuerst kommt das Auto Ferdinand: „Das Auto hier heißt Ferdinand und steht an einem Bergesrand. Es will den Berg besteigen und sich den Leuten zeigen." Nun läßt das erste Kind den Oldtimer mit Motorenlärm den Berg ein Stück hochfahren, bis der Motor zu stocken beginnt und das Auto stehen bleibt.

Text des Erziehers: „Da kommt das Taxi sieben, den Ferdinand zu schieben." Auftritt Taxi 7, viel Motorenlärm. Das Taxi schiebt den Oldtimer ein kleines Stück, dann bleiben beide stehen.

So wird die ganze Geschichte vorgelesen und gespielt.

Danach dürfen andere Kinder die Rollen der Autos übernehmen.

Beispiel 2: LEO LIONNI: Swimmy. Midelhauve-Verlag, Köln 194.

Die vielen kleinen, roten Fische können als Tischtheater mit kleinen, roten Papierschnitzeln dargestellt werden, die von den großen Fischen (größerer Fetzen Papier) aufgefressen werden. Auf den Rat von Swimmy formieren sich nun die kleinen Fische zum Schwarm in Form eines großen Fisches. Die anderen Fische ergreifen die Flucht.

15.15 Genau hinsehen – suchen – entdecken – erzählen. Bilderbücher, bei denen es unendlich viele Einzelheiten zu entdecken gibt, wie beispielsweise die Bilderbücher von ALI MITGUTSCH, sollten im Kindergarten mehrfach vorhanden sein, damit Such- und Findespiele auch

in kleinen Gruppen durchgeführt werden können. Je zwei Kinder schauen dann in ein Buch und suchen nach dem, was der Erzieher sieht: Ich sehe ein Kind, das wollte sich ein Eis kaufen und ist mit der Eistüte hingefallen ...
Oder: Ich sehe einen Jungen, der denkt: Ich muß mal, ich muß mal, und finde nirgends eine Toilette. Na, dann pinkle ich halt mal hier an den Baum.
Es kommt also darauf an, daß man nicht nur Gegenstände oder Kleidungsstücke beschreibt, sondern darauf, einige der vielen Ereignisse, die auf solchen Büchern dargestellt sind, zu erfassen. Auf jeder Seite sind unendlich viele Geschichten dargestellt, die es zu entdecken gilt. Reihum dürfen die Kinder nun erzählen, was sie sehen, während die anderen suchen müssen.

Beispiel 1: ALI MITGUTSCH: Rundherum in meiner Stadt. Otto-Maier-Verlag, Ravensburg 1969.
Beispiel 2: ALI MITGUTSCH: Bei uns im Dorf. Otto-Maier-Verlag, Ravensburg 1970.
Beispiel 3: ALI MITGUTSCH: Komm mit ans Wasser. Otto-Maier-Verlag, Ravensburg.
Beispiel 4: ANNEGRET FUCHSHUBER: Große Welt (Leporellos). Sellier-Verlag, Freising.

15.16 Bilderbücher zum Mitsprechen. Die einfachste Form, das Mitsprechen oder Ergänzen von einzelnen Wörtern, läßt sich mit Bilderbüchern üben, in denen das Kind anhand der Bilder das fehlende Wort leicht erraten kann. Wenn es sich um gereimte Texte handelt, bildet der Reim eine zusätzliche Hilfe und erhöht gleichzeitig den Spaß beim Ergänzen des Satzes.
Beispiel 1: JANOSCH: Schlafe, lieber Hampelmann. Parabel-Verlag, München 1967.
In diesem Bilderbuch wird zunächst der ganze Kinderreim vorgelesen, danach werden die Zeilen einzeln wiederholt und mit einem passenden Bild versehen, anhand dessen das Kind erraten kann, wie die Zeile enden wird.
Beispiel 2: JANOSCH: Das starke Auto Ferdinand. Parabel-Verlag, München 1975.

15.17 Bilderbücher mit einfacher, sich wiederholender Textstruktur. Bilderbücher mit einfachen, sich wiederholenden Texten eignen sich für die Kleinen zum Verstehen und für die Großen zum Nacherzählen. Die Großen sollen lernen, den Kleinen diese Bücher „vorzulesen". Didaktisch geht man so vor, daß man zunächst das Buch vorliest, aber die Kinder durch Unterbrechen und auffordernde Blicke zum Weitersprechen auffordert, wo der Text leicht erraten werden kann. Nach und nach übernimmt das Kind immer mehr Text, während der Erzieher immer weniger sagt, bis das Kind das ganze Buch allein „vorlesen" kann.

Beispiel 1: BARBERIS: Ich schenk dir einen Papagei. Diogenes-Verlag, Zürich 1964.
Beispiel 2: ERIC CARLE: Die kleine Raupe Nimmersatt. Stalling-Verlag, Oldenburg 1969.
Beispiel 3: WATSON: Der Löwe und die Maus. Delphin-Verlag, Zürich und München 1959.
Beispiel 4: ERIC CARLE: Die kleine Maus sucht einen Freund. Stalling-Verlag, Oldenburg 1971.
Beispiel 5: HELEN PIERS: Die Maus sucht ein Haus. Carlsen-Verlag, Reinbek 1970.

15.18 Geschichten verstehen – Geschichten erzählen. Bücher mit Bildergeschichten ohne Text sind für die Sprachförderung von großer Bedeutung. Es sollte kein Tag vergehen, an dem der Erzieher sich nicht einige Minuten mit einer kleinen Gruppe zusammensetzt, um den Kindern zu helfen, zu einer Bildergeschichte den entsprechenden Text zu finden. Die erste Hilfe des Erziehes besteht darin, daß er die Konzentration des Kindes auf die einzelnen Bilder lenkt und die richtige Reihenfolge bestimmt. Manchmal ist es auch nötig, wenigstens den Anfang der Geschichte selbst zu erzählen.

Beispiel 1: ROLF und MARGRET RETTICH: Hast du Worte? Otto-Maier-Verlag, Ravensburg 1972.
Beispiel 2: ROLF und MARGRET RETTICH: Was ist hier los? Otto-Maier-Verlag, Ravensburg 1973.
Beispiel 3: LILO FROMM: Wenn du einen Drachen hast. Otto-Maier-Verlag, Ravensburg 1973.
Beispiel 4: IELA und ENZO MARI: Der Apfel und der Schmetterling. Ellermann-Verlag, München 1970.

15.19 Geschichten verstehen – Geschichten nachspielen
Beispiel 1: LEO LIONNI: Frederick. Middelhauve-Verlag, Köln 1970.
1. Arbeitsabschnitt: Die Geschichte wird vorgelesen.
2. Arbeitsabschnitt: Die Rollen werden verteilt, die Spielplätze bestimmt, die Vorräte (Bauklötze u. ä.) bereitgehalten.

3. Arbeitsabschnitt: Die Mäuse spielen stumm, der Erzieher spricht den Text.
4. Arbeitsabschnitt: Die Mäuse schimpfen laut über Frederick, den Faulpelz, und fordern ihn mehrfach ärgerlich zum Mithelfen auf. Im kalten Winter frieren und zittern die Mäuse in der Höhle (unter dem Tisch) nicht nur, sie jammern und weinen auch. Ob der Darsteller des Frederick wohl aus dem Stegreif vom warmen Sommer mit den großen Sonnenblumen, der Wärme, den roten Rosen erzählen kann?

Beispiel 2: Katrin Brandt: Die Wichtelmänner. Atlantis-Verlag, Zürich 1967.
Die Kinder sitzen im Kreis. Da in der Geschichte viele Schuhe mitspielen, sollen alle ihre Schuhe ausziehen, außer den Darstellern des Schusters, der Schusterfrau und der Käufer für die Schuhe. Außerdem brauchen wir: Schere, Nadel, Faden, Hammer, Nägel, Material für Schuhe (statt Leder kann auch einfach Papier mit der Bemerkung „das soll unser Leder sein!" genommen werden).
Gleich zu Beginn sitzt der Schuster in der Kreismitte und legt das Material für die Schuhe zurecht. Währenddessen liest der Erzieher den Text der ersten Seite. Jetzt legt sich der Schuster zu Bett. Während er schläft, kommen die Wichtelmänner und „verarbeiten" blitzschnell das Leder in ein Paar Schuhe. Nun folgt das Aufwachen des Schusters, und der Erzieher liest den Text auf S. 3. Auftritt Käufer. Text Seite 4 usw.

15.20 Geschichten zum Nachdenken. Wenn Bilderbücher dem Kind helfen, die Welt, in der wir leben, und die Probleme, mit denen es sich auseinandersetzen muß, besser zu durchschauen, wenn Denk- und Handlungsimpulse von diesen Büchern ausgehen, bewegen wir uns schon auf literarischem Niveau. Das Gespräch, das sich an die Beschäftigung mit solchen Büchern anschließen kann, ist mindestens so wichtig wie das Aufnehmen der Geschichte selbst. Der Erzieher sollte dabei ein guter Zuhörer sein, der zwar den Kindern hilft, den roten Faden nicht zu verlieren, der aber nicht gleich „die Moral von der Geschicht" serviert und den Kindern die Nutzanwendung aufpfropft, ehe das Kind überhaupt Gelegenheit zum Nachdenken hatte.
Das Gespräch über eine Geschichte muß sich auch nicht unmittelbar an die erste Begegnung

mit einer Geschichte anschließen. Oft ist es nötig, dem Kind Zeit zu geben, die Geschichte erst einmal zu „verdauen", ehe dann bei einem zweiten Durchgang darüber gesprochen wird.

Als Beispiel, wie eine solche Beschäftigung mit einem Bilderbuch zum Nachdenken verlaufen könnte, betrachten wir einmal das Buch von Friedrich Karl Waechter: Wir können noch viel zusammen machen. Parabel-Verlag, München 1973.
In diesem Buch geht es um drei Einzelkinder: einen kleinen Fisch, ein Ferkel und einen kleinen Vogel, die alle unzufrieden und lustlos sind, obwohl sie es zu Hause „doch so schön" haben, wie die Eltern immer wieder vorwurfsvoll betonen. Als aber die Kinder sich begegnen, fällt ihnen eine Menge ein, was sie alles zusammen unternehmen könnten. Das Buch gibt Denkanstöße zu einer ganzen Reihe von Problemen, die den Kindern allen bekannt sind:
Ein Kind ist unzufrieden, weil es keinen Spielkameraden hat, und die Eltern reagieren empfindlich darauf.
Ein Kind knüpft Kontakt zu einem anderen Kind an.
Ein Kind kann etwas nicht, was die anderen können. Darf es trotzdem mitspielen?
Und: Kinder überlegen sich, was sie zusammen machen könnten.
Es sollten nicht alle diese Themen gleichzeitig durchgesprochen werden, aber wenn die Kinder das Buch mögen und öfters vorgelesen und haben wollen, könnte jedesmal an einem anderen Problem angesetzt werden.
Das Buch ist in Dialogform geschrieben. Der Erzieher muß also durch Verändern der Stimmlage deutlich machen, wer gerade spricht. Kleine Zeichnungen von Fisch, Ferkel, Vogel vor dem Text des jeweiligen Tierkindes erleichtern dem Leser die Orientierung im Buch.

Beschäftigungsverlauf:
1. Der Erzieher setzt sich mit einigen Kindern in eine Ecke des Kindergartens und beginnt, das Buch mit hoher bzw. tiefer Stimmlage vorzulesen. An den Textstellen, an denen die Tiereltern ihrem Kind einen Vorschlag machen, was es spielen könnte, sollte der Erzieher eine Pause machen, damit die Kinder erst einmal anhand der Bilder klären können, wie das vorgeschlagene Spiel eigentlich geht, und was daran so lustig ist.
Wenn das Gespräch zwischen Harald und den

Eltern abgeschlossen ist, könnte der Erzieher fragen, ob er überhaupt den richtigen Ton getroffen hat, wenn er die Nörgelei von Harald gebracht hat. Die Kinder, die ja alle Experten auf diesem Gebiet sind, könnten mal vorsprechen, wie es klingt, wenn ein Kind zu gar nichts Lust hat und jammert: „Wenn andere Kinder da wären, könnte ich viel besser ..."

2. Beim zweiten Teil des Bilderbuchs (Gespräch von Ferkel Inge mit Eltern) könnte man statt des ablehnenden „Hhm!" von Inge auch das Satzmodell „Wenn andere Kinder da wären, ..." wieder aufnehmen, wobei die Kinder die Rolle des Ferkels Inge übernehmen könnten.

3. Im dritten Teil der Geschichte (Dialog von Vogelkind Philip mit Eltern) werden schon härtere Töne angeschlagen. Philip ist richtig sauer, stampft vielleicht mit dem Fuß auf und bringt auch seine Eltern in Wut.
Einen besonderen Gag kann sich der Erzieher ausdenken, wenn er eine kleine Schüssel mit Wasser bereithält und die letzten Worte des Satzes: „Ich geh jetzt schwimmen, aber es geht nicht" so spricht, daß dabei die Lippen in das Wasser getaucht werden.

4. Im vierten Teil der Geschichte treffen sich nun die Kinder, reden und spielen miteinander. Da sie alle mit hohen Stimmen sprechen, sollte der Erzieher, während er spricht, jeweils auf das Tier zeigen, dem die Sätze zugeordnet sind. Das Spiel „Nase-Nase" gleich mal ausprobieren lassen, ebenso „Po-Po" und „Bauch-Bauch".
5. Nun kann das Buch vorerst mal zur Seite gelegt werden, und die Kinder können sich überlegen, was man noch alles zusammen machen kann: Handklatschspiele, ich seh etwas, was du nicht siehst, Gummi-Twist ...
Oder sollen wir mal eine solche Bergbahn bauen, wie das Kind auf der schwarz-weißen Buchseite?

6. Ehe mit dem Spielen begonnen wird, aber noch eine Frage: Wie hat es eigentlich der Fisch geschafft, daß der Vogel mit ihm spielt? Gleich noch mal nachschauen: (Er hat gesagt: „Hallo, was machst du denn da?") Und wie hat es das Ferkel geschafft, daß es mitspielen durfte? (Es hat gesagt: „Ich heiße Inge und will mitmachen!")

Und was sagt ihr eigentlich so, wenn ihr ein Kind trefft, mit dem ihr gerne spielen wollt?

Geschichten zum Nachdenken (weitere Beispiele)

EVA SCHREBARTH: Auf der Straße ist was los. Otto-Maier-Verlag, Ravensburg 1973.
Thema: Wo sollen Kinder in der Großstadt spielen? Haben Kinder kein Recht auf Spielplätze?

MUNRO LEAF: Ferdinand, der Stier. Parabel-Verlag, München.
Das Buch schildert die Geschichte vom friedlichen Stier Ferdinand, der nicht auf die Verherrlichung von Kampf, Gewalt, Heldentum hereinfällt und so dem Heldentod in der Stierkampfarena entgeht.
Dieses Bilderbuch leistet einen Beitrag zur Friedenserziehung. Die Bezeichnungen für die verschiedenen Stierkampffunktionäre, die für deutsche Kindergartenkinder vielleicht etwas verwirrend sind, können auch weggelassen werden.

SENDAK/MANZ: Hans und Heinz. Diogenes-Verlag, Zürich 1969.
Thema: Hans und Heinz sind wütend aufeinander, schwören ewige Feindschaft und spielen dann doch bald wieder friedlich miteinander.

ARUEGO/KRAUS: Tom, der Frühaufsteher. Stalling-Verlag, Oldenburg 1974.
Thema: Was macht ein Kind, das morgens schon hellwach ist, wenn alle anderen noch schlafen?

LEO LIONNI: Swimmy. Middelhauve-Verlag, Köln 1964.
Thema: Die Kleinen müssen zusammenhalten, wenn sie gegen die Großen etwas ausrichten wollen.

LEO LIONNI: Frederick. Middelhauve-Verlag, Köln 1970.
Thema: Brauchen wir Künstler?

JANOSCH: Bärenzirkus Zampano. Parabel-Verlag, München 1975.
Thema: Wer sich nicht wehrt, ist schwach – denkste!

16. Frühling

Vorüberlegungen

Durch den Zweiwochenplan „Frühling" sollen
Kinder zur Naturbeobachtung angeregt werden.
Die Kinder hätten nicht viel davon, wenn man
ihnen nur erzählen würde, daß „jetzt alles grünt
und blüht", sondern sie sollen an einem selbstgewählten Objekt eigene Beobachtungen machen und sich persönlich für die Naturvorgänge
um uns interessieren. Deshalb wird ein Ausflug
in den Wald vorgeschlagen, bei dem jedes Kind
sich einen Forschungsgegenstand sucht, indem
es an einen Zweig, an dem die Blätter gerade aus
den Knospen brechen wollen, ein Schildchen mit
seinem Namen hängt und so immer wieder zum
selben Beobachtungsgegenstand zurückkehren
kann. Die Namensschildchen sollten deshalb
auch nach dem zweiten Ausflug in den Wald
nicht entfernt werden. Vielleicht haben manche
Kinder Gelegenheit, mit ihren Eltern noch
einmal herzukommen und die Beobachtungsrei-
he fortzusetzen – vielleicht sogar bis in den
Herbst.

Der Ausflug in den Wald soll einerseits eine
Reihe von naturwissenschaftlichen Experimen-
ten (16.20, 16.24, 16.25) und ein vielseitiges
Beobachtungstraining (16.6, 16.8, 16.11, 16.22,
16.28, 16.29) einleiten, andererseits aber auch
einen Zugang zur Welt der Märchen schaffen.
Zur Frage, ob überhaupt Märchen im Kindergarten erzählt oder vorgelesen werden sollen,
lesen Sie bitte S. 29–31.
Der verkürzte und auch etwas entschärfte Text
des Märchens „Brüderchen und Schwesterchen" wird vorgegeben. Daraus soll sich ein
Rollenspiel entwickeln.
Manchmal gibt es Schwierigkeiten, weil zu viele
Kinder die Hauptrollen übernehmen wollen.
Wir sind in unserem Kindergarten dazu überge-
gangen, die beliebten Rollen grundsätzlich
mehrfach zu besetzen. Es hat die Kinder nie
gestört, wenn vier Schneewittchen gleichzeitig
für die Zwerge das Mittagessen gekocht haben,
oder wenn aus zwei Wolfsbäuchen vier oder fünf
Rotkäppchen befreit wurden. Im Gegenteil, sie
haben sich gegenseitig angeregt, die Rolle le-
bendig zu gestalten, und ihr Spiel dadurch
bereichert.

Wörterliste

Angst	Märchen	Wetterbericht	flechten
Ausflug	Moos	Wind	gurgeln
Beet	Pfütze	Winter	hamstern
Blüte	Regen	Wolf	im Stich lassen
Blütenblatt	Reh	Wurzel	keimen
Blumenerde	Rolle	Zauberer	markieren
Erlaubnis	Sammelplatz	Zeichen	murmeln
(im) Freien	Schildchen	Zopf	rauschen
Frühling	Schneeglöckchen	Zweig	säen
Geschwister	Sommer	Zwerg	sprießen
Hamster	Stengel	Zwiebel	treiben
Herbst	Symbol	*	verändern
Jagd	Temperatur	beobachten	verlaufen
Jahreszeit	Tiger	bezeichnen	verzaubern
Klee	Tulpe	darstellen	wachsen
Knospe	Wald	entfernen	wechseln
Laub	Wetter		

Zweiwochenplan

	In der Zeit des Freispiels	Gemeinsame Aktion	Am Nachmittag	
Mo	Gespräche mit einzelnen Kindern (z.B. über das Wochenende)	Melodie erfinden: Frühling, Sommer 16.1 Was gehört zum Frühling? 16.2 Gespräch über einen Ausflug 16.3	A 88, 89, A 91	**A**
Di	Namensschildchen basteln 16.4	Ausflug in den Wald 16.5, 16.7–16.10	Such, was du hast 16.8	**G**
Mi	Ein Bild vom Wald 16.11	Gespräch: Der Wald 16.12 Vorlesen: Brüderchen und Schwesterchen 16.13		
Do	Zöpfe flechten 16.14	Rollenspiel: Brüderchen und Schwesterchen 16.13	Erzählen mit bewegten Figuren 16.16	**K**
Fr	Tonschalen bemalen 16.19	Tanzspiele 16.17–16.18	Arbeitsblatt 16	

	In der Zeit des Freispiels	Gemeinsame Aktion	Am Nachmittag	
Mo	Würfelspiel: Schneeglöckchenspiel 16.21 **W**	Gras säen 16.20 Regen machen 16.24	A 85–87, A 90	**A**
Di	Malen – ausschneiden: Frühlingsbeet 16.22	Musizieren: Es war eine Mutter 16.23	Warm – wärmer 16.25	**G**
Mi	Symbolkärtchen für einen Wetterkalender herstellen 16.27	Blumengymnastik 16.26		
Do	Wetterkalender 16.27	Schlüsselkönig 16.30 Alle Vögel 16.31	Rollenspiel: Wetterbericht 16.29	**K**
Fr		Zweiter Ausflug in den Wald 16.6 Spiele im Wald 16.7–16.10	Das Wetter im Bilderbuch 16.32	**W**

Vorbereitungen

1. Eltern Fragen, wer Lust hat, die Kinder beim Ausflug in den Wald (16.5, 16.6) zu begleiten.
2. Für jedes Kind einen Untersetzer aus Ton (16.19) besorgen, dazu Blumenerde und Grassamen für 16.20.
3. Einige leere, verschraubbare Flaschen sammeln für 16.25.
4. Einige Gegenstände oder Bilder bereithalten für das Zuordnungsspiel 16.2.

Angebote

Melodie erfinden
16.1 Frühling, Sommer
Frühling, Sommer, Herbst und Winter,
das sind die vier Jahreskinder.
Die Kinder lernen zunächst den Text, danach wird beim Sprechen der Rhythmus durch Klatschen oder Stampfen stark hervorgehoben.

Nun sollen Kinder versuchen, verschiedene Melodien zu dem Text zu erfinden. (Es genügt, wenn einige Kinder Melodievorschläge machen. Der Rest der Kinder wird dadurch angeregt, selbst irgendwann auch Melodien zu Sprechtexten zu suchen.)
Als Vorübung zu 16.23 kann der Reim auch mit Rollenverteilung gesprochen werden. Eine Gruppe der Kinder stellt den Frühling, eine

zweite den Sommer, die dritte und vierte Herbst und Winter dar. Bei dem Stichwort „Frühling" müssen die „Frühlingskinder" aufstehen, beim „Sommer" die zweite Gruppe usw.

Gegenstände oder Bilder zuordnen
16.2 Was gehört zum Frühling?. Der Erzieher hat Gegenstände oder Bilder mitgebracht, die einer der vier Gruppen (16.1) zugeordnet werden sollen, z.B. Handschuhe, Badehose, Kniestrümpfe, Pullover, Blumensamen, Rose, Kartoffel, kahler Zweig, Osterhasenbuch, Schwimmweste, Rollschuhe, Skistock …
Es macht nichts, wenn einige Gegenstände sowohl dem Frühling wie dem Herbst zugeordnet werden könnten. Die Kinder sollen sich ja darüber unterhalten.

Vorbereitung eines Ausflugs
16.3 Gespräch über einen Ausflug in den Wald. Die Kinder erfahren, daß am folgenden Tag ein Ausflug in den Wald geplant ist. Gemeinsam wird überlegt, durch welche Ereignisse der Spaß an diesem Ausflug verdorben werden könnte. (Beispiele: Ein Kind rennt vor, überquert ohne Erlaubnis die Straße, wird Opfer eines Verkehrsunfalls. Ein Kind entfernt sich zu weit von der Gruppe und findet die anderen nicht mehr. Der Erzieher muß immer so laut schreien, wenn er etwas sagen will, und bekommt schlechte Laune. Einer verliert seine Mütze, alle müssen zurück …)
Die Kinder überlegen sich ein Zeichen, das geeignet ist, alle Kinder rasch zusammenzurufen (z.B. Trillerpfeife). Wenn dieses Zeichen gegeben wird, sollen alle Kinder sofort zum Erzieher laufen. Es wird vereinbart, daß schon im Lauf dieses Tages probeweise irgendwann dieses Zeichen gegeben wird. Alle Kinder sollen dann ihr Spiel unterbrechen und so schnell wie möglich zum Erzieher laufen.

Basteln – schreiben
16.4 Namensschildchen basteln. Wer seinen Namen schon schreiben kann, schreibt ihn auf ein kleines Schildchen, das mit Tesafilm (zum Regenschutz) überklebt und mit einem Faden zum Anbinden versehen wird. Kinder, die ihren Namen noch nicht schreiben können, bekommen ihn vom Erzieher zum Abschreiben vorgemalt oder malen auf ihr Schildchen ein Zeichen, das sie später als ihres wiedererkennen können. Diese Namensschildchen sollen im Wald an

einen Zweig gehängt werden, den das Kind sich als sein Beobachtungsobjekt ausgesucht hat.

Sachbegegnung
16.5 Zweig markieren im Wald. Jedes Kind sucht sich an einer vom Erzieher bestimmten Stelle im Wald an niedrigen Bäumchen oder Büschen einen Zweig, an dem die Blätter gerade hervorbrechen wollen. Sie versuchen, sich den Standort und den Entwicklungsstand „ihres" Zweigleins gut zu merken, befestigen ihr Namensschild an dem entsprechenden Zweig und werden nach einer Woche wiederkommen, um zu sehen, was sich verändert hat.

Ausflug
16.6 Zweig im Wald wiederfinden. Nach einer Woche begeben sich alle Kinder wieder zu dem vom Erzieher bestimmten Sammelplatz in den Wald. Von dort aus dürfen sie ausschwärmen, um „ihren" Zweig wiederzufinden. Der Erzieher läßt sich zeigen, was sich an den einzelnen Zweigen inzwischen verändert hat.

Spiel im Freien
16.7 Hamstern. Die Kinder sind Hamster. Auf ein Kommando des Spielleiters (z.B. „Alle Hamster hamstern Tannenzapfen!") schwärmen die Kinder aus, um möglichst viele der gewünschten Gegenstände zu suchen. Sowie der Spielleiter ein vorher verabredetes Zeichen (drei Pfiffe) gibt, kehren die Kinder so schnell wie möglich zum Sammelplatz zurück. Zum Schluß überlegen die Kinder, was man mit den gesammelten Schätzen anfangen könnte. Was zum Basteln gebraucht werden kann, wird mitgenommen.
Das Spiel eignet sich auch gut als Gruppenspiel.

Spiel im Freien
16.8 Such, was du hast. Während der Spielleiter bis 20 zählt, holt sich jedes Kind einen Gegenstand (Blatt, Blüte, Kieselstein) und stellt sich im Kreis auf, die Hände auf dem Rücken. Bei dem Kommando „weitergeben!" geben die Kinder die Gegenstände hinter dem Rücken weiter, bis der Spielleiter „stopp!" ruft. Nun soll jedes Kind genau den Gengenstand suchen, den es in der Hand hält, so daß es dann zwei fast identische Gegenstände hat. Es kommt darauf an, innerhalb einer bestimmten Zeit den zweiten Gegenstand zu finden. Danach zeigen die Kinder ihr Paar und benennen es. (Auf die richtige Pluralform achten!)

Spiel im Wald
16.9 Bäumchen, Bäumchen, wechsel dich. Jedes Kind sucht sich einen Baum, von dem aus es den Spielleiter gut sehen und hören kann, wenn der Spielleiter ruft: Bäumchen, Bäumchen, wechsel dich! muß jedes Kind seinen Baum verlassen und sich einen anderen Baum suchen. Es darf unter einem Baum aber immer nur ein Kind stehen.
Variation: Unter jedem Baum müssen immer zwei Kinder stehen, aber nur solche, die noch nie während des Spiels zusammen unter einem Baum gestanden haben.

Spiel im Wald
16.10 Wunderbaum suchen. Ein Erzieher hat sich von der Gruppe entfernt, um an einem niedrigen Baum oder Busch für jedes Kind ein Bonbon aufzuhängen. Er kommt zur Gruppe zurück, erzählt von einem Wunderbaum, auf dem Bonbons wachsen würden, und fordert die Kinder auf, ihn zu suchen.

Malen
16.11 Ein Bild vom Wald. Der Erzieher unterhält sich mit einzelnen Kindern über den Wald und fordert sie auf, ihr Bild vom Wald zu malen. Es kann ein dunkler, unheimlicher Wald sein oder ein lustiger Zauberwald, in dem der Wunderbaum (16.10) steht, oder ein Frühlingswald, der noch ziemlich kahl aussieht. Man kann aber auch Landkarten vom Wald malen, damit sich niemand im Wald verirrt.

Gespräch
16.12 Der Wald. Der Erzieher zeigt den Kindern die Bilder, die im Lauf des Vormittages zum Thema „Wald" entstanden sind, und erinnert an den Ausflug vom Vortag. Wie fühlten sich die Kinder im Wald? Haben sie Angst gehabt? Hätte ein Wolf kommen können? Hätte es sein können, daß sie sich verirrt und nie mehr aus dem Wald herausgefunden hätten?
Ergebnis: Es gibt bei uns keine gefährlichen wilden Tiere mehr im Wald. Der Wald ist nicht undurchdringlich und nicht unerforscht: es gibt Landkarten und bezeichnete Wege.
Früher war das anders. Die Menschen fürchteten sich vor dem Wald, weil es oft keine Wege gab, und weil sie nicht wußten, wer eigentlich alles im Wald lebt. Die Menschen haben sich Dinge ausgedacht, die es in Wirklichkeit gar nicht gibt: Zwerge und Zauberer, Hexen und verzauberte Tiere, Riesen und Drachen sollten

im Wald leben. Und dazu haben sie sich Geschichten ausgedacht, die nennt man Märchen. Ob die Kinder so ein Märchen einmal hören wollen?

Märchen (verkürzter und abgewandelter Text nach der Vorlage der Gebrüder GRIMM)
16.13 Brüderchen und Schwesterchen. Es waren einmal zwei Geschwister: ein Brüderchen und ein Schwesterchen, die hatten keine Eltern mehr. Weil auch sonst niemand da war, der sie in seine Wohnung aufnehmen wollte, nahm das Brüderchen sein Schwesterchen an der Hand und sagte: „Komm, wir gehen weg von hier und suchen uns ein schönes Plätzchen, wo wir bleiben können." Also machten sie sich zusammen auf den Weg.
Sie liefen den ganzen Tag, bis sie abends in einen großen Wald kamen. Und weil sie so müde waren und ihnen die Füße so weh taten, legten sie sich auf das weiche Moos und schliefen ein. Sie wußten aber nicht, daß sie in einem Zauberwald schliefen, in dem jeder, der aus einer Quelle oder einem Bächlein im Wald trank, in ein Tier verwandelt wurde.
Am nächsten Morgen wachten die Kinder wieder auf. Die Sonne stand schon hoch am Himmel, und es war sehr warm. „Habe ich einen Durst, Schwesterchen!" sagte das Brüderchen. „Komm, wir suchen ein Bächlein, aus dem wir trinken können!" Als sie aber an das Bächlein kamen, hörte das Schwesterchen, wie das Bächlein rauschte: „Wer aus mir trinkt, der wird ein Tiger! Wer aus mir trinkt, der wird ein Tiger!" Da rief das Schwesterchen: „Ich bitte dich, Brüderchen, trink nicht, sonst wirst du ein wildes Tier und zerreißt mich!" Das Brüderchen sagte: „Na gut, ich will warten, bis wir an ein anderes Bächlein kommen."
Als sie zum zweiten Bächlein kamen, und das Brüderchen gerade trinken wollte, hörte das Schwesterchen, wie das Bächlein murmelte: „Wer aus mir trinkt, wird ein Wolf! Wer aus mir trinkt, wird ein Wolf!" Da rief das Schwesterchen wieder voller Angst: „Ich bitte dich, Brüderchen, trink nicht, sonst wirst du ein Wolf und frißt mich auf!" Das Brüderchen trank nicht und sagte: „Gut, ich trinke nicht, aber beim nächsten Bächlein *muß* ich trinken, du kannst sagen, was du willst, ich kann es vor Durst kaum mehr aushalten!"
Als sie zum dritten Bächlein kamen, hörte das Schwesterchen, wie das Wasser gurgelte: „Wer aus mir trinkt, der wird ein Reh! Wer aus mir

trinkt, der wird ein Reh!" Da rief das Schwesterchen flehentlich: „Ach Brüderchen, trink nicht, sonst wirst du ein Reh und läufst mir weg!" Aber das Brüderchen hörte nicht, was das Schwesterchen sagte, denn es hatte sich gleich zum Bächlein hinuntergebeugt und gierig daraus getrunken, weil es halb verdurstet war. Kaum hatte das Brüderchen einen Schluck getan, so lag es am Ufer als kleines Reh.

Nun weinte das Schwesterchen, und das Rehlein saß traurig neben ihm und weinte auch. Schließlich sagte das Schwesterchen: „Sei nicht traurig, liebes Rehlein, ich bleibe bei dir und sorge für dich." Dann machte sie aus ihrem Haarband ein Halsband für das Rehchen, band ihren weichen Gürtel daran und führte das junge Reh vorsichtig tiefer in den Wald hinein.

Nachdem sie lange gegangen waren, fanden sie ein kleines Häuschen, das leer stand. „Hier können wir bleiben!" sagte das Schwesterchen, und machte für sich und das Rehlein ein Bett aus Laub und Moos. Abends, wenn es müde war, legte es seinen Kopf auf den Rücken des Rehleins, das war sein Kissen, auf dem es sanft einschlief. Morgens gingen die beiden in den Wald, und das Schwesterchen sammelte Beeren und Nüsse für sich, frisches Gras für das Rehlein, damit sie nicht zu hungern brauchten.

Eines Tages, als das Rehlein gerade im Wald herumsprang, war der König mit seinen Jägern auf der Jagd. Kaum hatten sie das Rehlein gesehen, da rief der König: „Habt ihr das wunderschöne Reh gesehen? Das muß ich unbedingt haben!" Und schon galoppierten der König und seine Jäger auf ihren Pferden hinter dem Reh her, das kreuz und quer durch den Wald sprang, bis es zum Häuschen kam, wo das Schwesterchen wartete. Schnell rief das Reh: „Schwesterlein, laß mich herein!" Da machte das Schwesterchen die Tür auf und ließ das Reh herein.

Inzwischen waren auch der König und die Jäger an dem Häuschen angekommen. Der König klopfte an und staunte nicht schlecht, als ein wunderschönes junges Mädchen die Tür öffnete. Der König war sofort in das Mädchen verliebt und fragte: „Willst du mit mir gehen auf mein Schloß und meine Frau werden?" „Ach ja", antwortete das Mädchen, „aber mein Reh muß auch mit, das lasse ich nicht im Stich."

Da zogen sie gemeinsam auf das Schloß. Als die Hochzeit gefeiert wurde, gab der König den Befehl, alle verzauberten Bäche im Lande zuzuschütten. Sofort gingen die Diener des Königs an die Arbeit, und das Schwesterchen konnte ihnen genau sagen, wie sie zu den verzauberten Bächlein kommen könnten. Kaum war die Arbeit getan, da verwandelte sich das Rehlein und bekam seine menschliche Gestalt wieder. Schwesterchen und Brüderchen lebten nun auf dem Schloß glücklich zusammen bis an ihr Ende.

Feinmotorische Übung

16.14 Zöpfe flechten. Für das Reh aus dem Märchen braucht das Schwesterchen ein weiches Seil. Dazu wird ein langer Zopf aus Bast oder Wollfäden geflochten. Zum Üben nimmt man zunächst ein Bündel kürzerer Fäden, die irgendwo im Raum (z.B. am Fenstergriff, an der Heizung, an einem Tischbein) festgemacht werden. Dann lernen die Kinder das Flechten nach dem Schema: Von rechts in die Mitte, von links in die Mitte …

Darstellendes Spiel

16.15 Brüderchen und Schwesterchen als Rollenspiel.

1. Sich erinnern, wer und was in der Geschichte alles vorkam.

2. Verteilung der Rollen. Außer Brüderchen, Schwesterchen, Jägern und dem König werden Kinder gebraucht, die die Bächlein und die Pferde spielen. Wie sollen die Bächlein dargestellt werden? Soll sich einfach ein Kind auf den Boden legen oder soll es unter einem Tuch oder hinter einer Schüssel mit Wasser versteckt werden? Was könnte als Halsband für das Reh genommen werden? (Seil besser nicht um den Hals, sondern um den Oberarm binden!) Wo soll das Häuschen sein, in dem das Schwesterchen mit dem Reh wohnt? (Decke über einen Tisch hängen.)

3. Der Erzieher liest den Text, die Kinder sitzen im Kreis und erwarten ihren Auftritt. Wer kann, soll seinen Text (z.B. „Wer aus mir trinkt, der wird ein Wolf!") gleich selbst sprechen.

4. Falls die Kinder noch genügend Ausdauer besitzen, Rollen neu verteilen und das Ganze noch einmal spielen, wobei die Kinder allmählich den ganzen Text der direkten Rede übernehmen. Wenn sich zu viele Kinder zum Mitspielen drängeln, können die Rollen ruhig mehrfach besetzt werden: Mehrere Geschwisterpaare ziehen gleichzeitig in den Wald.

Figurentheater

16.16 Erzählen mit bewegten Figuren. Die gemalten Bilder vom Wald (16.11) bilden den Hintergrund. Davor bewegen sich Figuren aus dem Märchen „Brüderchen und Schwesterchen", die die Kinder gemalt und ausgeschnitten haben. Nun erzählen die Kinder das Märchen und schieben dabei die ausgeschnittenen Figuren vor dem Hintergrund hin und her.

Tanzspiel

16.17 Brüderchen, komm tanz mit mir

Brüderchen, komm tanz mit mir!
Beide Hände reich ich dir.
Einmal hin, einmal her,
rundherum, das ist nicht schwer.

Mit den Füßchen trap, trap, trap!
Mit den Händen klap, klap, klap!
Einmal hin …

Mit dem Köpfchen nick, nick, nick!
Mit den Fingerchen tick, tick, tick!
Einmal hin …

Ei, das hast du fein gemacht.
Ei, das hätt' ich nicht gedacht.
Einmal hin …
(Melodie in R. R. KLEIN, Willkommen, lieber Tag, Band 1. Frankfurt 1975, S. 40.)

Tanzspiel

16.18 Ich bin ein dicker Tanzbär

Ich bin ein dicker Tanzbär
und komme aus dem Wald.
(Die Kinder stapfen einzeln durch den Raum.)
Ich such mir eine Freundin
und finde sie gar bald.
(Paarweise gruppieren.)
Und wir tanzen Ringelreihn
von einem auf das andre Bein.
Und wir tanzen Ringelreihn
von einem auf das andre Bein. (Die Kinder halten sich an den Händen und bewegen sich mit steifen Beinen wiegend hin und her. Dadurch entsteht ein schwerfälliger Bärentanz.)

Malen

16.19 Tonschalen bemalen. Es gibt für Blumentöpfe flache Untersetzschalen aus Ton, die nicht teuer sind und sich gut für die „Osterwiese" (16.20) eignen würden. Der Schalenrand kann von den älteren Kindern mit Lackfarbe, von den jüngeren mit Ölkreide decorativ bemalt werden.

Später soll in die Schale Blumenerde eingefüllt und Gras gesät werden.

Sachbegegnung

16.20 Gras säen. Die Kinder füllen kleine Tonschalen mit Blumenerde, befeuchten sie und streuen Grassamen darüber, die mit der flachen Hand fest in die Blumenerde gedrückt werden. Wenn die Kinder das Gießen nicht vergessen und die Schälchen ans Fensterbrett stellen, haben sie zum Osterfest eine kleine decorative Wiese, in die sie ein Osterei setzen können.

Würfelspiel für vier bis sechs Kinder

16.21 Schneeglöckchenspiel. Falls die Kinder die Arbeitsblätter „Wir wollen Schule spielen" nicht zur Verfügung haben, müßte der Erzieher sich eine Schablone eines Schneeglöckchens machen, mit deren Hilfe er rasch die Umrisse eines Schneeglöckchens mit Blüte, Stengel, Blättern, Zwiebel und Würzelchen aufzeichnen kann.

Die Umrißzeichnung wird von den Kindern in den richtigen Farben ausgemalt, dann werden die Zeichnungen je in sechs Teile geschnitten (Blüte, Stengel, zwei Blätter, Zwiebel, Wurzel) und in die Mitte des Tisches gelegt. Ein Würfel wird auf drei Seiten rot, auf drei Seiten grün beklebt. Reihum wird gewürfelt. Wer grün würfelt, darf sich ein Schneeglöckchenteil wünschen, muß es aber richtig benennen. Wer rot würfelt, muß warten bis zur nächsten Runde.

Malen – ausschneiden – kleben

16.22 Frühlingsbeet. Wenn das Schneeglöckchen-Würfelspiel nicht mehr interessant ist, können die Schneeglöckchen auf einen (farbigen) Papierstreifen aufgeklebt werden, der als Wandschmuck im Gruppenraum aufgehängt wird. Wer möchte, kann noch andere Frühlingsblumen dazukleben: Tulpen, Narzissen, Huflattich usw. Beim Malen dieser Frühlingsblumen muß den Kindern immer eine echte Blüte als Anschauungsmaterial zur Verfügung stehen. Zum Schluß werden über die Zwiebeln und Würzelchen ein brauner Papierstreifen geklebt (als Erde), aber so, daß man den Papierstreifen auch hochklappen und die Zwiebeln darunter sehen kann.

Anleitung zum Tulpenmalen:
Tulpe betrachten, mit den Fingerspitzen die

Blüte umfahren, Tulpe in die Luft zeichnen. Auf einem Übungsblatt erst mal die Rundung des Blütenkelchs versuchen.

Wenn mit der „richtigen" Abbildung begonnen wird, zunächst überlegen, wieviel Platz die Tulpe bekommt, damit das ganze Blatt genutzt wird. Farbmaterial: Dicke Filzstifte oder Ölkreiden.

Der braune Papierstreifen, der Erde darstellen soll, kann von den jüngeren Kindern angefärbt

werden. Ihnen muß man allerdings zunächst erklären, wie ein Farbpinsel benutzt wird: Eintauchen (aber nur die Borsten!), abstreifen, malen.

Musizieren

16.23 Es war eine Mutter[1]. Kinderlied für Singstimmen, Schlaghölzer, Schellenband (Frühling), Kuhglocke (Sommer), Tamburin (Herbst) und Triangel (Winter).

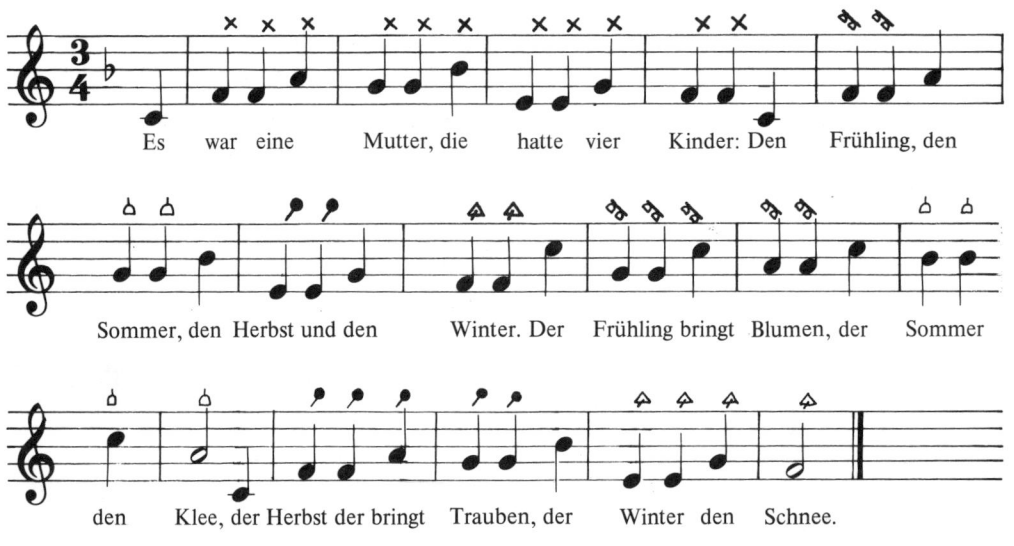

Zeichenerklärung:

✗ = Schlaghölzer
⟋ = Schellenband
△ = Kuhglocke
♪ = Tamburin
△ = Triangel

Vorschlag für die Erarbeitung des Liedes

1. *Einleitendes Gespräch:* Könnt ihr euch eigentlich noch an den Winter erinnern, als es so kalt war und der Garten mit Schnee zugedeckt war? Jetzt ist der Winter vorbei, es ist nicht mehr so kalt: der Frühling kommt. Ich habe schon Schneeglöckchen gesehen! Und wenn Ostern vorbei ist und es immer wärmer wird, kommt der Sommer, wo man nur noch Söckchen anzuziehen braucht statt der Strumpfhosen …

2. *Vorstellen des Liedes:* Ich kenne ein Lied, darin wird von einer Mutter und von vier Kindern erzählt. Aber es ist gar keine richtige Mutter mit richtigen Kindern gemeint. Mal sehen, ob ihr herauskriegt, wer die Mutter ist und wer die Kinder sind: (Lied vorsingen.)

Wer sind die Kinder?
Und die Mutter ist das Jahr. Die sagt zu ihrem ersten Kind: Frühling, komm her, du bist jetzt dran, damit die Menschen Schneeglöckchen und Ostereier suchen können! Und nach drei Monaten sagt sie zum nächsten Kind: So, Sommer, jetzt kannst du mal den Frühling ablösen. Du kannst den Klee für die Kühe auf der Weide mitnehmen …

3. *Lernen des ersten Teils:* Jetzt probieren wir den ersten Teil mal zusammen: Es war eine Mutter, die hatte vier Kinder: den Frühling, den Sommer, den Herbst und den Winter! (Gemeinsam singen.) Vielleicht ist es eine ganz dicke Mutter mit ganz dicken Kindern (gemeinsam sehr breit, langsam singen). Vielleicht ist es aber auch eine ganz schlanke Mutter mit spindeldür-

---

1 Es gibt noch eine andere Melodie für dieses Lied (siehe R. R. KLEIN, Willkommen, lieber Tag, Bd. 1. Frankfurt 1975, S. 12). Die hier angegebene Melodie stammt von dem Volkslied „Im Märzen der Bauer …".

ren Kindern (gemeinsam schnell, abgehackt singen).

4. *Die Instrumente* wollen so gern mal die Jahreszeiten spielen. (Schellenband, Kuhglокke, Tamburin und Triangel herholen.) Wer soll der Frühling sein, wenn die Schneeglöckchen im Garten stehen? Schellenband (ausprobieren lassen). Und welches Instrument nehmen wir für den Sommer, wo die Kühe auf der Weide den Klee fressen? Kuhglocke (ausprobieren). Und welches Instrument könnten wir für den Herbst nehmen, wenn die Trauben reif sind und die Äpfel von den Bäumen fallen? (Tamburin). Und wer bleibt übrig für den Winter, wenn es klirrekalt ist? (Triangel).

5. *Ersten Teil des Liedes mit Instrumenten:* Zunächst üben: bei Frühling zweimal das Schellenband schlagen, bei Sommer zweimal die Kuhglocke … Dann singen mit Einsatz der Instrumente. Alle Kinder, die kein Instrument haben, bekommen Schlaghölzer und begleiten die erste Zeile.

6. *Das ganze Lied mit Instrumenten* kurz ansingen, dann abbrechen und am nächsten Tag wiederholen.

Experiment

16.24 Regen machen. Wasser zum Kochen bringen, den aufsteigenden Dampf beobachten. Einige Eisstücke auf einen Teller legen oder den Teller einige Minuten im Kühlschrank kühlen. Den kalten Teller über den Dampf halten. Der Dampf schlägt sich am kalten Teller nieder, es bilden sich Wassertropfen. Die Tropfen auf die Kinder fallen lassen: Es regnet.

Zum Schluß ganz wenig Wasser zum Kochen bringen. Zuschauen, wie das Wasser verschwindet. Wohin ist es gegangen?

Experiment

16.25 Warm – wärmer – am wärmsten. Flaschen werden mit verschieden warmem Wasser gefüllt. Die Kinder sollen die Flaschen nach dem Wärmegrad ordnen.

(Idee: MONTESSORI.)

Gymnastik

16.26 Blumengymnastik. Es ist Winter. In der Erde liegen Tulpenzwiebeln (Kinder legen sich auf die Erde, versuchen, sich so klein wie möglich zusammenzurollen). Im Frühling brechen zwei schmale Blätter aus der Zwiebel und schieben sich durch den Erdboden ins Freie (Arme langsam hochstrecken). Zwischen ihnen wächst der Stengel mit der Blüte hoch (Oberkörper aufrichten, Kopf recken). Die Pflanze wird immer größer (Kinder stellen sich auf, heben sich auf die Zehenspitzen, recken sich). Der Wind wiegt die Pflanze hin und her (Oberkörper hin- und herwiegen).

Manchmal haben die Blumen zu wenig Wasser und lassen den Kopf hängen (Kopf hängen lassen). Manchmal wird eine Blüte abgeknickt (Oberkörper in der Taille abwinkeln). Manchmal wird sogar eine Blüte zertreten (Kinder drücken sich flach auf den Boden). Aber die Zwiebel in der Erde ist heil geblieben und wartet auf das nächste Frühjahr (wie am Anfang).

Zeichnen

16.27 Symbolkärtchen für einen Wetterkalender. Auf kleine quadratische Kärtchen zeichnen die Kinder Symbole für Wetterlagen, auf die sie sich vorher einigen.

Vorschläge:

Für Sonnenschein: Sonne;

für Regen: Schirm;

leichte Bewölkung: kleine Wolken;

dichte Bewölkung: große Wolken;

Schnee: kleine Sterne oder Flocken oder Schneemann;

Nebel: kleines Bildchen, das mit Butterbrotpapier überlegt wird;

Wind: Fähnchen.

Naturbeobachtung

16.28 Wetterkalender. An der Wand wird ein Papierbogen befestigt, auf dem links untereinander die Daten der kommenden Tage notiert sind. Rechts daneben kleben die Kinder die Wettersymbole, die sortiert in einer Kartei liegen.

Rollenspiel

16.29 Wetterbericht. Einige Naturforscher begeben sich ins Freie, um genau zu sehen, welches Wetter herrscht. Sie geben ihre Beobachtungen per Spieltelefon an die Redakteure des Fernsehens durch. Dort wird der Wetterkalender geführt. Ein Sprecher gibt im Fernsehen das Wetter bekannt.

Spiel im Kreis

16.30 Schlüsselkönig. Alle sitzen auf Stühlen, nur einer steht. Er bekommt einen Schlüsselbund in die Hand, geht auf ein anderes Kind zu und sagt: Guten Tag, gehen Sie doch ein bißchen an die frische Luft! Das angesprochene Kind erhebt sich, geht auf ein anderes zu, das erste Kind ebenfalls, und beide begrüßen zwei andere Kinder mit dem gleichen Satz. Schließlich sind immer mehr Kinder unterwegs, bis das erste Kind seinen Schlüsselbund fallen läßt. Nun müssen alle versuchen, einen Stuhl zu erwischen. Wer als erster sitzt, darf der neue Schlüsselkönig sein und eröffnet die nächste Runde.

Spiel im Kreis
16.31 Alle Vögel fliegen hoch! So oft der Spielleiter Dinge nennt, die fliegen können, werfen die Kinder die Arme hoch: Die Schwalben fliegen, die Wespen fliegen, die Tische fliegen …
Es ist nicht nötig, daß das Kind, das einen Fehler macht, ein Pfand gibt.
Der Schwierigkeitsgrad des Spiels erhöht sich, wenn der Spielleiter grundsätzlich die Arme hochreißt, also auch dann, wenn Dinge genannt werden, die gar nicht fliegen können.

Bilderbücher betrachten
16.32 Das Wetter im Bilderbuch. Bilderbücher werden daraufhin durchgesehen, welches Wetter auf den einzelnen Bildern dargestellt wird. Woran erkennt man, daß die Sonne scheint? (Schatten …), daß der Wind weht (Rauch, Bäume biegen sich …), daß es regnet, daß es warm oder kalt ist?

17. Huhn

Vorüberlegungen

Auch der Wochenplan „Huhn" ist wie viele andere Wochenpläne dieses Programmes nach folgendem didaktischem Grundschema aufgebaut:
Neugier wecken (17.1);
Erlebnisse haben (Ausflug auf den Hühnerhof 17.2, Eier öffnen, untersuchen, zubereiten, aufessen 17.3);
Eindrücke ordnen und klären (malen 17.6);
Sachwissen vertiefen (Kaspertheater 17.9);
schöpferische Tätigkeiten auslösen (die Geschichte vom Ungeheuer 17.5, pantomimische Übungen 17.12–17.13, Szenen bauen 17.14).
Durch den Besuch auf dem Hühnerhof oder einer Hühnerfarm sollen die Kinder lernen,

Alltägliches genauer zu betrachten und dabei erleben, wie neu und interessant Dinge sein können, die man zu kennen glaubt, wenn man nur genau genug hinschaut und hinhört.
Das Kaspertheater mit Bildern, das der Erzieher den Kindern bieten soll, hat erstens die Funktion, das Sachwissen der Kinder zu erweitern, und soll zweitens den Kindern zeigen, daß man mit ihren Gemälden mehr anfangen kann als sie nur an die Wand zu hängen. Das gleiche gilt für die Einbeziehung der gebastelten Küken in das Kaspertheater und die Szenenfolge 17.14, an der die Fördergruppe Grammatik das Sätzebilden üben kann.
Für das Malen eines Huhns ist das Arbeitsblatt 17 aus der Mappe „Wir wollen Schule spielen" eine Hilfe. Trotzdem ist diese Aufgabe für die kleineren Kinder zu schwer. Sie könnten statt dessen mit Fingerfarbe Spiegeleier malen, ausschneiden und sie anschließend dem „Ungeheuer" (17.5) zum Fraß vorwerfen, vorausgesetzt, sie können sich von ihren Werken trennen.
Wenn beabsichtigt wird, mit den größeren Kindern eine Hühnerleiter zu nageln, die groß genug ist, daß die Kinder darauf laufen können, ist es nötig, die Sprossen und das Brett vorher mit Schmirgelpapier zu glätten, damit kein Kind sich beim Besteigen der Leiter verletzt.

Bemerkungen zur Sache

Das Haushuhn. Auf dem Land findet man noch das „echte" Hühnervolk: den Hahn mit mehreren Hennen. Tagsüber suchen sie unermüdlich im lockeren Boden nach Würmern, Käfern und anderen Kleintieren, schöpfen Wasser mit dem Unterschnabel (das sie durch Hochheben des Kopfes in den Schlund fließen lassen), nehmen zwischendurch ein Staub- oder Sandbad und warten gierig darauf, daß der Mensch ihnen zusätzliches Futter (Getreidekörner) vorwirft. Nachts schlafen sie im Hühnerstall auf Stangen. Im Frühjahr kann die Henne 13 bis 15 Eier ausbrüten. Sie sitzt 21 Tage lang auf den Eiern und wärmt sie mit ihrer Körpertemperatur, die in dieser Zeit 38 bis 40 Grad aufweist. Aus den Eiern entschlüpfen die Küken, die der Glucke schon nach wenigen Stunden nachlaufen und selbst Futter picken (Nestflüchter). Die Glucke scharrt Futter für die Küken aus dem Boden, ruft sie herbei und nimmt sie bei Gefahr oder Kälte unter ihre Flügel.
Die Mehrzahl der Hühner lebt aber heute in Hühnerfarmen, wo jedes Huhn in einem kleinen

Drahtkäfig sitzt. Wasser und sorgfältig zusammengestelltes Futter werden ihnen vorgesetzt, die Eier – es sind etwa 200 pro Jahr – werden auf dem Fließband abtransportiert. Die Küken werden in Brutkästen gezüchtet.

Körperbau: Kräftiger Schnabel, roter, gezackter Kamm auf dem Kopf, Kehllappen am Unterschnabel. Muskelstarke Beine, lange, weitgespreizte Vorderzehen mit dicken, stumpfen Krallen. Der Hahn übertrifft die Henne an Größe und Stärke. Auffallend sind der größere Kamm, die größeren Kehllappen, die sichelförmigen Schwanzfedern und der Sporn über der Hinterzehe. Die vorderen Gliedmaßen sind in Flügel umgewandelt, aber die Hühner sind wegen ihres schweren Körpers schlechte Flieger. Körner werden ganz verschluckt und zunächst in einer Erweiterung der Speiseröhre, dem Kropf, aufgeweicht, danach gelangen sie in eine zweite Erweiterung der Speiseröhre, dem Drüsenmagen, wo sie mit Verdauungssäften vermengt werden, ehe sie im Muskelmagen zerrieben werden.

Wörterliste

Bauernhof	Huhn	Schnabel	legen
Brutkasten	Hühnerfarm	Schwanzfedern	picken
Dotter	Hühnerhof	Sporn	scharren
Dotterhaut	Hühnerleiter	*	schöpfen
Eierschale	Hühnerstall	ausblasen	verschlucken
Eigelb	Kamm	ausschlüpfen	verschlingen
Eiweiß	Kehllappen	brüten	*
Federn	Kropf	flattern	blindlings
Flügel	Körner	fliegen	fleißig
Futter	Küken	gackern	gierig
Glucke, Gluckhenne	Legenest	krähen	kopflos
Hahn	Rührei	laufen	stolz
Henne	Sandbad		

Wochenplan

	In der Zeit des Freispiels	Gemeinsame Aktion	Am Nachmittag	
Mo	Mit den Kindern spielen	Gespräch: Wo kommen die Eier her? 17.1	A 67–70 17.11	**A**
Di	Ausflug auf den Hühnerhof 17.2		Spiegelei malen 17.4 Die Geschichte vom Ungeheuer, das ... 17.5	**K**
Mi	Rührei – Spiegelei 17.3	Hahn oder Henne malen 17.6 Arbeitsblatt 17		
Do	Basteln: Wollküken 17.7 und Hühnerleiter 17.8	Kaspertheater mit Bildern 17.9	Zeig mir mal ... 17.10	**W**
Fr	Bilderbücher vom Bauernhof betrachten	Rhythmische Spiele und Balancierübungen 17.11, 17.12, 17.13	Ein Huhn kommt auf die Welt 17.14 Pick, pick 17.15	**G**

Vorbereitungen: Sich erkundigen, wer noch Hühner hält oder wo die nächste Hühnerfarm ist. Anfragen, ob die Kinder kommen dürfen.
Eltern verständigen. Fragen, wer mitkommen will.
Wollreste sammeln für 17.7.
Wenn die große Hühnerleiter gebaut werden soll, braucht man ein glattes, stabiles Brett, Sprossen, Nägel und mehrere Hämmer für 17.8.

Angebote

Einführung in das Wochenthema
17.1 Wo kommen die Eier her? Um die Kinder für den Ausflug zum Hühnerhof zu motivieren, könnte man ihnen eine kleine Geschichte erzählen:
Als Christof hungrig vom Kindergarten nach Hause kam, hatte sein Vater zwei Spiegeleier für ihn gebraten. „Wo hast du die eigentlich her?" fragte Christof. „Wo ich die her habe? Komische Frage. Aus dem Kühlschrank natürlich." „Und wie kommen die Eier in den Kühlschrank?" „Die wird der Osterhase wohl dort versteckt haben!"
Christof wußte es besser. Er fragte abends seine Mutter: „Mama, wie kommen die Eier in den Kühlschrank? Die hast du doch sicher hineingelegt?" „Ja, ich hab sie im Laden an der Ecke gekauft und in den Kühlschrank gelegt, damit sie frisch bleiben."
Christof nahm sich vor, beim nächsten Einkauf, wenn die Mutter ihn mitnahm, den Kaufmann zu fragen: …
(Hier wendet sich der Erzieher an ein Kind, das er als Kaufmann anredet. Falls er die Auskunft erhält: vom Großhändler, fragt er dort weiter. Falls er hört, vom Hühnerhof, wendet er sich gleich an ein Kind in der Rolle des Hühnerhofbesitzers.)
Im Anschluß an die Geschichte können die Kinder dann Vermutungen äußern über den Vorgang des Eierlegens. Wie oft legt ein Huhn ein Ei? Legen Hähne auch Eier? Was frißt ein Huhn? Hat es auch Durst? Das Gespräch könnte damit enden, daß alle Kinder versuchen, wie Hühner, die gerade ein Ei gelegt haben, zu gackern.

Ausflug
17.2 Besuch eines Hühnerhofs. In fast allen Dörfern gibt es noch Leute, die einige Hühner halten. Vielleicht ist es möglich, eine solche Hühnerhaltung zu besichtigen. Die Kinder könnten das Füttern übernehmen, dann den Tieren beim Picken zusehen und sich überlegen, welches Tier dem Einzelnen am besten gefällt. Dieses Tier soll jeweils besonders genau betrachtet werden. Kann man zählen, wie viele Körner es pickt? Schluckt es die Körner gleich runter oder kaut es die Körner?
Anschließend wird das Hühnerhaus („Schlafzimmer") und die Legenester besichtigt. Falls die Kinder Federn finden, nehmen sie sie mit.

Zum Schluß werden noch einige Eier gekauft und mitgenommen.
Für Kinder aus der Stadt gibt es die Möglichkeit, die nächste Hühnerfarm zu ermitteln (Auskunft erhält man auf dem Wochenmarkt beim Eierstand). Nach telefonischer Anmeldung könnte vielleicht ein Termin vereinbart werden, an dem im Brutkasten Küken ausschlüpfen. Man müßte den Kindern aber vorher erklären, daß die Küken naturgemäß von der Glucke ausgebrütet werden, daß aber der Brutkasten den Hennen die Arbeit abnehmen kann.

Sachbegegnung in kleinen Gruppen
17.3 Rührei – Spiegelei. Hände waschen. Jedes Kind bekommt ein Ei und eine Untertasse und soll versuchen, das Ei aufzuschlagen, wie der Erzieher es vormacht. Ist das Eigelb ganz geblieben? Warum läuft es nicht aus? Es ist von einem zarten Häutchen, der Dotterhaut, umgeben (vorsichtig mit der Fingerspitze fühlen). Warum liegt das Eigelb immer in der Mitte? Es wird von ganz feinen Schnüren im Eiweiß gehalten. Man kann sie sehen. Auf dem Eigelb liegt übrigens auch Eiweiß. Man sieht es nur nicht, weil es durchsichtig ist. Wenn man aber ein Spiegelei brät und einen Deckel auf die Pfanne legt, wird das Eiweiß auf dem Dotter fest und weiß. Die Eierschale ist innen von einem zarten, weißen Häutchen, der Schalenhaut, umgeben. Man kann sie abziehen. Die Kinder verarbeiten anschließend die Eier zu Spiegelei oder zu Rührei und essen sie auf.

Malarbeit für die jüngeren Kinder
17.4 Spiegelei malen (so groß wie ein ganzer Teller). Auf buntes Papier mit Fingerfarben und Fingern zunächst das Eiweiß malen, dann in die Mitte das Eigelb setzen.

Mitmachgeschichte
17.5 Die Geschichte vom Ungeheuer, das immer Spiegeleier wollte. Es war einmal ein Ungeheuer, das sah ungefähr so aus, als ob zwei Kinder unter einer Decke stecken würden. Das rannte den ganzen Tag unruhig im Zimmer hin und her und sagte dauernd: Ich will ein Spiegelei, ich brauche unbedingt ein Spiegelei, ich kann es nicht mehr aushalten, ich brauche sofort ein Spiegelei! Das wiederholte es immer wieder und schrie dabei immer lauter, bis die Leute es mit der Angst zu tun bekamen. Das erste Kind kam schnell mit einem Spiegelei daher und hielt es dem Ungeheuer hin – und schlupp – war es aufgefressen.

Aber das Ungeheuer wollte immer mehr und mehr Spiegeleier und schrie immer lauter: Ich brauche unbedingt ein Spiegelei.

Da kamen immer mehr Kinder und brachten dem Ungeheuer ein Spiegelei, und das Ungeheuer fraß und fraß, und als es das letzte Spiegelei gefressen hatte, gab es einen lauten Knall (in die Hände klatschen), und das Ungeheuer platzte.

Zur Durchführung: Die Kinder, die ein Spiegelei gemalt und ausgeschnitten haben, bringen es mit in den Kreis. Schon bei der ersten Erzählung spielen zwei Kinder das Ungeheuer, indem sie sich unter einer Decke bewegen. Wenn das Ungeheuer platzt, lassen sich die Kinder in verschiedenen Richtungen auf den Boden fallen.

Weiterführung des Themas: Bilderbuch betrachten von TOMI UNGERER: Das Biest des Monsieur Racine. Zürich: Diogenes 1972.

17.6 Hahn oder Henne malen. Als Hilfe kann den Kindern ein Blatt gegeben werden, in dem die Rücken- und Bauchlinie angedeutet ist. Daraus sollen sie nun eine Henne oder einen Hahn machen.

Zunächst soll überlegt werden, was alles fehlt. (Als Hilfestellung kann man das angefangene Huhn jammern lassen: Womit soll ich denn laufen und scharren? Womit soll ich denn picken? Ich sehe ja nichts ...) Nach und nach ergänzen die Kinder Schnabel, Kamm, Kehllappen, Auge, Füße mit Zehen und stumpfen Krallen, Schwanzfedern. Beim Hahn muß der Kamm, Schnabel, Kehllappen stärker sein, dazu

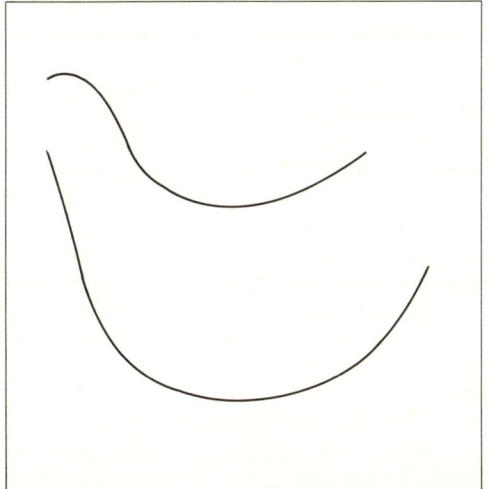

kommen die sichelförmigen Schwanzfedern und der Sporn über der Hinterzehe.

Nun wird das Huhn angemalt.

Zum Schluß signieren.

(Zur Arbeitserleichterung des Erziehers wird die Zeichnung der Bauch- und Rückenlinie als Blatt 17 der Arbeitsmappe „Wir wollen Schule spielen" vorgegeben.)

Textiles Gestalten

17.7 Wollküken. Eine Quaste aus gelber Wolle wird zu einem Küken. Dazu werden zwei runde Pappscheiben von ca. 10 cm Durchmesser mit einer kreisförmigen Öffnung in der Mitte aufeinandergelegt und von außen durch die Öffnung in der Mitte solange bewickelt, bis das Loch kaum mehr zu sehen ist. Danach wird die Wolle an den Rändern zwischen den Scheiben aufgeschnitten, ein Faden zwischen den Scheiben hindurchgeführt und verknotet. Nun werden die Pappscheiben herausgenommen, so daß eine kugelrunde Quaste entsteht. Irgendwo kleben wir einen Schnabel aus rotem Filz oder Papier fest – fertig ist das Küken.

Für kleinere Kinder ist es einfacher, wenn sie die Wolle um eine Streichholzschachtel wickeln. Oben und unten aufschneiden, Schachtel herausnehmen, Fäden in der Mitte abbinden. Die entstandene unregelmäßige Kugelform mit der Schere etwas korrigieren.

Werken/Basteln

17.8 Hühnerleiter bauen. Auf ein starkes, glattgeschmirgeltes Brett werden in kleinen Abständen Querhölzer genagelt. Das Ganze muß so stabil sein, daß Kinder auf der Hühnerleiter auf- und absteigen können.

Man kann aber auch Spiel-Hühnerleitern basteln, indem auf einen Pappstreifen Streichhölzer geklebt werden. Für kleine Spielzeughühner, die vielleicht im Kindergarten vorhanden sind, wird zudem aus Legos oder anderem Material ein Hühnerhaus gebaut, zu der die gebastelte Hühnerleiter führt.

Vorstellung für Kinder

17.9 Kaspertheater mit Bildern: Hühnergeschichten. Die gebastelten Wollküken und die signierten Bilder von Hennen oder Hähnen sind die Darsteller des Kaspertheaters.

Das Kasper kündigt an, er würde den Kindern seine Freunde, die Hühner, vorstellen, aber er wettet, daß die Kinder nicht wissen, ob sie einen Hahn, eine Henne oder ein Küken vor sich haben. Nacheinander zeigt er entweder ein Wollküken oder ein Bild von Henne oder Hahn, wobei die Kinder jedesmal die richtige Bezeichnung rufen sollen. Danach entschuldigt sich der Kasper, daß er gedacht hat, die Kinder seien so dumm, und verabschiedet sich mit dem Hinweis, daß die Hähne und Hennen den Kindern was erzählen wollten.

Nun werden nacheinander die Bilder gezeigt, dabei stellen sich die Tiere immer erst einmal vor: z.B. „Ich bin die Henne vom Alexander." Dann erzählen sie ganz kurz etwas Interessantes:
Beispiele:
Huhn: Ratet mal, was ich für ein Bett habe: Ich schlafe auf der Stange. Glaubt ihr, ich sei schon mal runtergefallen? Noch nie!
Huhn: Ah, ich fühle mich wohl. Ich habe nämlich gerade ein Bad genommen, ah, das war schön. Wißt ihr, wo ich gebadet habe? Im Sand! Müßt ihr unbedingt auch mal probieren: Ein Loch scharren, sich in den Dreck legen und sich dann so richtig hineinkuscheln – herrlich!
Huhn: Wißt ihr überhaupt, wie viel Eier ich lege? Von Ostern bis zum nächsten Ostern ungefähr 200 Stück! Die Charlotte soll mal noch ein paar Eier bei mir dazumalen, damit alle sehen, wie tüchtig ich bin!
Huhn oder Hahn: Wollt ihr mal meine Zähne sehen? Reingelegt – ich hab ja gar keine. Dafür habe ich Steinchen im Magen, die zermahlen mir die Körner. Ätsch, wenn ihr Steinchen im Magen hättet, würdet ihr schreckliches Bauchweh bekommen. Ich aber nicht, ätsch!
Huhn/Hahn: Wißt ihr, was ich am liebsten esse? Kleine, fette Würmer – mmm! Der Boris hätte mir ruhig ein paar Würmchen hinmalen können, damit ich was zu fressen habe. Machst du das noch, Boris?
Huhn/Hahn: Und mir soll die Bärbel, die mich gemalt hat, noch eine ganze Menge Körner dazumalen!
Hahn: Hallo! Ich bin der stärkste Hahn auf dem Bauernhof. Neulich kam mal der Hahn vom Nachbarn, dem habe ich aber mit meinem Schnabel und meinem Sporn ganz schön Angst eingejagt!
Hahn: Kinder, ich hab so 'ne Wut, daß ich keine Eier legen kann.
Huhn (gleichzeitig tritt die Henne von ... auf): Kinder, ich hab so 'ne Wut, daß ich keine so schönen Schwanzfedern habe wie ein Hahn! (Die beiden begegnen sich.) Warum guckst du

so wütend? Weil ich keine Eier legen kann. Und warum guckst du so wütend? Weil ich keine so großen Schwanzfedern habe. Aber dafür kannst du doch Eier legen! Auch wieder wahr. Und du hast so schöne Federn! Auch wieder wahr. Gut, daß du mich daran erinnert hast. Gut, daß du es mir gesagt hast. Tschüs!
Hahn: Ich gebe euch mal ein Rätsel auf. Mit welchem Kamm kann man sich nicht kämmen?
Huhn: Wißt ihr, was ich mache, wenn ich Kinder haben will? Ich setze mich 21 Tage lang auf die Eier und wärme sie. Könnt ihr überhaupt auf 21 zählen? Na dann probiert's mal!
Hahn: Also Küken finde ich doof, darum kümmere ich mich nicht. Weibersache.
Huhn: Ihr denkt vielleicht, daß ich nicht fliegen kann, weil ich so schwer bin. Kann ich aber. Da rannte doch neulich Nachbars Dackel hinter mir her, ich ab, was das Zeug hielt, ich rannte und schlug mit den Flügeln, damit ich besser vorwärts kam. Aber der Dackel kam immer näher. Na, was tat ich – ich flog! Über'n Gartenzaun nämlich, da konnte er nicht hinüberspringen.
Huhn: Also ich muß euch mal was erzählen. Will ich da neulich mal über die Straße rennen, kommt da – ühühühüü – ein Auto dahergerast. Natürlich bin ich furchtbar erschrocken und bin ohne zu überlegen, wie sagt man da, kopflos, ja, kopflos wieder auf den Bürgersteig zurückgerannt. Wißt ihr, was der Autofahrer mir nachgerufen hat? Dummes Huhn! So was!
Die *Küken* treten auf:
Ich bin im Brutkasten ausgebrütet worden!
Und mich hat der Storch gebracht.
Quatsch! Du bist auch im Brutkasten ausgebrütet worden.
Mich hat meine Mami ausgebrütet, die Glucke.
Und meine Mami hat gesagt, ich war mal ein Ei. Das glaub ich aber nicht. Meine hat das auch gesagt. Die Erwachsenen wollen einem immer Märchen erzählen.
Überhaupt: Eier haben doch keine Tür. Wie sollen wir denn da herausgekommen sein?
Fragen wir mal die Kinder: Hat uns der Storch gebracht? Sind wir mal Eier gewesen? Haben die Eier Türen? Können wir im Brutkasten ausgebrütet werden? Können wir auch von einer Henne ausgebrütet werden? Was wird aus uns, wenn wir groß sind: Hunde? Katzen? Schweine? Menschen? Hoffentlich keine Krokodile! Was dann?
Zum Schluß tritt ein *Hahn* auf, der die Kinder auffordert, mal kräftig mit ihm zusammen zu krähen: ü-ü-ü-üh!

Danach kommt eine *Henne*, die will, daß alle mal mit ihr gackern: gaa-gaa-gaack!
Hahn: Was macht ihr dann da für ein blödes Gegacker? Krähen ist doch viel schöner.
Huhn: Nein, Gackern ist viel schöner.
Hahn: Also gut: Die Kinder, die einen Hahn gemalt haben, sollen krähen, und die anderen, die eine Henne gemalt haben, sollen gackern: Achtung – fertig –los!
Nach diesem Höllenspektakel dürfen die Kinder ins Freie, um sich auszutoben.

Wortschatztraining
17.10 Zeig mir mal ... Die Kinder sitzen um einen Tisch, auf dem die gemalten Bilder von Hähnen und Hennen liegen. Reihum darf jedes Kind ein anderes auffordern: Zeig mir mal (einen Kamm, eine Schwanzfeder, einen Schnabel ...).

Rhythmisches Sprechen und Bewegen
17.11 Ich wollt, ich wär ein Huhn. Die Kinder sitzen im Kreis und lernen den Kinderreim:
Ich wollt, ich wär ein Huhn,
dann hätt ich nichts zu tun.
Ich legte jeden Tag ein Ei,
und sonntags sogar zwei.
Sie stampfen rhythmisch dazu mit den Füßen, bewegen rhythmisch die Arme als Flügel auf und ab, scharren rhythmisch mit den Füßen, während sie gemeinsam den Text sprechen.

17.12 Pantomime: Hühnerhof. Einleitende Frage: Hat ein Huhn wirklich sonst nichts zu tun als nur Eier zu legen? Was macht es denn sonst noch?
Die Antworten werden gleich in pantomimische Bewegungen umgesetzt: Wasser trinken (mit dem Unterschnabel Wasser schöpfen, Kopf nach hinten biegen), auf dem Mist scharren, fliegen, laufen, ein Sandbad nehmen (in die Hocke gehen und hin- und herrutschen, Arme anwinkeln, Ellenbogen vom Körper weg und zum Körper hin bewegen), auf einer Stange sitzen (Schwebebalken oder Besenstiel).

Turnen
17.13 Balancieren „auf der Hühnerstange". Barfuß auf Schwebebalken oder Besenstiel balancieren: Drüberlaufen, auf Zehenspitzen laufen, rückwärts gehen (mit Hilfestellung). Über den Balken springen.

Ei ausblasen – Szene bauen – sprechen
17.14 Ein Huhn kommt auf die Welt. 1. Szene: Ein geschlossenes Ei im Nest. Darüber die Gluckhenne (zwei oben zusammengeklebte Hennenbilder (17.6), die unten auseinandergebogen werden).
2. Szene: Ein (vorher ausgeblasenes) Ei hat einen kleinen Riß.
3. Szene: Aus den Eierschalen schlüpft gerade ein (Woll-)küken (von 17.7). Über die Szenenbilder werden Schachteln gestülpt. Während die Kinder erzählen, was geschieht, werden die Schachteln abgenommen.

Gedicht zur Szenenfolge 17.14
17.15 Pick, pick[1]
Ohne Tür, ohne Fenster,
kugelrund ist das Haus.
Kann keiner hinein,
doch es will wer heraus.

Wer klopft da von innen,
wer kann das wohl sein?
Denn steckt wer da drinnen:
Wie kam der hinein?

Von innen, pick, pick,
ja freilich, gewiß,
da klopft wer, pick, pick ...
Schon gibt's einen Riß!

Wer steigt aus den Scherben?
Ein Hausherr, ein gelber,
ein piepsender, lieber.
Wer ist's? Das sag selber!

18. Ostern

Vorüberlegungen

Ostern ist seit der Christianisierung unserer Vorfahren ein christliches Fest. Das sollte man den Kindern sagen. Nun kann aber nicht von jedem Erzieher erwartet werden, daß er sich in der Lage fühlt, den Kindern die christliche Osterbotschaft zu vermitteln. Und selbst wenn er es könnte, wäre die Ostergeschichte mit ihrem Themenkreis Tod – Auferstehung für Kleinkin-

---

1 Aus: J. GUGGENMOS: Was denkt die Maus am Donnerstag. München: dtv 1971, S. 74.

der sehr schwer zu verstehen – im Gegensatz etwa zur Weihnachtsgeschichte.

Es gibt Theologen, die meinen, die Ostergeschichte müsse nicht unbedingt wörtlich verstanden werden als leibliche Auferstehung Jesu, sondern als Auferstehung der von ihm vertretenen Ideen, als Wiedergeburt einer nur scheinbar ausgerotteten Bewegung. Vielleicht hat das die Herausgeber des „Vorlesebuchs Religion"[1] veranlaßt, hinter das Stichwort „Ostern" in Klammern „Neue Hoffnung" zu setzen. Neue Hoffnung setzt Hoffnungslosigkeit voraus. Wäre das ein Thema für den Kindergarten? Kennen Kleinkinder diesen Zustand?

Es gibt bei Kindern Formen von lautstarker Verzweiflung, z. B. wenn ein Kind sich gegen eine Übermacht nicht durchsetzen kann, wenn es irgendwo eingesperrt oder geschlagen wird. Schlimmer sind aber die Formen von stiller Hoffnungslosigkeit, wie man sie oft bei Kindern im Krankenhaus beobachten kann, die nach einer Phase des Weinens und Protestierens still und teilnahmslos in ihren Betten liegen und nicht mehr damit rechnen, daß ihnen jemand zu Hilfe kommt.

Neben dem Versuch, die christliche Tradition des Osterfestes zu erklären (18.2), wird im Wochenplan „Ostern" eine Geschichte zum Vorlesen angeboten, die die Kinder nachempfinden läßt, wie es ist, wenn in einer hoffnungslosen Situation neue Hoffnung erwacht. Dabei kommt es nicht darauf an, die Begriffe „Hoffnung" oder „hoffnungslos" zu erlernen, sondern den Zustand, der sich hinter diesen Begriffen verbirgt, zu verstehen.

Im übrigen wird in diesem Wochenplan die Lust der Kinder am Suchen und Verstecken ausgenutzt und in den Dienst verschiedener Lernziele gestellt. Beim Fingerhutverstecken wird das genaue Beobachten geübt (18.4), bei „Laut – leise" (18.5) kommt es auf die akustische Wahrnehmung an. Das suchende Kind muß die Lautstärke der anderen richtig verstehen und darauf reagieren, die anderen Kinder müssen auf die Bewegungen des suchenden Kindes mit der richtigen Lautstärke reagieren. Bei „Ist es in diesem Raum" (18.6) werden genaue Ortsangaben verlangt. Hier ist der Erzieher zunächst als Rateperson vorgesehen. Die Kinder müssen verstehen, was er fragt. Dabei wird der Erzieher

feststellen, welches Vergnügen es den Kindern bereitet, sich für einen Erwachsenen Aufgaben auszudenken und ihn bei seinen Bemühungen, die Aufgaben zu lösen, zu beobachten.

Die Malgeschichte 18.7 bietet ein gutes Training für soziales Rollenspiel. Der Dialog ist einfach, weil einer der beiden Mitspieler zunächst nichts zu sagen braucht, sondern mit einer Zeichnung reagiert. Das Fingerspiel „Fünf Männlein" (18.12) soll die Kinder anregen, ganz verschiedene Sprachweisen auszuprobieren.

Daß ein Osterprogramm auch genügend Möglichkeiten zum Malen und Basteln bietet, ist selbstverständlich (18.1, 18.3, 18.9, 18.13, 18.14).

Aus dem Lied Gack-gack, gack-gack, der Has' hat g'legt (18.17) könnte man ein kleines Singspiel machen. Vielleicht könnte man es den Eltern einmal vorsingen, wenn sie am letzten Tag vor den Osterferien ihre Kinder abholen.

Als Geschenk des Kindes für seine Familie könnte das bemalte und mit Gras bewachsene Schälchen (16.19–16.20), in das ein buntes Osterei (18.13–18.14) gesetzt wird, als Tischdekoration mit heimgenommen werden.

Wörterliste

an	links
auf	nach
außerhalb	neben
bei	oben
dran	rechts
draußen	seitlich
drin	über
gegenüber	unter
hinter	um … herum
in	vor
innen	zwischen
innerhalb	

---

1 Vorlesebuch Religion 2, herausgegeben von DIETRICH STEINWENDE und SABINE RUPRECHT. Göttingen 1974.

Wochenplan

	In der Zeit des Freispiels	Gemeinsame Aktion	Am Nachmittag	
Mo	Malen, schneiden, kleben: Osterkette 18.1 Arbeitsblatt 18a	Gespräch: Warum feiert man Ostern? 18.2	Ich seh etwas, was du nicht … A 93, A 1	**A**
Di	Ostereier im Frühlingsbeet 18.3	Fingerhut verstecken 18.4 Laut – leise 18.5 Malgeschichte: Bitte male mir ein Osterei! 18.7	Ist es in diesem Raum? 18.6	**K**
Mi	Basteln: Eierschalenvase 18.9	Eierlaufen 18.10 Bewegungsspiel: Über, unter … 18.11 Fingerspiel: 5 Männlein … 18.12		
Do	Ei bekleben mit Seidenpapier 18.13	Gespräch: Ausgerechnet der Hase! 18.16 Lied: Gack-gack … 18.17	Ich wünsche mir 18.8 Wärmer – kälter 18.15	**W** **G**
Fr	Ei bemalen mit Filzstiften 18.14	Geschichte vorlesen: Meine Mama soll kommen! 18.18	Eierschalenüberraschung 18.19 Arbeitsblatt 18b	

Vorbereitungen: Für jedes Kind ein Ei besorgen, hart kochen (18.13–18.14).
Für den „Eierlauf" Löffel, Kartoffeln oder kleine Bälle bereitlegen (18.10).
Leere Eierschalen sammeln.
Eingewickelte kleine Süßigkeiten kaufen für 18.19.
Lied lernen 18.17.

Angebote

Malen – schneiden – kleben
18.1 Osterkette. Falls die Kinder die Arbeitsblätter „Wir wollen Schule spielen" zur Verfügung haben, sollen sie die auf Blatt 18a vorgegebene Eiform mit einem hübschen Muster bemalen. Falls keine Arbeitsblätter vorhanden sind, muß der Erzieher eine Eischablone aus Pappe schneiden und den Kindern zum Umfahren zur Verfügung stellen.
Jeweils zwei ausgemalte Eiformen werden ausgeschnitten und so zusammengeklebt, daß zwischen ihnen ein Faden verläuft, an den noch weitere Papiereier geklebt werden. So entsteht eine Kette, die von der Decke herunterhängt.

Gespräch
18.2 Warum feiert man Ostern? a) Ostern als Frühlingsfest (es wird wärmer, Blumen blühen, Vögel kommen aus den wärmeren Ländern zurück …).
b) Ostern als christliches Fest: Jesus ist auferstanden.

Formulierungshilfe: Jesus und seine Freunde (Jünger) waren durchs Land gezogen und hatten den Menschen gesagt, daß sie sich ändern müßten: Sie sollten aufhören, Krieg zu machen, die Reichen sollten nicht alles allein aufessen, sondern ihren Besitz mit den Armen teilen, man sollte sich um die Kranken mehr kümmern und noch viele andere Dinge. Das hat der Regierung gar nicht gepaßt, und deshalb hat sie Jesus töten lassen (gekreuzigt). Sie dachte, nun ist endlich Schluß mit dem Gerede! Die Freunde von Jesus dachten das zuerst auch. Sie saßen in ihren Häusern und trauten sich gar nicht mehr auf die Straße und waren ganz traurig und mutlos. Aber auf einmal merkten sie, daß sie sich noch an alles, was Jesus gesagt hatte, sehr gut erinnern konnten, und daß das, was Jesus behauptet hatte, immer noch stimmte. Sie merkten, daß viele andere Menschen auf ihrer Seite waren, und auf einmal bekamen sie wieder Mut und gingen wieder auf die Straße und erzählten überall, was Jesus gesagt hatte.

Malen – schneiden – kleben

18.3 Ostereier im Frühlingsbeet. Die Kinder malen (ohne Schablone) Ostereier, Schokoladenhäschen und andere kleine Osterüberraschungen, schneiden sie aus und kleben sie in das Frühlingsbeet (16.22).

Suchspiel

18.4 Fingerhut verstecken. Alle Kinder verlassen den Raum, nur eines bleibt zurück und stellt irgendwo im Raum deutlich sichtbar einen Fingerhut hin. Alle Kinder werden hereingerufen und suchen. Wer den Fingerhut erblickt hat, darf dem Erzieher ins Ohr flüstern, wo er steckt, aber nicht die Stelle durch Zeigen oder Blicke den anderen verraten.

Suchspiel

18.5 Laut – leise. Die Kinder sitzen im Kreis. Ein Kind verläßt den Raum, inzwischen wird irgendwo im Raum ein Gegenstand versteckt, der dem Sucher vorher gezeigt wurde. Das Suchkind wird hereingerufen und bewegt sich im Raum. Die Kinder trommeln mit den Fingern auf die Seitenkante ihrer Stuhlsitzfläche. Je mehr sich das Suchkind dem gesuchten Gegenstand nähert, um so lauter wird getrommelt, je weiter es sich entfernt, desto leiser wird das Trommelgeräusch. Wenn das Suchkind ganz dicht beim versteckten Gegenstand ist, darf zusätzlich mit den Füßen getrampelt werden.

Suchspiel

18.6 Ist es in diesem Raum? Der Erzieher verläßt den Raum, die Kinder verstecken inzwischen einen Gegenstand. Der Erzieher stellt reihum Fragen, die so formuliert sein müssen, daß man sie nur mit ja oder nein beantworten kann, z.B. Ist es in diesem Raum? Liegt es auf dem Fußboden? Befindet es sich in dieser Ecke? Hängt es irgendwo? Ist es unter etwas versteckt? Wenn der Erzieher glaubt, das Versteck ausfindig gemacht zu haben, darf er den Gegenstand holen.

Malgeschichte

18.7 Bitte mal mir ein Osterei! Ein Kind kam zu seinem Vater und sagte: Bitte male mir ein Osterei! Da malte der Vater ein Ei.
„Nein", sagte das Kind, „ich möchte keine Kartoffel, ich möchte ein Ei."
Da malte der Vater ein neues Ei. „Weißt du", sagte das Kind, „das ist ein bißchen klein, davon kann man nicht satt werden."

Der Vater seufzte und malte ein riesiges Ei.
„Das würde mir schon gefallen", sagte das Kind, „aber du siehst doch selbst, das paßt nicht in meine Hosentasche."
Da wurde es dem Vater zu dumm. Er malte eine Schachtel und sagte: „Hier in dieser Schachtel liegt das Ei, das du haben möchtest." „Ja", rief das Kind fröhlich, „das ist das Ei, das ich haben wollte: Rund, nicht zu groß, nicht zu klein. Danke, Papa!" Und nun war es ganz zufrieden.

Die Geschichte könnte zunächst vorgelesen und dann an der Tafel von dem Erzieher (als Kind) und von einem Kind (als Vater) nachgespielt werden. Danach können zwei Kinder die Geschichte spielen.
(Die Idee für diese Geschichte stammt aus: ANTOINE DE SAINT-EXUPÉRY: Der kleine Prinz. Düsseldorf 1965.)

Grammatik- und Wortschatztraining

18.8 Ich wünsche mir vom (Steffen). Die Kinder sitzen im Kreis. In der Mitte liegen „Ostergeschenke" in verschiedenen Größen, Farben oder Formen, z.B. drei verschieden große Puppen, drei verschieden lange Pinsel, drei verschieden dicke Schrauben, drei verschieden farbige Bälle, drei Bauklötze in unterschiedlichen Formen. Reihum darf sich ein Kind von einem anderen Kind etwas wünschen. Das angesprochene Kind holt den gewünschten Gegenstand und gibt ihn dem Kind, das den Wunsch ausgesprochen hat.

Basteln

18.9 Eierschalenvase. Auf eine leere Eierschale läßt man vorsichtig von einer roten Kerze kleine Wachstropfen fallen. Dann werden vier Palmkätzchenfüße angeklebt oder die Schale auf einen Pappstreifenring gesetzt. Falls man nur kurzstielige Blumen für das Väschen findet, wird etwas Moos oder Seidenpapier hineingegeben.

Geschicklichkeitsspiel

18.10 Eierlaufen. Die Kinder stellen sich in zwei Gruppen an zwei gegenüberliegenden Wänden des Gymnastikraumes auf. Die eine Gruppe bekommt einen Suppenlöffel mit einem „Ei" (Kartoffel, kleiner Ball) darauf und muß versuchen, so schnell wie möglich zur anderen Gruppe zu laufen, ohne daß das „Ei" herunterfällt. Wenn das „Ei" herunterfällt, muß das Kind zum Ausgangspunkt zurück und einen neuen Versuch machen. Ist das Kind auf der anderen Seite angekommen, gibt es Löffel und „Ei" einem Kind der anderen Gruppe, das nun ebenfalls versucht, die gegenüberliegende Wand zu erreichen.

Das Spiel kann auch als Partnerspiel durchgeführt werden. Die Kinder gruppieren sich zu Paaren. Ein Kind trägt den Löffel mit dem „Ei", sein Helfer läuft nebenher und legt das „Ei" nach jedem Hinunterfallen wieder auf den Löffel. Bei diesem Spiel muß man also nicht zum Ausgangspunkt zurück, wenn man das „Ei" verloren hat.

Bewegungsspiel

18.11 Über, unter, zwischen, hinter

Kinder: Über, unter, zwischen, hinter.
Wo verstecken sich die Kinder?
Spielleiter: Unter dem Tisch (zwischen zwei Stühlen, neben der Tafel, vor der Tür …).
Darauf müssen die Kinder so schnell wie möglich das „Versteck" aufsuchen. Von dort aus rufen sie wieder im Chor: Über, unter …

Fingerspiel

18.12 Fünf Männlein sind in den Wald gegangen

Fünf Männlein sind in den Wald gegangen.
Sie wollten den Osterhasen fangen.
Der erste, der war so dick wie ein Faß,
Der brummte immer: Wo ist der Has'?
Der zweite, der schrie da!
Da! da! da! da sitzt er ja!
Der dritte, der war der längste,
Aber auch der bängste.
Der fing an zu weinen:
Ich sehe keinen!
Sprach der vierte: Das ist mir zu dumm!
Ich kehre wieder um!
Der Kleinste aber, wer hätte das gedacht?
Der hat's geschafft,
Der hat den Hasen nach Hause gebracht.
Da haben alle Leute gelacht:
Ha, ha, ha, ha, ha!
(Textvorlage aus: Kommt herbei zum großen Kreis, Volk-und-Wissen-Verlag, Berlin 1969, S. 239.)

Bei diesem Spiel kommt es darauf an, die verschiedene Sprechweise der fünf Männlein deutlich voneinander zu unterscheiden. Der erste brummt, der zweite schreit aufgeregt, der dritte jammert, der vierte spricht ärgerlich.

Das Spiel kann auch als pantomimisches Spiel dargestellt werden. Die Männlein werden dann nicht von den Fingern, sondern von Kindern dargestellt.

Basteln

18.13 Ei bekleben mit Seidenpapier. Ein hartgekochtes Ei wird mit giftfreiem Leim bestrichen und mit kleinen Stückchen Seidenpapier beklebt.

Man kann das Seidenpapier auch vorher zu kleinen Kügelchen knüllen und dann auf das Ei kleben. Auf diese Weise lassen sich auch Muster herstellen.

Malen

18.14 Ei bemalen mit Filzstiften. Ein hartgekochtes Ei wird mit giftfreien Filzstiften bemalt. Das fertige Ei wird in die Frühlingswiese (16.20) in der Tonschale (16.19) gesetzt und als Tischdekoration für den häuslichen Ostertisch mit nach Hause genommen.

Suchspiel

18.15 Wärmer – kälter. Ein Kind geht vor die Tür, die anderen verstecken inzwischen einen Gegenstand. Das Kind wird hereingerufen und soll den versteckten Gegenstand suchen. Dabei helfen die anderen Kinder, indem sie „wärmer!" rufen, wenn das Kind sich dem Versteck nähert, und „kälter!", wenn es sich davon entfernt.

Gespräch (als Einleitung zum Lied 18.17)

18.16 Ausgerechnet der Hase! Niemand weiß, weshalb ausgerechnet ein Hase die Ostereier legen soll. Vielleicht war es so: Eltern hatten für ihre Kinder im Wald oder auf einer Wiese Osternestchen versteckt. Die Kinder wunderten sich, wie die bunten Eier und die Süßigkeiten wohl dahin gekommen sein könnten. In diesem Augenblick sahen sie einen Feldhasen weglaufen … Vielleicht hat jemand eine andere Erklärung?

Lied
18.17 Gack-gack, gack-gack, der Has' hat g'legt

Erzieher: Worte und Melodie: Rose Götte

Gack-gack, gack-gack, der Has hat g'legt; hat hundert-tausend Eier g'legt! Ga- ga- gack!

Kinder:

Los, wir suchen hinterm Sessel, schau mal nach im Wasserkessel, im Papierkorb,

Einzelnes Kind:

unterm Bett, oder auf dem Fensterbrett, Da! Ein Ei! Kommt herbei! Im

Kinder und Erzieher:

Kühlschrank da liegt es ja! Ach, wozu denn dies Geschrei! Dies ist doch kein

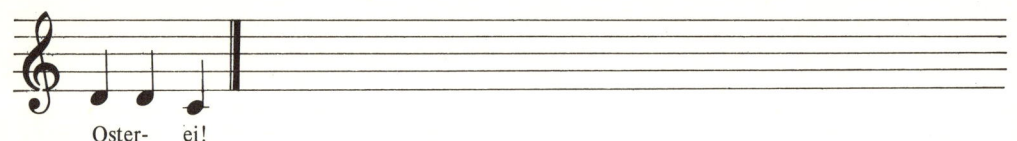

Oster- ei!

2. Strophe: statt „Im Kühlschrank": Im Näh-korb …
3. Strophe: statt „Im Kühlschrank": Im Nest-chen, da liegt es ja!
Diesmal hast du wirklich recht: Dieses Osterei ist echt!
Das Lied kann auch als Singspiel eingeübt werden.
Während der Erzieher den ersten Teil singt, bleiben alle Kinder stehen. Bei „los …" rennen sie durch den Raum, suchen und singen dabei. Wenn die Solostelle kommt: „da ein Ei! …" rennen alle Kinder zu dem einen Kind, das vor einem (imaginären) Kühlschrank steht. Den Schluß singen Erzieher und Kinder gemeinsam. Die Kinder bleiben stehen, bis sie in der 2. Strophe wieder dran sind. Die Solostelle übernimmt nun ein anderes Kind.

Geschichte zum Vorlesen
18.18 Meine Mama soll kommen! Jochen kam ins Krankenhaus. Er hatte furchtbare Bauchschmerzen, und die Eltern hatten gesagt, die Ärzte im Krankenhaus würden dafür sorgen, daß die Schmerzen aufhören.
Im Krankenhaus wurde Jochen operiert. Er hat nichts davon gemerkt, weil er in einen tiefen Schlaf versenkt worden war. Die Ärzte sagten dazu Narkose.
Als Jochen aufwachte, wußte er zunächst gar nicht, wo er war. Über seinem Bett hing eine Lampe, die er nicht kannte, und neben dem Fenster hingen Vorhänge, die Jochen noch nie gesehen hatte. Jochen wollte sich aufsetzen. Da merkte er, daß seine Arme am Bett festgebunden waren.
Sie haben mich gefesselt! dachte er. Damit ich

nicht weglaufen kann. „Hilfe! Hilfe!" schrie Jochen verzweifelt. Aber niemand kam. Er versuchte, sich loszureißen, aber es ging nicht und tat weh. „Mama!" schluchzte Jochen. „Papa, hol mich doch!" Nicht einmal die Tränen konnte er sich abwischen.

Endlich ging die Tür auf und eine Frau mit weißem Häubchen kam herein. Es war nicht seine Mama. „Na, bist du aufgewacht?" sagte die Frau freundlich und wischte ihm die Nase. „Ich bin Schwester Marianne. Wenn du mich brauchst, kannst du mich rufen."

Jochen dreht den Kopf zur Seite. Die soll abhauen, dachte er. Die will ich nicht. Meine Mama soll kommen. Mein Papa soll kommen. Meine Oma soll kommen. Die Frau sah nach seinen Armen. Aha, dachte Jochen. Die hat mich also gefesselt. Und nun schaut sie nach, ob ich mich nicht losgerissen habe. Fest preßte er den Mund zusammen. Aber als die fremde Frau das Zimmer verlassen hatte, stieg das Weinen wieder in ihm hoch und schüttelte ihn.

Warum kommt mein Papa nicht und bindet mich los? Warum sitzt meine Mama nicht am Bett und liest mir etwas vor? Wo sind überhaupt meine Autos geblieben, die ich mitgebracht habe? Bestimmt haben sie mir die auch weggenommen. Vielleicht wissen meine Eltern gar nicht, wo ich bin? Vielleicht wollen sie mich gar nicht mehr? Vielleicht haben sie mich verkauft oder verschenkt? Vielleicht holen sie mich nie mehr hier raus? Das Herz schlug ihm bis zum Halse. Da öffnete sich die Tür und Schwester Marianne kam noch einmal herein. „Schau mal", sagte sie, „ich habe dir einen Wecker mitgebracht. Wenn der kleine Zeiger dahin gerückt ist, wo ich den roten Strich gezogen habe, ist es vier Uhr, und die Besuchszeit beginnt. Dann kommen deine Eltern. Du wirst sehen, es dauert gar nicht so lange!"

Jochen hörte auf zu weinen. Ob das stimmte? Zum erstenmal sah er sich die fremde Frau an. Eigentlich sah sie gar nicht so böse aus. „Warum hast du mich gefesselt?" flüsterte er. Die Frau lachte: „Niemand hat dich gefesselt, mein Spatz, wir haben nur deinen Arm hier festgebunden, damit er besser trinken kann. Das ist komisch, was? Dein Bauch ist nämlich noch nicht richtig geheilt und kann das Essen und Trinken nicht vertragen. Aber schließlich hast du doch Hunger und Durst, oder? Und deshalb bekommst du den Saft hier durch den Arm. Siehst du das kleine Schläuchlein und die Flasche dort oben? In der Flasche ist der Saft, der durch das Schläuchlein

in den Arm fließt und dann im ganzen Körper verteilt wird, damit du nicht so viel Durst hast. Der Arm ist deshalb angebunden, damit du dir nicht weh tun kannst. Morgen ist dein Bäuchlein vielleicht schon wieder geheilt, dann bekommst du Tee zu trinken, der fließt aber dann wieder wie immer durch den Mund in den Magen. Und dann binden wir die Arme wieder los. Und nun schlaf ein bißchen, dann vergeht die Zeit schneller, bis deine Eltern kommen. Bestimmt bringen sie dir was Schönes mit!" Ob das stimmte? Jochen seufzte tief auf und sah nach der Uhr. Der kleine Zeiger war tatsächlich dem roten Strich ein kleines Stückchen näher gerückt. Er hoffte, seine Eltern würden kommen. Er war sogar ziemlich sicher.

Konzentrationsspiel

18.19 Eierschalenüberraschung. Leere Eierschalen werden auf einen Kuchenteller mit Sand gesteckt. Unter einigen Eierschalen sind kleine (verpackte) Schokoladeneier oder Bonbons versteckt. Reihum darf jedes Kind eine Schale abnehmen. Ist darunter eine Überraschung versteckt, darf der Finder sie herausnehmen und aufessen. Die anderen Kinder müssen versuchen, sich die Schalen zu merken, die bereits aufgedeckt wurden. Nach jeder Spielrunde schließen die Kinder die Augen, während ein anderes das Eierschalenfeld wieder etwas nachfüllt.

19. Baby

Vorüberlegungen

Sexualerziehung im Kindergarten. Beim Durchblättern des Wochenprogrammes „Baby" wird der Erzieher sich vielleicht überlegen, ob es richtig ist, eine ganze Woche Sexualerziehung zu betreiben. Wenn er so denkt, hat er gar nicht bemerkt, daß schon in allen vorhergehenden Wochenprogrammen Sexualerziehung enthalten war. Das soll nun etwas näher erklärt werden.

Wenn Sexualerziehung „Erziehung zu verantwortlichem geschlechtlichem Verhalten"[1] und

---

1 Empfehlungen der Kultusminister zur Sexualerziehung. In: NORBERT KLUGE (Hrsg.): Sexualerziehung als Unterrichtsprinzip. Darmstadt: Wiss. Buchgesellschaft 1976, S. 9.

„zur Annahme und Bejahung seiner Ge-schlechtlichkeit"[2] sein soll, kann die sogenannte Aufklärung nur eine untergeordnete Rolle spielen, denn zu einem verantwortungsbewußten, liebesfähigen Partner kann nur werden, wer

1. in früher Kindheit Liebe und Geborgenheit erfahren hat;
2. sich vom „Rockzipfel" der ersten Bezugsperson rechtzeitig lösen konnte;
3. Bindungen an Gleichaltrige aufbauen konnte;
4. keine Angst vor dem anderen Geschlecht hat;
5. gelernt hat, behutsam und verantwortungsbewußt mit anderen Personen umzugehen;
6. sein eigenes Zärtlichkeitsbedürfnis und Zärtlichkeitsgefühl lustvoll erfahren hat;
7. nicht lernen mußte, sich vor Ausscheidungs- und Geschlechtsorganen zu ekeln;
8. bei der Befriedigung sexueller Neugier und sexueller Bedürfnisse keine Schuld- oder Minderwertigkeitsgefühle entwickelt;
9. seine Sexualität aber auch nicht als übermächtigen Trieb erlebt, dem das Individuum hilflos ausgeliefert ist, und
10. über sexuelle Vorgänge sprechen kann und die nötigen Sachkenntnisse besitzt.

Wenn also versucht wird, ein Kind zur Selbständigkeit zu erziehen, wenn Kinderfreundschaften gepflegt werden, wenn die Einstellung des Kindes zu anderen Kinder im Blickpunkt des pädagogischen Interesses stehen, findet Sexualerziehung ebenso statt, wie wenn Sachwissen über sexuelle Vorgänge vermittelt wird.
Welche Aufgaben frühkindlicher Sexualerziehung sollte der Kindergarten übernehmen? Versuchen wir darauf eine Antwort zu finden anhand des Kataloges der zehn Voraussetzungen für spätere Liebesfähigkeit (siehe oben).
Häusliche Liebe und Geborgenheit kann kein Kindergarten ersetzen, aber für die Selbständigkeitserziehung kann der Kindergarten einen entscheidenden Beitrag leisten. Wo Eltern sich innerlich gegen das Älter- und Selbständigwerden ihres Kindes sperren, könnte der Erzieher durch Aufklärung und Beratung helfend eingreifen, etwa an einem Elternabend oder während der Sprechstunde.
Den besten Beitrag zum Aufbau von Kinder-

freundschaften leistet der Erzieher, wenn er Kindern zu der Erfahrung verhilft, daß gemeinsames Handeln Spaß macht. Wenn Kinder lernen, miteinander zu sprechen, zu spielen, zu lachen und zu toben, und allmählich ohne den Erzieher als Spielpartner und Schiedsrichter auszukommen, haben sie in der Gruppe der Gleichaltrigen Wurzel gefaßt. Darüber hinaus sollte der Erzieher den Eltern Hinweise geben, wie sie die Beziehungen zwischen Kindern durch gegenseitiges Einladen usw. fördern können (vgl. S. 27 und das Wochenthema 21: Mein Freund). Angst vor dem anderen Geschlecht kann am sinnvollsten durch Koedukation verhindert werden. Es beginnt mit Äußerlichkeiten: Keine getrennten Umzieh-, Wasch- und Toilettenräume für Jungen und Mädchen; und endet bei den Spiel- und Beschäftigungsvorschlägen: Kein Spiel in diesem Programm wird nur für Jungen oder nur für Mädchen angeboten. Vorurteile (Puppen für Mädchen, Autos für Jungen) können ohne langes Reden am besten dadurch abgebaut werden, daß man den Jungen zu der Erfahrung verhilft, wie schön z. B. ein Spiel in der Puppenecke sein kann, oder die Mädchen als gleichwertige Partner und potentielle Sieger bei „typischen Jungenspielen" wie z. B. Autorennen anerkennt (vgl. 9.27).
Behutsames und verantwortungsbewußtes Handeln läßt sich nicht nur im Umgang mit Menschen, sondern auch im Umgang mit Sachen üben. Daher gehören Spiele, die Vorsicht und Umsicht gegenüber Sachen erfordern (Tablett weitergeben 2.31, Eingießen 6.6, Slalom laufen 9.34, Eierlaufen 18.10, Puppen versorgen 2.20, Spielzeug reparieren 9.9) ebenso zum Programm wie das Übernehmen einer Art von Beschützerrolle gegenüber Jüngeren (Wochenprogramm 2) und die Auseinandersetzung mit Konflikten im Rollenspiel.
Zärtlichkeit erfahren – Zärtlichkeit zeigen: Dazu bilden alle Spiele Anlaß, in denen gestreichelt oder getröstet wird (2.28–2.31, 10.13, 19.2), bei Arzt- oder Friseurspielen (3.22, 12.7) oder beim Spiel mit Schmusetieren (9.16). Um Zärtlichkeit und Zuneigung geht es auch bei allen Aktionen, die dazu dienen, andere zu überraschen oder zu erfreuen (8.5, 8.10–8.11, 8.13–8.17, 8.23, 16.10, 19.8).
Ekel- und Schuldgefühle gegenüber eigener oder fremder Sexualität hat das Kind nicht von sich aus, sie werden ihm anerzogen. Übertriebene häusliche Sauberkeitserziehung kann im Kindergarten durch das Beispiel der anderen in

---

2 Richtlinien für die Geschlechtserziehung an den Schulen im Lande Bremen. In dem oben genannten Buch S. 73.

ihrer Wirkung abgeschwächt werden (vgl. Vorüberlegungen 11).

Unbefriedigte frühkindliche Bedürfnisse sollte ein Kind, soweit das möglich ist, im Kindergarten nachträglich befriedigen können, ohne dabei lächerlich gemacht zu werden. Ich meine damit nicht nur den Umgang mit Wasser, Sand, Matsch, Knete, Teig und Fingerfarben, der sich in fast jeder Einheit wiederfindet, sondern auch das Bedürfnis, geschaukelt, gestreichelt, gefüttert zu werden. In 19.2 wird deshalb vorgeschlagen, die Puppenecke mit echten Nuckelflaschen auszustatten. Auch eine Wiege, die stabil genug ist, daß ein Kindergartenkind darin geschaukelt werden kann, wäre ein echter Gewinn für den Kindergarten.

Kindliche Masturbation (Selbstbefriedigung) ist weder böse noch schädlich, sondern lediglich der Beweis dafür, daß das Kind sexuell normal veranlagt ist. Erst wenn das Kind dem Spiel mit den Geschlechtsteilen eine Sonderstellung einräumt, indem es sich angewöhnt, jeder Art von seelischer Spannung durch die Flucht in verträumte Masturbation auszuweichen und gar nicht erst zu versuchen, sich mit dem Konflikt auseinanderzusetzen, sollte ein Erziehungsberater oder Psychologe um Rat gefragt werden.

Sachwissen auf sexuellem Gebiet vermitteln schon die Einheiten „Körper" (3) und „Körperpflege" (11). Das vorliegende Wochenprogramm „Baby" soll Grundkenntnisse über Schwangerschaft, Geburt und Pflege des Neugeborenen vermitteln. Die Fragen, die im Gespräch 19.1 aufgeführt sind, sollen auch dann beantwortet werden, wenn die Kinder nicht ausdrücklich danach fragen. Viele Kinder haben bereits die Erfahrung gemacht, daß Erwachsene bestimmte Themen nicht gern berühren, und haben das spontane Fragen schon verlernt. Falls darüber hinaus noch andere Fragen gestellt werden, z. B. nach Zeugung, Menstruation, Wehen, sollen auch sie beantwortet werden, und zwar je nach der Situation im Gruppen- oder Einzelgespräch. Für diesen Fall werden hier einige Formulierungshilfen gegeben:

Zeugung: Aus einer Eizelle im Bauch der Frau kann erst dann ein Baby werden, wenn eine Samenzelle vom Mann dazu kommt und mit ihr verschmilzt. Die Samenzellen sitzen beim Mann in den Hodensäckchen und wollen gern zur Eizelle spazieren. Das können sie auch, denn im Penis (Glied, Schwänzchen) ist nicht nur eine Leitung für das Bächlein eingebaut, sondern noch eine andere Leitung, die von den Hoden

säckchen kommt. Wenn der Mann und die Frau sich sehr gern haben und sich streicheln, wird der Penis steif, damit der Mann ihn in die Scheide der Frau schieben kann. Nun können die Samenzellen zur Eizelle kommen, und für den Mann und die Frau ist das ein schönes Gefühl. Die Samenzelle, die als erste bei der Eizelle angekommen ist, verschmilzt mit ihr, die anderen Samenzellen haben Pech gehabt. Aber sie können sich wenigstens mal den Bauch der Frau von innen angucken.

Menstruation: Der Bauch bei den Frauen und großen Mädchen denkt immer: „Vielleicht wächst bald mal ein Baby heran, da fange ich schon mal an, ein bißchen Blut für das kleine Kind zu sammeln." Wenn aber nach vier Wochen immer noch kein Baby heranwächst, wird es dem Bauch zu dumm, und er will die alten Blutströpfchen los werden. Er läßt sie einfach aus der Scheide herauslaufen. Das tut nicht weh, aber die Unterhose wird immer so versaut, deshalb fangen die Frauen die Blutströpfchen mit Watte auf. Sowie aber der Bauch die alten Blutströpfchen los geworden ist, fängt er schon wieder an zu sammeln, und wenn wieder kein Baby kommt, schmeißt er das Blut wieder weg. So geht das die ganze Zeit, bis mal ein Baby kommt.

Wehen: Das Baby ist noch viel zu schwach, um sich allein durch den engen Ausgang durchzuquetschen. Es braucht jemand, der es schiebt. Das macht die Gebärmutter, die sich immer wieder zusammenzieht und dabei das Baby ein bißchen vorwärtsschiebt. Später helfen auch noch die Bauchmuskeln mit. Für die Mutter ist es nicht so angenehm, wenn es im Bauch so zieht und drückt, aber sie ist froh, daß der Bauch dem Baby hilft, und preßt zum Schluß auch noch kräftig mit, damit sie dann schnell ihr Baby im Arm halten kann. Uff, denkt sie dann, das war vielleicht anstrengend. Aber es hat sich ja auch gelohnt.

Bemerkungen zur Sache: Bücher zur Sexualerziehung

A. Bücher für Eltern und Erzieher

DIETMAR ROST: Vom ersten Tag an. Geschlechtserziehung im Vorschulalter. Lahn-Verlag, Limburg 1973. Preis: unter DM 10,–. Dieses Buch gibt eine kurze, leicht verständliche Einführung in die Sexualerziehung von Vor schulkindern für Eltern. Problematisch ist, daß die Rollenverteilung von Mann und Frau sehr klischeehaft dargestellt wird, so taucht zum Beispiel der Vater als Bezugsperson für das Neugeborene überhaupt nicht auf. Auch eine gewisse Ängstlichkeit gegenüber sexuellen Lustgefühlen beim Kind zeigt sich: Doktorspiele werden im Grunde negativ beurteilt.

HEINZ HUNGER: Kinder fragen – Eltern antworten. Verlag Gerd Mohn, Gütersloh 1967. Preis: unter DM 20,–.
Ein nützliches Buch zur Sexualerziehung für Eltern von kleinen und größeren Kindern.

HELMUT KENTLER: Eltern lernen Sexualerziehung. Rowohlt-Verlag, Reinbek bei Hamburg, 1975. Preis: unter DM 25,–.
Dieses Buch für Eltern heranwachsender Kinder wird sicher zum Widerspruch reizen. So erfreulich die Offenheit ist, mit der dieses Buch Sexualprobleme bespricht (zum Beispiel wird die Bedeutung der Klitoris erklärt, die in den anderen Büchern, die hier vorgestellt werden, einfach totgeschwiegen wird), so bedenklich scheint mir doch, daß die Intimsphäre der Kinder von den Eltern hier zu wenig gewahrt wird (so wird z.B. vorgeschlagen, den ersten Samenerguß des Sohnes oder die erste Monatsblutung der Tochter in der Familie bei einer Flasche Wein zu feiern). Ein Buch, das auf jeden Fall zur Diskussion anregt.

B. Bilderbücher zur Sexualerziehung zum Vorlesen, Betrachten oder Selberlesen

MARLENE LEIST: Mutter erzählt mir alles. Rex-Verlag, München 1972 (4. Aufl.). Preis: unter DM 15,–.
In einfachen Texten und (nicht besonders ansprechenden) Bildern werden hier Zeugung, Geburt, Ernährung des Neugeborenen erklärt. Das Buch eignet sich gut zum Vorlesen in der Familie oder im Kindergarten und zum Selberlesen für Kinder, die gerade Lesen gelernt haben.

HANNA MANGOLD: Bitte, Mami, kauf mir eines … Benziger-Verlag Köln u. Zürich 1969. Preis: unter DM 15,–.
In hübschen Bildern und einfachen Texten wird hier gezeigt, daß die Babys im Bauch der Mutter heranwachsen. Ob es aber richtig ist, dem Kind zu erzählen, ein Vater könne in den Bauch der Mutter eine Glasscheibe einsetzen, damit das

ältere Kind besser sehen kann, wie das Baby sich entwickelt, möchte ich stark bezweifeln.

EDMUND WIESBECK: Susi und Karl von innen und außen. Kinder-Kolleg, Heft 43. Schneider-Verlag, München 1974.
Ein Heft für den Biologieunterricht, das entgegen der Ankündigung („für Kinder von 4 bis 7 Jahren") für Kindergartenkinder zu kompliziert ist.

PER HOLM KNUDSEN: Wie Vater und Mutter ein Kind bekommen. Quelle- und Meyer-Verlag, Heidelberg 1973 (3. Auflage). Preis: ca. DM 10,–.
Zeugung und Geburt werden in klaren, einfachen Bildern dargestellt und erzählt. Für den Kindergarten gut geeignet.

JOACHIM BRAUER/GERHARD REGEL: Tanja und Fabian. Verlag Gerd Mohn, Gütersloh 1974.
Ein Farbfotoband, den man vor dem Einsatz im Kindergarten vielleicht zuerst den Eltern zeigen sollte, weil hier Nacktheit in der Familie und Zärtlichkeit zwischen den Erwachsenen ebenso selbstverständlich und heiter dargestellt werden wie Doktorspiele der Kinder. Das Buch verzichtet auf alle Klischees, zeigt die Welt, wie sie ist (es gibt auch unvollständige Familien) und nimmt auch die Vaterrolle ernst (Vater wickelt sein Kind). Sexualerziehung bezieht sich hier nicht nur auf Unterschiede der Geschlechter und die Ankunft eines Babys, es ist auch die Rede von Eifersucht und Ängsten, und es wird gezeigt, daß nicht nur die Kinder damit fertig werden müssen, sondern auch die Erwachsenen. Es wäre zu wünschen, daß möglichst viele Eltern dieses Buch bejahen können.

EKKER/BONDY/KRENDL: Tiger und Ricky. Jugend-und-Volk-Verlag Wien/München 1974. Preis: unter DM 10,–.
Dieser Ferien-Fotoband entspricht absolut nicht dem, was man gemeinhin unter einem Aufklärungsbuch versteht. Von Zeugung und Geburt ist nicht die Rede, dafür um so mehr von der Enttäuschung eines kleinen Mädchens, das gern mit dem Vater in den Urlaub gefahren wäre und nun plötzlich erlebt, daß der Vater von anderen und von seiner Ferienfaulheit stark in Anspruch genommen wird, vom Umgang mit Schmutz, von zärtlichen Kinderfreundschaften und aufregenden Erfahrungen. Wer diesen Bildband

gründlich betrachtet, hat verstanden, daß Sexualerziehung weit mehr ist als „Aufklärung".

THADDÄUS TROLL: Wo kommet denn die kloine Kender her? A Bilderbuch ieber a hoikels Thema ohne Dromromgeschwätz für Kender … Hoffmann-und-Campe-Verlag, Hamburg 1974.

Dieses urwüchsige, im schwäbischen Dialekt erzählte Aufklärungsbuch ist im Grunde gar nicht für Kinder, sondern für bereits aufgeklärte Erwachsene geschrieben, die an den originellen Formulierungen sicher ihre helle Freude haben werden (vorausgesetzt, sie verstehen Schwäbisch).

Wörterliste

Baby	Kinderwagen	Schnuller	saugen
Babyflasche	Luft	Schwangerschaft	schaukeln
Badewanne	Milchflasche	Sportwagen	schreien
Badetuch	Mobile	Strampelhose	strampeln
Bauch	Muttermilch	Wickelplatz	verschlucken
Blut	Nabel	Wickelkommode	wickeln
Brust	Nabelbinde	Windel	*
Brustwarze	Nabelschnur	Windelhöschen	dehnbar
Busen	Nahrung	*	elastisch
Creme	Penis	atmen	eng
Eizelle	Puder	aufstoßen	hungrig
Flasche, Fläschchen	Samenzelle	baden	satt
Gebärmutter	Sauerstoff	dehnen	schwanger
Geburt	Sauger	eincremen	weich
Gummiunterlage	Säugling	ernähren	winzig
Hautöl	Säuglingsnahrung	krabbeln	wund
Hodensack	Scheide	lutschen	zufrieden
Jäckchen	Schlauch	pudern	

Wochenplan

	In der Zeit des Freispiels	Gemeinsame Aktion	Am Nachmittag	
Mo	Babybilder sammeln und einrahmen 19.4	Gespräch: Ein Kind kommt zur Welt 19.1	Namen raten A 27 Wörter ergänzen A 32	**A**
Di	So klein war meine Hand 19.6 (Arbeitsblatt 19a)	Eine Frau, die ein Baby erwartet, besucht uns und zeigt einen Teil der Babyausstattung	Bilderbücher betrachten: Zeig mal! 19.7	**W**
Mi	Wir richten ein Babyzimmer ein 19.2	Turnen: Babygymnastik 19.9		
Do	Basteln: Ein Mobile für ein Baby 19.8	Mitmachgeschichte: Rumpelstilzchen 19.11	Fotos betrachten, die die Kinder mitgebracht haben (19.3) und erzählen	**K**
Fr	Ausstellung aufbauen: Ich war klein – jetzt bin ich groß 19.3	Rundgang durch die Ausstellung. Erzählen: Als ich klein war … 19.5	Jacke – Jäckchen 19.10 Arbeitsblatt 19b	**G**

Vorbereitungen: Eine Frau, die ein Kind erwartet, fragen, ob sie mal in den Kindergarten kommt und einige Babysachen zeigt.
Fotos von Babys sammeln (Werbung in Illustrierten).

Nachschauen, ob Bilderbücher zur Sexualerziehung vorhanden sind. Eventuell ein Buch kaufen oder in der Bibliothek leihen.

Dinge besorgen, die ein Baby braucht (für 19.2): Flaschen, Sauger, Puder, Creme, Öl, eventuell eine Babybadewanne und eine stabile Wiege.

Gespräch

19.1 Ein Kind kommt zur Welt. *Didaktische Vorüberlegungen:* Das Wochenthema Baby wird dann am sinnvollsten eingesetzt, wenn ein konkreter Anlaß vorliegt, wenn zum Beispiel ein Kind aus dem Kindergarten einen Bruder bzw. eine Schwester erwartet. Am günstigsten wäre es, die Mutter, die das Kind erwartet, käme in den Kindergarten, würde die Fragen der Kinder beantworten und einige Kleidungsstücke mitbringen, die sie für das Baby bereithält. (Durch Auskochen ist die Hygiene nach der Besichtigung schnell wieder hergestellt.)

Schon vor dem Besuch der Mutter sollten die Kinder aber einige Kenntnisse über Schwangerschaft und Geburt vermittelt bekommen. Dabei muß sich der Erzieher klar machen, daß sich Kinder unter dem Begriff „Bauch" gewöhnlich einen Hohlraum zur Nahrungsaufnahme vorstellen, der vom Hals bis zu den Beinen reicht. Geburt stellen sie sich dann etwa so vor wie die Befreiung des Rotkäppchens im Märchen: der Bauch wird aufgeschnitten, das Kind kommt heraus.

Es kommt also darauf an, dem Kind zu erklären, daß der Bauch viele verschiedene Funktionen und Organe hat, wobei man auf eine genaue Benennung und Beschreibung der einzelnen Organe in dieser Altersstufe verzichten kann. Vereinfachte Bilder, die später differenzierter und detaillierter erklärt werden müssen, genügen für das erste Verständnis der Vorgänge bei Schwangerschaft und Geburt.

Das Gespräch mit den Kindern findet am besten in kleinen Gruppen statt.

Gesprächsverlauf (ein Beispiel): Anlaß: Alexanders Eltern bekommen bald ein Baby. Oder: Die Kinder betrachten Fotos von sich selbst als Baby. Oder: Sie betrachten ein Bilderbuch zur Sexualkunde (siehe 19.2).

Frage: Wo kommen die Babys eigentlich her? Sie wachsen im Bauch der Mutter, wo es weich und warm ist.

Frage: Ist denn im Bauch überhaupt Platz für ein kleines Kind? Der Bauch ist doch nicht leer. Was haben die Menschen denn alles im Brustkorb oder im Bauch?

Einen Behälter für die Nahrung: Magen. Und einen langen Schlauch für die Nahrung: Darm. Einen Behälter für die Luft: Lunge; ein Herz, das man klopfen fühlen kann. Und dann gibt es bei den Frauen noch eine kleine Höhle im Bauch, die heißt Gebärmutter. Darin wächst das Baby.

Zuerst ist es ein winziges Ei, und man sieht gar nicht richtig, daß daraus mal ein Baby werden soll, aber dann wird es größer und größer und fängt an sich zu bewegen und zu strampeln. Es bekommt sogar manchmal Schluckauf! Allmählich wird es ganz schön eng im Bauch, obwohl das Baby sich schon ganz klein macht. Es hat nämlich die Arme und die Beine angewinkelt und übereinander gelegt (vormachen, nachmachen lassen). Wenn die Bauchdecke nicht so weich und elastisch wäre (Kinder fühlen ihre Bauchdecke), würde das Baby ganz schön zerdrückt.

Nach neun Monaten wird es dem Baby aber endgültig zu eng und es möchte ein richtiges Bettchen haben, in dem es besser strampeln kann. Dann kommt es auf die Welt.

Frage: Wie kommt das Baby aus dem Bauch heraus? Zum Glück gibt es zwischen den Beinen der Mutter eine Tür: die Scheide. Die Scheide ist dehnbar wie ein Gummiring (Gummiring dehnen). So kann das Baby sich durchquetschen, ohne daß die Mutter dabei verletzt wird, und hinterher ist die Scheide fast wieder so klein wie vorher.

Frage: Tut es weh, wenn man ein Kind bekommt? Es ist für die Mutter nicht sehr angenehm, aber für das Baby auch nicht. Und der Arzt und die Hebamme helfen den beiden, daß es schnell geht. Wenn das Baby dann auf der Welt ist, kann die Mutter es gleich auf den Arm nehmen und trösten, und dann sind beide wieder sehr glücklich und zufrieden.

Frage: Wer gibt dem Kind im Bauch zu essen und zu trinken? Das Baby bekommt die Nährstoffe durch die Nabelschnur, das ist ein Schlauch, der die Mutter mit dem Kind verbindet. Wenn das Baby geboren ist, braucht es die Nabelschnur nicht mehr. Das Ende fällt ab und da, wo die Nabelschnur beim Baby angewachsen war, bleibt nur noch der Nabel übrig (Nabel betrachten).

Frage: Wie bekommt das Kind zu essen, wenn es

keine Nabelschnur mehr hat? Wenn eine Frau ein Kind bekommen hat, bildet sich in ihren Brüsten Milch für das Baby. Das Baby kann dann an der Brust trinken wie aus einem Fläschchen. Die Mutter hält es auf dem Arm dabei, und so können sich die beiden mal richtig anschauen.

Später bekommt es auch Milch aus der Flasche und Gemüsebrei und Milchbrei mit dem Löffel. Das gibt aber zuerst ein großes Geschmiere, bis es gelernt hat, Brei zu schlucken!

Rollenspiel in Gang setzen:

19.2 Wir richten ein Babyzimmer ein. *Bemerkung:* Zunächst sollte das „Babyzimmer" für die Puppen eingerichtet werden, es sollte aber den Kindern auch die Möglichkeit gegeben werden, selber das Baby zu spielen.

Gemeinsam mit den Kindern überlegen: Was braucht ein Baby alles? Badewanne, Badetuch, Kleidung, Windeln und Windelhöschen, Creme, Puder, Wickelplatz, Bett (Wiege?), Wagen zum Ausfahren, Flasche, Nabelbinde, Haarbürste.

19.3 Ich war klein – jetzt bin ich groß. Die Kinder werden gebeten, Fotos und ein Kleidungsstück, das nicht mehr paßt (Schuhe, Jäckchen …) mitzubringen. Damit eröffnen wir eine Ausstellung.

Der Erzieher markiert an der Wand, wie klein die Babys bei der Geburt waren (ca. 55 cm). Dann werden die Kinder gemessen und die Stelle an der Wand bezeichnet und mit Datum und Namen versehen.

Die Kinder erhalten den Auftrag, ihre Eltern zu befragen, was sie als kleines Baby alles angestellt hätten. Sie sollen sich alles genau merken, um es am folgenden Tag auch den anderen Kindern erzählen zu können.

19.4 Babybilder sammeln und einrahmen. Aus Illustrierten werden Fotos von Babys (Werbebilder für Kindernahrung z. B.) ausgeschnitten und gerahmt: Papierstreifen mit hübschen Mustern werden um das Bild geklebt. Als Aufhänger wird an der Rückseite eine Fadenschleife mit Tesafilm festgeklebt. Die Kinder dürfen selbst entscheiden, wo sie die Babybilder im Kindergarten aufhängen wollen.

Die Kinder erzählen

19.5 Als ich klein war … Die Kinder setzen sich (am besten in kleinen Gruppen nacheinander) vor die Wand, an der die ursprüngliche und die jetzige Größe der verschiedenen Kinder markiert wurde (19.3).

Der Erzieher erzählt: Als die Bärbel so groß war (er zeigt auf eine Stelle an der Wand, die zwischen der Geburtsgröße und der jetzigen Größe des Kindes liegt), konnte sie noch nicht laufen, aber ganz schnell krabbeln. Wenn sie sich stellen wollte, mußte sie sich immer an irgend etwas hochziehen. Einmal hat sie dabei das Tischtuch erwischt. Sie packte es, wollte sich daran hochziehen, aber das Tischtuch gab nach – und plötzlich saß die Bärbel auf dem Boden, und das Tischtuch lag über ihr. Da hat sie ganz verdutzt geguckt.

Nun sollen die Kinder von sich erzählen.

Bemerkungen: Es ist sehr schwierig, die Kinder dazu zu erziehen, sich gegenseitig zuzuhören. Viele wollen gern erzählen, aber sie tun es zu langsam, zu undeutlich, zu leise, zu stockend, zu unverständlich, so daß den andern die Lust am Zuhören vergeht. Hier muß der Erzieher einen Kompromiß finden: Kinder erzählen lassen, aber die Zuhörbereitschaft der anderen nicht überstrapazieren. Er sollte zwischendurch selbst wieder etwas Lustiges von einem Kind erzählen, und durch Zwischenfragen ein bißchen Ordnung in das, was die Kinder sagen wollen, zu bringen suchen. Er könnte zum Beispiel „Überschriften" setzen, indem er fragt: Wer von euch hat denn mal was Lustiges beim Essen gemacht? (Beim Baden, beim Laufenlernen, im Bett?) Wer hat einmal etwas Lustiges gesagt? Nach einigen Minuten das Gespräch abbrechen und die Kinder auffordern, sich gegenseitig gelegentlich weitere Geschichten zu erzählen.

Zeichnen

19.6 So klein war meine Hand – so groß ist sie jetzt. Falls den Kindern nicht das Arbeitsblatt 19 a aus „Wir wollen Schule spielen" zur Verfügung steht, könnte er einige Schablonen ausschneiden, die die Originalgröße der Hand eines Neugeborenen anzeigt. Diese Schablone wird von den Kindern umfahren. Daneben zeichnen sie ihre linke (Linkshänder die rechte) Hand, indem sie die Hand auf das Papier legen und mit einem Stift umfahren.

Bemerkungen: Für das Selbstbewußtsein des Kindes ist es wichtig, sich klar zu machen, daß es ständig wächst. Beobachten Sie einmal, wie stolz die Kinder auf ihre neue Handgröße sind, und wie sie sich gleichzeitig darüber freuen, daß sie einmal so „süße, kleine" Hände gehabt haben.

Bilderbücher betrachten
19.7 Zeig mal! Nicht nur in dieser Woche.
sondern das ganze Jahr über sollen Kinder die
Möglichkeit haben, ihre Fragen zum Themenkreis Schwangerschaft – Geburt anhand von
Bilderbüchern beantwortet zu bekommen.
Wichtig ist, daß das Kind nicht mit seinen Fragen
und dem Buch allein gelassen wird, sondern daß
der Erzieher das Buch gemeinsam mit den
Kindern in kleinem Kreis betrachtet und bespricht.
(Hinweise auf empfehlenswerte Bücher stehen
unter „Bemerkungen zur Sache", 19).

Basteln
19.8 Ein Mobile für ein Baby. Ein Baby braucht
zunächst etwas zum Betrachten, danach etwas
zum Greifen. Wir basteln ein Mobile, das an der
Decke über dem Babybettchen aufgehängt werden kann.
Einfachste Form: Aus Buntpapier Dreiecke,
Quadrate, Kreise ausschneiden (jede Form doppelt), zwischen die beiden Formen einen Faden
legen, dann die Teile zusammenkleben.
Kompliziertere Form: Mobile mit Querbalken.

19.9 Babygymnastik. Wir stellen uns vor, alle
Kinder wären noch klein und niemand könnte
schon laufen.
Alle Kinder krabbeln im Kreis.
Sie legen sich auf den Rücken und strampeln.
Sie können schon den Kopf heben (Bauchlage),
ohne sich mit den Händen abzustützen.
Sie schaukeln gern (Bauchlage, Füße mit den
Händen fassen, vor- und zurückschwingen).
Sie wollen an ihrem großen Zeh lutschen.
Sie lassen sich gern streicheln (jeder darf seinen
Nachbarn streicheln).

Spiel am Tisch oder im Kreis
19.10 Jacke – Jäckchen. Der Spielleiter rollt
einem Kind einen Ball zu und sagt: Jetzt hast du
eine Jacke, früher hattest du ein ...
Das Kind rollt den Ball zurück und antwortet:
Jäckchen.
Jetzt hast du ein Hemd, früher hattest du ein ...
(Hemdchen).
Mütze – Mützchen
Strumpf – Strümpfchen
Schuhe – Schühchen
Hose – Höschen
Rock – Röckchen
Bluse – Blüschen
Pullover – Pullöverchen

Bett – Bettchen
Löffel – Löffelchen
Teller – Tellerchen
Gabel – Gäbelchen.

Spielgeschichte
19.11 Rumpelstilzchen. *Vorüberlegungen:* Die
Geschichte sollte möglichst nicht abgelesen,
sondern frei erzählt werden. Dabei sollten schon
beim ersten Durchgang die Kinder in das Spiel
einbezogen werden: Sie nennen Namen, sie
stellen pantomimisch den Wald und später das
Schloß dar, und die Figuren Rumpelstilzchen
und Königin könnten am Schluß der Geschichte
pantomimisch mitspielen. In einem zweiten
Durchgang (vielleicht an einem anderen Tag)
sollten dann immer mehr Textstellen der Königin und des Rumpelstilzchens von den Kindern
übernommen werden. Man beginnt dabei bei
den vorformulierten Stellen: Heißt du vielleicht ...? Nein, so heiß ich nicht!
Ziel des Spiels soll sein, daß die Kinder Texte
frei improvisieren lernen.
Da das Spiel nur wenig Personen hat, gibt es
manchmal Schwierigkeiten, weil zu viele Kinder
spielen wollen. Ich habe die Erfahrung gemacht,
daß man die Hauptrollen ohne weiteres mehrfach besetzen kann: Mehrere Königinnen mit
Babys werden gleichzeitig von mehreren kleinen
Männlein bedroht, mehrere Jäger schleichen
durch den Wald und finden die Männlein, die
gerade ums Feuer hüpfen und gemeinsam das
Sprüchlein sagen: Heute koch ich ...

Die Geschichte
(Text des Erziehers)
Als die Königin, von der ich euch
jetzt erzählen will, noch gar keine
Königin war, sondern ein ganz nor-
males junges Mädchen, hat der König
mal zu ihr gesagt, sie solle aus Stroh
Gold machen. Das konnte das Mädchen aber nicht, und so saß sie da und
heulte: „Huuuu, ich kann das nicht!
Huuhuuu, ich kann es wirklich
nicht!"
Auf einmal stand da ein kleines
Männlein neben ihr, das sagte: „Du,
ich weiß, wie man aus Stroh Gold
macht. Was schenkst du mir, wenn ich
es für dich mache?"
„Ich gebe dir meine Halskette!" sagte
das Mädchen.
Aber das Männlein antwortete:
„Nein, die Kette will ich nicht. Ich
helfe dir nur, wenn du mir später mal

dein Kind schenkst, wenn du eines hast."

Das Mädchen dachte: „Wer weiß, ob ich überhaupt mal ein Kind bekomme. Und außerdem dauert es ja noch lange bis dahin, und das Männlein hat es sicher wieder vergessen."

Also sagte sie ja, und das Männlein machte aus Stroh Gold.

Als der König sah, daß die Arbeit getan war, war er so begeistert, daß er gleich das Mädchen heiratete. Und so ist sie Königin geworden.

(An dieser Stelle sollte man den Kindern, die nicht mehr richtig stillsitzen und zuhören können, erlauben, in einer anderen Ecke des Zimmers oder im Nebenraum etwas anderes zu machen.)

Nach einem Jahr bekam die junge Königin tatsächlich ein Baby. Sie nahm es auf den Arm und sang ihm gerade etwas vor: (singt mal mit) Kindlein mein ...

(Die Kinder singen den Anfang des Liedes mit.)

Auf einmal stand das Männlein vor ihr. (Erzieher spielt das Entsetzen der Königin.) „Nein! Nein! Was willst du hier? Du darfst mir nicht mein Kind wegnehmen! Bitte geh weg! Ich schenke dir auch meine Krone und meine Pferde und alle meine schönen Kleider!"

Aber das Männlein antwortete nur: „Nein, ich will unbedingt das Kind! Du hast es mir versprochen." Da fing die Königin schrecklich an zu weinen: „Nein, nein, ich kann mein Kind nicht hergeben! Bitte geh weg!"

„Na gut", sagte das Männlein schließlich, „wenn du in drei Tagen herausgefunden hast, wie ich heiße, kannst du dein Kind behalten. Wenn du es aber nicht weißt, hole ich übermorgen dein Kind!"

Nun lief die Königin zu allen Leuten und fragte sie nach ihrem Namen. Sogar die Kinder fragte sie: (Erzieher wendet sich an die Kindergartenkinder.) „Wie heißt denn du?"

(Die Kinder nennen ihre Namen.)

Als abends das Männlein kam, fragte die Königin: „Heißt du vielleicht ..." (Erzieher wiederholt die Namen, die die Kinder genannt haben.) „Nein, so heiß ich nicht!" lachte das Männlein und verschwand.

Da lief die Königin wieder zu allen Leuten und fragte sie: „Wißt ihr nicht noch einen ganz besonderen Namen?" (Erzieher wendet sich an die Kinder.)

(Wer einen besonderen Namen weiß, nennt ihn.)

Als abends wieder das Männlein kam, fragte die Königin: „Heißt du vielleicht ..." (Erzieher wiederholt die Namen, die die Kinder vorgeschlagen haben.) Aber das Männlein lachte wieder nur und rief: „So heiß ich nicht, so heiß ich nicht, du kriegst meinen Namen nicht heraus, und morgen hole ich dein Kind!"

Da schickte die Königin einen Jäger in den Wald: „Lieber Jäger, such doch mal im Wald, vielleicht kannst du dort irgend etwas erfahren!"

Im Wald standen die Bäume ganz dicht.

(Kinder bilden einen Wald. Die hochgestreckten Arme sind die Äste.)

(Der Erzieher spielt selbst den Jäger, schleicht zwischen den Bäumen umher und erzählt dabei.)

„Wie soll ich denn hier jemanden treffen, ich sehe ja nur Bäume."

Aber stellt euch vor, hinter den Bäumen tanzte das Männlein um ein Feuer herum.

(Einige Bauklötze stellen die Feuerstelle dar.) Wer will mal das Männlein sein?

(Ein Kind tanzt ums Feuer herum.)

Der Jäger schlich ein bißchen näher (Erzieher versteckt sich jeweils wieder hinter einem „Baumstamm"), und noch ein bißchen näher, und noch ein bißchen näher, und auf einmal konnte er hören, wie das Männlein sang:

„Heute koch ich,
morgen back ich,
übermorgen hole ich der Königin ihr Kind.
Ach wie gut, daß niemand weiß,
daß ich Rumpelstilzchen heiß!"

Als der Jäger das gehört hatte, rannte er zum Schloß, lief durch das Schloß-

(Die Kinder, die vorhin den Wald

tor (Erzieher tritt in den Kreis) und rief: „Frau Königin, Frau Königin, ich weiß wie das Männlein heißt!"

Der Jäger flüsterte der Königin ins Ohr, wie das Männlein heißt. (Erzieher flüstert der „Königin" etwas zu.) Als am Abend das Männlein wieder kam, fragte die Königin: „Heißt du vielleicht Peter?" „Nein, so heiß ich nicht." „Heißt du vielleicht Johannes?" „Nein, so heiß ich nicht." „Heißt du vielleicht Rumpelstilzchen?" „Das hat dir der Teufel gesagt!" schrie das Männlein und stampfte so heftig mit dem Fuß auf, daß es ein

Loch in den Erdboden hineinschlug, in dem es verschwand und nie wieder herauskam.

Und die Königin gab ein großes Fest

und lud alle Kinder ein und zeigte den Kindern das Baby.

Und die Kinder sangen alle zusammen dem Königskind ein Schlaflied.

dargestellt hatten, schließen einen Kreis, der die Schloßmauer darstellen soll. Zwei Kinder bilden mit hochgehobenen Armen das Schloßtor.)

(Ein Kind tritt als Königin in den Kreis.)

(Männlein tritt in den Kreis.)

(Rumpelstilzchen stampft mit dem Fuß auf.)

(Rumpelstilzchen verschwindet.) (Königin winkt alle Kinder zu sich her.)

(Königin zeigt den Kindern pantomimisch das Kind, das auf ihrem Arm liegt.)

(Kinder singen gemeinsam: Kindlein mein … oder ein anderes Lied.)

Bei den weiteren Spielversuchen kommt es nun darauf an, daß der Erzieher immer stärker in den Hintergrund tritt und die Kinder immer mehr Text und Spiel übernehmen. Alle Textstellen in direkter Rede sollen von den Kindern übernommen werden. Der Erzieher behält lediglich die Rolle des Erzählers.

20. Auto

Vorüberlegungen

Alles, was Erwachsene im Zusammenhang mit Autos erleben, übt auf Kinder eine starke Anziehungskraft aus und wird im Spiel nachvollzogen. Manche Kinder sind dabei allerdings auf einer recht primitiven Stufe des Spiels stehen geblieben: sie begnügen sich damit, ein Auto mit Gebrumm hin- und herzuschieben. Der Erzieher sollte diesen Kindern helfen, ihr Spielniveau zu heben, indem er ihnen zeigt, wie man mit Klebebändern Straßennetze markieren kann, wie sich Verkehr und Gegenverkehr in der Stadt bewegen, was die Autofahrer vorhaben, wo sie anhalten usw. Durch das Bauen von Parkhäusern und Tankstellen wird das Funktionsspiel zum Konstruktionsspiel, durch die Tätigkeiten der (unsichtbaren) Autofahrer wie Parkschein lösen, Polizei anrufen usw. wird das Spiel zum Rollenspiel.

In solche Spiele sollen die Mädchen ebenso einbezogen werden wie die Jungen, damit das Vorurteil, Autospiele seien typische Jungenspiele, auch bei den Kindern abgebaut wird.

Die „Autowoche" soll neben Anleitungen zum niveauvollen Spiel auch einige Verkehrsregeln vermitteln, die für Kinder wichtig sind. Das könnte in Form einer Fahrschule (20.3) geschehen, deren Unterricht nach bestandener Prüfung durch die Aushändigung eines (selbstgebastelten) Führerscheins gekrönt wird (20.5). Themen für die Fahrschule könnten sein:
Die Funktion von Verkehrsampeln.
Bedeutung der Farben rot, grün und gelb im Verkehr.
Die Bedienung von Druckknopfampeln.
Das Überqueren der Straße.
Der Zebrastreifen.
Die Funktion des Bürgersteigs.
Der Rücksitz im Auto als Kindersitz.
Das Verhalten von Kindern im Auto.

Für die Erwachsenen ist das Auto oft eine Art Heiligtum. Kinder dürfen manchmal kaum daran rühren. Deshalb muß es für Kinder ein überaus lustvolles Erlebnis sein, ein Auto mit angerührten Wasserfarben in leuchtenden Tönen anmalen zu dürfen (20.1). Die Kinder lernen dabei nicht nur, mit Farben und Pinsel umzugehen, Muster und Farbkombinationen zu entwerfen und mit anderen Kindern gemeinsam an einem Projekt zu arbeiten, sondern sie lernen auch das Auto und seine Teile kennen und benennen, weil die Zusammenarbeit eine gegenseitige Absprache nötig macht. („Darf man eigentlich auch das Nummernschild bemalen?" „Den Türgriff lassen wir besser so, wie er ist" …)
Beim Bauen eines Mondautos (20.8) können Kinder ihrer Phantasie freien Lauf lassen und müssen trotzdem dabei technische Probleme lösen. Wie immer soll das fertige Produkt aber nicht nur Ausstellungsobjekt, sondern Spielzeug

sein: Das Mondauto und seine Besatzung müssen allerlei Abenteuer bestehen (20.9).
Falls der Erzieher ein Tonband- oder Kassettengerät auftreiben kann, sollte er auch einmal versuchen, mit Kindern Geräusche aufzunehmen, die mit Autos und Verkehr irgend etwas zu tun haben. Es ist wichtig, daß die Kinder lernen, sich auch mit Hilfe des Gehörs im Verkehr zu orientieren, Geräusche bewußt wahrzunehmen und zu unterscheiden. Außerdem machen sie bei dieser Aufnahme (20.10) erste Erfahrungen mit einem technischen Gerät und können die eigenen Erlebnisse sozusagen konserviert an andere Kinder weitervermitteln, die sie wieder entschlüsseln sollen (20.11).
Beim Autofahrerlied (20.4) ist die Pantomime wichtig. Beim Turnen (20.6) sollen die Kinder lernen, trotz allem Bewegungsdrang auf bestimmte Zeichen zu achten und darauf zu reagieren.

Wörterliste

Achtung	Lampen	Scheinwerfer	hupen
Ampel	Lastwagen	Sicherheitsgurt	lenken
Auto	Lenkrad	Sitz	losfahren
Autobahn	Luft	Straße	mitfahren
Batterie	Motor	Tankstelle	parken
Blechschaden	Nummernschild	Taxi	rasen
Blinker	Omnibus	Traktor	reisen
Bremse	Öl	Unfall	reparieren
Fahrlehrer	Parkplatz	Wagen	steuern
Fahrschule	Personenwagen	Werkstatt	tanken
Fahrprüfung	Polizei	*	überfahren
Fahrt	Polizeiauto	abblenden	überqueren
Fahrzeug	Radio	anfahren	*
Gang	Rechnung	anschnallen	gefährlich
Gashebel	Reifen	aufblenden	nah
Geschwindigkeit	Reifenpanne	aussteigen	sicher
Haltestelle	Reise	bezahlen	links
Halteverbot	Rennwagen	blinken	quer
Kraftfahrzeugmechaniker	Reparatur	bremsen	rechts
Kleinbus	Richtung	einsteigen	schnell
Kofferraum	Rücklicht	fahren	über
Kreuzung	Rückspiegel	festhalten	unter
Lack	Scheiben	halten	unterwegs

Wochenplan

	In der Zeit des Freispiels	Gemeinsame Aktion	Am Nachmittag	
Mo	Bilderbücher betrachten (z. B. 15.14)	Auto anmalen 20.1	A 73–77	**A**
Di	Autos fahren durch die Stadt 20.2	Fahrschule 20.3 Lied: Mein Auto springt nicht an 20.4	Ich wünsche mir 20.12	**W**
Mi	Führerschein 20.5	Turnen: Im Straßenverkehr 20.6 Fahrzeuge fahren 20.7		
Do	Basteln: Mondauto 20.8	Tischtheater: Mit dem Mondauto unterwegs 20.9	Reporter beim Autorennen 20.13	**G**
Fr	Spiel mit Mondautos oder kleinen Rennautos 20.9 oder 20.13	Sachbegegnung: Geräusche aufnehmen 20.10	Geräusche raten 20.11 Arbeitsblatt 20	**K**

Vorbereitungen

1. Nachsehen, wie viele verschiedene Spielzeugautos im Kindergarten vorhanden sind. Notfalls einige Fahrzeuge dazukaufen.
2. Fragen, wer sein Auto zum Bemalen zur Verfügung stellt (20.1).
3. Leere Schachteln, Korken usw. sammeln für die Mondautos (20.8).
4. Tesakrepp besorgen für ein Straßennetz (20.2).
5. Überlegen, wer dem Erzieher ein Tonband- oder Kassettengerät leihen würde für Aufnahmen von Geräuschen (20.10).
6. Lied lernen: Mein Auto springt nicht an (20.4).

Angebote

20.1 Auto anmalen. Vielleicht besitzt jemand von den Erziehern oder Eltern ein älteres Auto, das die Kinder bemalen dürfen. (Die Farben lassen sich später wieder abwaschen.)
Die Kinder bekommen verdünnte Fingerfarbe mit Pinseln und dürfen das im Hof abgestellte Auto bemalen, so daß von der ursprünglichen Lackfarbe nichts mehr zu sehen ist. Beim Aufteilen der Malflächen und bei den Arbeitsgesprächen sollen die Kinder das Auto und seine Teile näher kennenlernen. (Wer will die hintere Stoßstange anmalen? Warum dürfen die Scheiben und die Lampen nicht bemalt werden? Wer hat denn hier am Kotflügel angefangen? ...)

Konstruktions- und Rollenspiel
20.2 Autos fahren durch die Stadt. Zunächst werden Tische und Stühle zur Seite geräumt, damit viel freie Fußbodenfläche zur Verfügung steht. Mit Tesakreppstreifen kleben die Kinder ein Straßennetz mit vielen Kreuzungen, Kurven,

Wendehämmern, Sackgassen. Ein Schuhkarton, der an zwei Seiten ein Stück Pappe als Rampe angeklebt bekommt, wird zur Überführung. Am Rande der Straße werden Garagen, Parkhäuser, Tankstellen, Reparaturwerkstätten, Imbißstuben, eine Bank gebaut.
Autofahrer fahren zur Bank, holen sich dort Geld, fahren zum Tanken, parken im Parkhaus, kaufen sich eine Bratwurst in der Imbißstube ... Man muß darauf achten, die Anlage so groß zu bauen, daß die Kinder sich nicht gegenseitig behindern. Die Kinder, die die Inhaber der Bank, der Tankstelle, des Parkhauses usw. spielen, sollten sich an die Außenseite des Straßennetzes setzen. Der Spielleiter achtet darauf, daß die Kinder miteinander ins Gespräch kommen und daß überall genügend Kunden angefahren kommen.

Rollenspiel
20.3 Fahrschule. Die Kinder melden sich in der Fahrschule an. Sie wollen den Führerschein machen. Der Erzieher spielt den Fahrschulleh-

rer, der den Kindern anhand des Materials, das den Kindergärten für die Verkehrserziehung zur Verfügung gestellt wird, die für Kinder wichtigen Verkehrsregeln erklärt.

Die Fahrschule kann an verschiedenen Tagen Unterricht abhalten, die einzelnen „Unterrichtsstunden" sollten aber nicht länger als höchstens zehn Minuten dauern.

Lied
20.4 Mein Auto springt nicht an
(1 Oktave tiefer singen!)

Worte und Melodie: ROSE GÖTTE

rrrrrrr! Mein Auto springt nicht an! Tut-tut! Was ist bloß

Schuld da-ran? Tut-tut! Der Schlüssel steckt, der Gang ist drin, die

Bremse los, was fehlt da bloß? O Schreck, es fehlt Ben-zin!

Benzinkanister her! Tut-tut!
So'n Pech, das Ding ist leer. Tut-tut!
Der Nachbar kommt mit seinem Tank,
macht mit dem Sprit
mein Auto fit,
nun fährt es. Vielen Dank!

Als dritte Strophe wird die Melodie auf rrrr… gesungen (rollendes r). Nur die Hupe (tut-tut) wird beibehalten.

Pantomime: Zwei nebeneinandergestellte Stühle stellen die Autos dar. Die Kinder sind entweder Fahrer, die vergeblich versuchen, das Auto in Gang zu kriegen, oder Nachbarn, die mit dem Reservetank (Pantomime) warten, bis sie an der Reihe sind. Wenn der Nachbar Benzin eingefüllt hat, setzt er sich auf den Beifahrersitz und fährt mit (3. Strophe).

Malen – schreiben – basteln
20.5 Führerschein. Der Erzieher zeigt den Kindern, wie ein Führerschein aussieht und erzählt, wie er zu seinem Führerschein gekommen ist.
Der Fahrer eines Fahrzeugs muß seinen Führerschein immer bei sich tragen.

Die Kinder basteln sich einen Führerschein mit (gemaltem) Paßfoto, Stempel, Unterschrift usw. Wer die Fahrschulprüfung bestanden hat, darf sich seinen Führerschein abholen.

Turnen
20.6 Im Straßenverkehr. Als Verkehrsampeln können entweder zwei Lampen genommen werden, die mit rotem bzw. grünem Papier bespannt sind, oder es werden einfach zwei rot oder grün bemalte Scheiben oder Tücher hochgehalten.
Der Erzieher ist der Verkehrspolizist. Um ihn herum bewegt sich der Straßenverkehr in gleicher Richtung. Bitte nur links überholen. Wenn die Ampel rot zeigt, bleiben alle Autos (Kinder) stehen. Die Autos können auch rückwärts fahren, über holprige Straßen fahren (mit beiden Beinen vorwärts hüpfen), die Geschwindigkeit ändern. Zwischendurch steigen die Autofahrer aus und machen Gymnastik für Autofahrer: Arme kreisen lassen, mit den Beinen schwingen, Rumpfbeugen usw.

Bewegungsspiel
20.7 Fahrzeuge fahren. Die Kinder werden in zwei Gruppen eingeteilt und stellen sich an zwei gegenüberliegenden Wänden des Raumes auf.

Der Erzieher nennt Gegenstände. Handelt es sich dabei um ein Fahrzeug, müssen die Kinder zur gegenüberliegenden Wand rennen, handelt es sich nicht um ein Fahrzeug, sollen sie stehen bleiben. Der Erzieher beginnt: Omnibus, Motorrad, Leberwurst, Krankenhaus, Krankenwagen ...

Basteln

20.8 Mondauto. Aus den verschiedensten Schachteln, Dosen, Korken, Kronenkorken und was sonst noch an Bastelmaterial zur Verfügung steht, bauen die Kinder kleine Mondautos.

Tischtheater

20.9 Mit dem Mondauto unterwegs. Kleine Holzfiguren werden in die Mondautos gesetzt. Die Autos fahren in verschiedenen Richtungen auf dem Mond spazieren, bleiben aber in Funkkontakt. Immer wieder gerät eines der Autos in Schwierigkeiten: Bei einem ist die Batterie leer, es muß abgeschleppt werden. Ein anderes ist in einen Mondkrater gestürzt und muß an Seilen herausgezogen werden. Ein drittes findet den Lagerplatz nicht mehr, ein viertes hat ein Rad verloren und braucht ein Reserverad ...

20.10 Geräusche aufnehmen. Falls einer der Erzieher oder der Eltern ein Tonband- oder Kassettengerät mit Batterie hat, könnte ein Erwachsener mit einigen Kindern losziehen, um Autogeräusche aufzunehmen: Autotür aufmachen, Auto anlassen, Gas geben, losfahren, hupen, Scheibenwischer betätigen, Blinker einschalten.
Vielleicht lassen sich auch an einer Tankstelle interessante Geräusche aufnehmen.

Genau hinhören

20.11 Geräusche raten. Die auf Band oder Kassette aufgenommenen Autogeräusche werden den anderen Kindern vorgespielt. Sie sollen raten, was die Geräusche bedeuten.

Spiel am Tisch

20.12 Ich wünsche mir. Jedes Kind bekommt ein anderes Spielzeugauto (Bus, Traktor, Rennwagen, Feuerwehrauto, Krankenwagen, verschiedene Pkw's). Ein Kind hat kein Fahrzeug, das darf sich nun eines der anderen Autos wünschen. Das Kind, das das gewünschte Auto hat, läßt es quer über den Tisch zu dem anderen Kind fahren und darf sich nun selbst ein Auto wünschen.

20.13 Reporter beim Autorennen. Zwei oder drei Matchbox-Autos werden auf ein schräg gestelltes Brett gesetzt und gleichzeitig losgelassen. Ein Kind spielt den Reporter, der zunächst die Autos beschreibt, die sich an dem Rennen beteiligen und hinterher ,,über Lautsprecher" den Sieger bekanntgibt.

21. Mein Freund

Vorüberlegungen

Selbstbewußtsein und Wohlbefinden des älteren Kindergartenkindes hängen wesentlich davon ab, ob es sich von Gleichaltrigen anerkannt oder abgelehnt fühlt. Deshalb sollte sich der Erzieher immer wieder bemühen, herauszufinden, welche Kinder im Kindergarten unter Kontaktmangel leiden und woran das liegen könnte.
Ganz grob kann man fünf verschiedene Typen von Außenseitern im Kindergarten unterscheiden:
Typ 1: Das Kind will mit niemandem sprechen oder spielen, vermeidet Blickkontakte, versteckt sich, weint, wehrt sich gegen jede Berührung. Handelt es sich dabei nur um vorübergehende Anpassungsschwierigkeiten, z.B. unmittelbar nach der Aufnahme in den Kindergarten, braucht der Erzieher diesem Verhalten keine große Bedeutung beizumessen. Zeigt das Kind aber auch noch nach 10 oder 14 Tagen dieses Verhalten, sollte man das Kind vom Kindergartenbesuch zurückstellen, und nach einigen Monaten einen zweiten Versuch wagen.
Typ 2: Das Kind spielt am liebsten allein, scheint andere Kinder gar nicht wahrzunehmen, ist zufrieden, wenn es nicht gestört wird. Dieses Verhalten ist normal für zwei- und dreijährige Kinder. Wenn es aber auch bei Fünf- oder Sechsjährigen noch vorherrscht, liegt eine Störung der sozialen Entwicklung vor. Die Ursache kann u.a. in einer zu einseitigen häuslichen Förderung liegen (wenn etwa vor lauter Intelligenztraining das Spielen mit anderen zu kurz kam), oder in einer überstarken Mutterbindung, die keine anderen Bindungen aufkommen ließ. Hier wäre auf jeden Fall ein Gespräch mit den Eltern nötig, unter Umständen sollte eine Erziehungsberatungsstelle aufgesucht werden.
Typ 3: Das Kind will nicht mit anderen Kindern spielen, beobachtet sie aber interessiert. Dieses Kind durchläuft gerade eine wichtige Phase

seiner sozialen Entwicklung: es beginnt, sich anderen Kindern zuzuwenden, beobachtet aber zunächst einmal von Ferne, was da so geschieht, wenn man sich mit anderen Kindern einläßt. Je besser die beobachteten Kinder miteinander spielen können, je weniger sie sich gegenseitig unterdrücken oder quälen, desto eher wird das Kind den Wunsch verspüren, dabei zu sein. Die Atmosphäre im Kindergarten kann also auch hier die soziale Entwicklung des Kindes hemmen oder fördern.

Typ 4: Das Kind möchte Aufmerksamkeit erregen, will anerkannt und geliebt werden, verhält sich dabei aber so ungeschickt oder aggressiv, daß es genau das Gegenteil erreicht. Daraufhin verstärkt das Kind seine störenden und aggressiven Handlungen und macht sich immer unbeliebter. Aus diesem Teufelskreis kann das Kind nur herausfinden, wenn man ihm andere Wege zeigt, Sympathien zu gewinnen und den anderen Kindern zu beweisen, daß es gar nicht „so" ist. Die wirksamste Methode ist, das Kind immer wieder in Rollenspiele mit einzubeziehen, wobei der Erzieher mitspielen muß, um so die Möglichkeit zu haben, Störaktionen in produktive Spielhandlungen umzusetzen.

Typ 5: Das Kind wird von anderen zum Außenseiter gemacht, weil es ihnen irgendwie fremd erscheint, sei es durch sein Aussehen, seine Nationalität, seinen Dialekt oder aus einem anderen Grund. Der Erzieher sollte hier nach Möglichkeiten suchen, wie die anderen Kinder dieses Kind besser kennenlernen und Gemeinsamkeiten entdecken können. Besonders wichtig wäre es für solche Kinder, einen Freund zu finden, der dann eine Art Vermittlerrolle zwischen Gruppe und „Außenseiter" übernehmen könnte (vgl. dazu S. 27).

Freundschaften im Kindergarten sind also grundsätzlich zu begrüßen. Allerdings gibt es auch freundschaftliche Beziehungen, die sich störend auf das Zusammenleben der Gruppe auswirken können, nämlich dann, wenn einige Kinder so sehr aufeinander fixiert sind, daß sie keine anderen Kinder an sich heranlassen, oder wenn ein Kind ein anderes so stark beherrscht, daß es ihm keine anderen Kontakte erlaubt. Solchen Besitzansprüchen sollte der Erzieher dadurch entgegentreten, daß er immer wieder andere Kinder im Spiel zusammenführt. Die wichtigsten Lernziele dieser Woche sind

Kommunikation und Kooperation. Es werden Spiele vorgeschlagen, die die Kinder dazu bringen sollen, sich gegenseitig bewußt wahrzunehmen (Ich male dich 21.13), sich einander zuzuwenden (Knobeln 21.6, Blinzeln 21.9), ihr Handeln aufeinander abzustimmen (rhythmische Spiele zu zweit 21.7–21.8, Ratespiele 21.4–21.5) und sich einander anzuvertrauen (Blindenhund 21.10). Bei den Spielen „Maurerkolonne" 21.11 und „Freßkolonne" 21.12 wird Selbstdisziplin eingeübt, die erste Voraussetzung ist für Kooperation.

Besonderer Wert wird in diesem Wochenplan auf den Umgang mit dem Telefon gelegt, weil das Telefon Kindern die Möglichkeit bietet, sich unabhängig von den Erwachsenen, den räumlichen Entfernungen und den Verkehrsverhältnissen mit anderen Kindern in Verbindung zu setzen. Dazu müssen sie Telefonnummern notieren und lesen können (21.2) und ein Telefon bedienen können (21.1, 21.3). Sie müssen aber auch wissen, daß das Telefonieren mit Kosten verbunden ist (21.3) und daß es noch andere Möglichkeiten gibt, sich miteinander in Verbindung zu setzen (Brief schreiben 21.20).

Kinder genießen es sehr, wenn etwas über sie gesagt wird, weil sie dabei Ichstärke empfinden. Bei dem Spiel „Wer kann am besten..." (21.17) haben die Aussagen über die Kinder rein spielerischen Charakter, weil der Zufall (Flaschendrehen) bestimmt, auf wen sie sich beziehen. Beim „Glücksstühlchen" (21.18) dagegen wissen die Kinder vorher, von welchem Kind sie sprechen, damit steigt auch für sie die Bedeutung der Aussage. Ob man mit den Kindern auch „Lästerstühlchen" (21.19) spielen kann, ohne ein Kind zu verletzen, muß der Erzieher entscheiden. Zur Wortschatzerweiterung sollen der Ausflug in die Telefonzelle (21.1) und die pantomimischen Ratespiele 21.4–21.5 beitragen. An grammatischen Kenntnissen werden in dieser Woche vor allem Steigerungsformen eingeübt (Die Geschichte von den Schwestern 21.4 und die Spiele 21.15 und 21.17). Die Förderung der Kommunikationsfähigkeit steht die ganze Woche im Mittelpunkt der Arbeit, für die entsprechende Fördergruppe wird das Spiel „Bau mal so wie ich" (21.16) vorgeschlagen, wobei das Kind gezwungen ist, genau hinzuhören und zu verstehen bzw. genaue Anweisungen zu geben.

Wörterliste

Absender	Telefonnummer	diktieren	zuhören
Adresse	Telefonzelle	einwerfen	zukleben
Apparat	*	erklären	*
Brief	abnehmen (Hörer)	falten	abwechselnd
Briefkasten	abschicken	flüstern	blind
Briefmarke	absprechen (sich)	fragen	blöd
Briefumschlag	abwechseln	knobeln	drohend
Couvert	anrufen	kreischen	dumm
Gabel (Telefon)	antworten	mögen	frech
Hörer	auflegen	nörgeln	freundlich
Notizbuch	ausmachen	telefonieren	geduldig
Post	ausrichten lassen	übernachten	gerecht
Spielregel	ausscheiden	verabreden (sich)	hungrig
Telefon	besuchen	verstehen (sich)	stark
Telefonbuch	blinzeln	wählen	teuer

Wochenplan

	In der Zeit des Freispiels	Gemeinsame Aktion	Am Nachmittag
Mo	Kinder beobachten: Wer spielt mit wem? Wer wird in Spielgruppen aufgenommen, wer wird abgelehnt?	Ausflug zur Telefonzelle: Telefonieren 21.1	A 13 (= 21.8) A 17 **A**
Di	Basteln: Notizbuch für Telefonnummern 21.2	Puppentheater: Kasper und das Telefon 21.3	Was mache ich jetzt? 21.4 **W** Was machen wir jetzt? 21.5
Mi	Knobeln 21.6 Rhythmische Spiele 21.7–21.8	Blinzeln 21.9 Blindenhund 21.10	
Do	Maurerkolonne 21.11 Freßkolonne 21.12	Malen: Ich male dich 21.13 Vorlesen: Die Geschichte von den Schwestern 21.14	Die Haare von Felix sind kurz 21.15 **G** Arbeitsblatt 21 a
Fr	Bau mal so wie ich 21.16 **K**	Flaschendrehen: Wer kann am besten … 21.17 Glücksstühlchen 21.18 Lästerstühlchen 21.19	Arbeitsblätter 21 b und c Brief schreiben 21.20

Vorbereitungen: Schokolade (oder sonst etwas Eßbares) besorgen für 21.12.

21.1 Telefonieren. Eine kleine Gruppe von Kindern geht mit dem Erzieher zur nächsten Telefonzelle und ruft von dort aus den Kindergarten an. Jedes Kind bekommt einmal den Hörer und darf sich ein anderes Kind aus dem Kindergarten an den Apparat holen lassen. Anschließend geht die Gruppe in den Kindergarten zurück und eine zweite Gruppe zieht zur Telefonzelle.

Basteln
21.2 Notizbuch für Telefonnummern. Die Kinder basteln ein kleines Büchlein, in das sie die Telefonnummern eintragen können, die für sie wichtig sind.
(Nummer von Freunden, die eigene Nummer – falls vorhanden –, die Nummer des Kindergartens, die Notruf-Nummer …)
Die Kinder nehmen das Büchlein mit nach

Hause und lassen sich von den Eltern weitere Nummern sagen.

Puppentheater

21.3 Der Kasper und das Telefon. Es spielen mit: Kasper, Anne, Willi und ein Telefon.

Kasper (geht zum Telefon, wählt, nimmt den Hörer ab, wartet): Da kommt ja keiner! Muß ich noch mal versuchen (legt auf, wählt, nimmt den Hörer ab). Wieder nichts. Immer nur tut-tuuut, tut-tuuut, sonst nichts. (Ruft): Anne, komm doch mal her. Unser Telefon ist kaputt!

Anne: Was sagst du, unser Telefon ist kaputt? Das kann nicht sein, ich habe doch gerade noch telefoniert.

Kasper: Doch, sieh doch selbst: ich wähle, nehme den Hörer ab und niemand meldet sich.

Anne (lacht): So wie du das machst, *kann* sich auch niemand melden. Zuerst nimmt man den Hörer ab. Dann wählt man die Nummer, dann wartet man, bis sich jemand meldet.

Kasper: Moment, Moment, so schnell kann ich mir das nicht alles merken. Sag's mir noch mal.

Anne: Nein, ich hab keine Zeit, du kannst ja die Kinder fragen, ich muß jetzt meine Hausaufgaben machen.

Kasper: Habt ihr gehört, Kinder, ihr sollt mir helfen. Also zuerst ... (Kinder: nimmt man den Hörer ab). Kasper tut es, dann ... (Kinder: wählt man die Nummer). Kasper wählt vier Nummern, dann ... (wartet man, bis sich der Teilnehmer meldet). Hallo? Wer ist dort? Frau Breitkreuz? Haben Sie aber einen lustigen Namen. Wer ich bin? Der Kasper natürlich. Was ich will? Oh – ah –, eigentlich gar nichts, nur mal – (enttäuscht) oh, sie hat einfach aufgelegt.

Na, da rufe ich eben jemanden anderes an. Also wie geht das noch mal? Zuerst ... (Der Kasper läßt sich wieder von den Kindern helfen.) Wer ist da? Ach, die Stadtverwaltung. Guten Tag, Stadtverwaltung. Das ist aber nett, daß ich Sie erwischt habe. Sagen Sie mal, wie sehen Sie eigentlich aus? Es heißt doch: die Stadtverwaltung, und Sie haben eine männliche Stimme! Also muß man sagen: der Stadtverwaltung ... (enttäuscht) oh, hat wieder aufgelegt. Na, da rufe ich mal eine andere Nummer an (nimmt den Hörer ab).

Anne: So, jetzt bin ich fertig mit den Hausaufgaben. Kasper, du telefonierst ja immer noch. Was machst du denn eigentlich?

Kasper: Du, ich habe ein ganz tolles Spiel erfunden. Ich nehme den Hörer ab, wähle irgend

eine Nummer und dann meldet sich jemand. Dann sage ich: Haben Sie aber einen komischen Namen oder so was.

Anne: Und dann?

Kasper: Das Dumme ist, daß die Leute nicht richtig mitspielen. Die legen dann einfach den Hörer auf, die Spielverderber, die blöden.

Anne: Was würdest du denn sagen, wenn jemand anrufen würde und du würdest dich melden, und am anderen Ende der Leitung sagt jemand bloß: Kasper heißt du? Das ist aber lustig, hahaha.

Kasper: Würde ich sagen: Frechheit! Und den Hörer auflegen.

Anne: Na, siehst du. Telefonieren darf man nur, wenn man einem ganz bestimmten Menschen was sagen will. Außerdem kostet das Geld.

Kasper: Nein, das kostet kein Geld. Nur in der Telefonzelle an der Straße kostet es Geld. Da muß man nämlich Münzen einwerfen. Aber hier, siehst du hier vielleicht irgendwo einen Schlitz, wo man Münzen reinwerfen muß, hä? Siehste nicht. Ätsch. Also kostet es auch kein Geld.

Anne: Doch Kasper, ich weiß das ganz genau. Die Post merkt nämlich, wenn hier einer telefoniert. Und die schreibt alles ganz genau auf. Und am Monatsende schickt sie einen Brief, darin steht: Sie haben soundsooft telefoniert, und das kostet soundsoviel.

Kasper: Ha, da können die lange Briefe schreiben. Ich zahle einfach nicht.

Anne: Du, dann schaltet die Post das Telefon ab.

Kasper (heult): Nein, die sollen mir nicht mein Telefon abschalten! Ich will doch meinen Freund, den Seppel, anrufen!

Anne: Wenn du für das Telefonieren bezahlst, schalten sie es dir ja auch gar nicht ab. Du mußt eben sparen und nur dann anrufen, wenn es unbedingt nötig ist.

Kasper: Ja, wenn man zum Beispiel seinen Freund fragen will, ob er mal zum Spielen herkommt.

(Anne geht, Willi kommt.)

Kasper: Tag, Willi. Du, ich weiß was, was du noch nicht weißt, wetten?

Willi: Angeber. Weiß ich genau so gut.

Kasper: So, dann sag mir doch mal, was man zuerst machen muß, wenn man telefonieren will: wählen oder Hörer abnehmen?

Willi: Wählen.

Kasper: Falsch. Und sag mir mal, kostet das Geld, wenn man mit so einem Telefon telefoniert oder nicht?

Willi (fragt die Kinder, gibt dann die richtige Antwort).
Kasper: Die Kinder haben dir ja vorgesagt, das gilt nicht. Hast du überhaupt zu Hause ein Telefon?
Willi: Nee, ham wir nicht.
Kasper: Au, das ist aber dumm. Dann kannst du ja nie einen Freund anrufen.
Willi (heult): Ich kann nie einen Freund anrufen!
Kasper: Ja, das ist traurig.
Willi (heult noch mehr).
Erzieher taucht hinter der Kasperbühne auf. Aber Willi, du brauchst doch nicht zu weinen!
Willi (heult): Ich habe kein Telefon zu Hause. Was soll ich bloß machen, wenn ich mal mit meiner Oma telefonieren möchte. (Erzieher fragt die Kinder, ob sie dem Willi einen Rat geben können.) (öffentliche Telefonzelle)
Willi: Und wenn ich den Kasper fragen will, ob er zu uns zum Spielen kommt? (Die Kinder werden wieder um Rat gefragt.) (Mündliche Absprache im Kindergarten, nachmittags einfach hingehen …)
Willi: Das ist alles schön und gut, aber ich weiß nicht, was ich sagen soll, wenn ich möchte, daß ein Kind mit mir spielt.
Erzieher: Na, dann frag doch einfach mal die Kinder, Willi, die wissen das!
Willi (geht zu den Kindern): Also dann sag mal, du, was hast du denn jetzt vor, wenn das Kasperstück zu Ende ist? Ich meine, was möchtest du dann machen?
Und mit wem?
Und was sagst du, damit der … weiß, daß du mit ihm spielen möchtest?
Und wenn er nein sagt?
Vielen Dank, Kinder, jetzt weiß ich, wie ich es machen muß. Ich laufe gleich zum Kasper und frag ihn, ob er mit mir eine Garage bauen möchte. Tschüs, Kinder!

Pantomime
21.4 Was mache ich jetzt? Zunächst mimt der Spielleiter einige Tätigkeiten, danach dürfen die Kinder etwas zum Raten aufgeben. Beispiele:
Jemandem etwas zuflüstern,
jemanden herwinken,
jemandem die Hand geben,
den Telefonhörer abnehmen,
wählen,
ins Telefon sprechen,
schreiben,

jemanden anschreiben,
jemanden streicheln.

Pantomime
21.5 Was machen wir jetzt? Jeweils zwei Kinder denken sich eine Tätigkeit aus, die sie pantomimisch darstellen. Zum Beispiel:
einer tröstet den andern,
einer verbindet dem anderen das Knie,
zwei Kinder hauen sich,
zwei Kinder betrachten gemeinsam ein Bilderbuch,
zwei Kinder bauen einen Turm,
zwei Kinder telefonieren miteinander.

Spiel zu zweit
21.6 Knobeln. Zwei Kinder zählen gemeinsam bis drei. Auf „drei!" muß jeder eines der folgenden Handzeichen geben:
Hand flach ausstrecken (Papier), Faust ballen (Stein) oder Daumen und Zeigefinger spreizen (Schere).
Es gilt folgende Regel: Papier wickelt Stein ein, Stein schlägt Schere kaputt, Schere schneidet Papier. Gibt also ein Kind z. B. das Handzeichen Stein, während das andere Kind Schere zeigt, hat der Stein gewonnen, da er die Schere zerschlagen kann. Wenn beide Kinder dasselbe Handzeichen geben, wird wiederholt.

Rhythmisches Spiel für zwei sich gegenüberstehende Kinder
21.7 Ich bin ein kleiner Hampelmann
1 2+3 1 2+3 1 2+3 1 2+3
Ich bin ein kleiner Hampelmann,
1 2+3 1 2+3 1 2+3 1 2+3
der Arm und Bein bewegen kann,
1 2 4 4
mal rechts, hm, hm,
1 3 4 4
mal links, hm, hm,
1 2+3 4 4
mal auf, hm, hm (dabei die Arme nach oben strecken),
1 2+3 4 4
mal ab, hm, hm (dabei in die Hocke gehen)
1 2+3 1 2+3 2+3 2+3
und auch mal klapp, klapp, klapp!

Zeichenerklärung:
1 = in die Hände klatschen;
2+3 = mit beiden Händen in die Hände des anderen Kindes klatschen;

2 = mit der rechten Hand in die rechte Hand des anderen Kindes klatschen;

3 = mit der linken Hand in die Linke des anderen Kindes klatschen;

4 = mit den Schultern zucken.

Rhythmisches Spiel (einfachere Form)

21.8 Eins, zwei, drei, vier, fünf, sechs, sieben

2+3 1 2+3 1 2+3 1 2+3 1
Eins, zwei, drei, vier, fünf, sechs, sieben.

2+3 1 2+3 1 2+3 1 2+3 1
Wo bist du so lang geblieben?

2+3   1   2   2+3   1   3
Warst nicht hier, warst nicht da,

2+3   1 2+3 1 2+3 2+3 2+3
warst wohl in   Amerika!
(Zeichenerklärung siehe 21.7.)

Spiel im Kreis

21.9 Blinzeln. Die Kinder ordnen sich zu Paaren. Eines sitzt auf einem Stuhl im Kreis, der Partner stellt sich dahinter. Ein Kind hat keinen Partner und darf sich ein anderes Kind „herbeiblinzeln". Das angeblinzelte Kind versucht nun, auf den freien Stuhl des anderen Kindes zu kommen. Falls aber das hinter ihm stehende Kind diesen Fluchtversuch rechtzeitig bemerkt und es mit beiden Händen an den Schultern berühren kann, muß es auf seinem alten Platz bleiben.
Nach etwa fünf Minuten wechseln die stehenden Kinder ihre Plätze mit den sitzenden.

Spiel im Raum

21.10 Blindenhund. Jedes Kind sucht sich einen Partner. Einer ist der Blindenhund und bekommt ein Seil umgebunden: Seil über den Rücken legen, Enden unter den Armen durchziehen und über die Schultern wieder auf den Rücken legen. Das zweite Kind ist der Blinde (Augen mit Zeigefinger und Mittelfinger der einen Hand zuhalten, mit der anderen die „Hundeleine" halten). Der Hund muß seinen Herrn durch ein Labyrinth von Stühlen hindurchführen, ohne daß der „Blinde" irgendwo anstößt.
Nach einiger Zeit Rollen tauschen.

Spiel im Raum

21.11 Maurerkolonne. Mehrere Kinder bauen zusammen einen möglichst hohen Turm. Die Spielregel schreibt vor, daß jeder abwechselnd immer nur einen Stein auflegen darf.

Spiel am Tisch

21.12 Freßkolonne. Die Kinder essen Schokolade. Reihum darf sich aber jeder nur ein Rippchen abschneiden. Wer sich nicht an die Spielregel hält, scheidet aus.

Malen

21.13 Ich male dich. Jeweils zwei Kinder sitzen sich gegenüber und malen sich gegenseitig (Portrait). Papiergröße mindestens DIN A 3, besser DIN A 2. Technik: Wasserfarben oder Ölkreide.
Wenn die Kinder den Kopf ihres Partners in Originalgröße malen, können sie zwischendurch nachmessen: Wie weit reicht die Stirn, wie weit sind die Augen voneinander entfernt usw.?
Der Erzieher schreibt zu jedem Bild den Namen des Dargestellten, vielleicht auch noch einen Satz über das Kind, falls der Maler das möchte.

Geschichte zum Vorlesen

21.14 Die Geschichte von drei Schwestern, die immer Streit hatten. Es waren einmal drei Schwestern, die wohnten zusammen in einer Wohnung und stritten sich den ganzen Tag. Schon morgens beim Waschen ging es los. Da schaute die eine Schwester in den Spiegel und sagte: „Ich bin schön, das müßt ihr zugeben, und deshalb sollt ihr mir heute auch ein ganz teures Kleid kaufen!" „Bist du verrückt?", schrie die zweite, „ich bin doch viel schöner, da müßte ich ja ein viel teureres Kleid bekommen." „Und ich bin die schönste, das sieht doch ein Blinder!" keifte die dritte, „und deshalb muß ich das teuerste Kleid bekommen" – und schon gingen sie wieder aufeinander los und schauten sich drohend an. „Komm mir ja nicht zu nahe", rief die erste, „ich bin nämlich stark!" „Werde bloß nicht frech", sagte die zweite, „denn ich bin stärker." „Ich verprügele euch alle beide", schrie die dritte, „denn ich bin am stärksten!" Und schon war wieder eine Schlacht im Gange, daß die Leute, die unter den Schwestern wohnten, mit dem Besenstiel an die Zimmerdecke klopften.
Auch beim Essen stritten sie sich. Eine Schwester zog die Schüssel mit den Spaghettis zu sich her und sagte: „Ich muß heute viel essen, denn ich bin sehr hungrig." Da wollte die andere ihr die Schüssel wegnehmen und schrie: „Ich bin viel hungriger, ich muß noch mehr essen!" Schließlich zerrte auch die dritte an der Schüssel und rief: „Ich bin am hungrigsten, ich muß am meisten bekommen!" Es dauerte nicht lange, da

brach die Schüssel entzwei und die Spaghettis lagen auf dem Tisch herum. „Mensch, bist du blöd!" sagte die eine. „Sei still, du bist ja noch viel blöder!" „Da habt ihr recht", kicherte die dritte, „ihr beide seid die blödesten Weiber, die ich jemals gesehen habe." Klatsch! schmiß ihr die eine die Tomatensoße ins Gesicht, worauf die andere so laut kreischte, daß es den Nachbarn schließlich zu bunt wurde und sie die Polizei anriefen.

Gleich hielt ein Streifenwagen und zwei Polizisten kamen die Treppe herauf, um den Schwestern zu sagen, sie sollten nicht so viel Krach machen. Die aber standen oben an der Treppe, zeigten mit den Fingern auf die Polizisten und bogen sich vor Lachen: „Haach! Was für ein dummer Polizist! Und der zweite sieht ja noch dümmer aus! Das sind bestimmt die dümmsten Polizisten von der ganzen Stadt!" Weil die Schwestern aber nicht bloß frech wurden, sondern die Polizisten auch noch gegen das Schienbein traten und mit der restlichen Tomatensoße bewarfen, mußten die Polizisten den Schwestern Handschellen anlegen und sie ins Polizeirevier fahren. Dort wurden sie einige Tage eingesperrt, und weil sie die ganze Zeit über unaufhörlich schimpften und keiften, bekamen die Leute, die den Schwestern das Essen bringen mußten, Ohrenschützer, damit sie sich das nicht anhören mußten.

Später bekamen die Schwestern eine andere Wohnung, die lag mitten auf einem großen Parkplatz, und die Autos machten so einen Radau, daß man das Keifen der Schwestern gar nicht mehr hörte, denn schon morgens beim Waschen ging es los …

Spiel im Kreis
21.15 Die Haare von Felix sind kurz. Der Erzieher schaut sich unter den Kindern um und sagt: Die Haare von Felix sind kurz. Die Haare von Peter sind kürzer. Und die Haare von Alexander sind am kürzesten.
Bei den nächsten Satzreihen sagt er nur den Anfang:
Der Pulli von Susanne ist hell …
Ich bin hungrig …
Mein Stuhl ist hoch …
Der Kasten ist breit …
Der Tisch ist schmal …

Spiel zu zweit
21.16 Bau mal so wie ich. Zwei Kinder sitzen sich gegenüber. Jeder bekommt die gleiche Anzahl an Holzwürfeln. Zwischen ihnen wird ein großes Bilderbuch als Sichtschutz aufgestellt.
Ein Kind beginnt: Bau mal so wie ich … und beschreibt nun genau, wie viele Steine es nebeneinander oder aufeinander setzt. Das andere Kind versucht, nach den Anweisungen des Partners, der dasselbe baut, die Klötze aneinander zu fügen. Zum Schluß wird das Buch weggenommen und die Bauwerke werden verglichen.
Nun darf das andere Kind die Bauweise angeben.

Spiel im Kreis mit Flaschendrehen
21.17 Wer kann am besten turnen? Ein Kind stellt eine Frage, ein anderes dreht die Flasche.
Wer kann am besten turnen?
Wer kann am weitesten spucken?
Wer ärgert die Kleinen am wenigsten?
Wer baut die schönsten Türme?
Wer kennt die meisten Bilderbücher?
Wer spült seinen Teller am saubersten?
Wer mogelt am seltensten?
Wer erzählt die lustigsten Witze?
Wer hat die saubersten Fingernägel?
Wer kann die meisten Pfannkuchen verdrücken?

Spiel im Kreis
21.18 Glücksstühlchen. Ein Kind wird aus dem Zimmer geschickt. Nun sollen einige andere Kinder etwas Nettes über das abwesende Kind sagen. Wer eine Aussage gemacht hat, setzt sich vor seinen Stuhl auf den Boden.
Nun wird das vor die Tür geschickte Kind wieder hereingeholt und vom Erzieher etwa so begrüßt: Ach, guten Tag, Frau/Herr …! Ich war neulich auf einem Fest, da haben die Leute über Sie geredet. Ich habe da so viel Nettes über Sie gehört! Jemand hat gesagt, … (Aussage 1 wiederholen), ein anderer hat behauptet (Aussage 2 wiedergeben), ein dritter meinte, … (Aussage 3). Nun sagen Sie mal, was hat Sie von diesen Behauptungen eigentlich am meisten gefreut? Und was machen Sie mit dem, der das gesagt hat? (Kind denkt sich irgend etwas Nettes aus, z.B. die Hand geben, streicheln, vom Frühstücksbrot abbeißen lassen o.ä.) Darauf meldet sich das Kind, von dem die Aussage stammt, und bekommt den angekündigten Lohn.

Spiel im Kreis

21.19 Lästerstühlchen. Das Spiel geht wie „Glücksstühlchen", nur werden diesmal unfreundliche Äußerungen getan und ein entsprechender Lohn bezahlt (z. B. ein Haar ausreißen, einen Schubs geben, den Schuhriemen aufziehen …).

Text diktieren

21.20 Brief schreiben. Die Kinder diktieren dem Erzieher einen Brief an ein Kind, das schon längere Zeit krank ist. Ein Kind darf den Brief zusammenfalten, ein zweites steckt ihn in den Briefumschlag, ein drittes klebt die Briefmarke darauf. Gemeinsam wird die Adresse überlegt. Die Kinder tragen den Brief zum nächsten Briefkasten.

22. Bei uns zu Haus

Vorüberlegungen

Die Themen dieser Woche, die unter der Überschrift „Bei uns zu Haus" zusammengefaßt werden, sind weit gestreut. Sie reichen von der Frage der Wohnungseinrichtung und dem Benennen der Möbel und des Hausrates bis zu der Frage, welche Rolle eigentlich das Kind zu Hause spielt, wie viel Platz und Bewegungsfreiheit ihm zugestanden wird, wie weit selbständiges Handeln möglich ist, wie es Konflikte mit den Eltern lösen kann. Es bleibt dem Erzieher überlassen, die einzelnen Themenbereiche zu erweitern und zu vertiefen.
Das Gespräch mit der Handpuppe, die sich über die ungerechte Verteilung des Wohnraums in unserer Gesellschaft wundert (22.4), wird vielleicht den Widerspruch einiger Erzieher hervorrufen, die meinen, man sollte Kinder nicht in Probleme „hineinziehen", die sie doch nicht lösen könnten. Ich vertrete dagegen die Auffassung, daß man Kinder von dem Augenblick an, wo sie es verstehen, auch auf die Unzulänglichkeiten und Ungerechtigkeiten unserer Gesellschaft hinweisen sollte. Nur wer früh genug sensibilisiert wurde für das Unrecht, das anderen Menschen angetan wird, ist später in der Lage, Ungerechtigkeiten überhaupt wahrzunehmen und sich für eine Lösung der Probleme einzusetzen. Es geht also nicht darum, Kinder „aufzuhetzen", sondern ihren Blick zu schärfen für die Umwelt, wie sie wirklich ist. (Siehe auch

Arbeitsblätter 21 a–d aus der Mappe „Wir wollen Schule spielen".)
Das schließt nicht aus, daß Kinder sich auch in utopischen Träumen sonnen können, etwa beim Ausdenken einer idealen, kinderfreundlichen Welt (22.9). Dieser Traum hat übrigens auch schon literarische Gestalt angenommen in Band 16 der Ravensburger Taschenbücher: Das Kinderhaus. Von Ingrid Bachér und Lilo Fromm. In diesem Haus besteht der erste Stock aus einer einzigen Badewanne, und im zweiten Stock steht ein Bett in Zimmergröße. Von dort kann man sich durch eine Klappe direkt in die Badewanne fallen lassen oder aber über eine lange Rutschbahn in den Garten gelangen …
Kinder haben zu Hause viele Konflikte. Einer davon ist die Essensfrage. Mit der Suppenkaspar-Moral: „Kinder müssen essen, was auf den Tisch kommt, sonst müssen sie sterben" kommen wir nicht weiter. Eltern und Kinder müssen lernen, miteinander zu reden, sich gegenseitig zu erklären, warum sie dies oder jenes nicht wollen. Darauf soll das Rollenspiel vom Suppenkaspar hinweisen (22.10).
Erziehung zur Selbständigkeit (22.11) gelingt nicht ohne Unterstützung der Eltern. Deshalb sollte wieder einmal ein Elternbrief mitgegeben werden, in dem die Eltern auf die Notwendigkeit des häuslichen Selbständigkeitstrainings hingewiesen werden. Gleichzeitig kann man die Eltern bitten, den Kindern, die fünf Jahre und älter sind, am folgenden Tag ein Messer, ein Brötchen und eine Apfelsine mit in den Kindergarten zu geben, damit die Kinder gemeinsam den Umgang mit dem Messer üben können (22.12).

Vorschlag für einen Elternbrief

Liebe Eltern,
zur Zeit üben wir im Kindergarten Dinge, die ein Kind lernen muß, um selbständig zu werden. Sie können uns dabei unterstützen, indem Sie Ihrem Kind auch zu Hause Gelegenheit geben, zu üben. Ein Kind kann schwierige Dinge nur dann erlernen, wenn es weiß, daß es auch Fehler machen darf. Vermeiden Sie deshalb alle Bemerkungen wie: „Ich hab doch gleich gewußt, daß du das nicht kannst!" „Gib her, ich mach das besser selbst!" „So etwas Ungeschicktes wie dich habe ich noch nie gesehen …" Selbstvertrauen ist ein Teil der Fingergeschicklichkeit, weil die Muskeln sich weniger verkrampfen.
Bis zu seinem sechsten Geburtstag sollte ein Kind folgende Dinge können:

Eine Flasche öffnen;

Flüssigkeiten eingießen, ohne etwas zu verschütten;

eine Apfelsine schälen;

ein Brötchen aufschneiden;

Brote schmieren;

sich selbständig ein Spiegelei oder Bratkartoffeln zubereiten;

Türen auf- und zuschließen können;

mit Streichhölzern umgehen können und wissen,
daß Feuer gefährlich sein kann;

seine Schuhe binden;

die eigene Kleidung zusammenstellen;

sich selbst waschen und die Zähne putzen;

mit dem Staubsauger umgehen;

Besen, Handfeger und Kehrschaufel benutzen;

einen Nagel in ein Brett schlagen können;

den Tisch für die Familie decken;

Geschirr spülen;

abtrocknen;

selbständig etwas einkaufen.

Bei dieser Gelegenheit möchten wir Sie bitten,
morgen den Kindern, die fünf Jahre und älter
sind, statt des üblichen Frühstücksbrotes ein
Messer, ein Brötchen (nicht aufgeschnitten) und
eine Apfelsine (keine Mandarine) mit in den
Kindergarten zu geben. Vielen Dank und herz-
liche Grüße

Ihre ...

Wörterliste

Arbeitszimmer	Messer
Backofen	Möbel
Bad	Möbelwagen
Balkon	Nachttisch
Bank	Nische
Besteck	Regal
Bett	Schaukelstuhl
Couch	Schemel
Eierbecher	Schlafzimmer
Eierlöffel	Schrank
Eßzimmer	Schreibtisch
Fach	Schublade
Flaschenöffner	Sessel
Gabel	Sofa
Garderobe	Speicher
Gastzimmer	Stuhl
Geschirr	Suppenschüssel
Herd	Tablett
Hocker	Tasse
Kaffeelöffel	Teller
Keller	Teppich
Kinderzimmer	Terrasse
Kommode	Tisch
Küche	Tischdecke
Kühlschrank	Umzug
Lampe	Untertasse
Löffel	Wohnzimmer

Wochenplan

	In der Zeit des Freispiels	Gemeinsame Aktion	Am Nachmittag	
Mo	Das Einrichtungshaus braucht Möbel 22.1	Rollenspiel: Kunden kaufen Möbel 22.2	A 94–97 A 90	**A**
Di	Spiel mit der Puppenstube: Wir räumen um 22.3	Gespräch mit Handpuppe: Der kleine Prinz wundert sich 22.4	Angelspiel 22.5	**W**
Mi	Rollenspiel: Umzug 22.6	Wer wenig Platz zum Turnen hat 22.7		
Do	Geschirr formen 22.8	Die Geschichte vom Suppen-kaspar 22.10	Geschichte erfinden: Wir bauen uns ein ... 22.9	**G + K**
Fr	Was ich zu Hause alleine kann 22.11	Brötchen aufschneiden 22.12 Eine selbsterfundene Geschichte 22.13	Arbeitsblätter 22 a–d	

Vorbereitungen

1. Elternbrief schreiben.
2. Möbelkataloge und Bausparer-Zeitschriften sammeln.
3. Nachsehen, ob im Kindergarten für das Angelspiel Magnete vorhanden sind.

Angebote

Ausschneiden – ordnen

22.1 Das Einrichtungshaus braucht Möbel. Aus Illustrierten und Bausparer-Zeitschriften schneiden die Kinder Möbel aus. Inzwischen klebt der Erzieher mit Tesakrepp auf den Fußboden den Grundriß eines großen Einrichtungshauses mit verschiedenen Abteilungen: Küchenmöbel, Wohnzimmermöbel, Schlafzimmermöbel, Kinderzimmermöbel, Badezimmereinrichtungen, Gartenmöbel, Keller- und Hobbyraumeinrichtungen … Wer ein Möbelstück ausgeschnitten hat, liefert es beim Chef des Einrichtungshauses (Erzieher) ab und bringt es in die richtige Abteilung. Dabei können kurze Gespräche über Preis, Qualität und besondere Funktionen der Möbel stattfinden.

Rollenspiel

22.2 Kunden kaufen Möbel. Einige Kinder sind Verkäufer in den verschiedenen Abteilungen des Einrichtungshauses (22.1). Kunden kommen und werden beraten.

Spiel mit der Puppenstube

22.3 Wir räumen um. Die Möbel aus der Puppenstube werden ausgeräumt, die Räume gesäubert und alles wieder eingeräumt. Dabei soll den Kindern klar werden: Jedes Zimmer hat eine besondere Funktion: Im Schlafzimmer wird geschlafen und die Kleidung aufbewahrt, im Wohnzimmer wird geredet, ferngesehen, meistens gegessen, in der Küche wird gekocht, oft auch gegessen … Bestimmte Puppenstubenbewohner haben andere Ideen: Das größte Zimmer soll Kinderzimmer werden, weil man zum Spielen mehr Platz braucht als zum Reden und Fernsehen. Im Schlafzimmer kann man einen ruhigen Schreibplatz für die Hausaufgaben einrichten. Die Möbel im Kinderzimmer könnten an die Wand gehängt werden, damit mehr Platz zum Spielen auf dem Fußboden bleibt. Schränke kann man quer stellen, damit jeder eine eigene Ecke hat (z.B. wenn mehrere Geschwister ein Zimmer teilen).

Gespräch mit Handpuppe

22.4 Der kleine Prinz wundert sich. Der kleine Prinz (Handpuppe) kommt von einem anderen Stern. Er möchte wissen, wie die Menschen wohnen, und hat sich überall umgesehen. Nun ist er ganz verwirrt, weil er so vieles nicht versteht: Er hat ein Haus gesehen, in dem sind acht Wohnungen. Und in jeder Wohnung wohnt eine Familie mit vielen Kindern. Aber für die vielen Kinder und die Eltern sind nur zwei kleine Zimmer und eine Küche da. Waschen müssen sie sich in der Küche, weil sie kein Bad haben. In der Küche schläft auch die Mutter auf dem Sofa hinter dem Küchentisch. Der Vater schläft im Wohnzimmer, und die vier Kinder schlafen zusammen in drei Betten in dem anderen Zimmer. Es gibt nur einen Tisch: den in der Küche, und da sollen die Kleineren spielen, die Größeren Hausaufgaben machen, die Mutter das Essen vorbereiten und die Wäsche bügeln, und die ganze Familie essen.

Und eine Straße weiter hat der kleine Prinz ein großes, flaches Haus in einem herrlichen Garten gesehen. Wenn man durch die Haustür tritt kommt man in eine große Halle, darin steht nichts als eine Blumenvase und ein Sessel. Dann geht es die Treppe hinauf in ein riesiges Wohnzimmer, von dem aus man gleich auf die Gartenterrasse treten kann. Um die Ecke ist das Speisezimmer, da wird nur gegessen, sonst nichts. Da gibt es zwei Badezimmer, ein Ankleidezimmer und ein Schlafzimmer, und im oberen Stock sind mindestens noch vier Zimmer, darin steht überall ein Bett, ein Schrank, ein kleiner Schreibtisch. Und was glaubt ihr, wer darin wohnt? Zwei Leute! Ein Mann und eine Frau! Warum haben manche Leute Wohnungen, die sie gar nicht brauchen, und andere haben keinen Platz?
Warum haben manche Leute große Gärten und andere nur ein paar Blumenstöcke vor dem Fenster?
Warum bekommen die Erwachsenen immer das größte Zimmer und die Kinder das kleinste?
Warum haben manche ein eigenes Schwimmbad und andere nicht einmal eine Badewanne?

Wortschatztraining

22.5 Angelspiel. Die Bilder, die die Kinder am Vortag aus Möbelkatalogen und Illustrierten ausgeschnitten haben, bekommen je eine Büroklammer angeheftet. Nun werden sie in einen breiten Karton oder undurchsichtigen Wäschekorb geworfen. Die Kinder machen sich Angeln aus einem Stück Magnet, einem Stock und einer Schnur und versuchen, ein Bild zu angeln, ohne in den Karton hineinsehen zu können. Wer das, was er geangelt hat, benennen kann, darf es als „Beute" behalten. Kann er es nicht benennen, sagt der Erzieher den Namen des Gegenstandes. Das Bild muß jedoch in den „Teich" zurück.

Rollenspiel
22.6 Umzug.
Falls zwei Puppenstuben vorhanden sind, könnten die Bewohner der einen Wohnung in die andere umziehen. Dazu muß eine Umzugsfirma angerufen werden, die mit dem großen Möbelwagen anreist. Die Bewohner der neuen Wohnung müssen sich genau überlegen, wie sie die Wohnung am besten einrichten.

Man kann „Umzug" auch mit großen Möbeln spielen: Ein Tisch wird umgedreht und auf Lappen oder Rollen als Möbelwagen durch den Kindergarten gefahren. Vorher muß gut geladen werden. Wer kann die meisten Stühle aufladen?

Turnen
22.7 Wer wenig Platz zum Turnen hat.
Wenn man wenig Platz hat und nicht durchs Haus toben darf und keinen Krach machen darf: Wie soll man dann turnen?

Wer eine Idee hat, macht es vor, und alle machen es nach, z.B. „Kerze" im Bett, „Radfahren" in der Luft, unter einem Stuhl durchkriechen, Kniebeugen machen, mit den Schultern kreisen, auf dem Badewannenrand balancieren, …

Fingergeschicklichkeit üben
22.8 Geschirr formen.
Aus Knetmasse wird Puppengeschirr hergestellt. Besonderen Spaß macht es, wenn die Masse nach dem Formen gebrannt werden kann (Fimo), so daß das Geschirr hart wird.

Geschichte erfinden:
22.9 Wir bauen uns ein Kinderhaus.
Die Kinder hatten es eines Tages satt, in Wohnungen zu wohnen, in denen kein Platz für sie war. Deshalb beschlossen sie, ein eigenes Haus zu planen. Es war ein Haus, in dem immer die Kinder sagten, was gemacht werden sollte. Die Erwachsenen waren nur zum Aufräumen und Saubermachen da. Das Haus sah so aus: …

(Der Erzieher läßt sich die Geschichte diktieren, wobei nebenher immer über die Einfälle der Kinder diskutiert wird. Zum Schluß können die Kinder auch Bilder dazu malen, dann haben sie ein eigenes Bilderbuch hergestellt.)

Konfliktlösung im Rollenspiel
22.10 Der Suppenkaspar.
Eine Geschichte aus dem Struwwelpeter.

Mögliche Vorarbeit: Luftballons aufblasen, Gesichter aufmalen oder aufkleben, Haare aus Wolle oder Papierstreifen ankleben. Gesichter größer und kleiner werden lassen.

Das Spiel: Der Erzieher hat einen aufgeblasenen Luftballon mit Gesicht in der Hand und erzählt die Geschichte vom Suppenkaspar (Struwwelpeter). So oft der Held der Geschichte wieder etwas dünner wird, läßt der Erzieher etwas Luft aus dem Ballon entweichen.

Die Erzählung könnte etwa so gestaltet werden: In einer Stadt wohnte ein Junge, der sagte plötzlich beim Mittagessen:
Ich esse keine Suppe! Nein!
Ich esse meine Suppe nicht!
Nein, meine Suppe ess' ich nicht!
Gut, sagte die Mutter, dann mußt du eben hungern. Und der Junge hat wirklich nichts zum Mittagessen bekommen. Endlich war es Zeit für das Abendessen. Aber was meint ihr, was auf dem Tisch stand? Wieder die Suppe! Da schrie der Junge wieder: Ich esse keine Suppe! Nein! … (Die Kinder alle mitschreien lassen, dabei mit den Füßen aufstampfen, ein wütendes Gesicht machen!) Da ging die Mutter zum Vater und sagte: Du, unser Junge will wieder keine Suppe essen! Dann soll er eben wieder hungern, rief der Vater, das wollen wir doch sehen, wer hier seinen Kopf durchsetzt! Gib ihm die Suppe morgen wieder zum Frühstück. Der Junge war schon ein bißchen dünner geworden, und als er beim Frühstück sah, daß wieder die Suppe dastand, fing er an zu heulen: „Ich esse keine Suppe, nein! …" (Kinder mitjammern lassen.) So ging das vier Tage lang, und am fünften Tag konnte der Junge nur noch ganz schwach flüstern: „Ich esse keine Suppe …" (alle Kinder sitzen geschwächt auf ihren Stühlen, lassen alles hängen, können nur noch mit schwacher Stimme protestieren). Und plötzlich war er tot.

Nun fingen die Eltern zu jammern an: „Ach hätte er doch seine Suppe gegessen! Ach hätte er sie doch gegessen! Nun ist er tot – huuuu!"

Die Darstellung. Ein Kind spielt den Suppenkaspar, ein anderes die Mutter mit dem Suppenteller, ein drittes den Vater. Sie spielen die Geschichte so, wie sie soeben erzählt wurde.

Kritik und Hinführung zur Konfliktlösung. Die Nachbarn haben von dem Unglück gehört. Sie sagen, es wäre zu vermeiden gewesen.

(Alle Kinder spielen die Nachbarn) Sie sagen vielleicht: Die Mutter hätte doch auch mal etwas anderes kochen können. Und das Kind hätte doch erklären können, warum es die Suppe nicht essen will. Vielleicht war sie zu scharf? Vielleicht schwamm eine tote Fliege darin? …

(Alle Nachbarn, die etwas sagen wollen, können sich äußern, auch telefonisch (Pantomime). Auf diese Weise entsteht eine Textsammlung für die Neugestaltung der Geschichte.)
Darstellung der Geschichte mit neuem Text. Zwei Kinder versuchen, das Gespräch zwischen Mutter und Sohn neu zu gestalten. Die Mutter kommt mit der Suppe. Der Sohn mag die Suppe nicht essen. Was sagt er? Wie könnte die Mutter antworten? (Alle Kinder dürfen den Spielern, wenn sie nicht weiterwissen, Textvorschläge sufflieren.)

Selbständig werden
22.11 Was ich zu Haus allein kann. Der Erzieher unterhält sich mit den Kindern darüber, was sie zu Hause schon selbständig tun dürfen. In einer Ecke des Kindergartens baut er eine „Testanlage" auf, wobei die Kinder helfen. Zum Beispiel Kehrblech und Kehrschaufel – daneben auf dem Boden viele kleine Papierschnitzel. Jeder, der will, kann einmal versuchen, die Papierstückchen alle zusammenzufegen und darf sie anschließend für den nächsten Kandidaten wieder verstreuen.
Bügeleisen und zerknüllte Taschentücher.
Wasserflasche und Glas: Eingießen, ohne zu verschütten.
Bratpfanne mit einem Pfannkuchen: Wenden, indem der Pfannkuchen hochgeworfen und mit der Pfanne wieder aufgefangen wird. (Die Pfanne muß kalt sein.)
Wenn ein Erwachsener als Aufsichtsperson zur Verfügung steht, können die Kinder auch versuchen, mit Streichhölzern eine Kerze anzuzünden. (Wasser muß dabei immer in der Nähe sein!)
Flaschenöffner und Flasche, die jedesmal wieder zugedrückt wird.

Beim Frühstück
22.12 Brötchen aufschneiden – Apfelsine schälen. Die größeren Kinder sollen sich das mitgebrachte Brötchen (siehe Elternbrief) aufschneiden, mit Marmelade bestreichen und später die Apfelsine schälen. Der Erzieher macht es vor.

Geschichte vorlesen

22.13 Eine selbsterfundene Geschichte. Der Erzieher liest den Kindern die Geschichte vor, die sich die Fördergruppen G und K am Vortag ausgedacht haben (22.9). Anschließend Singspiele nach den Vorschlägen der Kinder.

23. Bahnhof

Vorüberlegungen

Viele Kinder, besonders die, deren Eltern ein Auto besitzen, sind noch nie mit der Bahn gefahren. Eine kleine Reise mit der Eisenbahn, vor der die Kinder selbst ihre Fahrkarte lösen können, kann deshalb zu einem aufregenden Erlebnis werden. Vielleicht sogar *zu* aufregend, deshalb wird vorgeschlagen, den Weg zum Bahnhof zweimal zu machen, falls er nicht zu weit ist: einmal, um den Bahnhof, seine Einrichtungen und die Menschen dort zu beobachten, und ein zweites Mal, um den Zug zu erreichen (23.2 und 23.13).
Bei der Erprobung dieses Programms zeigte sich, daß die Kinder anschließend das Thema Eisenbahn in vielen Variationen in ihre Rollenspiele einbezogen (23.4, 23.14).
Die Mitmachgeschichte „Tante Heidi" nach der Idee von H. HANNOVER war in unserem Kindergarten die beliebteste Geschichte überhaupt. Sie wurde das ganze Jahr über immer wieder „aufgewärmt" (23.10). Sie hat offensichtlich auch für den Erzieher eine lockernde, anregende Wirkung. Man muß nur mal den Mut haben, die Geschichte auszuprobieren.
Satzbildungstraining ist weniger langweilig, wenn es mit Aktionen (23.7, 23.17) oder mit Musik (23.15) verbunden ist. Auf die Melodie „Dornröschen war ein schönes Kind" läßt sich nicht nur vom Bahnhof, sondern ebenso gut vom Zoo, vom Bauernhof, von einem Fest erzählen.
Als Erinnerung an das gemeinsame Eisenbahnerlebnis ist die große Collage „Auf dem Bahnsteig" (23.16) gedacht, an der sich alle Kinder beteiligen können.

Wörterliste

Abfahrt	Gepäck
Abteil	Gepäcknetz
Ankunft	Gleis
Ansage	Handtasche
Auskunft	Kiosk
Automat	Koffer
Bahnhof	Lautsprecher
Bahnhofsvorsteher	Lokomotive
Besuch	Lokomotivführer
Blumenladen	Netz
Eisenbahn	Plastikbeutel
Fahrkarte	Rad
Fahrkartenschalter	Reisebüro

Reisetasche	Trittbrett	abfahren	umarmen
Restaurant	Uhr	ankommen	verriegeln
Rucksack	Uniform	begegnen	weinen
Schaffner	Waggon	begrüßen	winken
Schalter	Wartesaal	einsteigen	*
Schienen	Zeit	eintreffen	frühestens
Schlafwagen	Zeitschriftenkiosk	festhalten	pünktlich
Signal	Zug	hinauslehnen	spätestens
Sitz	Zugführer	nähern	täglich
Toilette	*	rattern	werktags

Wochenplan

	In der Zeit des Freispiels	Gemeinsame Aktion	Am Nachmittag	
Mo	Gespräch: Wer kommt mit zum Bahnhof? 23.1	Auf dem Bahnhof 23.2 O helft mir doch 23.3	A 81–84	**A**
Di	Rollenspiel: Oma kommt zu Besuch 23.4 Fahrkarten herstellen 23.5	Witz vom Mann … 23.6 Bringen Sie bitte 23.7 Welches Gepäckstück? 23.8	Polizei anrufen 23.9	**K**
Mi	Notizzettel für die Eltern 23.11	Mitmachgeschichte: Tante Heidi 23.10		
Do	Eine kleine Reise mit der Bahn 23.13		Was paßt in den Koffer 23.11 Meine Tante aus Amerika 23.17 Mir hat mal … 23.18	**W** **G**
Fr	Rollenspiel: Wir fahren mit der Eisenbahn 23.14	Singend berichten: Wir waren … 23.15 Collage: Leute auf dem Bahnsteig 23.16	Arbeitsblatt 23	

Vorbereitungen
1. Sich nach Preis und Abfahrtszeit für eine Zwei-Stationen-Zugreise erkundigen.
2. Verschiedene Gepäckstücke bereithalten (23.7–23.9).
3. Katalogseiten mit Gepäckstücken sammeln.

Angebote

Gespräch

23.1 Wer kommt mit zum Bahnhof? Vorbereitung der Kinder: Der Erzieher kündigt an, daß am Ende der Woche eine kleine Reise stattfinden soll und läßt die Kinder raten, womit die Gruppe fährt. Nachdem die Kinder wissen, daß eine Eisenbahnfahrt geplant ist, schlägt der Erzieher vor, gleich heute mal zum Bahnhof zu gehen, um zu erfahren, wann der Zug genau abfährt, wo man die Fahrkarten kauft usw. Außerdem soll auf dem Weg zum Bahnhof das Verhalten im Straßenverkehr geübt werden. Die

Kinder müssen wissen, daß man sich in der Gruppe anders verhalten muß, als wenn man allein mit seinen Eltern durch die Straßen geht. Kein Kind darf vorauslaufen, keines darf zurückbleiben. Vor jeder Überquerung einer Fahrbahn müssen die vorderen warten, bis die ganze Gruppe aufgerückt ist und dürfen erst dann die Straße überqueren, wenn der Erzieher das Zeichen gegeben hat.

23.2 Auf dem Bahnhof beobachten die Kinder, wie Leute sich ihre Fahrkarten kaufen, wie der Erzieher sich an der Abfahrtafel die Abfahrtszeit notiert, beobachten die Ankunft eines Zugs

auf dem Bahnsteig, das Aussteigen der Leute, das Verladen des Gepäcks, die Begrüßung von Menschen. Vielleicht gibt es auf dem Bahnhof einen Gepäckträger. Wenn der Zug steht, kann man sehen, wie die Räder auf den Gleisen stehen. Wie viele Räder hat eigentlich die Lokomotive? Ist es eine Dampflok oder eine elektrische Lokomotive? Woran kann man das erkennen?
Ehe der Zug weiterfahren kann, muß das Signal hochgehen, und der Zugführer ein Zeichen geben. Vorher wird durch den Lautsprecher angekündigt, daß der Zug gleich abfährt.

Kinderspruch
23.3 O helft mir doch. (Als es noch Dampfmaschinen gab, konnte man hören, wie die Maschine beim Anfahren sagte:)
O – helft – mir – doch! O helft mir doch!
Geht schon besser! Geht schon besser!
Dank schön! Dank schön! Dank schön! Huuup!

Rollenspiel
23.4 Oma kommt zu Besuch. Wir brauchen: Einen Fahrkartenschalter, eine Eisenbahn (aus Stühlen), eine Wohnung, in der die Oma zu Gast ist. Während die Oma sich eine Fahrkarte kauft, sich mit ihrem Gepäck in den Zug setzt und losfährt (unterwegs Fahrkartenkontrolle), wird in der Familie, die Oma besuchen will, alles für den Besuch vorbereitet: Tisch decken, Bett richten usw. Schließlich zieht die ganze Familie los, um Oma am Bahnsteig abzuholen.

Basteln
23.5 Fahrkarten herstellen. Aus dünnem Karton werden kleine Fahrkarten geschnitten, beschriftet und hinter dem Fahrkartenschalter zum Verkauf bereitgelegt.

Witz
23.6 Vom Mann, der nicht sagen wollte, wohin er fahren will. Ein Mann kommt zum Bahnhof, ging zum Fahrkartenschalter und sagte: „Ich möchte bitte eine Fahrkarte!" Da fragte der Beamte: „Ja, wohin möchten Sie denn fahren?" Antwortete der Mann: „Das geht Sie gar nichts an!" Meint der Beamte: „Aber hören Sie mal, ich muß doch wissen, wohin Sie wollen, sonst kann ich Ihnen auch keine Fahrkarte verkaufen!" „Also gut", sagte der Mann, ich will nach … (weit entfernte Stadt nennen, die die Kinder kennen). „Das kostet achtzig Mark", sagte der Beamte und gab dem Mann die Fahrkarte. Der

Mann zahlte die achtzig Mark, lachte still vor sich hin und sagte: „Den habe ich schön hereingelegt! Ich will doch gar nicht bis … fahren, ich will doch bloß nach … (nächste Station nennen)."

Spiel im Kreis
23.7 Bringen Sie bitte das Gepäck ins Hotel! Ein Kind ist der Gepäckträger, der Koffer, Tasche, Korb, Netz und Plastiktüte ins Hotel bringen soll. Er hat aber keine Lust, deshalb lädt er alles auf seinen Gepäckwagen (nach hinten umgekippter Stuhl, der an den Stuhlbeinen angefaßt und geschoben wird), geht zu einem anderen Kind, stellt den Gepäckwagen vor ihm ab und sagt: Bringen Sie bitte das Gepäck ins Hotel.
Wenn das Wort „Gepäck" allen Kindern geläufig ist, wird das Spiel abgebrochen und zu 23.8 übergeleitet.

23.8 Welches Gepäckstück? Die Kinder sitzen im Kreis. In der Kreismitte befindet sich ein Koffer, eine Handtasche, eine Einkaufstasche, ein Korb, ein Netz, ein Plastiktüte.
Der Erzieher ruft einzelne Kinder auf, sagt, was sie vor haben, und fordert sie auf, das richtige Gepäckstück auszuwählen. Beispiel: Der Peter fährt eine Woche zu seiner Oma. Die Charlotte wäre schon erwachsen und wollte schnell mal zum Zahnarzt. Die Bärbel will zum Markt und Äpfel kaufen. Der Alexander will sein nasses Handtuch vom Baden heimnehmen … Die Kinder sollen ihre Wahl begründen.

Rollenspiel
23.9 Polizei anrufen. Der letzte Gepäckträger (23.7) hat das Gepäck einfach auf die Straße gestellt und ist weggelaufen. (Dabei muß man den Kindern sagen, daß echte Gepäckträger so etwas nicht tun würden.) Nun soll ein Kind die Polizei anrufen und die Gegenstände beschreiben, die da auf der Straße stehen. (Am besten spielt der Erzieher den Polizeibeamten, damit er Rückfragen stellen kann, die die Kinder zur genauen Beschreibung der Gepäckstücke zwingen.)
Die Polizei kommt mit dem Auto (umgedrehter Tisch) und holt das Gepäck ab.

Machmitgeschichte
23.10 Tante Heidi[1]. Tante Heidi mußte eine lange Reise nach Berlin machen. Sie wollte mit

1 Idee aus Heinrich Hannover: Die Birnendiebe vom Bodensee. Hamburg: Rowohlt-Taschenbuch, 1973, S. 26–27.

der Eisenbahn im Schlafwagen fahren. (Es gibt nämlich Züge mit richtigen Betten! Man steigt ein, legt sich hin, schläft und fährt dabei. Praktisch, was?)

Also ging Tante Heidi zum Reisebüro (Erzieher stellt sich vor ein Kind) und sagte: „Ich möchte eine Fahrkarte nach Berlin für den Schlafwagen am Samstagabend. Was kostet das?" (Kind antworten lassen.) Vielen Dank!

Am nächsten Samstagabend ging Tante Heidi mit ihrem Gepäck zum Bahnhof (Erzieher marschiert „mit Gepäck" im Kreis herum). Bald kam der Zug an. (Macht mal mit: rattatat – rattatat – raataa-taa – taaaa.) Tante Heidi zeigte ihre Karte einem Schaffner, der auf dem Bahnhof stand (Erzieher stellt sich vor ein Kind) und fragte: „Wo ist denn bitte der Wagen Nummer 8?" (Kind antworten lassen). „Vielen Dank." Tante Heidi stieg ein und versuchte ihr Gepäck im Gepäcknetz zu verstauen. Das war aber ziemlich schwer (Pantomime). Also ging Tante Heidi ins Nebenabteil (Erzieher wendet sich an zwei Kinder) und sagte zu zwei jungen Männern: „Ach bitte, sind Sie so nett und verstauen Sie mein Gepäck im Gepäcknetz? Mir ist der Koffer zu schwer." Da haben die beiden jungen Männer das Gepäck geschnappt und es ins Gepäcknetz gelegt (Pantomime zweier Kinder). „Vielen Dank, das war sehr freundlich", sagte Tante Heidi.

Nun ging Tante Heidi noch einmal zum Schaffner (Erzieher stellt sich vor ein Kind) und sagte: „Ach bitte, Herr Schaffner, wecken Sie mich doch bitte, wenn wir in Berlin sind. Machen Sie das?" (Kind antworten lassen). „Vielen Dank!" Nun ging Tante Heidi in ihr Abteil, zog sich aus, zog ein Nachthemd an (Pantomime) und legte sich ins Bett (Erzieher legt sich auf den Boden). Und der Zug fuhr und fuhr – macht mal mit: Rattatat – rattatat – rattatat …

Endlich war Berlin in Sicht. Der Schaffner kam (Kind herbeiwinken), klopfte an Tante Heidis Abteiltür und rief: „Wir sind gleich in Berlin!" „Danke!" rief Tante Heidi, drehte sich auf die andere Seite (Erzieher tut es) – und schlief wieder ein.

Inzwischen war der Zug in Berlin eingefahren und die Lautsprecher riefen: „Berlin! Bitte aussteigen!" Macht ihr mal den Lautsprecher. (Kinder rufen durch die hohlen Hände.) Da wachte Tante Heidi auf (Erzieher setzt sich ruckartig auf) und rang die Hände: „Ach du liebe Güte, was soll ich bloß machen? Wir sind schon da und ich bin noch im Nachthemd!" Kurz

entschlossen riß sie das Fenster auf (Pantomime), warf ihren Koffer hinaus, die Tasche hinaus, das Netz hinaus, die Kleider, die Wäsche, die Strümpfe, die Schuhe hinaus und rannte zum Schluß selbst im Nachthemd aus dem Zug. In diesem Augenblick fuhr der Zug – raataatat, ratatat – rattattatt wieder ab.

Da stand nun Tante Heidi im Nachthemd auf dem Bahnsteig.

Gleich kam der Bahnhofsvorsteher, stellte sich vor Tante Heidi (Erzieher wechselt Platz, stemmt die Hände in die Seite) und sagte: „Na, hören Sie mal, im Nachthemd auf dem Bahnsteig! Das geht aber nicht!" (Erzieher stellt sich wieder auf Tante Heidis Platz.) „Will ich ja gar nicht", sagte Tante Heidi, zog das Nachthemd aus, suchte ihre Unterhose auf dem Bahnsteig und zog sie an. „Wo ist denn bloß mein Pulli?" (Erzieher schaut sich suchend um. Die Kinder beginnen nun von selbst, der Tante beim Suchen zu helfen: Da! Da!) „Und hat jemand meine Strümpfe gesehen?" …

(Das Spiel wird fortgesetzt, bis Tante Heidi vollständig angezogen ist und ihr Gepäck eingesammelt hat.)

„Sehen Sie!" sagte Tante Heidi zum Bahnhofsvorsteher und ging an ihm vorbei vom Bahnsteig weg. Alle Leute starrten ihr mit offenem Mund nach – zeigt mal, wie!

Spiel im Kreis

23.11 Was paßt in einen Koffer? Ein Kind nennt Gegenstände. Wenn sie in einen Koffer passen, bleiben die Kinder auf ihren Stühlen sitzen, wenn nicht, lassen sie sich auf den Boden fallen. Dort bleiben sie solange sitzen, bis wieder ein Gegenstand genannt wird, der in einen Koffer paßt. Beispiele: Pullover, Hose, Buch, Kühlschrank, Bett, Zahnbürste, eine Tasse dampfender Kaffee … Wenn sich nicht alle Kinder einig sind, sollen sie begründen, warum etwas in einen Koffer paßt oder auch nicht.

Abschreiben

23.12 Notizzettel für die Eltern. Der Erzieher gibt den Kindern bekannt, wann sie am folgenden Tag spätestens im Kindergarten sein müssen, und was sie für die Reise im Zug (23.13) alles mitbringen sollen. Die Kinder machen sich Notizen, die der Erzieher an der Tafel vorschreibt, z. B. den Zeitpunkt, an dem die Kinder spätestens im Kindergarten sein sollen, den Geldbetrag, den sie für die Fahrkarte brauchen (aufmalen) und was sie sonst noch mitnehmen sollen (Frühstücksbrot usw.).

Ausflug
23.13 Mit der Bahn verreisen. Die Kinder kaufen sich ihre Fahrkarte selbst am Fahrkartenschalter und fahren eine oder zwei Stationen weit mit der Bahn.

Rollenspiel
23.14 Wir fahren mit der Eisenbahn. Die Kinder bauen sich aus Stühlen eine Eisenbahn. Am Bahnhof gibt es Fahrkartenschalter, Kiosk für Erfrischungen, Kiosk für Zeitungen. Die Leute kaufen sich ihre Fahrkarten, steigen ein. Wenn der Schaffner pfeift, fährt der Zug ab (Fahrgäste wackeln hin und her). Fahrkartenkontrolle. Auf der nächsten Station hat der Zug zehn Minuten Aufenthalt (Lautsprecheransage). Die Fahrgäste können aussteigen und sich rasch eine Zeitung besorgen.
Getränke kann man im Zug kaufen, wenn der Getränkewagen durch die Waggons fährt ...
Beim Spiel darauf achten, daß die Erfahrungen des Vortages mit in das Spiel eingebaut werden.

Singen
23.15 Wir waren auf dem Hauptbahnhof. Auf die Melodie „Dornröschen war ein schönes Kind" erfinden die Kinder Strophen, die über ihre Erlebnisse bei der Bundesbahn berichten.
Der Erzieher beginnt mit der ersten Strophe, die Kinder fallen ein:
Wir waren auf dem Hauptbahnhof, Hauptbahnhof, Hauptbahnhof,
wir waren auf dem Hauptbahnhof, Hauptbahnhof.
Vorschläge für weitere Strophen (sollen die Kinder machen).
Da lief ein dicker Schaffner rum ...
Ein Zug fuhr ab auf Bahnsteig drei ...
Die Räder rollten auf dem Gleis ...

Schneiden – kleben
23.16 Leute auf dem Bahnsteig. Der Erzieher zeichnet Figuren (ca. 20 cm hoch), die die Kinder im Faltschnitt ausschneiden und dann voneinander trennen.
Auf ein Packpapier werden zwei parallel laufende Linien als Gleise diagonal gezogen, dahinter befindet sich der Bahnsteig, auf dem die ausgeschnittenen Figuren stehen und auf den Zug warten. Aus einem Warenhauskatalog werden nun verschiedene Gepäckstücke ausgeschnitten und den Leuten umgehängt, in die Hand gegeben, neben die Beine gestellt. Der Erzieher spricht dabei mit den Kindern über ihre Arbeit,

so daß die Kinder die ausgeschnittenen Gepäckstücke benennen müssen, und stellt mit ihnen Vermutungen an, wohin die einzelnen Personen reisen wollen.

Spiel im Kreis
23.17 Meine Tante aus Amerika ist gekommen.
Kind: Meine Tante aus Amerika ist gekommen.
Alle: Was hat sie dir denn mitgebracht?
Kind: (z.B.) ein Eis!
Alle lecken pantomimisch an einem Eis.
Das nächste Kind: Meine Tante aus Amerika ist gekommen ...

Erzählen
23.18 Mir hat mal jemand was mitgebracht. Der Erzieher fragt, ob die Kinder auch schon einmal Besuch erlebt hätten, der etwas mitgebracht hat.

24. Es ist heiß

Vorüberlegungen

Das Wochenprogramm 24 ist für eine Woche gedacht, in der unerträgliche Hitze herrscht. Wenn das Wetter einen so starken Einfluß auf die Leistungsfähigkeit und Motivation der Kinder hat, wäre es unsinnig, einen Wochenplan aufzustellen.
Was den Bedürfnissen der Kinder an heißen Tagen am ehesten entspricht, sind Wasserspiele (24.2–24.8), Tätigkeiten im Freien (Experimente, die die Wirkungen der Sonne aufzeigen (24.9–24.17), Malen mit Fingerfarben (24.19–24.24), wobei die Kinder nur mit einer Spielhose bekleidet zu sein brauchen oder gleich nackt herumlaufen können.
Für den Fall, daß die Kinder an einem der heißen Tage ein Gewitter erleben, wird vorgeschlagen, das Erlebnis in ein Spiel mit Geräuschen und Tönen umzusetzen (24.25). Auch das Lied „S-ist viel zu heiß!", bei dem die Kinder den Text weitgehend selbst gestalten können, kann nach unseren Erfahrungen Kindern auch bei der größten Hitze Spaß machen.
Für die Durchführung von Förderkursen sind an heißen Tagen vermutlich weder der Erzieher noch die Kinder motiviert. Falls der Erzieher aber auf der Durchführung von Förderprogrammen besteht, sollte er sie gleich an den Anfang des Tages legen, wo die Kinder noch aufnahme-

fähig sind. Vorschläge lassen sich mit Hilfe des Registers leicht finden.

Weitere Beschäftigungsvorschläge für heiße Tage finden sich im folgenden Wochenprogramm „Schwimmbad".

Wörterliste

Blitz	Regenbogen
Donner	Schatten
Experiment	Sonnenbrand
Gewitter	Sonnenstich
Hitze	Tonne
Licht	Versuch
Planschbecken	Wanne

Wind	verdunsten
Wolken	vergilben
*	vermuten
aufgehen	wehen
bemerken	welken
beobachten	*
bleichen	feucht
blenden	grell
bräunen	heiß
erkennen	kühl
feststellen	schattig
flattern	schwül
schwitzen	sonnig
stinken	welk
trocknen	wolkenlos
untergehen	

Angebote

24.1 S'ist viel zu heiß!
Worte und Melodie von Rose Götte nach einem Thema aus dem Musical „Kiss me, Kate!"

S'ist viel zu heiß! S'ist viel zu heiß! *Wir turnen nicht, wir lernen*

nicht, wir kämpfen nicht, wir toben nicht, du weißt doch selbst was jeder weiß: s'ist

viel zu heiß!

Der schräg gesetzte Text ist variabel, d. h. er soll jeweils von den Kindern erfunden werden.

Das Lied könnte so eingeführt werden:
Der Erzieher singt leise die erste Zeile vor: „S'ist viel zu heiß!", die Kinder singen diese Zeile nach.
Nun fragt der Erzieher: Wollt ihr zum Marktplatz rennen?
Die Kinder antworten: S'ist viel zu heiß!
Wollt ihr Ringkämpfe machen?
Wollt ihr eine große Schüssel mit heißer Suppe essen?
Wollt ihr eine lange Wanderung machen?
Die Kinder antworten jedesmal singend mit: S'ist viel zu heiß!
Nun fragt der Erzieher: Was wollt ihr also nicht tun? Aus diesen Antworten formt er den Text im Mittelteil des Liedes.
Nun wird das ganze Lied vorgestellt. Beim zweitenmal versuchen die Kinder, mitzusingen.

Wasserspiele: Wasserspiele machen naß. Die Kinder sollen deshalb entweder nackt durch den Garten toben oder eine Spielhose mitbringen, die bis zu den Sommerferien im Kindergarten bleibt. Am besten wird an geeigneter Stelle (überdachter Spielplatz oder Waschraum) eine Leine so niedrig gespannt, daß die Kinder sie bequem erreichen können. Hier hängt jedes Kind seine Spielhose auf und nimmt sie zum Spielen wieder ab.

24.2 Wasserrakete.
Ein leerer Joghurtbecher wird mit der Öffnung nach unten ins Wasser gezogen (am besten hält man ihn zwischen Daumen und Zeigefinger). Unter Wasser läßt man den Becher los: Er springt nach oben.

24.3 Wasserzielwerfen.
Vor ein Planschbecken werden in verschiedenen Entfernungen Gymnastikreifen gelegt. Die Kinder sollen nun versuchen, von diesen Reifen aus mit Bällen (oder nassen Waschlappen) ins Wasser zu treffen. Dabei können sie sich selbst die Entfernung wählen, die sie für angemessen halten.
Bemerkungen: Der Erzieher sollte die Kinder bei diesem Spiel gut beobachten, weil er hier einige Aufschlüsse darüber bekommen kann, was sich die einzelnen Kinder zutrauen.
Wichtig ist, daß die Kinder bei diesem Spiel tüchtig spritzen dürfen, daß sie also mit voller Kraft werfen können.

24.4 Über den Wasserstrahl springen.
Der Erzieher hält das Ende eines Wasserschlauches ruhig in der Hand und läßt den Wasserstrahl parallel zum Boden schießen. Die Kinder springen darüber. Höhe nach und nach vergrößern.

24.5 Unter dem Wasserstrahl durchspringen.
Das Wasserstrahl bildet einen hohen Bogen, unter dem die Kinder, wenn sie wollen, durchlaufen können. Es ist wichtig, daß der Strahl ruhig gehalten wird. Kein Kind soll plötzlich naßgespritzt werden, indem der Erzieher ständig die Richtung des Strahles ändert. Nur so wagen sich auch ängstliche Kinder in die Nähe des Wasserstrahls.

24.6 Unter dem Wasserstrahl durchkriechen.
Der Wasserstrahl wird so niedrig gehalten, daß die Kinder auf allen Vieren durchkrabbeln müssen.

24.7 Wassermalen.
Auf die Straße oder einen gepflasterten Spielplatz werden mit kleinen Gießkannen Muster „gemalt".

24.8 Spurenlaufen.
Ein Kind malt eine bestimmte Spur mit Wasser auf den Boden, die anderen Kinder laufen barfuß in der Spur nach.

Experimente: Die hier vorgeschlagenen Experimente werden am besten immer in kleinen Gruppen durchgeführt, d.h., der Erzieher ruft jeweils die Kinder zu sich, die gerade nichts zu tun haben, und bespricht mit ihnen, was durch das vorgesehene Experiment herausgefunden werden soll.

24.9 Heuernte: Die Sonne trocknet.
Falls im Kindergarten irgendwo Gras wächst, schneiden es die Kinder mit Scheren ab und legen es dann in die Sonne zum Trocknen. Ein Teil des abgeschnittenen Grases wird in einen Plastikbeutel gelegt und in den Schatten gestellt. Am nächsten Tag wird nachgeschaut, was aus dem abgeschnittenen Gras geworden ist.

24.10 Zeitungen vergilben.
Eine Zeitung wird in die Sonne gelegt und mit einigen Steinen beschwert, damit sie nicht wegfliegt. Eine zweite Zeitung bleibt zusammengefaltet im Schatten. Zeitungen vor und nach dem Sonnenbad miteinander vergleichen.

24.11 Farben werden gebleicht.
Farbiges Papier (blau eignet sich besonders gut) wird in der Mitte durchgeschnitten. Die eine Hälfte wird in die Sonne gelegt, die andere Hälfte nicht. Nach dem Sonnenbad vergleichen.

24.12 Weiße Wäsche bleichen.
Die Kinder erfahren, daß die Hausfrauen früher die Wäsche auf den Rasen gelegt und mit sauberem Wasser aus der Gießkanne immer wieder angefeuchtet hätten, damit die Wäsche besonders weiß wird. Das soll nun im Kindergarten nachgeahmt werden.
(Dabei kann man Geschichten erfinden, was bei diesem Wäschebleichen alles passieren konnte: der Hund lief über die Wäsche, reife Kirschen fielen vom Baum auf die Wäsche …)

24.13 Die Sonne wärmt alles.
Falls sich im Kindergartengelände Steinplatten befinden, die teils in der Sonne, teils im Schatten liegen, könnten die Kinder mit einem Fuß (bzw. einer

Hand) die Wärme der „Sonnenplatten", mit dem anderen die Wärme der „Schattenplatten" fühlen.

Danach befühlen die Kinder alle möglichen Gegenstände, die in der Sonne liegen, und stellen fest, daß sie unterschiedlich warm sind (z. B. ein Holzbrett, einen umgedrehten Kochtopf …). Was wurde am stärksten erwärmt? Was am wenigsten?

24.14 Wasser verdunstet in der Sonne. Steinplatten, die in der Sonne liegen, werden mit der gleichen Menge Wasser begossen wie Steinplatten, die im Schatten liegen. Wo verdunstet das Wasser schneller?

24.15 Die Sonne wandert – aber es sieht nur so aus. Die Richtung, in der die Sonne steht, wird mit einem Pfeil bezeichnet (aus Stöcken legen oder besser mit Klebestreifen markieren). In jeder Stunde wird das Experiment wiederholt. Es sieht so aus, als ob die Sonne wandert. (Vormachen: Ein Kind mit Taschenlampe stellt die Sonne dar und wandert um die Erde herum [zweites Kind].) Es könnte aber auch anders sein: Die Sonne steht still und die Erde wandert (spielen).

24.16 Schatten verändern sich. Bestimmte Schattenbilder auf dem Fußboden mit Kreidestrichen nachzeichnen. Nach einiger Zeit stimmen Schatten und Bild nicht mehr miteinander überein. Hat das Kind etwa so schlampig gezeichnet?

24.17 Die Sonne kann verletzen. Sonnenbrand betrachten. Etwas über Sonnenstich erfahren. Überlegen, wie man sich vor Sonnenstich und Sonnenbrand schützen kann.

Konstruktion
24.18 Sonnendächer bauen. Der Erzieher überlegt gemeinsam mit den Kindern, welche Möglichkeiten bestehen, im Außengelände des Kindergartens Sonnensegel aufzuspannen. Vielleicht lassen sich Leintücher oder Decken mit Hilfe von Schnüren zwischen Spielgeräten spannen, vielleicht können Tücher oder Decken auch zeltartig über das Klettergerüst gespannt werden.

Auf jeden Fall kann man hier gute Einfälle sammeln, Kooperationsfähigkeit üben (einige halten fest, einige binden an) und Knoten knüpfen lernen.

24.19 Sonne malen mit Fingerfarben. Aus den Farben Rot, Gelb und Orange sollen die Kinder mit den Fingerspitzen auf ein großes Blatt Papier eine Sonne tupfen.

Einleitendes Gespräch: Die Sonne ist ein Feuerball. Je näher man dem Mittelpunkt kommt, desto heißer wird es. Welche Farbe nehmen wir für die größte Hitze?

Verschiedene Möglichkeiten besprechen: Mit den Fingern vom Mittelpunkt aus immer größere Kreise tupfen, oder eine Spirale tupfen, oder strahlenförmig vom Mittelpunkt aus gehen.

Andere Möglichkeit:
24.20 Sonne malen als Gemeinschaftsarbeit. Jeweils vier oder fünf Kinder sollen zusammen mit Fingerfarben eine Sonne malen. Ein entsprechend großes Stück Papier wird auf dem Fußboden mit Klebestreifen befestigt, die Kinder versuchen nun, vom Mittelpunkt aus, mit roten Farben beginnend und mit hellgelben endend, unzählige Strahlen zu tupfen.

Vor Beginn verschiedene Orangetöne mischen.

24.21 Fische im Wasser. Die Kleineren dürfen ein Fenster im Kindergarten mit hellblauer, etwas verdünnter Fingerfarbe bestreichen. In dieses „Wasser" malen die größeren Kinder nach dem Antrocknen der Farbe Goldfische hinein. (Falls der blaue Hintergrund nicht schnell genug trocknet, sollen die Kinder einen Föhn benutzen.)

24.22 Wolken am Himmel. Die Kleineren bemalen ein Fenster mit hellblauer, verdünnter Fingerfarbe. Darauf werden weiße Wolken gemalt.

24.23 Regenbogen. Als Vorübung „malen" die Kinder mit ausgestrecktem Arm große Halbkreise in die Luft. Danach überlegen sie, welche Farben im Regenbogen zu sehen sein sollen. Nun wird an eine breite Glasscheibe ein großer Regenbogen gemalt. Die älteren Kinder können unter den Bogen eine Landschaft mit Bäumen, Häusern oder Bergen malen.

24.24 Kinder anmalen. Die Kinder rennen nackt im Garten herum und dürfen sich gegenseitig Kleider malen. Anschließend unter der Dusche alles abwaschen.

Musikalische Früherziehung
24.25 Gewitter. *Vorbemerkungen:* Zunächst geht es darum, die Kinder versuchen zu lassen,

wie man Donner, Blitz, Regen und Wind dar-
stellen könnte. Außerdem können sie hier die
Technik des gemeinsamen Musizierens erler-
nen: jeweils einige Kinder spielen denselben
Part, sie lernen, auf Einsätze zu reagieren und
auf die Zeichen „lauter" – „leiser" zu achten.
Man kann als nächsten Schritt versuchen, Instrumente einzusetzen: Pauken für den Donner,
Triangeln für den Blitz, Xylophon für den
Regen, Füllhalterdeckel zum Reinblasen für den
Wind …
Mögliches Vorgehen: Nachdem am Abend vor-
her ein Gewitter niederging, fragt der Erzieher
die Kinder, die um einen Tisch herum oder im
Halbkreis hinter mehreren Tischen sitzen, wer
gestern einen Blitz gesehen hätte. Wer könnte
vormachen, wie ein Blitz sich bewegt?
Ehe der Erzieher nun über den Donner redet,
sollte er mit den Kindern besprechen, wie er sich
Ruhe verschaffen kann. Zum Beispiel so:
Wenn wir jetzt etwas vom Donner erzählen,
wird es gleich einen ungeheuren Krach geben.
Das wird euch sicher Spaß machen, das Dumme
ist nur, daß ihr beim Krachmachen gar nicht
hören könnt, wenn ich euch was Wichtiges sagen
möchte. Deshalb schlage ich vor: Wenn ich was
Wichtiges sagen will, mache ich erst mal den
Mund fest zu und hebe beide Arme hoch. Jeder,
der das bemerkt hat, macht es genau so. So wird
es ganz schnell still und ich kann euch sagen, was
wir als nächstes ausprobieren könnten.
So und nun probiert mal, wie man den Donner
nachahmen könnte (z. B. mit den Fäusten auf
den Tisch schlagen).
Nachdem die Kinder einige Zeit hatten, um
genügend Krach zu machen, versucht der Erzieher, Zeichen für laut und leise einzuführen. Die
Hände langsam auseinanderführen, heißt: lauter werden. Die Hände langsam wieder aufeinander zu bewegen, heißt: leiser werden.
Nun werden Blitz und Donner jeweils nacheinander eingesetzt: Einige Kinder ahmen den Blitz
nach, auf das Zeichen des Erziehers setzt hinterher der Donner ein.
An dieser Stelle sollte sich der Erzieher überlegen, ob er die Übung für's erste abbrechen will,
oder ob die Kinder noch in der Lage sind, auch
Regen und Wind noch mitspielen zu lassen.
Darstellungsmöglichkeit für den Regen: Mit den
Fingerspitzen auf die Tischplatte trommeln.
Strömender Regen klatscht auf die Erde: Mit
der flachen Hand auf den Tisch klatschen.
Regen setzt allmählich ein: zuerst einige Tropfen, dann immer mehr, immer mehr, schließlich

klatscht der strömende Regen auf die Dächer,
dann läßt der Regen nach, es fallen nur noch
wenige Tropfen, der Regen hört auf, hat aufge-
hört.
Kinder fragen: Wie fing das Gewitter gestern an:
Was war zuerst da? Entsprechend wird die
Reihenfolge der Einsätze festgesetzt.
Wenn alles gut klappt, kann der Wind noch dazu
kommen: Mit den Händen Hohlkörper vor dem
Mund bilden, hineinblasen …
Das Spiel sollte nicht länger als zehn Minuten
dauern.

25. Schwimmbad

Vorüberlegungen

Nachdem die Kinder nun fast ein Jahr lang geübt
haben, sich innerhalb und außerhalb des Kindergartens an bestimmte soziale Regeln zu
halten, könnte man einen Schwimmbadbesuch
wagen, der allerdings wieder spezielle Vorübun-
gen voraussetzt: Die Kinder sollten zum Beispiel
gelernt haben, ihre Kleidung ordentlich an
einem bestimmten Platz abzulegen und sie
später ohne Hilfe der Erwachsenen wiederzufinden. Deshalb wird der Schwimmbadversuch
vorher als Rollenspiel geprobt.
Hauptziel des Schwimmbadbesuchs ist die Wassergewöhnung. Es kommt also nicht darauf an,
den Kindern ersten Schwimmunterricht zu erteilen, sondern Angst vor dem Wasser abzubauen.
Die Kinder sollen lernen, sich angstfrei und
gewandt im Wasser zu bewegen und erfahren,
wie viel Spaß die Begegnung mit dem nassen
Element machen kann. Erste Grundregel ist
also, niemals ein Kind gegen seinen Willen
durch moralischen Druck („sonst lachen dich
die anderen aus") oder durch Gewalt (naßsprit-
zen, ins Wasser ziehen) zu zwingen, eine Übung
durchzuführen. Der Erzieher muß zwar ver-
bindliche Grenzen nach oben für alle Kinder
setzen (wenn er zum Beispiel mit der Gruppe im
Nichtschwimmerbecken spielt, kann er nicht
erlauben, daß einige sich gleichzeitig ins
Schwimmerbecken wagen), nach unten aber
entscheidet das Kind, was es sich zutraut: wie
schnell oder langsam das Kind ins Wasser steigt,
wie weit es sich hineinwagt, ob es untertaucht
oder nicht.
Der Erzieher, der mit den Kindern ins Wasser
geht, sollte dort nicht mehr als sechs Kinder zu

überwachen haben. Es ist also nötig, für den Schwimmbadbesuch weitere Aufsichtspersonen (Eltern) zu gewinnen.

Wassergewöhnung vollzieht sich natürlich nicht an einem einzigen Tag. Trotzdem sollte der Erzieher Bescheid wissen über die Reihenfolge der didaktischen Schritte, die das Kind mit dem Wasser vertraut machen sollen:

1. Gewöhnung an Nässe und Kälte
   – Spiele am Wasserrand
   – Wasser in Gefäße füllen, umgießen, auslernen
   – durch knöcheltiefes Wasser laufen
   – durch knietiefes Wasser laufen
   – Schiffchen und Wasserbälle verfolgen im knietiefen Wasser
   – Nachlaufen im Wasser (25.4).
2. Sich lustvoll im Wasser bewegen (Wasserhöhe etwa bis zum Bauchnabel)
   – Ballwerfen (25.5)
   – Wasserschlange (25.6)
   – Ringel-Reihe (25.7)
   – Wasserlauf (25.8).
3. Spüren, wie das Wasser trägt
   – Übungen am Beckenrand (25.9)
   – Wasserkarussell (25.10)
   – durchs Wasser ziehen (25.11)
   – schwebende Qualle (25.12).
4. Untertauchen
   – Ich getrau mir's nicht (25.13)
   – ins Wasser springen (25.13).
5. Sich angstfrei über, im und kurz unter Wasser bewegen
   – fliegender Fisch (25.14)
   – Wasserschaukel (25.15)
   – Rutschbahn
   – aus einem Meter Abstand gleitend den Beckenrand erreichen
   – Purzelbaum im Wasser machen (25.16).

Nach dem Aufenthalt im Wasser sollen die Kinder schnell die nassen Badehosen gegen trockene Sachen austauschen und sich aufwärmen (Spiele auf dem Rasen).

Vorschlag für einen Elternbrief

Liebe Eltern,
am kommenden Mittwoch wollen wir mit den Kindern das Schwimmbad … besuchen. Wer von den Müttern oder Vätern Zeit hat, uns bei der Beaufsichtigung der Kinder zu helfen, soll sich bitte melden. (Nun sollten Hinweise kommen, bis wieviel Uhr die Kinder spätestens im Kindergarten sein müssen und wie die Gruppe zum Schwimmbad kommen will.)

Die Kinder sollen schon am Dienstag Badekleidung, Bademütze, Handtuch und, falls vorhanden, Schwimmflügel mitbringen, weil wir das Umziehen im Kindergarten üben. Bademützen und Schwimmflügel bitte mit den Namen der Kinder beschriften.

Die Kinder können am Mittwoch zur üblichen Zeit im Kindergarten abgeholt werden.

Mit freundlichen Grüßen,

(Falls der Erzieher Lust hat, könnte er auf den Elternbrief auch das Lied „Uah! Ist das Wasser kalt!" setzen, damit die Eltern, wenn sie wollen, zu Hause mit ihren Kindern singen können.)

Wörterliste

Ausgang	Sprungbrett
Badeanzug	Startklotz
Badehose	Taucherbrille
Bademeister	Toilette
Bademütze	Treppe
Bikini	Umkleidekabine
Chlor	Wassertemperatur
Durst	Wellen
Dusche	Wetter
Eingang	*
Eintrittskarte	abschleppen
Eis	abtrocknen
Ferien	anziehen
Flossen	ausrutschen
Föhn	ausziehen
Hallenbad	baden
Handtuch	duschen
Kiosk	eincremen
Kopfsprung	ertrinken
Leiter	frieren
Liegewiese	frösteln
Luftmatratze	kraulen
Nichtschwimmerbecken	paddeln
Rettungsring	retten
Rutschbahn	sinken
Salto	tauchen
Schlüssel	untergehen
Schwimmärmel	*
Schwimmbecken	barfuß
Schwimmring	durstig
Sonnencreme	leichtsinnig
Sonnenöl	mutig
Spielwiese	vorsichtig

Wochenplan

Am Nachmittag ist kein Programm vorgesehen. Jedes Kind soll selbst herausfinden, was es an einem heißen Nachmittag am besten spielen kann.

	Angebote beim Kommen der Kinder	Gemeinsame Aktion in der ersten Vormittagshälfte
Mo	Gespräch mit einzelnen Kindern oder kleinen Gruppen über das Wochenende	Elternbrief mit Zeichnungen versehen 25.1 A 98–100
Di	Eis herstellen im Kühlschrank 25.2	Rollenspiel: Schwimmbad 25.3
Mi	Schwimmbadbesuch Wassergewöhnungsspiele: Auswahl aus 25.4–25.16	
Do	Schwimmbad bauen 25.17	Fundsachen 25.18 Bringen Sie doch bitte 25.19 Ich kann sch-schwimmen A 33
Fr	Bilderbücher oder Fotos vom Wasser betrachten: Man kann nicht nur im Schwimmbad baden!	Experimente: Was kann schwimmen? 25.20 Lied: Uah! Ist das Wasser kalt! 11.15

Die Förderkurse: (falls erwünscht)
Wortschatzförderung: Fundsachen (25.18).
Grammatik: Bringen Sie doch bitte … (25.19).
Artikulation: Ich kann sch-sch-schwimmen (A 33, 98–100).
Kommunikation: Rollenspiel Schwimmbad (25.3).

Vorbereitungen
1. Transport- und Aufsichtsproblem für den Schwimmbadbesuch lösen (Elternbrief).
2. Zutaten für Eisbereitung besorgen (25.2).
3. Tasche packen für 25.18, dazu vier Bilder besorgen.
4. Lied wiederholen: Uah! Ist das Wasser kalt! (11.15).

25.1 Elternbrief illustrieren. Die Kinder malen die Gegenstände, die sie für den Schwimmbadbesuch brauchen, auf den Elternbrief, den sie zu Hause abgeben sollen.

25.2 Eis selber machen
Schokoladeneis: Ein Viertel Liter Sahne steifschlagen, 50 g Zucker, 3 Eßlöffel Kakao und 2 Eßlöffel geriebene Blockschokolade daruntermischen. Im Frosterfach bei höchster Kältestufe gefrieren lassen.
Aprikoseneis: 250 g Aprikosen einige Minuten in kochendes Wasser tauchen, herausnehmen, die Haut abziehen, die Früchte entkernen und durch ein Sieb drücken. Die Masse mit 100 g Puderzucker verrühren. $^1/_4$ l steifgeschlagene Sahne darunterziehen und im Frosterfach des Kühlschranks bei höchster Kältestufe gefrieren lassen.

Erdbeereis: 250 g Erdbeeren zerdrücken und verrühren. Inzwischen 125 g Zucker mit $^1/_4$ l Wasser aufkochen, mit dem Saft einer halben Zitrone abschmecken, mit den zerdrückten Erdbeeren und $^1/_8$ l steifgeschlagener Sahne verrühren und im Frosterfach des Kühlschranks bei höchster Kältestufe gefrieren lassen.

Rollenspiel
25.3 Wir spielen Schwimmbad. Alle Kinder packen ihre Badesachen. Wir bauen uns einen Bus (aus Stühlen) und fahren damit bis zur Haltestelle Freibad. Der Schaffner kassiert während der Fahrt (oder die Kinder lösen ihre Karte beim Einsteigen).
Vor dem Schwimmbad stellen wir uns in einer Zweierreihe auf. Die Erzieherin löst an der Kasse für alle eine Eintrittskarte.
Nun suchen wir uns einen schattigen Lagerplatz

im Schwimmbad. Alle Kinder ziehen sich um (echt!). Wer kann seine Kleider ordentlich auf ein Häuflein legen, so daß er sie nachher wiederfindet? Vorsicht! Der Wind will mit den Schwimmflügeln spielen und treibt sie weg. Schwimmflügel anlegen.
Sollen wir zwischendurch das Lied singen: Uah! Ist das Wasser kalt! (11.15)? Jetzt geht es unter die Dusche, dann ins Nichtschwimmerbecken. Wenn die Kinder anfangen zu frieren, verlassen sie das Becken (mit Kreidestrich oder Tesakrepp kennzeichnen) und trocknen sich ab. Nun können sie sich gegenseitig abtrocknen und eincremen.
Zum Aufwärmen einige Ballspiele.
Nun sind die Kinder hungrig. Alle setzen sich auf den Rasen (Boden im Kindergarten) und frühstücken. Was soll unser Mülleimer sein?
Sollen wir nochmals ins Wasser?
Abtrocknen, umziehen, in einer Zweierreihe aufstellen. Zum Glück fehlt niemand.
Der Bus wartet schon. Wir fahren heim.
Bemerkungen: Schon bei diesem Spiel muß den Kindern klar werden, daß jedes Kind für seine Sachen voll verantwortlich ist und daß die Erzieher nicht 25 Kinder aus- oder anziehen können. Die Kinder sollen sich schon während des Spiels umsehen, wem sie von den jüngeren Kindern helfen könnten.
Die Schwimmflügel sollten mit Kugelschreiber namentlich gekennzeichnet werden.
Damit die Kinder das Umziehen wirklich üben, ist es nötig, die Badehose schon am Tag vor dem eigentlichen Schwimmbadbesuch mitzubringen. Kinder, die ihr Badezeug nicht über Nacht im Kindergarten lassen wollen, weil sie die Sachen brauchen, müssen sie dann eben zweimal mitbringen.

25.4 Nachlaufen im Kleinkinderbecken. Ein Kind versucht, ein anderes zu fangen. Wer sich vor dem Abschlagen schützen will, muß sich setzen.

25.5 Ballwerfen im Nichtschwimmerbecken. Die Kinder stellen sich im Wasser im Kreis auf oder bilden zwei einander gegenüberstehende Reihen. Bälle werden hin- und hergeworfen.

25.6 Wasserschlange. Alle Kinder fassen sich an und bilden so eine Schlange, die sich durch das Wasser schlängelt. Der Kopf der Schlange muß versuchen, den Schwanz zu fassen. (Am besten bildet der Erzieher den Schlangenkopf, weil eine ganze Menge Kraft dazu gehört, die Schlange durch das Wasser zu bewegen.) Wenn Kopf und Schwanz der Schlange sich gefunden haben, ist der Kreis geschlossen.

25.7 Ringel-Reihe im Wasser. Die Kinder fassen sich an der Hand und singen „Ringel-Ringel-Reihe". (Falls ihnen der Text zu kindisch erscheint, können sie auch „lala" singen.) Bei „husch-husch-husch" gehen alle in die Knie, so daß das Wasser bis an den Hals steht. Wer will, kann untertauchen.

25.8 Wasserlauf. Die Kinder sollen quer durchs Becken laufen: Vorwärts, rückwärts, mit Armen rudernd, ohne Arme … So spüren sie den Wasserwiderstand und lernen, ihre Bewegungen darauf einzustellen.

25.9 Übungen am Beckenrand. Alle Kinder halten sich mit den Händen am Beckenrand fest, legen sich bäuchlings aufs Wasser und strampeln kräftig mit den Beinen.

25.10 Wasserkarussell. Wenn mehrere Erwachsene zur Verfügung stehen, können sie im Kreis jeweils ein (oder höchstens zwei) Kinder zwischen sich nehmen. Die Kinder legen sich auf das Wasser und lassen sich vom Karussell tragen. (Die Erwachsenen gehen langsam im Kreis.)

25.11 Durchs Wasser ziehen. Der Erzieher geht rückwärts durchs Wasser und zieht zwei Kinder, die sich flach aufs Wasser gelegt haben und sich an je einer Hand des Erziehers festhalten, durch das Wasser. Später können die Kinder versuchen, ob sie sich nicht gegenseitig ziehen können.

25.12 Schwebende Qualle. Die Kinder versuchen da, wo sie noch stehen können, sich wie eine schwebende Qualle zu bewegen: sie strampeln ohne zu spritzen mit Armen und Beinen.

25.13 Ich getrau mir's nicht. Die Kinder sprechen gemeinsam: Ich getrau mir's nicht, ich getrau mir's nicht, ich getrau mir's aber doch! Bei „doch" tauchen die Kinder kurz unter Wasser oder springen vom Beckenrand ins Wasser.

25.14 Fliegender Fisch. Der Erzieher läßt ein Kind im Nichtschwimmerbecken mit Schwung über die Wasseroberfläche rutschen, indem er das Kind aus dem Wasser hebt und bäuchlings wieder auf dem Wasser „landen" läßt.

25.15 Wasserschaukel. Zwei Erwachsene bilden mit den Armen eine Schaukel, auf der die Kinder einige Male hin- und herschaukeln dürfen. Wenn das Kind „jetzt" ruft, kommt der Absprung ins Wasser.

25.16 Purzelbaum im Wasser. Ein Kind versucht, zunächst über den Arm des Erziehers, dann ohne Hilfe im Wasser einen Purzelbaum zu schlagen.

Konstruktionsspiel
25.17 Schwimmbad bauen. Aus Legos oder anderem Spielmaterial bauen die Kinder gemeinsam ein Schwimmbad mit Sprungbrett, Dusche, Schwimmer- und Nichtschwimmerbecken, Getränkebude, Umziehkabinen usw. Die Wasserbecken mit Plastik- oder Metallfolie abdichten und mit Wasser füllen. Kleine Püppchen vom Sprungbrett springen lassen.

Spiel im Kreis: Wortschatzübung, Zuordnen
25.18 Fundsachen. Vier Kinder setzen sich in den Kreis und halten ein Foto von einem Mann, einer Frau, einem Schulkind und einem etwa Zweijährigen in der Hand. Der Erzieher hat eine große Tasche mit Fundsachen (z. B. mit Damensonnenbrille, Bikini, Damenbadehaube, Männerbadehose, Kinderbadeanzug, Spielhöschen, Sonnenhut für Kleinkind, Damenstrohhut, Schwimmflügel …). Jedes Kind darf einen Gegenstand aus der Taschen holen, ihn benennen und einem der vier im Kreis sitzenden Kinder zuordnen.

Spiel im Kreis: Sätze einprägen
25.19 Bringen Sie doch bitte die Tasche zum Fundbüro! Die Kinder sitzen im Kreis. Ein Kind trägt eine volle Tasche zu einem anderen Kind und sagt dazu: Bringen Sie bitte die Tasche zum Fundbüro. Das angesprochene Kind sagt: „Ich habe jetzt keine Zeit" oder: „meine Füße tun mir weh" oder gibt sonst eine Erklärung ab und bringt die Tasche einem anderen Kind mit der Aufforderung: Bringen *Sie* doch bitte die Tasche zum Fundbüro.
Bemerkung: Wenn das Formulieren eines ablehnenden Bescheids zunächst den Kindern noch zu schwer fällt, kann das Spiel zuerst

einmal nur mit der Aufforderung: Bringen Sie bitte … gespielt werden.

Experimente
25.20 Was kann schwimmen? Die Kinder werden in Gruppen von etwa vier Kinder eingeteilt. Jede Gruppe läßt im Waschraum ein Waschbekken mit Wasser vollaufen und untersucht, welche Gegenstände, die die Kinder im Kindergarten oder im Garten finden, schwimmen können und welche nicht. Der Erzieher geht von Gruppe zu Gruppe und führt Gespräche über Material usw. Darauf achten, daß die Kinder genau sortieren, was untergeht und was schwimmt.

26. Abschied von den Großen

Vorüberlegungen

Ehe die Schulanfänger den Kindergarten verlassen, soll ein Fest stattfinden, zu dem auch die Eltern der „Großen" und eventuell auch die zukünftigen Lehrer eingeladen werden.
Wie immer sollte die Festvorbereitung mindestens so viel Spaß machen wie das Fest selbst. Der Erzieher soll die Kinder bei der Planung und Vorbereitung beraten und unterstützen, keineswegs aber etwas einstudieren oder komplizierte Dekorationen basteln. Auch das Einkaufen von Dingen, die beim Fest gebraucht werden, soll während der Kindergartenzeit mit einer Gruppe von Kindern, die beim Aussuchen und Tragen helfen, geschehen.
Im Programm sind drei Vorbereitungswochen für das Fest vorgesehen. Das heißt aber nicht, daß drei Wochen lang Hochspannung und hektische Betriebsamkeit herrschen soll. Die Vorbereitungen sollen in aller Ruhe neben vielen anderen Beschäftigungen herlaufen: Die Kinder sollen am Schluß des Kindergartenjahres Zeit haben, noch einmal intensiv zu spielen, ihre Lieblingsbilderbücher zu betrachten, ihre Lieblingsgeschichten zu hören.
Im Lauf eines Jahres hat sich allerlei angesammelt an Bildern, Bastelarbeiten und Gruppenarbeiten. Zum Wegwerfen sind die Sachen zu schade, zum Aufbewahren fehlt der Platz. Hier bietet sich der Verkaufsstand (26.4) als die ideale Lösung an: Alle Bilder und Bastelarbeiten, die sich im Laufe des Jahres angesammelt haben, werden zu einem Verkaufspreis von 20 Pfennig den Eltern angeboten. Gemeinschafts-

arbeiten kosten eine Mark. Auf diese Weise sehen die Kinder ihre Werke gewürdigt, die Eltern können sehen, wie vielseitig die Arbeit im Kindergarten war, und in den Regalen wird Platz für neue Arbeiten geschaffen. Mit dem Geld, das die Kinder an diesem Verkaufsstand einnehmen, sollte etwas besonderes gemacht werden. Die Schulanfänger könnten zum Beispiel im Herbst noch einmal zu einem gemütlichen Limonadenklatsch in den Kindergarten zurückkehren und den Erziehern von der Schule berichten. Dabei könnten sie „das ganze Geld versaufen".

Der Vorschlag, die künftigen Lehrer der Schulanfänger einzuladen und dazu mit den Großen einen Besuch in der Schule zu machen, hat natürlich vor allem den Zweck, mögliche Ängste vor der Schule abzubauen und den Kindern schon vor dem ersten Schultag die Schule von innen zu zeigen. Auch wenn keine Lehrer eingeladen werden, weil vielleicht noch gar nicht feststeht, wer welche Klasse bekommen wird, sollte dieser Schulbesuch mit den älteren Kindern stattfinden.

Von den Eltern, die zum Fest eingeladen werden, sind sicher einige bereit, Aufgaben zu übernehmen. Zwei Eltern könnten als Schiedsrichter für das Schildkrötenrennen (26.5) eingesetzt werden, zwei haben die Leitung beim Brezelschnappen (26.9), zwei beim Hüterennen (26.6), zwei beim Konservendosenwettlauf (26.7). Bei all diesen Spielen sind die Spielregeln so einfach, daß die Eltern weder Vorbereitung noch lange Erklärungen brauchen. Sie können während des Festes mit wenigen Worten in ihre Aufgabe eingewiesen werden. Auch eine lockere Überwachung der Kinder an der Puddingtheke (26.8), am Verkaufsstand (26.4) und bei der Getränkeausgabe kann einem Elternteil übertragen werden. Zum Dank dafür werden einige Eltern dann zum Schluß von den Kindern mit Klopapierrollen gefesselt. Auf „los" dürfen sie versuchen, die Fesseln zu sprengen.

Die Erzieher selbst sollten von speziellen Aufgaben frei bleiben, damit sie jeweils da eingreifen können, wo es gerade nötig ist, und mit den Eltern oder Kindern zwischendurch auch einige Worte wechseln können.

Bei den angebotenen Wettspielen kämpfen meistens Paare gegen Paare. Wer am besten zusammenarbeitet, gewinnt, nicht wer am schnellsten, stärksten, gewandtesten ist. Für die Sieger sollten kleine Überraschungen bereitstehen, für die Verlierer ein Bonbon als Trostpreis. Zur Deckung der Unkosten werden die Eltern durch eine deutlich sichtbare Spardose aufgefordert.

Plan

Drei Wochen vor dem Fest
(26.1) Schulbesuch: Wir laden die Lehrer ein.
(26.2) Einladungen basteln für die Eltern.
(26.3) Bilder malen für den Verkaufsstand.
Überlegen, welche Lieder im Lauf eines Jahres gelernt wurden. Ausprobieren, was die Kinder davon noch können.

Zwei Wochen vor dem Fest
(26.5) Kartons bemalen oder bekleben für das Schildkrötenrennen.
(26.6) Bierdeckel mit Fransen versehen für das Hüterennen.
(26.7) Konservendosen bemalen oder bekleben für das Konservendosenrennen.
Abstimmen, welche Lieder man den Eltern vorsingen könnte.

Fünf Tage vor dem Fest
(26.4) In der Halle des Kindergartens Verkaufsstand aufbauen, dekorieren. Nachschauen, was an Bildern und Bastelarbeiten vorhanden ist.

Vier Tage vor dem Fest
Einkaufen: Verschiedene Puddingpulver und H-Milch für 26.8.
Brezelchen für 26.9.
Bonbons und Tesakrepp für 26.10.
Klopapier für 26.11.

Drei Tage vor dem Fest
Lieder üben.
Eingangstür dekorieren (Papiergirlande 26.12).

Zwei Tage vor dem Fest
Getränke einkaufen.
Papierbecher bekleben oder außen bemalen.

Ein Tag vor dem Fest
Viele verschiedene Puddings kochen (26.8).
Brezelchen mit verschieden langen Schnüren an ein Seil binden, das später aufgehängt wird (26.9).
Lieder probieren.
Aufgaben verteilen.

Angebote

Besuch in der Schule
26.1 Wir laden die Lehrer ein. Die Kinder, die eingeschult werden sollen, statten ihrer zukünftigen Schule einen Besuch ab und laden dabei

die Lehrer, die im neuen Schuljahr eine erste Klasse führen werden, zum Abschiedsfest in den Kindergarten ein.

Malen – schneiden – kleben
26.2 Einladung an die Eltern. Für diesen Elternbrief sollen sich die Kinder etwas besonderes ausdenken, zum Beispiel eine dicke Blüte malen, die doppelt ausgeschnitten und mit Tesafilm zusammengeklebt wird. Nun kann man die Blüte aufklappen und entdeckt auf der Innenseite den Text:
Einladung zum Abschiedsfest am … um … Uhr.
Natürlich kann man auch aufklappbare Häuser, Autos, Vögel, Schiffe … malen.

Malen
26.3 Bald gehe ich in die Schule. Die älteren Kinder könnten versuchen, zu malen, was ihnen einfällt, wenn sie daran denken: Bald gehe ich in die Schule. Der Erzieher sollte anschließend mit den einzelnen Kindern ihr Bild besprechen. Bei manchen Bildern ist zu erkennen, ob das Kind die Schule als etwas Freundliches und Erfreuliches, oder als etwas Drohendes empfindet. Die fertigen Bilder könnten mit Preisen ausgezeichnet werden (je 20 Pfennig) und zum Verkaufsstand gebracht werden, wenn die Kinder das wollen.

Ausstellung von Mal- und Bastelarbeiten
26.4 Verkaufsstand. Alle Mal- und Bastelarbeiten, die im Lauf des Jahres im Kindergarten entstanden sind und nicht mit nach Hause genommen wurden, können im Verkaufsstand am Fest für wenig Geld erworben werden. Die Kinder sollen überlegen, wie die Frage, wer verkaufen darf, am gerechtesten geregelt werden könnte.

Wettspiel
26.5 Schildkrötenrennen. Die „Schildkröten" bestehen aus Schuhkartons, die von den Kindern phantasievoll bemalt oder beklebt werden. Dann wird in die Mitte einer Schmalseite ein Loch gebohrt und an jeder „Schildkröte" eine gleichlange Schnur gebunden. Das andere Ende wird um ein Stöckchen (Klangholz?) gebunden. Beim Spiel werden die Schildkröten in gleichem Abstand von den Kindern, die das Stöckchen mit dem Schnurende in der Hand halten, aufgestellt. Auf „los" versuchen die Kinder die Schildkröten zu sich herzuziehen, indem sie die Schnur aufwickeln. Wer als erster seine Schnur aufgewickelt hat, ist Sieger.

Geschicklichkeitsspiel
26.6 Mit dem Hut ans Ziel. Die sonderbaren Hüte, die die Kinder tragen, bestehen aus einem hübsch verzierten Bierdeckel und einer halben Kartoffel darauf (nicht festkleben). Ziel ist, eine bestimmte Strecke mit dem Hut auf dem Kopf zurückzulegen. Dabei wetteifern nicht einzelne Kinder, sondern Paare miteinander: Jeder „Hutträger" bekommt einen Helfer, der ihm den Hut aufsetzt und ihn, so oft er vom Kopf fällt, wieder einsammelt und an seinen Platz zurückbringt. Ohne Hut darf sich allerdings der Partner nicht von der Stelle bewegen.

Geschicklichkeitsspiel
26.7 Konservendosenwettlauf. Auch hier kämpfen Paare gegeneinander. Jedes Paar hat drei (hübsch beklebte oder bemalte) leere Konservendosen. Einer von beiden versucht, sich auf den Dosen vorwärts zu bewegen, der Partner holt jeweils die letzte Dose nach vorn. Hier kommt es also auf Kooperation an.

Kochen – Verkaufen spielen
26.8 Große Puddingtheke. Am Tag vor dem Fest kochen die Kinder möglichst viele verschiedene Puddingsorten, darunter auch viel Wackelpeter. Die fertigen Puddings in kleine, nasse Gefäße (z.B. kleine Tassen) verteilen. Am Festtag auf Pappteller stürzen.

Geschicklichkeitsspiel
26.9 Brezelschnappen. In einer Höhe, unter der Erwachsene durchlaufen können, wird ein Seil gespannt, an das viele kleine Salzbrezeln mit verschieden langen Fäden aufgehängt werden. Jeder muß versuchen, sich eine Brezel mit dem Mund, ohne Benutzung der Hände, zu schnappen.

Geschicklichkeitsspiel
26.10 Im Flug erhaschen. An den Rand der Rutschbahn wird mit Klebestreifen ein eingewickeltes Bonbon geklebt. Die Kinder müssen versuchen, während sie die Bahn hinunterrutschen, das Bonbon zu erhaschen und abzureißen.

Lachen
26.11 Erwachsene fesseln. Erwachsene, die sich freiwillig melden, werden von den Kindern mit

je einer Klopapierrolle so gefesselt, daß sie die Arme nicht mehr bewegen können. (Sie können auch an einen Baum gebunden werden.) Auf „los" sollen sie versuchen, sich zu befreien.

Basteln

26.12 Papiergirlande. Eine bunte Girlande zum Schmücken der Eingangstür läßt sich aus bunten Papierstreifen herstellen, die man zu Ringen klebt und als Glieder einer Kette ineinanderfügt.

Übungen zur Verbesserung der Artikulation

Genau hören (A 1–4)

A 1 Mit geschlossenen Augen hören. Die Kinder schließen die Augen. Der Erzieher sagt leise, wohin die Kinder zeigen sollen, ohne dabei die Augen zu öffnen. Zum Beispiel: Zeigt auf den Fußboden, auf euren Mund, auf eure Schuhe, auf die Decke, auf mich …

A 2 Wo ist die Katze? Alle Kinder schließen die Augen. Im freien Raum schleicht ein anderes Kind als Katze umher und miaut leise in kurzen Abständen. So oft die Katze miaut, zeigen die „blinden" Kinder mit der Hand in die Richtung, in der sie die Katze vermuten.

A 3 Hören wie ein Kätzchen. Selbst wenn die Katze schläft, hört sie alle Geräusche und kann genau unterscheiden, ob sie eine Maus rascheln hört oder ob es etwas anderes ist. Die Kinder einigen sich auf ein bestimmtes Geräusch, das als Mäusegeräusch gelten soll und die Katze aufweckt (z. B. mit dem Fingernagel auf dem Teppichboden kratzen). Nun spielen alle Kinder schlafende Katzen. Sie rollen sich zusammen und schließen die Augen. Manche Geräusche stören sie nicht im Schlaf (Tür öffnen, klopfen, schnalzen, leise klatschen usw.). Sowie aber das „Mäusegeräusch" zu hören ist, springt die Katze lautlos auf die Beine.

A 4 Wörter flüstern. Die Kinder sitzen um einen Tisch, auf dem verschiedene Memorykärtchen oder andere Bilder liegen. Reihum darf jedes Kind flüsternd eines der vorhandenen Bildchen benennen. Wer zuerst das genannte Bildchen geschnappt hat, legt es bei sich ab. Sieger ist, wer die meisten Kärtchen hat.
Bemerkungen: Bei allen diesen Spielen sollte sich der Erzieher unbedingt notieren, welche Kinder sehr spät oder gar nicht reagieren. Eventuell ist eine Untersuchung durch den Ohrenarzt nötig.

Lippen- und Zungengymnastik (A 5–7)

A 5 Lustige Gesichter schneiden. Breitmaulfrosch (mit möglichst breit gezogenem Mund sprechen).
Goldfisch (kleinen, runden Mund machen).
Hasenmäulchen (kleinen, engen Mund machen, Oberlippe bewegen).

Mein Mund ist weg (Lippen in den Mund schieben).
Die Kinder sollen selbst lustige Bewegungen mit dem Mund erfinden.

A 6 Zunge „am Faden". Das Kind zupft sich an der Nase und streckt gleichzeitig die Zunge heraus.
Das Kind zupft sich am rechten Ohrläppchen und schiebt die ausgestreckte Zunge nach rechts.
Das Kind zupft sich am linken Ohrläppchen, gleichzeitig schwenkt die Zunge nach links.
Das Kind zupft sich an der Kehle, gleichzeitig schlüpft die Zunge wieder in den Mund zurück.

A 7 Verschiedene Geräusche machen. Mund mit lautem Schmatzen öffnen, mit der Zunge schnalzen, mit den Lippen prusten, pfeifen, den Laut l sagen und dabei die Zunge rasch zwischen den Mundwinkeln hin- und herbewegen …

Nachsprechen (A 8–12)

A 8 Wer versteht, macht mit. Der Erzieher sagt leise ein Wort, das er mehrfach wiederholt, wobei seine Stimme immer lauter wird. Wer das Wort verstanden hat, darf mitmachen. Zum Schluß schreien alle zusammen das Wort so laut sie können. Nun ist ein Kind mit dem nächsten (leise gesprochenen) Wort an der Reihe.

A 9 Beim Ohrenarzt. Der Erzieher spielt den Ohrenarzt, der das Gehör seiner Patienten überprüft. Die Kinder stellen sich in zehn Schritt Entfernung von ihm auf (in einer hintereinander stehenden Reihe). Der „Arzt" spricht leise ein Wort. Hat das vorderste Kind verstanden, läuft es zum Arzt und flüstert ihm das Wort ins Ohr. Hat es nicht verstanden, macht es einen Schritt auf den Erzieher zu. Dieser wiederholt das Wort. Falls das Kind immer noch nicht verstanden hat, muß es einen weiteren Schritt auf den Erzieher zu machen, solange, bis er ihm das Wort ins Ohr flüstern kann.
Danach ist der nächste „Patient" an der Reihe.

A 10 Das wünscht sich ein Kind aus Afrika. Sag mal Kasuabo: Das wünscht sich ein Kind aus Afrika zum Mittagessen. Sag mal Tschirkiskud: Das wünscht sich ein Kind aus Thailand. Sag mal

Serkistov: Das wünscht sich ein Kind aus Rußland ...

A 11 Was kocht die Riesenmutter für den Riesenvater? Labskaps-Schauma. Und zum Nachtisch? Grapstaps-Schlimschli. Und was fressen die wilden Kerle am Abend? Kröm-Schöm-Kasli. Und was noch?
(Alle Wörter, die die Kinder erfinden, sollen gemeinsam nachgesprochen werden.)

A 12 Tiere, die es längst nicht mehr gibt
Erzieher: Sag mal Hypolagus.
Kind: Hypolagus.
Erzieher: So hieß ein alter Hase.

Sag mal Smilodon ...	So hieß ein uralter Säbelzahntiger
Sag mal Opossum ...	So hieß eine uralte Ratte
Sag mal Archäopterix ...	So hieß ein uralter Vogel
Sag mal Climatius ...	So hieß ein uralter Haifisch
Sag mal Dimetrodon ...	So hieß ein uralter Drache
Sag mal Brontosaurus ...	So hieß ein Riesen-Urtier, das so lang war wie drei Omnibusse
Sag mal Stegosaurus ...	So hieß ein anderes Urtier, das hatte am Schwanz vier solange (ca. 60 cm zeigen) Stacheln
Sag mal Tylosaurus ...	So hieß ein anderes Urtier, das hatte so scharfe Zähne, daß es sogar so große (ca. 1 m zeigen) Schildkröten samt ihrem Panzer zerbeißen konnte
Sag mal Triceratops ...	So hieß ein Urtier, das hatte ein so langes (ca. 60 cm zeigen) Horn auf der Nasenspitze
Sag mal Neandertaler ...	Das war ein uralter Mensch mit solchen (Gebiß blecken) Zähnen

Sag mal (Erzieher nennt seinen Vornamen): So heiße ich!

Weitere Tiernamen für dieses Spiel sind zu finden in: Bunter Kinder-Kosmos. Tiere der Ur- und Vorzeit. Franckhsche Verlagshandlung, Stuttgart 1973.

Deutliches, rhythmisches Sprechen (A 13–20)
A 13 Eins, zwei drei
Eins, zwei, drei, vier, fünf, sechs, sieben
Wo bist du solang geblieben?
Warst nicht hier,
Warst nicht da,
Warst wohl in Amerika.
(Der Rhythmus kann betont werden durch Klatschen, Stampfen oder Partnerklatschen wie bei 21.8 beschrieben.)

A 14 Lirum, larum Löffelstiel. Das Kind zeichnet mit Wachskreide große Kreise auf ein Zeitungspapier und spricht dabei:
Lirum, larum Löffelstiel,
Wer das nicht kann, der kann nicht viel!

A 15 Warum ist die Banane krumm? Das Kind zeichnet große (bananenförmige) Bogen in die Luft oder mit Kreide auf Papier und spricht dabei:
Warum, warum, warum
ist die Banane krumm?
(Bei den folgenden Worten gerade Striche ziehen.)
Ja, wenn die Banane gerade wär',
dann wär' sie keine Banane mehr!

A 16 Laut aus dem Fenster rufen. Die Kinder öffnen das Fenster und rufen laut im Chor:
Nikolaus, Nikolaus, komm doch aus dem Wald heraus!
Oder:
Hört ihr Herrn und laßt euch sagen,
unsre Uhr hat 12 geschlagen.
Oder:
Regen, Regen, Tröpfchen
fall mir auf mein Köpfchen!

A 17 Fremdsprache. Zunächst üben die Kinder einen bestimmten Rhythmus: Einmal mit beiden Händen auf die Oberschenkel klatschen, dann in die Hände klatschen, dann mit den Fingern schnalzen und wieder von vorn beginnen.
Dann spricht der Erzieher im Rhythmus der

Bewegungen „in einer Fremdsprache", was die
Kinder im gleichen Rhythmus mit den entspre-
chenden Bewegungen wiederholen:
Mi – tschi – fu
Kusch – li – bim
Matsch – fatsch – katsch
usw.

A 18 Da kommt der Bär. (Wenn der Bär kommt,
die Hände im Rhythmus zur Sprache laut
aufschlagend über den Tisch laufen lassen.
Wenn das Mäuschen kommt, die Finger lautlos
über den Tisch laufen lassen.)
Da kommt der Bär,
der tritt so schwer.
Da kommt das Mäuschen
ins Krabbel-Krabbel-Häuschen!

A 19 Ich und du
Abzählreim:
Ich und du,
Müllers Kuh,
Müllers Esel,
der bist du!

A 20 Märchenreime
Spieglein, Spieglein an der Wand,
wer ist die Schönste im ganzen Land?
(Schneewittchen)
Ich bin so satt,
ich mag kein Blatt!
Mäh! Mäh!
(Tischlein deck dich …)
Die guten ins Töpfchen
die schlechten ins Kröpfchen.
(Aschenputtel)
Kikeriki! Kikeriki!
Unsre goldene Jungfrau ist wieder hie!
(Frau Holle)
Was rumpelt und pumpelt in meinem Bauch?
(Der Wolf und die sieben Geißlein)
Ach wie gut, daß niemand weiß,
daß ich Rumpelstilzchen heiß!
(Rumpelstilzchen)
(Von diesen Reimen soll jeweils der herausge-
griffen werden, der aus einem Märchen stammt,
das die Kinder kennen.)

Sprechweise verändern (A 21–26)
A 21 Schnell – langsam. Ganz schnell sagen: Das
Auto fährt den Berg hinunter. Ganz langsam
sagen: Das Auto fährt den Berg hinauf.
(Die Kinder sollen eigene Sätze erfinden.)

A 22 Hoch – tief. Ganz oben auf dem Dach
sitzen die Tauben (hohe Stimme). Ganz unten
im Keller liegen die Kartoffeln (tiefe Stimme).
(Wer macht weiter?)

A 23 Breiter Ton – dünner Ton. Der dicke Herr
setzt sich gleich in den Sessel in der ersten Reihe.
Das dünne Männchen steht ganz hinten und
wartet …

A 24 Lauter Ton – leiser Ton. Ein Kind sagt ein
Wort in einer beliebigen Lautstärke und deutet
dabei auf ein anderes Kind, das dasselbe Wort in
der gleichen Lautstärke wiederholen soll.

A 25 Fröhlich – weinerlich. Ich habe eine Tafel
Schokolade bekommen! Ich habe keine Tafel
Schokolade bekommen! …

A 26 Ärgerlich – freundlich. Wer hat von
meinen Himbeeren gegessen? Möchtest du ein
paar Himbeeren?

*Vom Laut zum Wort – vom Wort zum Laut
(A 27–36)*
A 27 Namen raten. Zwei Eltern bekamen ein
Baby. Sie mußten sich überlegen, wie das Kind
heißen soll.
Die Mutter sagte: Ich weiß einen schönen
Namen. Rate mal, was ich meine. Er fängt so an:
Al… (Albrecht, Alexander, Albert, Alfred)
An… (Andreas, Anton)
J… (Jakob, Johannes, Jochen, Jürgen)
F… (Felix, Fritz, Frieder, Friedrich, Franz,
Florian)
R… (Ralf, Richard, Reiner, Robert, Rüdiger)
M… (Matthias, Max, Michael, Martin, Mark).
Der Vater sagte: Jetzt rate du mal Mädchen-
namen:
El… (Ellen, Elisabeth, Elfriede, Else)
Ma… (Marianne, Maria, Margot, Margarete)
U… (Ursel, Ulla, Ulrike, Ute).
(Der Erzieher spricht den ersten Laut solange,
bis die Kinder einen Namen finden.)
Im Anschluß an diese Übung sollen die Kinder
selber Namenrätsel aufgeben, indem sie von
einem Namen nur den ersten Teil oder den
ersten Laut sagen. Die Kinder lernen dabei, daß
ein Wort aus verschiedenen Teilen besteht, die
man auch trennen kann.

A 28 Wer versteht mich? Der Erzieher spricht
Worte (z.B. Titel von Bilderbüchern) Laut für
Laut, so wie es die Schulanfänger manchmal
beim Lesen machen: Die Rrrraaauupee Nnni-

iimmmeeerrrsssaaat statt: die Raupe Nimmer-satt. Die Kinder sollen das Wort erraten.

A 29 Wer kann am langsamsten sprechen?
Wenn Kinder versuchen, längere Worte so langsam wie möglich zu sprechen, lösen sie automatisch das Wort in Laute oder Lautgruppen auf.

A 30 Auf bestimmte Laute achten. Die Kinder sprechen gemeinsam ganz langsam einen bekannten Satz. So oft ein M zu hören ist, reiben sie sich den Bauch (so oft ein P zu hören ist, machen sie eine wegwerfende Handbewegung. So oft ein H zu hören ist, zucken sie mit den Achseln …).

A 31 Wenn das M nicht wär' erfunden. Es gibt einen Gedichtanfang von J. GUGGENMOS:
„Wenn das M nicht wär' erfunden,
wäre manches schief und krumm,
denn dann hießen Max und Moritz
Ax und Oritz, das wär' dumm!"
Diese Reime kann man nun auf jeden beliebigen Laut anwenden, z. B.:
Wenn das K nicht wär' erfunden („k" sagen, nicht „ka"),
wäre manches schief und krumm,
denn dann hießen Katz und Kater
Atz und Ater, das wär' dumm!

A 32 Wörter ergänzen. Der Erzieher wirft einem Kind ein Tuch oder einen Ball zu und spricht dabei ein längeres Wort, von dem er die letzte Silbe wegläßt (z. B. Kinderwa-). Das Kind wirft das Tuch zurück und ergänzt das Wort (in unserem Beispiel: -gen!).

A 33 Ich kann sch-sch-schwimmen. Der Erzieher spricht langsam, damit die Kinder einfallen können: „Ich kann sch-sch-schwimmen". Beim ersten Durchgang kann er zu den einzelnen Sätzen pantomimische Bewegungen machen, beim zweiten Durchgang sollen die Kinder ohne pantomimische Hilfe das Wort erraten.
Ich kann sch-sch-schwimmen (Armbewegungen machen),
ich kann spr-spr-springen (Sprung machen),
ich kann t-t-tauchen (in die Hocke gehen),
ich kann l-l-laufen (auf der Stelle laufen),
ich kann r-r-rutschen (vom Stuhl rutschen),
ich kann l-l-lutschen (Eis lecken),
ich muß sch-sch-schwitzen (Stirn wischen),
ich will spr-spr-spritzen –
iii!

A 34 Sprechmaschine kaputt. Der Erzieher ist eine Sprechmaschine. Er sagt einen Satz, aber mittendrin geht die Maschine kaputt: entweder bleibt sie auf einem Ton hängen („Der Regen fällt vom Hiiiiiiii"), oder er wiederholt die letzte Silbe mehrfach („Nun scheint wieder die Sonnonnonn …"). Ein Kind muß auf einen bestimmten Knopf an der Maschine drücken (z. B. Knopf an der Kleidung), dann spricht die Maschine wieder normal.
Natürlich sollen nun die Kinder Sprechmaschine sein.

A 35 Das ist der Gum, das ist der Mi. Der Erzieher zeigt eine Faust und sagt: Das ist der Gum. Dann zeigt er die andere Faust und sagt: Das ist der Mi. Nun fügt er beide Fäuste zusammen und fragt: Wie heißt es jetzt? Gummi.
Vielleicht können die Kinder ähnliche Rätsel erfinden?

A 36 Wörter reparieren. Zunächst werden die Kinder daran erinnert, daß sie vor wenigen Tagen fehlerhaftes Spielzeug repariert hätten. Man kann auch Wörter reparieren. Wer es kann, soll sich melden.

1. Zerbrochene Wörter zusammensetzen:
Bau – kasten
Ach – terbahn
Gei – sterbahn
Pins – el
Drache – n
Hamp – elmann

2. Falsch zusammengesetzte Wörter reparieren
Bahneisen
Buchbilder
Ballfuß
Schuheroll
Schueschlitt
Mannschnee
Stangeturn
Wagenpuppen

3. Wörter mit Fehlern reparieren
Fu*sch*ball
Schmuse*p*är
Wü*ff*elspiel
Schli*dd*en
*K*atenspiel
Bild*e*buch
*p*auen
ver*t*leiden

Bemerkung: Damit sich nicht das falsche Wort einprägt, sollen die Kinder das richtige Wort jeweils gemeinsam wiederholen.

f, fl, fr (A 37–41)

A 37 F bilden. Um das f bilden zu können, wird die Unterlippe sanft an die oberen Schneidezähne gelegt. Der Luftstrom streicht breit zwischen dem mittleren Teil der Unterlippe und den Zahnschneiden hindurch.
Übung: Fahrradschlauch aufblasen, Luft entweichen lassen. Geräusch nachahmen. Luft auf der Hand spüren, wenn man die Hand in Höhe der Unterlippe hält.
Anweisung für Kinder, die kein f sprechen können: Beiß mal leicht auf die Unterlippe und blase dabei (vormachen).
Übungswörter: faul, voll, Fuchs, fassen, vier, Vater, Futter, fett. Vier fette Fische habe ich gefangen.

A 38 Richtig oder falsch? Der Erzieher stellt Behauptungen auf. Die Kinder antworten reihum mit „richtig" oder „falsch".
Die Kuh kann fliegen.
Im Auto spielt das Radio.
Auf der grünen Wiese kann man gut schlittenfahren.
Man kann mit Leuten sprechen, die ganz weit weg sind (Telefon). Der Storch bringt die kleinen Kinder.
usw.

A 39 Fehler! Der Erzieher erzählt etwas. So oft er einen Fehler macht, rufen die Kinder: Fehler! Beispiel: Kinder, heute will ich euch mal sagen, wie man Nudelsuppe kocht. Man braucht dazu Wasser, Fleischbrühe, Nudeln und einen alten Schuh. (Wenn die Kinder „Fehler!" rufen, korrigiert der Erzieher seine Aussage.) Das Wasser muß zum Kochen gebracht werden, deshalb stellt man den Kochtopf in den Kühlschrank. Nun schüttet man Seifenpulver ins Wasser. Wenn die Suppe fertig ist, ißt man sie mit der Gabel.

A 40 Fingerspiel am Tisch
Mit Fingerchen, mit Fingerchen (mit Zeigefinger rhythmisch klopfen),
mit Doppel-, Doppelfingerchen (beide Zeigefinger),
mit Fäustchen, mit Fäustchen (eine Faust schlägt auf die Tischfläche),
mit Doppel-, Doppelfäustchen (beide Fäuste schlagen auf den Tisch),

mit Ellenbogen (beide Ellenbogen aufstützen, Kopf auf die Handflächen stützen).
Bemerkung: Die plötzliche Stille nach dem lauten rhythmischen Klopfen bewirkt einen Überraschungseffekt.

A 41 Fl und fr bilden. Übung: Falasche, F-lasche, Flasche. Feroh, f-roh, froh.

Fritz freut sich.
Fritz ist fröhlich.
Frische Brötchen zu verkaufen!
Du bist fleißig.

6 mal 6 ist 36,
und die Kinder sind so fleißig,
und der Lehrer ist so faul,
wie ein alter Sattelgaul!

h (A 42–44)
A 42 H bilden. Im Winter Fensterscheiben anhauchen.
Hecheln wie ein Hund. Hi-ha-ho, Frau Mayer ist k.o.! (Name der Erzieherin einsetzen).

A 43 Ein Franzose will Deutsch lernen. Der Erzieher spielt einen Franzosen, der Deutsch lernen will, aber kein h sprechen kann. Die Kinder korrigieren ihn.
Ich -abe mir einen -ut gekauft.
-eute -elfe ich dir.
-ier -ast du Geld.

A 44 Hoch soll er leben. Zwei Kinder versuchen ein drittes mitsamt dem Stuhl hochzuheben. Dabei sprechen oder singen die andern: Hoch soll er leben! Hoch soll er leben! Dreimal hoch!

m, n (A 45–49)
A 45 Lieder summen. Die Kinder summen ein Lied auf mm. Die 2. Strophe singen sie auf na-na-na ...

A 46 Was schmeckt gut?. Der Erzieher nennt verschiedene Nahrungsmittel, aber auch ungenießbare Dinge. Wer das Genannte gern ißt, sagt „mm!" und reibt sich den Bauch. Bei Ungenießbarem rufen sie „iii!" und strecken die Hände von sich.

A 47 Meine Mu, meine Mu
Meine Mu, meine Mu, meine Mutter schickt mich her,
ob der Ku, ob der Ku, ob der Kuchen fertig wär.

Wenn er no, wenn er no, wenn er noch nicht
fertig wär,
käm ich mo, käm ich mo, käm ich morgen wieder
her!
Variation: „Mit Schnupfen" sprechen (Nase
zuhalten).

A 48 M oder n?. Für den Laut m legen die
Kinder die Hände locker aufeinander (als Symbol für die geschlossenen Lippen), bei n werden
die Hände leicht geöffnet (als Symbol für die
geöffneten Lippen).
Der Erzieher spricht Wörter, die die Kinder
wiederholen und dabei das entsprechende
Handzeichen machen sollen.
Mama, Nadel, Maler, Maus, Nudel, Nacht,
Macht, Nase, Mappe, Natter ...

A 49 In einem großen Land
In einem großen, großen Land
da steht ein großer, großer Wald,
und in dem großen, großen Wald,
da steht ein großes, großes Haus,
und in dem großen, großen Haus,
da steht ein großer, großer Schrank,
und in dem großen, großen Schrank,
da sitzt 'ne klitzekleine Maus – die springt
heraus!

t, d, tr, dr (A 50–52)
A 50 T und d unterscheiden. Beim stimmlosen t
kann man die plötzlich ausströmende Luft mit
der vor den Mund gehaltenen Hand spüren,
beim stimmhaften d spürt man die Schwingungen mit der Hand am Kehlkopf.
Die dumme Tante Tine.
Dick und Doof tanken an der Tankstelle ...
Der Erzieher spricht einzelne Wörter, die Kinder sprechen die Wörter nach und zeigen durch
Handhaltung (vor dem Mund oder am Kehlkopf), ob sie im Anlaut ein t oder ein d
gesprochen haben.

A 51 Dr bilden. Übung: Darei, d-rei, drei.
Abzählreim:
Ich bin nicht dran,
du bist nicht dran,
der dritte aber, der muß ran!

A 52 Tr bilden. Übung: taragen, t-ragen, tragen.
Abzählreim:
Trip, trip, trap
und du bist ab!

p, b, bl (A 53–56)
A 53 P und b unterscheiden
1. Lippengymnastik: Bleistift zwischen Oberlippe und Nase halten.
2. Stimmloses p bilden: Ohren zuhalten, Lippen schließen, Backen aufblasen, Luft plötzlich entweichen lassen.
   Stimmhaftes b bilden: Ohren zuhalten, B-B-Ball sagen: Man hört wie das stimmhafte B
   schwingt.
3. Komischer Chor: Jedes Kind hält ein Notenblatt vor das Gesicht (Blatt Papier). Die
   Gruppe spricht im Chor: Puppe, Ball, Puppe,
   Ball ... So oft ein p vorkommt, muß das Blatt
   von der entweichenden Luft deutlich bewegt
   werden.

A 54 Tischtennisball bewegen. Alle Kinder sitzen um einen Tisch und legen die Arme bis zu
den Ellenbogen so auf den Tisch, daß der
Tischtennisball, der auf dem Tisch hin- und
herrollt, nicht auf den Boden fallen kann. So oft
sich der Ball einem Kind nähert, muß es
versuchen, ihn durch p-sagen zurückzutreiben.
Wenn der Ball die Arme eines Kindes berührt,
ist ein Tor gefallen.

A 55 P! Das macht mir gar nichts aus! Ein Kind
geht zu einem anderen und sagt irgend etwas
Prahlerisches, zum Beispiel: „Du, ich kann
schneller laufen als du!" Das angesprochene
Kind antwortet: „P! Das macht mir gar nichts
aus!" und darf nun selbst den Prahlhans spielen.

A 56 Blau, blau, blau. Wenn ein Kind kein „bl"
sprechen kann, muß zunächst ein a, dann ein e
zwischen b und l geschoben werden: balau,
belau, b-lau, blau. Lied:
Blau, blau, blau sind alle meine Kleider,
blau, blau, blau ist alles, was ich hab.
Darum lieb ich alles, was so blau ist,
weil mein Schatz ein Leichtmatrose ist.

k, kr, kn, kw (A 57–66)
A 57 K bilden. Manche Kinder ersetzen k und g
durch t oder d. Mit ihnen müßten zunächst
Lautunterscheidungsübungen   durchgeführt
werden.
Da die Zunge beim k etwas nach hinten geschoben wird, während sie beim t die vorderen
Schneidezähne berührt, könnte man zur optischen Unterscheidung der Laute bei t die Arme
nach vorn stoßen, beim k anwinkeln.
Übung 1: Der Erzieher spricht einzelne Wörter
vor und macht die entsprechenden Armbewe-

gungen. Die Kinder wiederholen das Wort und ahmen die Armbewegung dazu nach:
toll (Arme nach vorn),
kalt (Arme angewinkelt),
Taler – Küche – Telefon – Kerze – Tafel – Kasse – Teufel – Kamm.
Übung 2: Der Erzieher spricht einzelne Wörter vor ohne Armbewegung. Die Kinder wiederholen das Wort mit Armbewegung.
Teller – Tafel – Tasse – Küche – Koch – Kabel – Kerze – Tube – Timm.
Wenn ein Kind immer noch kein k aussprechen kann, sollte es mal den Daumen in den Mund stecken und es dann noch einmal versuchen. (Durch den Daumen wird die Zunge daran gehindert, sich an die Zähne anzulegen.) Nun soll das Kind die Wörter Kaffee, Käse usw. sprechen.

A 58 Kaffee oder Coca Cola? Der Erzieher bedient pantomimisch alle Kinder mit Getränken. Dabei fragt er jedes Kind: Kaffee oder Coca Cola? Wenn das Kind sich für eines von beiden entschieden hat, bekommt es pantomimisch ein Glas eingegossen. (Natürlich verschüttet der Erzieher auch manchmal etwas!)

A 59 Käsebrot oder Kuchen? Nun darf ein Kind pantomimisch bedienen. Es fragt jedes Kind: Käsebrot oder Kuchen?

A 60 Kuckuck, wo bist du? Zwei Kinder bekommen die Augen verbunden und bewegen sich im Kreis. Das eine ruft: Kuckuck, wo bist du? Worauf das andere antwortet: Kuckuck! Wenn ein Kind das andere gefangen hat, ist das nächste Paar an der Reihe.

A 61 Kratz mich mal. Die Kinder sitzen im Kreis. Ein Kind stellt sich mit dem Rücken vor ein anderes und sagt: Kratz mich mal! Das angesprochene Kind kratzt das andere vorsichtig am Rücken und tauscht dann mit ihm den Platz, um sich selbst von jemand den Rücken kratzen zu lassen. Man kann auch besondere Wünsche äußern: Kratz mich mal vorsichtig (kräftig, lange, schnell usw.).

A 62 Ich bin so krank! Reihum sagen die Kinder: Ich bin so krank. Der Erzieher bzw. ein Kind spielt den Arzt, der jedesmal eine (möglichst lustige) Therapie verordnet: Da mußt du mal kräftig niesen, dreimal mit dem linken Fuß aufstampfen, zum Fenster rausbrüllen: ihr seid

alle doof!, zweimal schlucken ohne etwas im Mund zu haben, dich selber streicheln, dir kräftig auf die Schenkel klatschen …

A 63 Kratze, kratze, kratze Katze. Zunächst wird vom Katzengedicht (10.9) nur die 3. Zeile geübt (eventuell mit gymnastischen Übungen: Die Kinder ahmen nach, wie die Katze mit den Vorderpfoten an der Tür oder auf dem Teppich kratzt).
Danach wird das ganze Gedicht gesprochen:
Schnurre Katze
leise Tatze,
kratze, kratze, kratze Katze!
Mit der Schnauze
miaut se.

A 64 Kn bilden. Kanopf, Kenopf, K-nopf, Knopf. Märchenreim:
Knusper, Knusper, Knäuschen,
wer knuspert an meinem Häuschen?

A 65 Quatsch! Der Erzieher oder die Kinder stellen unsinnige Behauptungen auf. Die Kinder antworten: Quatsch! und korrigieren die Behauptung. Beispiel: Die Hühner schlafen in Betten. (Antwort: Quatsch! Die Hühner schlafen im Hühnerstall.) Spiegeleier macht man aus Spiegeln. (Antwort: Quatsch! Spiegeleier macht man aus Eiern.)
Scheren braucht man zum Rühren.
Vögel haben vier Beine.
Suppe ißt man mit der Gabel.

A 66 Fröschekonzert. Die Kinder singen die Melodie eines bekannten Liedes auf „quak! quak!"

g, gr (A 67–72)
A 67 G bilden. Kinder, die statt g d sprechen, sollten es mal mit der Daumenlutschmethode versuchen: Sie schieben den Daumen in den Mund und versuchen nachzusprechen: Gabel, Gasse, Gans, ga-ga-gack …

A 68 Gut oder nicht gut? Die Kinder werden reihum gefragt: Wie schmecken dir Schokoladenplätzchen, saure Drops, saure Gurken, rostige Nägel, Bananenschalen, Salzstangen, faule Äpfel … Die Kinder sollen mit „gut!" oder „nicht gut!" antworten.

A 69 Genau! Der Kaspar erklärt den Kindern etwas. Nach jedem richtigen Satz antworten all: genau!

Wenn der Kasper etwas Falsches sagt, rufen die Kinder: stopp!
Beispiel:
Kasper: Also Kinder, ich erkläre euch mal, wie man sich die Zähne putzt.
Ihr braucht dazu eine Zahnbürste (genau!) und Zahnpasta (genau!) und Seifenpulver (stopp!).
Zuerst müßt ihr den Deckel von der Zahnpastatube abschrauben (genau!). Dann tretet ihr mit dem Fuß kräftig auf die Tube (stopp!).
Also gut, dann drückt ihr eben mit den Fingern auf die Tube (genau!). Die Zahnpasta muß direkt in den Mund spritzen (stopp!).
Also gut: Die Zahnpasta wird auf die Zahnbürste gedrückt (genau!). Nun laßt ihr noch ein bißchen Wasser drüberlaufen und putzt dann kräftig die Zähne (genau!) und den Hals und die Ohren (stopp!).

A 70 Grießbrei. Der Erzieher stellt reihum Fragen. Die Kinder antworten immer mit „Grießbrei!", dürfen aber dabei nicht lachen.
Was hast du heute gegessen?
Womit wäscht dir deine Mutter die Haare? Mit ...
Was liegt im Sandkasten?
Was nimmt man zum Schuheputzen?
Womit cremt man sich das Gesicht ein? Mit ...
Was paßt gut zu Fisch?
Was tankt man an der Tankstelle? usw.

A 71 Grau oder grün? Unter einer Schüssel liegt ein graues und ein grünes Stück Papier. Während die Kinder sich umdrehen, legt der Erzieher auf eines der beiden Papierstücke einige Rosinen (oder Erdnüsse oder Salzstangen) und deckt alles wieder mit der umgedrehten Schüssel zu.
Nun fragt ein Kind, das einen grünen Farbstift und einen Bleistift in der Hand hat, reihum jedes Kind: Grau oder grün? Mit der Farbe, die das angesprochene Kind gewählt hat, bekommt es einen Strich auf die Hand. Zum Schluß wird die Schüssel aufgedeckt. Wer die Gewinnfarbe gewählt hat, darf sich etwas zu naschen nehmen.

A 72 Grau, grau Mäuschen. Die Kinder sitzen im Kreis. Eines stellt sich vor ein anderes und sagt:
Grau, grau Mäuschen,
komm aus deinem Häuschen!
Das angesprochene Kind muß seinen Platz räumen und selbst ein Kind ansprechen.

r (A 73–77)

A 73 R bilden. Das r ist ein schwieriger Laut, den das Kind erst relativ spät erlernt. Es kann an allen Artikulationsstellen gebildet werden: an den Lippen, der Zungenspitze, am Gaumen, Zäpfchen, Rachen oder Kehlkopf, daher wird es in den verschiedenen Sprachen auch ganz verschieden gesprochen.
In Deutschland wird gewöhnlich das Zäpfchen-r gesprochen, in manchen Gegenden (früher auch in der Bühnensprache) zieht man das rollende Zungenspitzen-r vor.
Wenn Kinder kein Zäpfchen-r sprechen können, kann man versuchen, den Kindern etwas Wasser zum lauten Gurgeln in den Mund zu geben. Wenn dabei der Kopf langsam von hinten nach vorn bewegt wird, entsteht aus dem Gurgelton ein deutliches r.
Der Erzieher erzählt, daß kleine Babys, die sich wohlfühlen, oft erre – erre – erre sagen. Wer kann das nachmachen?

A 74 Rausschmeißen – reinholen. Ein Kind darf alle anderen vor die Tür setzen, indem es ruft: Peter rrraus! Sabine rrraus! usw. bis alle Kinder draußen sind.
Ein anderes Kind darf alle wieder hereinrufen: Peter rrrein! Sabine rrrein!

A 75 Farben benennen. Zunächst werden die Wörter rot, braun, grau, grün, schwarz, orange einzeln und im Chor geübt.
Reihum darf dann jedes Kind fragen: Welche Farbe hat ...
Die Kinder nennen im Chor die entsprechende Farbe und achten darauf, daß das r zu hören ist. (Es schadet nichts, wenn bei diesem Spiel auch nach gelb, blau, lila gefragt wird.)

A 76 Ri-ra-rutsch
Ri-ra-rutsch,
wir fahren mit der Kutsch.
Die Kutsche hat ein Loch.
Wir fahren aber doch!
(Man kann eine Puppe auf den Knien reiten lassen und die Knie hin- und herbewegen. Bei „Loch" läßt man die Puppe ein Stück zwischen die leicht geöffneten Knie rutschen.)

A 77 Ringel, rangel Rosen
Ringel, rangel Rosen,
schöne Aprikosen,
Veilchen und Vergißmeinnicht.
Alle Kinder setzen sich!

w (A 78–80)

A 78 Sesamstraßenlied
Der, die das,
wer, wie was,
wieso, weshalb, warum?
Wer nicht fragt, bleibt dumm!

A 79 Wulle, wulle Gänschen
Wulle, wulle Gänschen
wackelt mit dem Schwänzchen.
Wollt ihr wissen, wer ich bin,
ich bin die Frau Königin.
Ihr seid meine Kinder!
Gi-ga-gack!

A 80 Gestern ist einer ertrunken
Erzieher: Gestern ist einer ertrunken.
Kinder: Wer?
Erzieher: Der Zucker im Kaffee.
Erzieher: Gestern hat sich einer aufgehängt.
Kinder: Wer?
Erzieher: Der Kleiderbügel im Schrank.

sch (A 81–84)

A 81 Bildung von sch. Bei der Bildung von
Zischlauten müssen die Zähne senkrecht aufein-
andergestellt werden. Der Luftstrom wird durch
eine kleine Rinne in der Mitte der Zunge geführt
und reibt sich an der oberen Kante der Schneidezähne. Manchen Kindern, die kein sch sagen
können, gelingt dieser Laut, wenn sie zunächst
tsch sagen und dabei die Luft möglichst lange
ausströmen lassen (Ventil am Fahrradschlauch
öffnen).
Dampfmaschine anfahren lassen: sch-sch-sch-
Üben: schön, schifahren, Tasche, Flasche,
schreiben, Schaum schlagen.

A 82 Reim
Sch – sch – sch – die Eisenbahn,
sch – sch – sch – da kommt sie an.
Fährt nach hier,
fährt nach dort,
sch – sch – sch – schon ist sie fort!

A 83 Schwäbischer Reim
Schellet Se net an sellera Schell!
Selle Schell schellt net!
Schellet Se liaber an sellera Schell!
Selle Schell schellt!

A 84 Spiel am Tisch. Ich hab gefischt. Alle
Hände liegen auf dem Tisch. Ein Kind sagt den
Spruch:

Ich hab gefischt,
ich hab gefischt,
ich hab die ganze Nacht gefischt
und noch keinen Fisch erwischt!
Bei „erwischt" versucht er, eine der auf dem
Tisch liegenden Hände zu erwischen, die die
Kinder im gleichen Moment wegziehen.

s (A 85–93)

A 85 Stimmloses s bilden. Die häufigste Ursache
bei falscher s-Bildung ist eine falsche Zungen-
stellung. Oft wird die Zunge zwischen die Zähne
geschoben oder zu fest an die Zähne gepreßt.
Bei Lisplern sollte man deshalb mit Übungen
beginnen, die das Verkrampfen und Vorschie-
ben der Zunge ausschalten: Tief und hörbar aus-
und einatmen, gähnen, seufzen.
Das Kind kann sich dabei auf den Rücken legen
und beim ruhigen Aus- und Einatmen die Hand
locker auf die Bauchdecke legen. Dabei muß das
ganze Kind bis zu den Fußspitzen entkrampft
sein. (Anweisung: Macht es euch mal ganz
gemütlich, stellt euch vor, Ihr seid müde. Die
Arme sind so schwer, die Beine sind so
schwer …)
Nun wird das hörbare Aus- und Einatmen mit
dem s-Laut verbunden: hss – hss – hss – hss
(Zischen einer Handsäge).
Langsames Ausatmen mit s: hsssssss … (Luft
entströmt dem Fahrradschlauch).
Nun wird vor das hs ein langer Vokal gesetzt:
iii-hs, eee-hs, aahs …
Das h langsam zurücknehmen: iii-s, eee-s,
aaa-s …
Schneller sprechen: is, es, as …
(Falls sich dabei die Zunge wieder zwischen die
Zähne schieben will: Zähne locker aufeinander-
stellen und dabei sprechen.)
Übungswörter: ich weiß, Faß, paß auf, Maus,
Haus, Gruß, Kuß, Wasser …

A 86 Ich heiße … der heißt … Reihum sagen die
Kinder ihren Namen. Bei der zweiten Runde
nennen sie den Namen ihres rechten, dann den
ihres linken Nachbarn.

A 87 Stimmen aus dem Märchen
Der Wolf sagt: Daß ich dich besser fressen kann!
Die Hexe sagt: Knusper, knusper, knäuschen,
wer knuspert an meinem Häuschen?
Rumpelstilzchen sagt: Ach, wie gut, daß nie-
mand weiß, daß ich Rumpelstilzchen heiß.

A 88 Weiches (stimmhaftes) s bilden. Nachahmen, wie die Bienen summen (notfalls Zahnreihen schließen). Sieh mal, Susanne!
Suppe, Suppenkaspar, Sonne, Sonnenschirm, See, süß, sei leise!

A 89 Fliege fangen. Pantomime: Durch den Raum fliegt eine Fliege, die man nicht sieht, aber hört: sssss! Die Augen verfolgen das Insekt. Wenn es sich setzt (stille), kann man versuchen, es mit der Hand zu fangen. Aber natürlich fliegt die Fliege rechtzeitig wieder weg: sssss!

A 90 Suppenkaspar. Der Suppenkaspar aus dem „Struwwelpeter" schrie immer: Ich esse meine Suppe nicht! Nein, meine Suppe eß ich nicht!

A 91 Simsalabim. Die Kinder suchen sich Gegenstände, die sie irgendwo in ihrer Kleidung verstecken. Mit dem Wort simsalabim! „zaubern" sie die Sachen hervor.

A 92 Nüsse knacken. Es gibt Nußknackermännchen aus Holz, die man gut für diese Übung einsetzen könnte: Nur wer richtig sagt: Beiß mir eine Nuß! bekommt eine Nuß geknackt und darf sie aufessen.

A 93 Ich seh etwas, was du nicht siehst ... Die Kinder lassen die Anderen Gegenstände aus dem Zimmer raten, indem sie sagen: Ich seh etwas, das du nicht siehst, und das ist (grün). Wer den richtigen Gegenstand erraten hat, darf das nächste Rätsel aufgeben.

z (A 94–97)
A 94 Z bilden. Niesen: ha – zi! ha – zi!

A 95 Im Zimmer. Der Erzieher stellt Fragen, die Kinder antworten jeweils: im Zimmer. (Lachen verboten!)
Wo fährt man Schlitten?
Wo wachsen die Kartoffeln?
Wo wird der Mülleimer ausgeleert?
Wo wird das Auto repariert?
Wo schlafen die Hühner? ...

A 96 Fingerspiel: Zehn kleine Zappelmänner
10 kleine Zappelmänner steigen auf und nieder,
10 kleine Zappelmänner kommen immer wieder.
10 kleine Zappelmänner zappeln hin und her,
10 kleinen Zappelmännern fällt das gar nicht schwer.
10 kleine Zappelmänner spielen mal Versteck,
10 kleine Zappelmänner sind auf einmal weg.

A 97 Noch ein Witz vom Onkel Fritz
Ich weiß 'nen Witz
vom Onkel Fritz,
der in der Badewanne sitzt
und schwitzt.

ch (A 98–100)
A 98 Ch bilden. Schnarchen. Schnell: ihi-ihi-ihi sagen, bis daraus ichi, ichi, ichi wird.
In der Nacht,
in der Nacht,
hat der Opa Krach gemacht: ch! ch! ch!

A 99 Das möchte ich – das möchte ich nicht. Die Kinder antworten auf die Sätze des Erziehers entweder mit „Das möchte ich!" oder mit: „Das möchte ich nicht!"
Ein gebratenes Hühnchen essen.
Solange aufbleiben, wie ich will.
Dem Jens ein Haar ausreißen.
Zu meiner Oma fahren.
Mit dem Schlafanzug in der Badewanne baden.
Nackt durch die ganze Stadt rennen.
Eine Ohrfeige bekommen.
Einen Riesenkrach machen. ...

A 100 Was die sieben Zwerge sagen
Wer hat von meinem Tellerchen gegessen?
Wer hat aus meinem Becherchen getrunken?
Wer hat mit meinem Löffelchen gegessen?
Wer hat mit meinem Messerchen geschnitten?
Wer hat auf meinem Stühlchen gesessen?
Wer hat in meinem Bettchen geschlafen?

III. Register

I. Verzeichnis der Angebote nach Tätigkeitsformen geordnet

3. Geschichten

a) Geschichten zum Erzählen und Mitmachen

b) Geschichten zum Erfinden

4. Gespräche

5. Kinderreime

6. Lieder und Singspiele

7. Puppen- und Tischtheaterstücke

8. Rollenspiel

a) Kollektives Rollenspiel

9. Sachbegegnung

Siehe auch: Bildnerisches Gestalten und konstruktives
    Bauen, Wasserspiele, Suchen, Sammeln, Ordnen

II. Verzeichnis der Angebote für die Fördergruppen

Vorbemerkung: Wie schon im Kapitel „Kompensatorische Spracherziehung" betont wurde, haben die im folgenden angeführten Angebote lediglich ergänzende Funktion zum eigentlichen Programm, an dem natürlich die förderungsbedürftigen Kinder in besonderem Maße beteiligt werden müssen.

1. Fördergruppe A (Artikulation)

a) Genau hören
A 1   Mit geschlossenen Augen hören
A 2   Wo ist die Katze?
A 3   Hören wie ein Kätzchen
A 4   Wörter flüstern
(Siehe auch 3.17, 3.19, 3.20, 3.23, 3.24, 3.27, 10.14)

b) Lippen- und Zungengymnastik
A 5   Lustige Gesichter schneiden
A 6   Zunge „am Faden"
A 7   Verschiedene Geräusche machen
(Siehe auch 14.10)

c) Nachsprechen
A 8   Wer versteht, macht mit
A 9   Beim Ohrenarzt
A 10   Das wünscht sich ein Kind aus Afrika
A 11   Was kocht die Riesenmutter für den Riesenvater?
A 12   Tiere, die es längst nicht mehr gibt

d) Deutliches, rhythmisches Sprechen
A 13   Eins, zwei, drei, vier …
A 14   Lirum, larum Löffelstiel
A 15   Warum ist die Banane krumm?
A 16   Laut aus dem Fenster rufen
A 17   Fremdsprache
A 18   Da kommt der Bär
A 19   Ich und du
A 20   Märchenreime
(Siehe auch Liste der Kinderreime, der Singspiele und Lieder)

e) Sprechweise verändern
A 21   Schnell – langsam
A 22   Hoch – tief
A 23   Breiter Ton – dünner Ton
A 24   Lauter Ton – leiser Ton
A 25   Fröhlich – weinerlich
A 26   Ärgerlich – freundlich
(Siehe auch 18.12)

f) Vom Laut zum Wort – vom Wort zum Laut
A 27   Namen raten
A 28   Wer versteht mich?
A 29   Wer kann am langsamsten sprechen?

A 30   Auf bestimmte Laute achten
A 31   Wenn das M nicht wär' erfunden
A 32   Wörter ergänzen
A 33   Ich kann sch-sch-schwimmen
A 34   Sprechmaschine kaputt
A 35   Das ist der Gum, das ist der Mi
A 36   Wörter reparieren

g) Training einzelner Laute und Lautgruppen
f, fl, fr:
A 37   f bilden
A 38   Richtig oder falsch?
A 39   Fehler!
A 40   Mit Fingerchen
A 41   fl und fr bilden
h:
A 42   h bilden
A 43   Ein Franzose will Deutsch lernen
A 44   Hoch soll er leben
m, n:
A 45   Lieder summen
A 46   Was schmeckt gut?
A 47   Meine Mu, meine Mu
A 48   m oder n?
A 49   In einem großen, großen Land
t, d, tr, dr:
A 50   t und d unterscheiden
A 51   dr bilden
A 52   tr bilden
p, b, bl:
A 53   p und b unterscheiden
A 54   Tischtennisball bewegen
A 55   p! Das macht mir gar nichts aus!
A 56   Blau, blau, blau
k, kr, kn, kw:
A 57   k bilden
A 58   Kaffee oder Coca Cola?
A 59   Käsebrot oder Kuchen?
A 60   Kuckuck, wo bist du?
A 61   Kratz mich mal!
A 62   Ich bin so krank!
A 63   Kratze Katze
A 64   kn bilden
A 65   Quatsch!
A 66   Fröschekonzert
g, gr:
A 67   g bilden
A 68   Gut oder nicht gut?
A 69   Genau!
A 70   Grießbrei
A 71   Grau oder grün?
A 72   Grau, grau Mäuschen
r:
A 73   r bilden
A 74   Rausschmeißen – reinholen

(Im übrigen wird auf das Verzeichnis der Angebote: Rollenspiel und Gespräch verwiesen).

III. Verzeichnis der Angebote in alphabetischer Reihenfolge mit Angabe der Lernziele

Zu den Lernzielen:
Wenn man davon ausgeht, daß die Angebote den Kindern Spaß machen und sie zu weiteren Tätigkeiten motivieren sollen, daß Neugier geweckt und befriedigt, Spannung erzeugt und das Selbstbewußtsein des Kindes gestärkt werden soll, müßten bei den meisten Angeboten auch Lernziele im emotional-motivationalen Bereich angegeben werden. Ähnliches gilt für den sozialen Bereich: Da das Kind im Kindergarten immer in der Gruppe lebt, müßten meistens auch Lernziele aus dem sozialen Bereich angegeben werden, so zum Beispiel bei allen Rollen- und Regelspielen.
Im folgenden werden Lernziele aus dem emotionalen und sozialen Bereich aber nur dann angegeben, wenn sie den „Hauptzweck" der vorgeschlagenen Tätigkeit bilden.

Die Angebote in alphabetischer Reihenfolge mit Angabe der wichtigsten Lernziele.

Spaltengruppen: **Sprachförderung** – **Rhythmisch-musikal. Erziehung** (Rhythmisch) – **Körperbeherrschung** – **Sachbegegnung** – **Verbale Wissensvermittlung** – **Der Schwerpunkt liegt im emotionalen oder sozialen Bereich**

Angebot	Motivieren, Spanng. auslösen	Konflikte lösen	Verantwort. übern.	Regeln akzeptieren	Kontakt aufnehmen	Bedürfnisbefr.	Abbau von Angst	Ichstärke	Verbale Wissensvermittlung	zählen, wiegen, messen	ordnen/vergleichen	experimentieren	Material verarbeiten	Kennenlernen, beob-achten, manipulieren	Grobmotorik	Feinmotorik	Sinnesschul./Konzentr.	Rhythmus	Klänge	Kreativität	Nicht-verb. Kommunik.	Verbale Kommunikation	Sprache verstehen	Sätze bilden	Sätze einprägen	Formenbildung	Wortschatz/Oberbegr.	Artikulation
Blau, blau, blau A56																		×							×			×
Blinde Kuh 3.27						×											×											
Blindenhund 21.10			×														×											
Blinzeln 21.9					×												×											
Blumengymnastik 16.26															×													
Blumen stecken – Tischschmuck 6.9													×			×				×								
Bratäpfel 8.18													×															
Breiter Ton – dünner Ton A23																												×
Brezelschnappen 26.9	×			×																		×			×			
Brief an die Eltern 4.3						×										×				×				×				
Briefbeschwerer 8.13													×			×				×								
Brief schreiben 21.20						×																		×				
Bringen Sie bitte das Gepäck... 23.7															×										×			
Bringen Sie doch bitte die... 25.19																									×			
Brötchen aufschneiden 22.12								×								×												
Brüderchen, komm tanz mit mir 16.17																		×	×		×				×			
Brüderchen und Schwesterchen 16.13																		×	×									
Brüderch. u. Schwest. als Rollensp. 16.15																				×		×	×					
Buch-Vergleichs-Spiel 15.6																										×		
Buch-Wahl 15.7																											×	
Buch-Zuordnungs-Spiel 15.5											×																	
Bücherregal säubern 15.2				×										×														
Ch bilden A98																												×
Clown und Dame 13.11																				×	×	×						
Clown und Schuh 13.9																				×	×	×						
Clown und Sessel 13.10																				×	×	×						

Die Angebote in alphabetischer Reihenfolge mit Angabe der wichtigsten Lernziele	Sprachförderung								Kreativität	Rhythmisch-musikal. Erziehung		Körperbeherrschung			Sachbegegnung					Verbale Wissensvermittlung	Der Schwerpunkt liegt im emotionalen oder sozialen Bereich							
	Artikulation	Wortschatz/Oberbegr.	Formenbildung	Sätze einprägen	Sätze bilden	Sprache verstehen	Verbale Kommunikation	Nicht-verb. Kommunik.		Klänge	Rhythmus	Sinnesschul./Konzentr.	Feinmotorik	Grobmotorik	Kennenlernen, beobachten, manipulieren	Material verarbeiten	experimentieren	ordnen/vergleichen	zählen, wiegen, messen		Ichstärke	Abbau von Angst	Bedürfnisbefr.	Kontakt aufnehmen	Regeln akzeptieren	Verantwort. übern.	Konflikte lösen	Motivieren, Spanng. aus-lösen
Die Puppe friert so 7.18		X					X																					
Die Sonne kann verletzen 24.17																	X											
Die Sonne wärmt alles 24.13																	X											
Die Sonne wandert 24.15																	X											
Die Weihnachtsgeschichte 8.25						X																						
Dingsbums 10.5		X				X																						
Doch, das ziehst du an! 7.3							X																				X	
Dompteurszenen 13.7								X						X														
Dr bilden A51	X																											
Dreiermenge 4.12																			X									
Dürft Ihr anziehen, was Ihr wollt? 7.10				X	X		X																				X	
Du, komm zu mir 4.36										X	X																	
Durchs Wasser ziehen 25.11									X						X							X						
Ei bekleben mit Seidenpapier 18.13									X				X															
Ei bemalen mit Filzstiften 18.14									X				X															
Eierlaufen 18.10												X		X											X			
Eierschalen-Überraschung 18.19																												X
Eierschalenvase 18.9									X				X			X												
Ein Apfel – zwei Äpfel 5.17			X																									
Ein Ausflug in die Stadtbücherei 15.9															X													
Ein Bild vom Wald 16.11					X				X				X															
Eine selbsterfundene Geschichte 22.13									X																			
Ein Franzose will Deutsch lernen A43	X																											
Eingießen 6.6																												
Ein Huhn kommt auf die Welt 17.14					X								X								X							
Ein Kind kommt zur Welt 19.1							X						X							X								

Row label	1	2	3	4	5	6	7	8	9	10	11	12	13	14	15	16	17	18	19	20	21	22
Geräusche auf Band nehmen 3.18																						
Geräusche aufnehmen 20.10																						
Geräusche deuten 3.24																						
Geräusche raten 20.11																	×	×		×		
Geschichten verstehen – Geschichten 15.18				×	×									×	×	×						
Geschichten verstehen – Geschichten... 15.19				×	×			×	×	×	×			×	×	×						×
Geschichten zum Nachdenken 13.20				×										×							×	
Geschirr formen 22.8						×						×										
Gespräch mit Puppeneltern 11.2							×			×												
Gespräch über die Kartoffel 4.1										×											×	
Gespräch über die Neuen 1.8							×													×		
Gespräch über einen Ausflug in... 16.3							×		×	×												
Gewitter 24.25										×	×										×	
Glücksstühlchen 21.8							×												×		×	
Gras säen 16.20								×														
Grau, grau Mäuschen A72			×																			
Grau oder grün? A71			×							×												
Grießbrei A70			×																			
Großbäckerei 2.22									×			×										
Große Puddingtheke 26.8			×							×	×		×								×	
Gut oder nicht gut A68										×	×											
Haben Sie ein Zimmer frei? 6.5																	×					
Häschen in der Grube 2.28								×														
Hahn oder Henne malen 17.6										×	×		×									
Hamstern 16.7		×				×																
H bilden A42		×																				
Heile, heile Segen 2.31					×					×									×			
Heiß – kalt 2.29										×									×			
Herr Doktor, was soll ich tun? 12.11							×															
Herstellen von Spielkarten 11.5										×	×		×									
Herztöne hören 3.22											×											
Heuernte 24.9													×									
Hexentreppe als Raupe 4.24				×							×											
Hinter dem Rücken weitergeben 5.23						×																
Hoch soll er leben A44		×																				
Hoch – tief A22		×						×														

Spaltengruppen: **Sprachförderung** (Artikulation, Wortschatz/Oberbegr., Formenbildung, Sätze einprägen, Sätze bilden, Sprache verstehen, Verbale Kommunikation, Nicht-verb. Kommunik.) · Kreativität · **Rhythmisch-musikal. Erziehung** (Klänge, Rhythmus) · **Körperbeherrschung** (Sinnesschul./Konzentr., Feinmotorik, Grobmotorik) · **Sachbegegnung** (Kennenlernen/beobachten/manipulieren, Material verarbeiten, experimentieren, ordnen/vergleichen, zählen/wiegen/messen, Verbale Wissensvermittlung) · **Der Schwerpunkt liegt im emotionalen oder sozialen Bereich** (Ichstärke, Abbau von Angst, Bedürfnisbefr., Kontakt aufnehmen, Regeln akzeptieren, Verantwort. übern., Konflikte lösen, Motivieren/Spanng. auslösen)

Die Angebote in alphabetischer Reihenfolge mit Angabe der wichtigsten Lernziele	Artikulation	Wortschatz/Oberbegr.	Formenbildung	Sätze einprägen	Sätze bilden	Sprache verstehen	Verbale Kommunikation	Nicht-verb. Kommunik.	Kreativität	Klänge	Rhythmus	Sinnesschul./Konzentr.	Feinmotorik	Grobmotorik	Kennenlernen, beobachten, manipulieren	Material verarbeiten	experimentieren	ordnen/vergleichen	zählen, wiegen, messen	Verbale Wissensvermittlung	Ichstärke	Abbau von Angst	Bedürfnisbefr.	Kontakt aufnehmen	Regeln akzeptieren	Verantwort. übern.	Konflikte lösen	Motivieren, Spanng. auslösen
K bilden A57	X																											
Kinder anmalen 24.24									X														X	X				
Kindergarten „anstreichen" 2.15																							X					
Kleiderbügel bemalen 8.14		X											X			X												X
Kleidung für drinnen – Kleidung für… 7.6																												
Kleinkinderquartett 11.7													X					X										
Knatschlied 13.13				X				X		X	X								X						X			
Kn bilden A64	X																											
Kneten 2.1													X															
Knobeln 21.6																							X					
Konservenbüchsen-Wettlauf 26.7							X							X		X									X			X
Kräuterfrau 9.36															X			X										
Krankengymnastik in der Unfall… 12.3											X			X														
Kratze, kratze, kratze Katze A63	X			X						X	X																	
Kratz mich mal A61	X																							X				
Kreisspiele mit den Jüngsten 2.12										X																		
Kuckuck wo bist Du? A60	X											X												X				
Kugel in Reifen rollen lassen 2.34												X																
Kunden kaufen Möbel 22.2		X					X	X																				
Lästerstühlchen 21.19							X														X							
Lauft schnell und kauft ein… 5.19		X																										
Laut aus dem Fenster rufen A16	X																											
Lauter Ton – leiser Ton A24	X											X																
Laut – leise 18.5								X		X																		
Leisecken einrichten 15.3															X													
Leute auf dem Bahnsteig 23.16									X				X															

Die Angebote in alphabetischer Reihenfolge mit Angabe der wichtigsten Lernziele	Der Schwerpunkt liegt im emotionalen oder sozialen Bereich								Verbale Wissensvermittlung	Sachbegegnung					Körperbeherrschung			Rhythmisch-musikal. Erziehung		Kreativität	Sprachförderung							
	Motivieren, Spann. auslösen	Konflikte lösen	Verantwort. übern.	Regeln akzeptieren	Kontakt aufnehmen	Bedürfnisbefr.	Abbau von Angst	Ichstärke	Verbale Wissensvermittlung	zählen, wiegen, messen	ordnen/vergleichen	experimentieren	Material verarbeiten	Kennenlernen, beobachten, manipulieren	Grobmotorik	Feinmotorik	Sinnesschul./Konzentr.	Rhythmus	Klänge	Kreativität	Nicht-verb. Kommunik.	Verbale Kommunikation	Sprache verstehen	Sätze bilden	Sätze einprägen	Formenbildung	Wortschatz/Oberbegr.	Artikulation
Namen rufen 2.8					×																							
Namensschildchen basteln 16.4																												
Naseputzen üben 11.23									×							×												
Nikolausfest 8.24	×						×							×		×												
Nikolausruf 8.25	×						×											×										
Noch ein Witz vom Onkel Fritz A97																		×	×						×			×
Notizbuch 8.15													×			×					×							
Notizbuch für Telefonnummern 21.2									×				×			×						×						
Notizzettel für die Eltern 23.12																×	×				×							
Nüsse knacken A92																												×
Obst aus Mehlnete 5.11																				×							×	
Obst – Getränke – Süßigkeiten 5.14																											×	
O helft mir doch! 23.3																		×										
Ohrenklappen 3.21													×						×									
Oma kommt zu Besuch 23.4																				×		×						
Orientierungskontrolle 2.13														×									×					
Ostereier im Frühlingsbeet 18.3																	×			×								
Osterkette 18.1																×	×			×								
Paare suchen 14.7																×											×	
Paare suchen, ohne zu sehen 14.19																	×										×	
Paket packen 8.11			×																									
Pantomime: Hühnerhof 17.12															×					×	×							
Papierbälle 2.5																×												
Papierbrei 2.4						×										×				×								
Papierkind 3.1						×										×	×											
P! Das macht mir gar nichts aus! A55								×																				×

Die Angebote in alphabetischer Reihenfolge mit Angabe der wichtigsten Lernziele	Artikulation	Wortschatz/Oberbegr.	Formenbildung	Sätze einprägen	Sätze bilden	Sprache verstehen	Verbale Kommunikation	Nicht-verb. Kommunik.	Kreativität	Klänge	Rhythmus	Sinnesschul./Konzent.	Feinmotorik	Grobmotorik	Kennenlernen, beobachten, manipulieren	Material verarbeiten	experimentieren	ordnen/vergleichen	zählen, wiegen, messen	Verbale Wissensvermittlung	Ichstärke	Abbau von Angst	Bedürfnisbefr.	Kontakt aufnehmen	Regeln akzeptieren	Verantwort. übern.	Konflikte lösen	Motivieren, Spanng. auslösen
Ringel-Reihe im Wasser 25.7	X																				X	X						
Ri-Ra-Rutsch A76	X			X							X																	
Rührei – Spiegelei 17.3																X												
Rumpelstilzchen 19.11						X	X	X	X																			
Sachen sammeln – Spiele erfinden 9.31		X							X																			
Sachensammlung ordnen 4.35				X														X										
Sechs mal sechs 5.26	X	X	X								X																	
Seht, was ich kann 3.6											X																	
Seiltänzer 13.5														X														
Selbstbedienungsladen 5.9		X					X		X																			
Sesamstraßenlied A78	X			X																								
Sich ganz verrückt anziehen 7.2					X			X	X	X	X				X													
Sieben kleine Mausezähne 11.25				X								X																
Simsalabim A91	X																											
Singspiele losen 9.20								X	X	X	X																	
S' ist viel zu heiß 24.1				X						X	X														X			
Slalom laufen 9.34					X									X														
So klein war meine Hand 19.6																					X							
Sonne malen als Gemeinschaftsarbeit 24.20									X				X											X				
Sonne malen mit Fingerfarben 24.19									X				X										X					
Sonnendächer bauen 24.18									X				X		X	X												
Spannenlanger Hansel 4.19				X				X		X	X																	
Spiegelei malen 17.4													X															
Spiel am Tisch A84	X																											
Spiel mit naturkundlichen Bilder... 15.12		X																										
Spielregeln erklären 9.7																				X								

Die Angebote in alphabetischer Reihenfolge mit Angabe der wichtigsten Lernziele	Artikulation	Wortschatz/Oberbegr.	Formenbildung	Sätze einprägen	Sätze bilden	Sprache verstehen	Verbale Kommunikation	Nicht-verb. Kommunik.	Kreativität	Klänge	Rhythmus	Sinnesschul./Konzentr.	Feinmotorik	Grobmotorik	Kennenlernen, beobachten, manipulieren	Material verarbeiten	experimentieren	ordnen/vergleichen	zählen, wiegen, messen	Verbale Wissensvermittlung	Ichstärke	Abbau von Angst	Bedürfnisbefr.	Kontakt aufnehmen	Regeln akzeptieren	Verantwort. übern.	Konflikte lösen	Motivieren, Spanng. auslösen
	Sprachförderung									Rhythmisch-musikal. Erziehung		Körperbeherrschung			Sachbegegnung						Der Schwerpunkt liegt im emotionalen oder sozialen Bereich							
Schuhsohlen vergleichen 14.5		X																	X									
Schuhverkaufen 14.13		X					X		X																			
Schwäbischer Reim A83	X																											
Schwarzer Peter 11.8																			X						X			
Schwebende Qualle 25.12									X					X								X						
Schwimmbad bauen 25.17		X							X				X			X												
Stadtbücherei 15.10							X																					
Stimmen auf Band aufnehmen – Stimmen raten 3.19	X											X					X											
Stimmen aus dem Märchen A87	X																											
Stimmloses S bilden A85	X																											
Streichholzschachtelhalter 8.16									X				X			X												X
Tablett weitergeben 2.38									X			X	X															
Tante Heidi 23.10						X		X																				
Tastleisten 3.25		X													X													
Tausche Kopf gegen Schwanz 10.10		X					X				X			X			X							X				
Teddybär, Teddybär 2.24				X								X	X											X				
Telefonieren 21.1		X																										
Thekenspiel 2.17							X						X										X					
Tiere, die es längst nicht mehr gibt A12	X																											
Tierpuzzle 10.9		X																										
Tisch decken 6.7																			X							X		
Tischdecken bedrucken – Servietten… 6.3									X							X												
Tischtennisball bewegen A54	X												X															
Tonschalen bemalen 16.19									X				X			X									X			
Torschießen mit Kastanien 4.39												X	X															
Tragbare bauen 12.1												X	X			X												

Kindergarten

Die erfolgreichsten Bücher aus dem Kindergarten-Fachbuchprogramm von Beltz.
Eine einmalige Sonderausgabe: anspruchsvolle Ausstattung, preisgünstiges Angebot,
bewährte Bücher für Kindergarten, Schule und Familie.

Petra Brandt / Peter Thiesen
Umwelt spielend entdecken
Ein Spiel- und Ideenbuch für
Kindergarten, Schule und Familie.
VIII, 198 Seiten. Gebunden.
DM 22,– / öS 172,– / sFr 23,20
ISBN 3-407-21000-0

Rose Götte
Sprache und Spiel
im Kindergarten
Sprach- und Spielförderung
im Kindergarten.
247 Seiten. Gebunden.
DM 24,– / öS 187,– / sFr 25,30
ISBN 3-407-21001-9

Evelyn B. Hardey
Kinder turnen mit Vergnügen
Ein Spiel- und Ideenbuch für
Kindergarten, Schule und Familie.
X, 96 Seiten. Gebunden.
DM 22,– / öS 172,– / sFr 23,20
ISBN 3-407-21002-7

Christiane Krempien
50 Bildnerische Techniken
Ein Aktionsbuch für Kindergarten,
Schule und Familie.
Herausgegeben von Peter Thiesen.
188 Seiten. Gebunden.
DM 24,– / öS 187,– / sFr 25,30
ISBN 3-407-21003-5

Peter Thiesen
Drauflosspieltheater
Ein Spiel- und Ideenbuch für
Kindergruppen, Schule und Familie.
155 Seiten. Gebunden.
DM 22,– / öS 172,– / sFr 23,20
ISBN 3-407-21004-3

Peter Thiesen
Klassische Kinderspiele
Neu entdeckt für Kindergarten, Schule
und Familie
197 Seiten. Gebunden.
DM 22,– / öS 172,– / sFr 23,20
ISBN 3-407-21005-1

Peter Thiesen
Das Montagsbuch
Ein Spiel- und Ideenbuch für
Kindergarten, Schule und Familie.
151 Seiten. Gebunden.
DM 22,– / öS 172,– / sFr 23,20
ISBN 3-407-21006-X

Fredrik Vahle
Das große Vahle-Liederbuch
Lieder und Texte, die Kindern Spaß
machen.
267 Seiten. Gebunden.
DM 22,– / öS 172,– / sFr 23,20
ISBN 3-407-21007-8

Helga Zitzlsperger
Kinder spielen Märchen
Schöpferisches Ausgestalten und
Nacherleben.
198 Seiten. Gebunden.
DM 24,– / öS 187,– / sFr 25,30
ISBN 3-407-21008-6

Preisänderungen vorbehalten

Beltz Verlag · Postfach 100154 · 69441 Weinheim

B_238